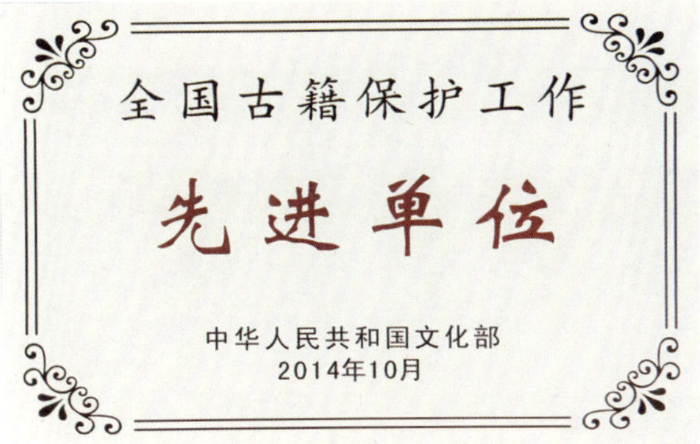

重點保護單位標牌及國家珍貴古籍名録證書

1906 年黑龍江圖書館館舍暫租借於墾務局東廂房

1908 年在齊齊哈爾西關外建的黑龍江圖書館新館舍，稱“藏書樓”

1925 年在原省教育廳内的臨時書庫

1930 年在龍沙公園望江樓南側建的黑龍江省圖書館館舍，現爲齊齊哈爾市圖書館古籍藏書樓。2000 年古籍藏書樓修繕後，由時任全國政協副主席萬國權題字爲“萬卷閣”

1982 年齊齊哈爾市圖書館館舍

2014 年启用的齊齊哈爾市圖書館新館

齊齊哈爾市圖書館 編

齊齊哈爾市圖書館古籍善本圖録

（第一輯）

國家圖書館出版社

圖書在版編目（CIP）數據

齊齊哈爾市圖書館古籍善本圖録. 第一輯 / 齊齊哈爾市圖書館編. -- 北京 : 國家圖書館出版社, 2018.4
ISBN 978-7-5013-6385-8

Ⅰ. ①齊… Ⅱ. ①齊… Ⅲ. ①古籍—善本—圖書館目録—齊齊哈爾 Ⅳ. ①Z838

中國版本圖書館CIP數據核字(2018)第051519號

書　　名　**齊齊哈爾市圖書館古籍善本圖録（第一輯）**

作　　者　齊齊哈爾市圖書館　編

責任編輯　王燕來　黄鑫

設　　計　愛圖工作室

出　　版　國家圖書館出版社（100034 北京市西城區文津街7號）
（原書目文獻出版社　北京圖書館出版社）

發　　行　010-66114536　66126153　66151313　66175620
66121706（傳真）　66126156（門市部）

E-mail　nlcpress@nlc.cn（郵購）

Website　www.nlcpress.com（投稿中心）

經　　銷　新華書店

印　　裝　北京中華兒女印刷廠

版　　次　2018年4月第1版　2018年4月第1次印刷

開　　本　210×285（毫米）　1/16

印　　張　16.5

書　　號　ISBN 978-7-5013-6385-8

定　　價　300.00圓

編纂委員會

前　言

“中華古籍保護計劃”啓動以來，齊齊哈爾市古籍保護工作進入新的發展階段。經過幾年時間，古籍普查工作已取得一定的成果，目前已對6萬多册古籍進行了普查登記。齊齊哈爾市圖書館在2009年和2013年分别被國務院核定爲“全國重點文物保護單位”和“全國古籍重點保護單位”。

齊齊哈爾市圖書館始建於清光緒三十二年（1906），作爲黑龍江省圖書館前身，是繼浙江、湖南、湖北三省之後，全國第四座省級公共圖書館，同時也是我國東北地區建立最早的公共圖書館。建館初期隸屬於黑龍江省將軍署學務處。1908年7月，在齊齊哈爾西關外嫩江畔原普恩寺舊址興建圖書館，定名爲“黑龍江圖書館”。1925年遷至省教育廳内，改稱“黑龍江省立圖書館”。1930年10月，在龍沙公園内望江樓南側，建造一座三層中西合璧宫殿式仿古建築爲新圖書館，命名爲“黑龍江省圖書館”。1954年因黑龍江省和松江省兩省合并，省會遷移到哈爾濱市，黑龍江省圖書館更名爲“齊齊哈爾市圖書館”。

齊齊哈爾市圖書館建館百餘年，館内藏有豐富的古籍文獻，現有唐、宋、元、明、清歷代古籍文獻7000餘種，12萬餘册，其中善本古籍761種，7400餘册，古籍藏書獨具特色，一些海内外孤本成爲研究古代歷史和文化的珍貴文獻。明代刻本《解學士文集》《朱文公校昌黎先生文集》《禮記集說》《詩集傳》《儀禮明解》《貞觀政要》《周禮明解》，明代套印本《楚辭》以及清代《新刻滿漢字詩經》等9種古籍入選《國家珍貴古籍名録》。在文化部2013年舉辦的珍貴古籍名録精品展中，《新刻滿漢字詩經》被展出了兩個月時間，在黑龍江省内是唯一一部參展古籍。館藏清抄本《龍沙劍傳奇》是黑龍江最早的一部戲曲劇本，是研究黑龍江戲劇和流人文化的珍貴古籍。館藏拓片碑帖也不乏珍品，包括明萬曆《淳化閣法帖》、清嘉慶《鐵公保梅庵行書》真迹等。

爲了讓公衆更多地了解塞北文化名城所藏古籍珍品，我們特編輯《齊齊哈爾市圖書館古籍善本圖録》以饗讀者。它的出版，得到了各級領導、各界朋友、同仁的支持，在此表示衷心的感謝。受水平所限，難免有錯漏不足之處，敬請廣大讀者匡誤賜正。

齊齊哈爾市圖書館

2017年12月

鶴城瑰寶　世代傳承

中國是人類文明的重要發祥地之一，首先發明了紙和印刷術，擁有光輝燦爛的典籍文化。這是中華文明史綿延五千年的歷史見證，也是人類文明的重要瑰寶，使中華文明有文字的記載、有典籍的傳承。典籍作爲文明的重要載體，在文化傳承上起到了非常重要的作用，形成了深厚的文化積澱。儘管歷經滄桑，多有損毀，但仍有大量的文獻得到精心保護和流傳。

齊齊哈爾是國家級歷史文化名城，位於黑龍江省中西部松嫩平原，人文歷史悠久，文化底蘊深厚。齊齊哈爾市圖書館也是我國最早的公共圖書館之一，至今已有 112 年的歷史。經過百年文人志士的努力，留下了豐富的館藏資源。現存唐、宋、元、明、清歷代古籍 7000 餘種，12 萬餘册，其中善本 761 種，7400 餘册。古籍收藏量居全省前列。

古籍作爲文明的載體，也是文物的一大類别，是不可再生的文化資源和精神資源，一旦破壞，就不能完整再現。歷史上曾發生過多次“書厄”，有水火、蟲鼠等自然災害造成的損失，也有政治、經濟、軍事因素的人爲破壞，包括許多重大文化浩劫，大量珍貴文獻遭遇厄運。此外，還存在着古籍老化破損嚴重、古籍修復手段落後、保護修復人才匱乏、大量珍貴古籍流失海外等問題，古籍保護形勢不容樂觀。

中央政府高度重視古籍保護工作，2007 年國務院辦公廳發布了《關於進一步加强古籍保護工作的意見》，要求各級政府要以對國家和歷史高度負責的態度，充分認識做好古籍保護工作的重要性和緊迫性，把保護好、研究好、利用好古籍作爲我國文化建設的戰略性工程來抓。齊齊哈爾市政府對古籍保護工作非常重視，積極改善古籍保管條件，完善安全措施，進行古籍開發。經過幾年切實有效的工作，齊齊哈爾市的古籍保護工作得到了前所未有的發展。

隨着國家經濟繁榮、社會和諧發展，齊齊哈爾市政府在古籍原生性保護的同時，加大力度進行古籍的再生性保護，促進珍貴古籍的合理利用。齊齊哈爾市圖書館在重視館藏典籍保護的同時，積極探索典籍爲社會服務、爲學術研究所用的途徑，參與編輯了《中國古籍善本書目》《黑龍江省珍貴古籍要覽》《黑龍江省十家公共圖書館古籍普查登記目録》。由於保護工作的特殊需要，平日珍藏於圖書館的古籍極少示人，爲方便學者和社會公衆利用館藏珍稀古籍，2015年影印出版了唐寫本《鶡冠子》、明金寫本《慈悲水懺法》、清抄本《龍沙劍傳奇》。這些古籍的出版，使一些珍善孤本得以走出“深宫”，化身千百，傳承利用，以替代品的方式减少了原件的流通使用，保護了古籍原件。爲了讓更多的人瞭解齊齊哈爾市圖書館所藏文化珍品，現選擇523部古籍善本，分兩輯出版《齊齊哈爾市圖書館古籍善本圖録》。

保護古籍是功在當代、利在千秋的大事。我們有責任、有義務做好這項工作。隨着古籍保護工作的深入開展，會有更多的成果呈現給世人，這些成果將告慰爲古籍傳承付出血汗甚至生命的先賢，也必將惠及中華民族的子孫萬代。

孫志斌

2017年12月26日

凡　例

一、齊齊哈爾市圖書館萬卷閣收藏善本古籍761種，其中有9種入選《國家珍貴古籍名録》，24種入選《黑龍江省珍貴古籍要覽》。本書收録館藏善本古籍523種。

二、本書依中國古籍傳統分類法，即經、史、子、集四部分類編排，具體類目參照《中國古籍善本書目》，各部類内部順序依據館内排架順序編排。

三、本書分兩輯，第一輯收録經、史、子三部，第二輯收録集部。

四、每種古籍包括書影及著録内容。每種古籍選圖一幀，儘可能選取該書卷端頁書影。著録内容依據原書著録，包括題名、卷數、責任者及版本信息。

目　録

經　部

史　部

子　部

觿卷上

朝請大夫國子周易博士柱國臣郭忠恕記

觿者童子之事得立言於小學者也其一造字之旨始於象形（孔子曰牛羊之字以形舉也）中則止戈正（傳止戈爲武反正爲乏）而省聲生焉（禮鷙蟲攫搏鄭注从鳥摯省聲今作鷙鳥省非也文云执聲）至若春秋姓字地名更見尚書宋齊舊隸寫古文學者知之不可具舉有以氷爲

經部

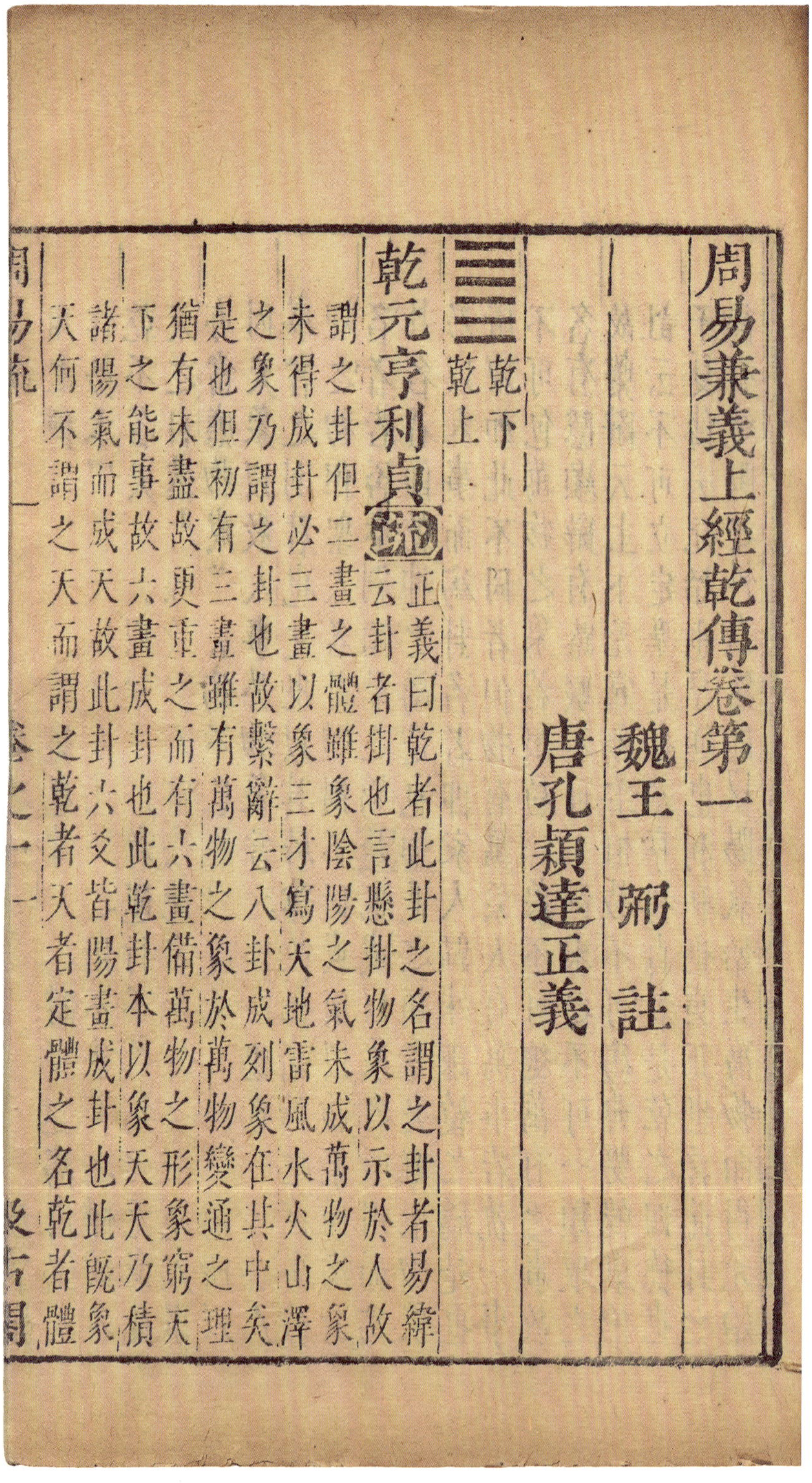
周易兼義上經乾傳卷第一

魏王　弼註

唐孔穎達正義

☰ 乾下乾上

乾元亨利貞【疏】正義曰乾者此卦之名謂之卦者易緯云卦者掛也言懸掛物象以示於人故謂之卦但二畫之體雖象陰陽之氣未成萬物之象未得成卦必三畫以象三才寫天地雷風水火山澤之象乃謂之卦也故繫辭云八卦成列象在其中矣是也但初有三畫雖有萬物之象於萬物變通之理猶有未盡故更重之而有六畫備萬物之形象窮天下之能事故六畫成卦也此乾卦本以象天天乃積諸陽氣而成天故此卦六爻皆陽畫成卦也此既象天何不謂之天而謂之乾者天者定體之名乾者體

周易疏　卷之一　一　汲古閣

新刻十三經註疏　（明）毛晋註疏　明崇禎元年至十二年（1628—1639）毛氏汲古閣刻本

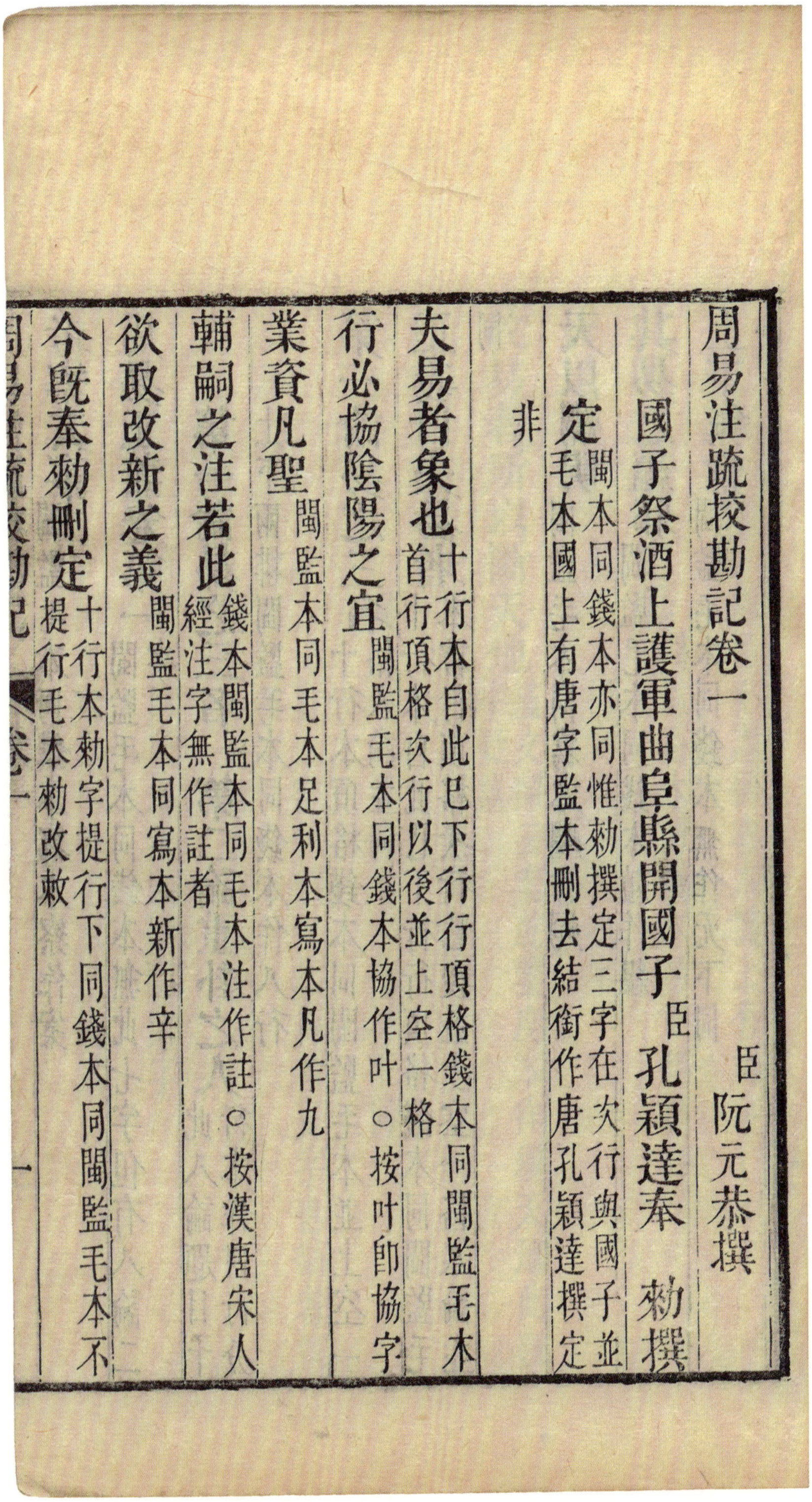

周易注疏校勘記卷一

臣阮元恭撰

國子祭酒上護軍曲阜縣開國子臣孔穎達奉勅撰

定閩本同錢本亦同惟勅撰定三字在次行與國子並毛本國上有唐字監本删去結銜作唐孔穎達撰定非

夫易者象也十行本自此巳下行行頂格錢本同閩監毛本首行頂格次行以後並上空一格

行必協陰陽之宜閩監毛本同錢本協作叶○按叶卽協字

業資凡聖閩監本同毛本足利本寫本凡作九

輔嗣之注若此錢本閩監本同毛本注作註○按漢唐宋人經注字無作註者

欲取改新之義閩監毛本同寫本新作辛

今既奉勅删定十行本勅字提行下同錢本同閩監毛本不提行毛本勅改敕

周易注疏校勘記　卷一　一

十三經注疏校勘記附釋文校勘記　（清）阮元撰　清嘉慶十三年（1808）揚州阮氏文選樓刻本

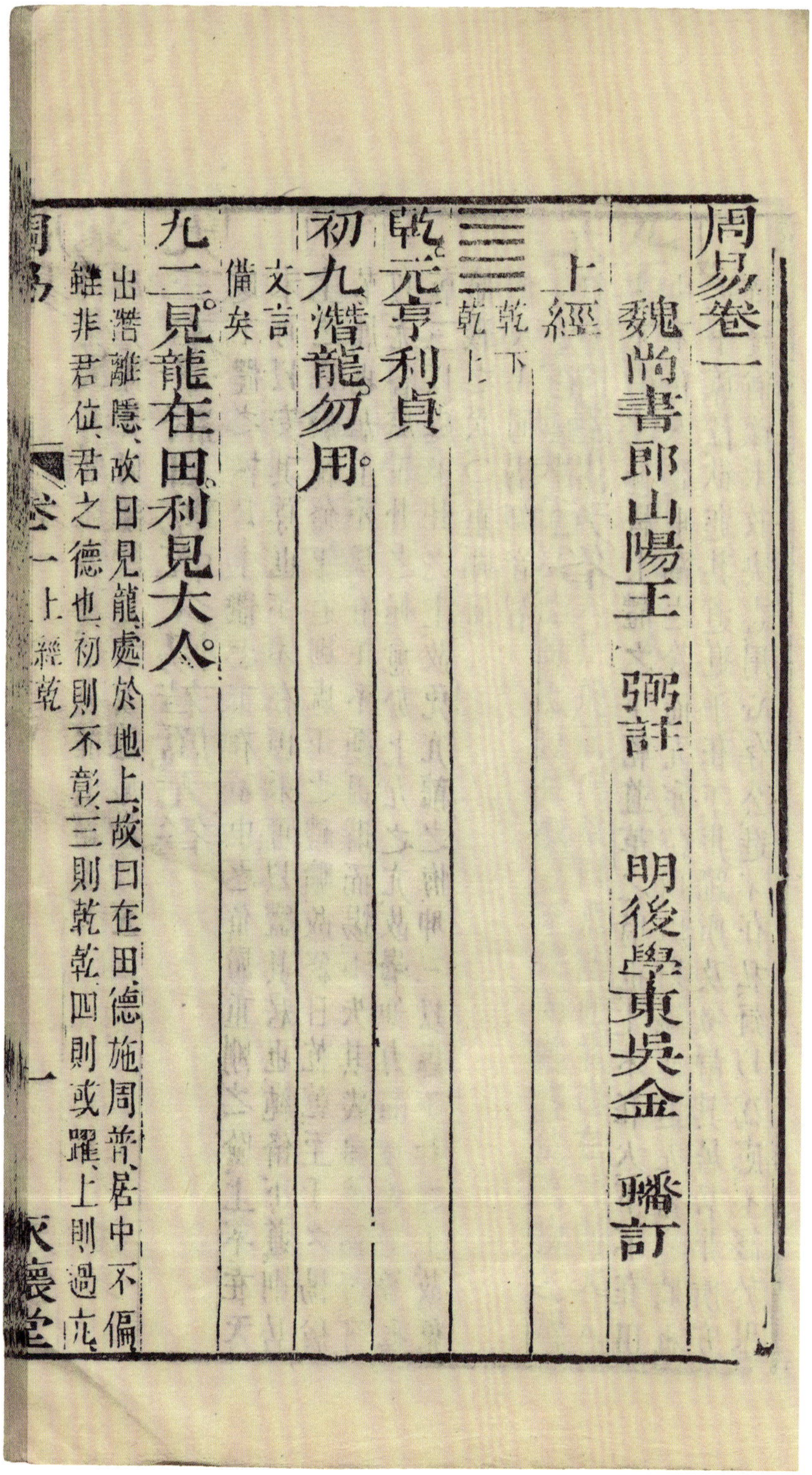
周易卷一
魏尚書郎山陽王　弼註　明後學東吴金　蟠訂
上經
䷀ 乾下乾上
乾元亨利貞
初九潛龍勿用 文言備矣
九二見龍在田利見大人 出潛離隱故曰見龍處於地上故曰在田德施周普居中不偏雖非君位君之德也初則不彰三則乾乾四則或躍上則過亢
周易　卷一上經乾　一　永懷堂

十三經古註　（明）金蟠訂　（明）葛鼒校　清同治八年（1869）浙江書局重修永懷堂刻本

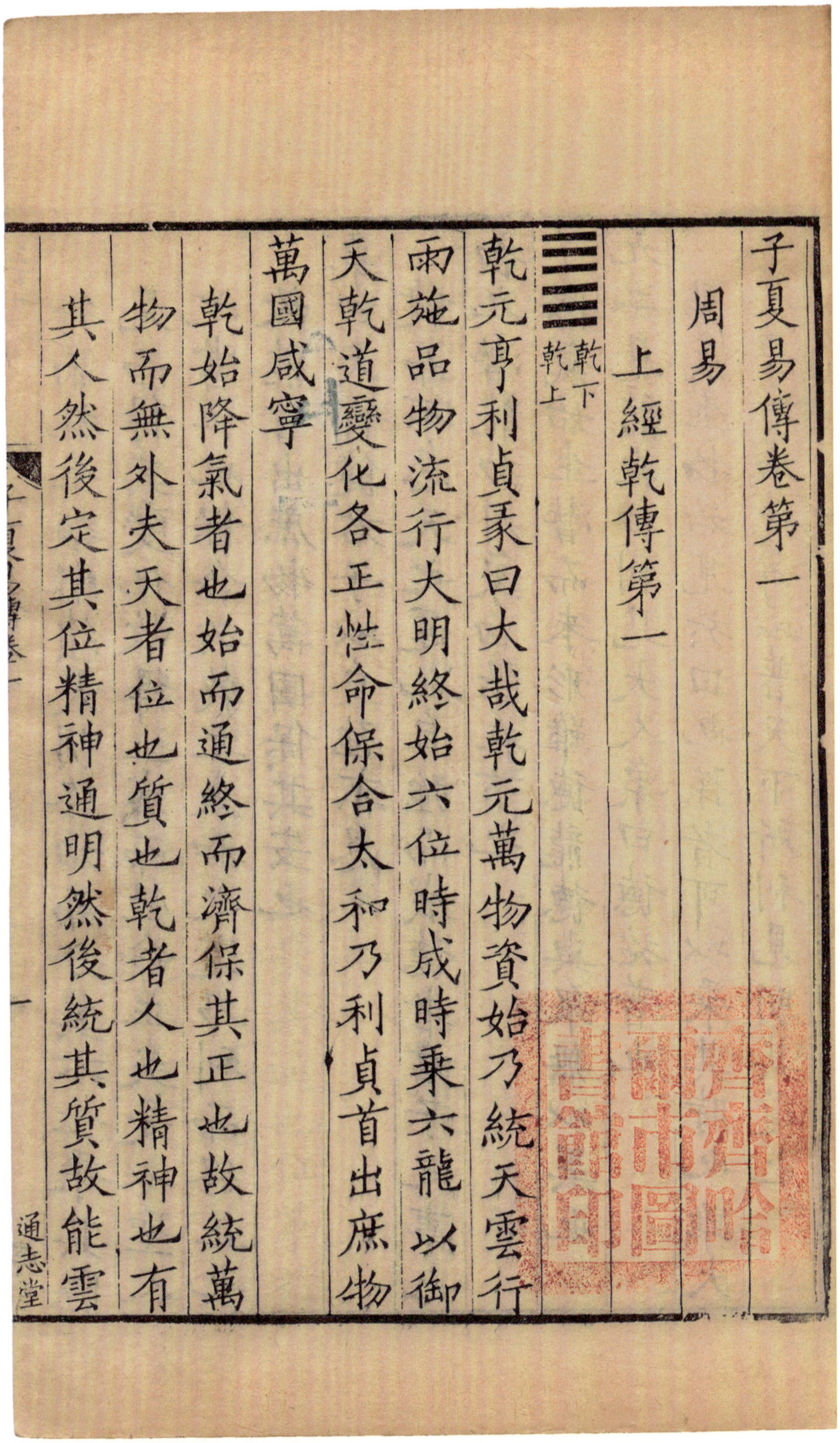
子夏易傳卷第一
周易
上經乾傳第一
☰ 乾下乾上
乾元亨利貞彖曰大哉乾元萬物資始乃統天雲行
雨施品物流行大明終始六位時成時乘六龍以御
天乾道變化各正性命保合太和乃利貞首出庶物
萬國咸寧
乾始降氣者也始而通終而濟保其正也故統萬
物而無外夫天者位也質也乾者人也精神也有
其人然後定其位精神通明然後統其質故能雲
子夏易傳卷一　一　通志堂

通志堂經解　（清）納蘭成德（性德）輯　清康熙十九年（1680）成德刻通志堂經解本

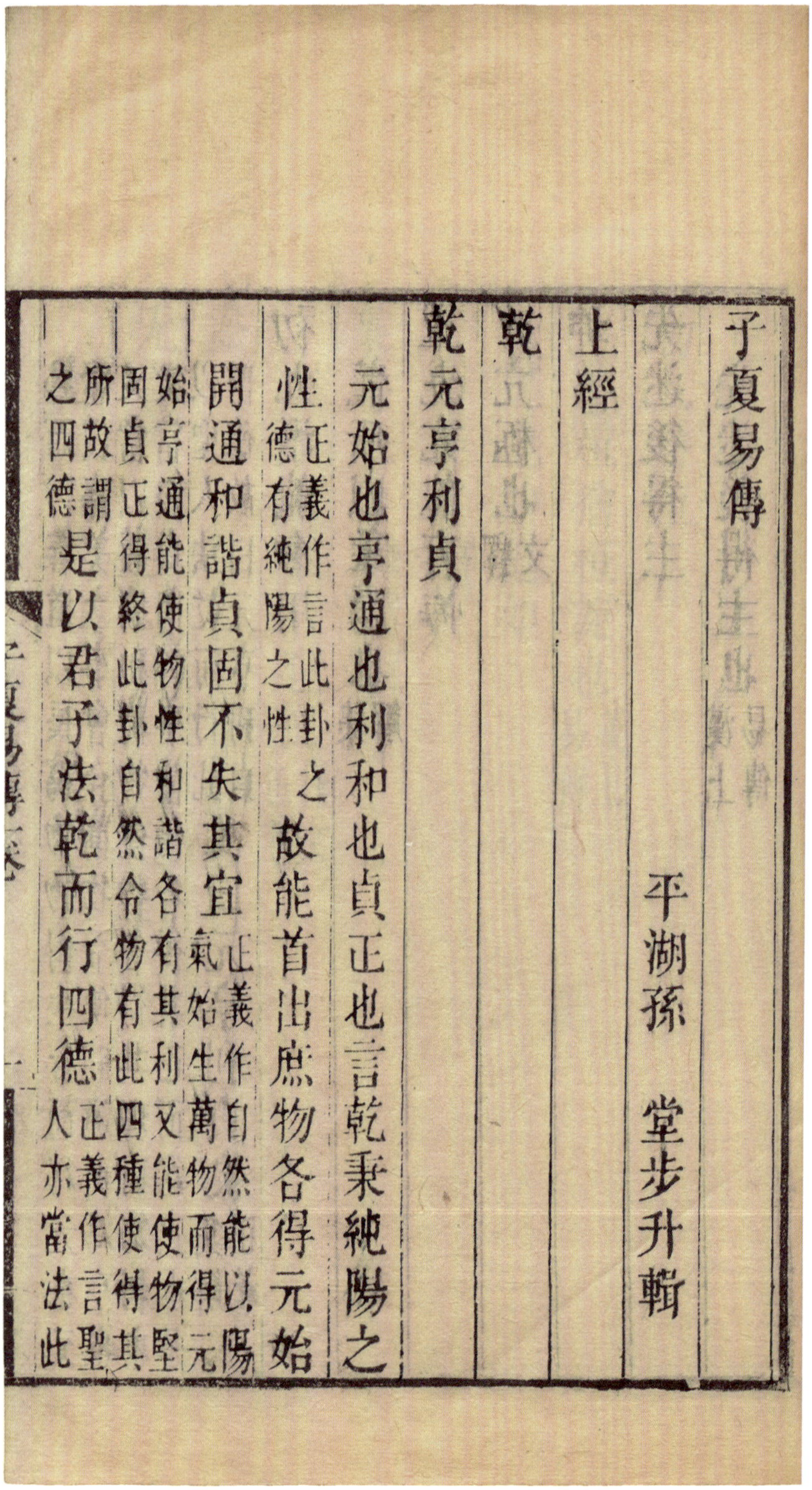

子夏易傳

平湖孫　堂步升輯

上經

乾

乾元亨利貞

元始也亨通也利和也貞正也言乾稟純陽之

性正義作言此卦之德有純陽之性故能首出庶物各得元始

開通和諧貞固不失其宜正義作自然能以陽氣始生萬物而得元

始亨通能使物性和諧各有其利又能使物堅固貞正得終此卦自然令物有此四種使得其

所故謂之四德是以君子法乾而行四德正義作言聖人亦當法此

漢魏二十一家易注　（清）孫堂輯　清嘉慶四年（1799）映雪草堂刻本

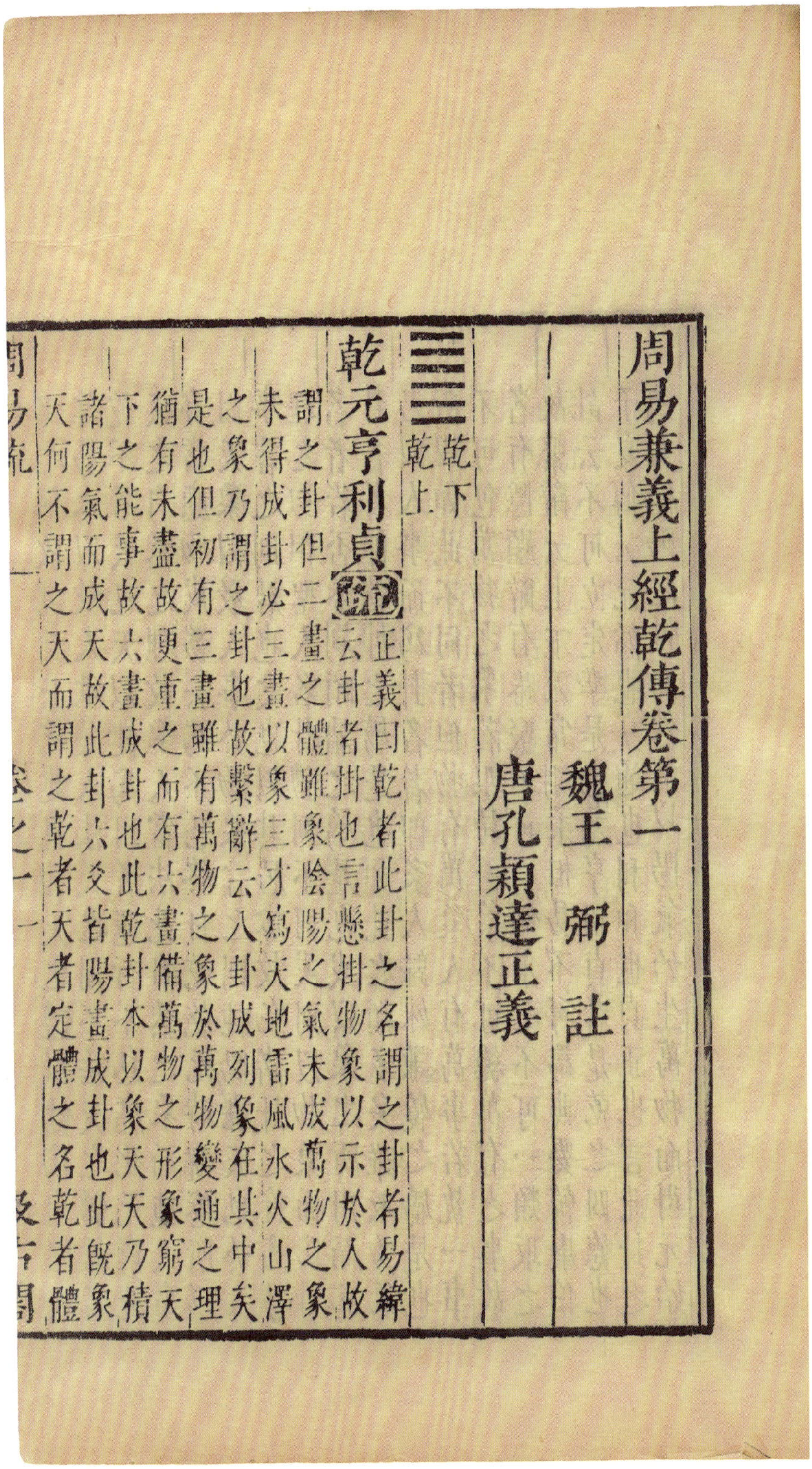
周易兼義上經乾傳卷第一
魏王　弼註
唐孔穎達正義
☰☰ 乾下乾上
乾元亨利貞【疏】正義曰乾者此卦之名謂之卦者易緯
云卦者掛也言懸掛物象以示於人故
謂之卦但二畫之體雖象陰陽之氣未成萬物之象
未得成卦必三畫以象三才寫天地雷風水火山澤
之象乃謂之卦也故繫辭云八卦成列象在其中矣
是也但初有三畫雖有萬物之象於萬物變通之理
猶有未盡故更重之而有六畫備萬物之形象窮天
下之能事故六畫成卦也此乾卦本以象天天乃積
諸陽氣而成天故此卦六爻皆陽畫成卦也此既象
天何不謂之天而謂之乾者天者定體之名乾者體
周易疏　卷之一　一　汲古閣

周易兼義九卷　（三國魏）王弼註　（唐）孔穎達正義
明崇禎毛氏汲古閣刻十三經注疏本

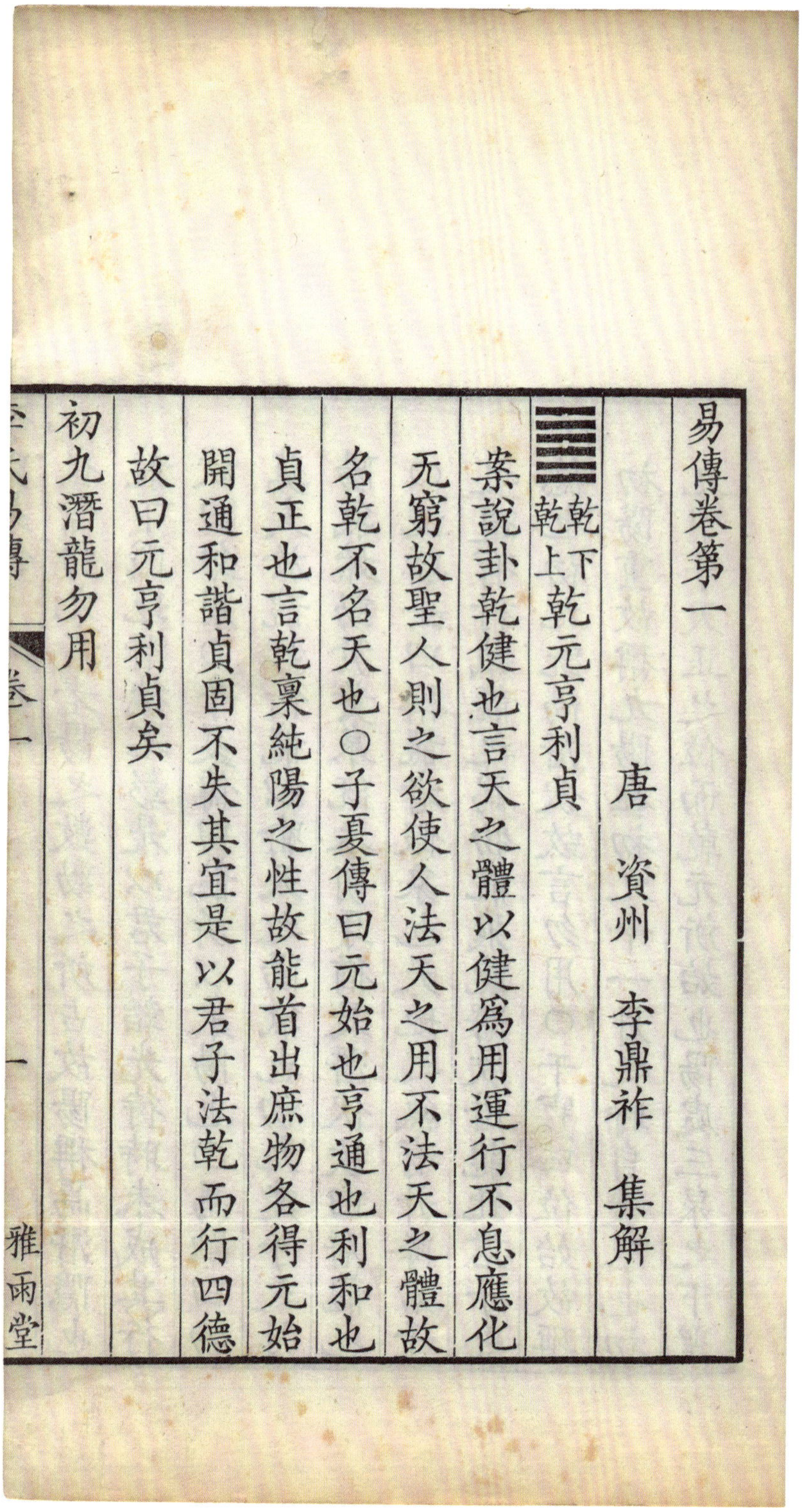

易傳卷第一

唐　資州　李鼎祚　集解

☰ 乾下乾上 乾元亨利貞

彖說卦乾健也言天之體以健爲用運行不息應化无窮故聖人則之欲使人法天之用不法天之體故名乾不名天也○子夏傳曰元始也亨通也利和也貞正也言乾稟純陽之性故能首出庶物各得元始開通和諧貞固不失其宜是以君子法乾而行四德故曰元亨利貞矣

初九潛龍勿用

李氏易傳　卷一　一　雅雨堂

易傳十七卷　（唐）李鼎祚集解　**周易音義一卷**　（唐）陸德明撰　清乾隆二十一年（1756）雅雨堂叢書本

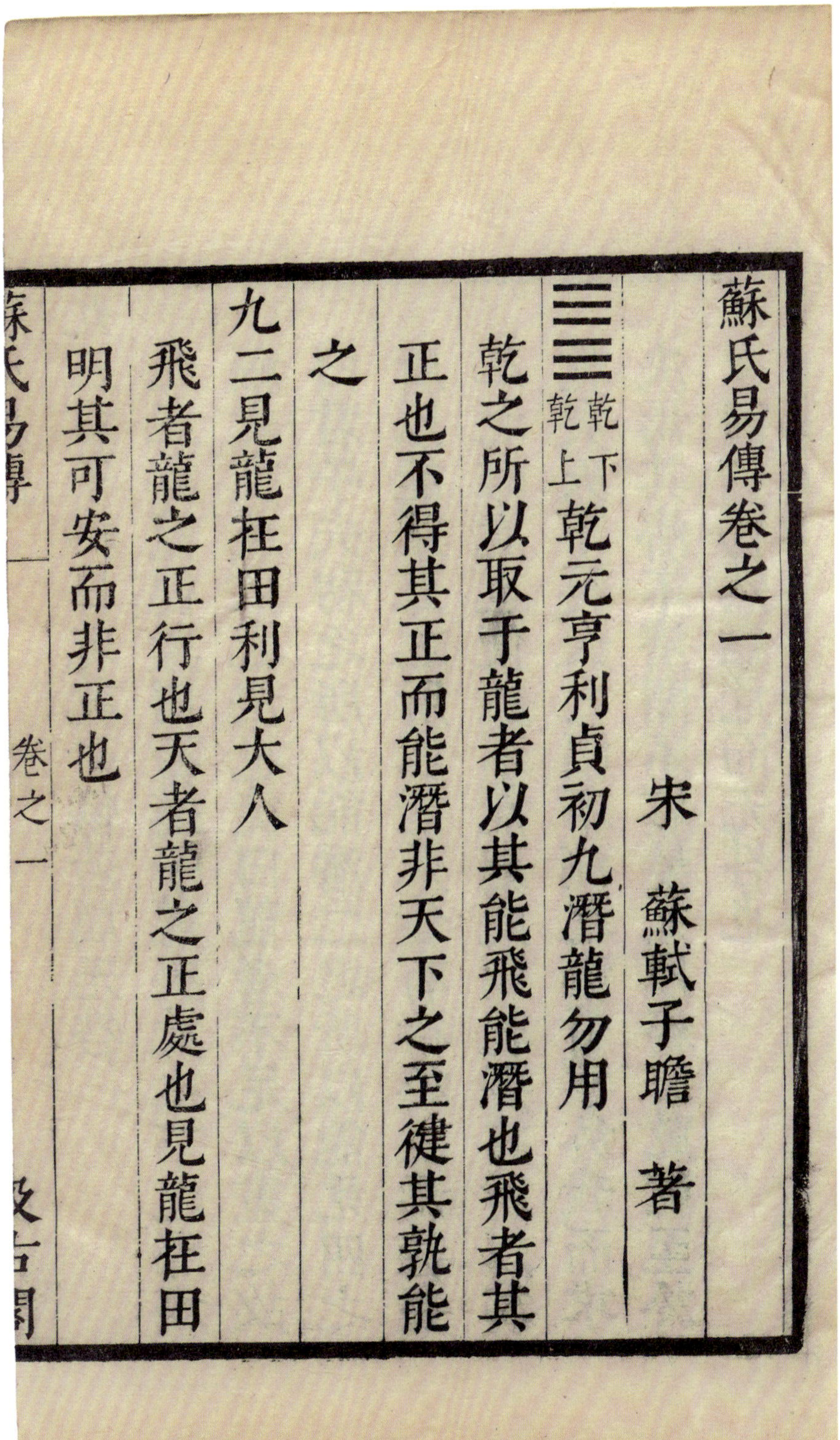

蘇氏易傳卷之一

宋　蘇軾子瞻　著

☰ 乾下乾上 乾元亨利貞初九潛龍勿用

乾之所以取于龍者以其能飛能潛也飛者其正也不得其正而能潛非天下之至健其孰能之

九二見龍在田利見大人

飛者龍之正行也天者龍之正處也見龍在田明其可安而非正也

蘇氏易傳　卷之一　汲古閣

蘇氏易傳九卷　（宋）蘇軾撰　明崇禎汲古閣刻本

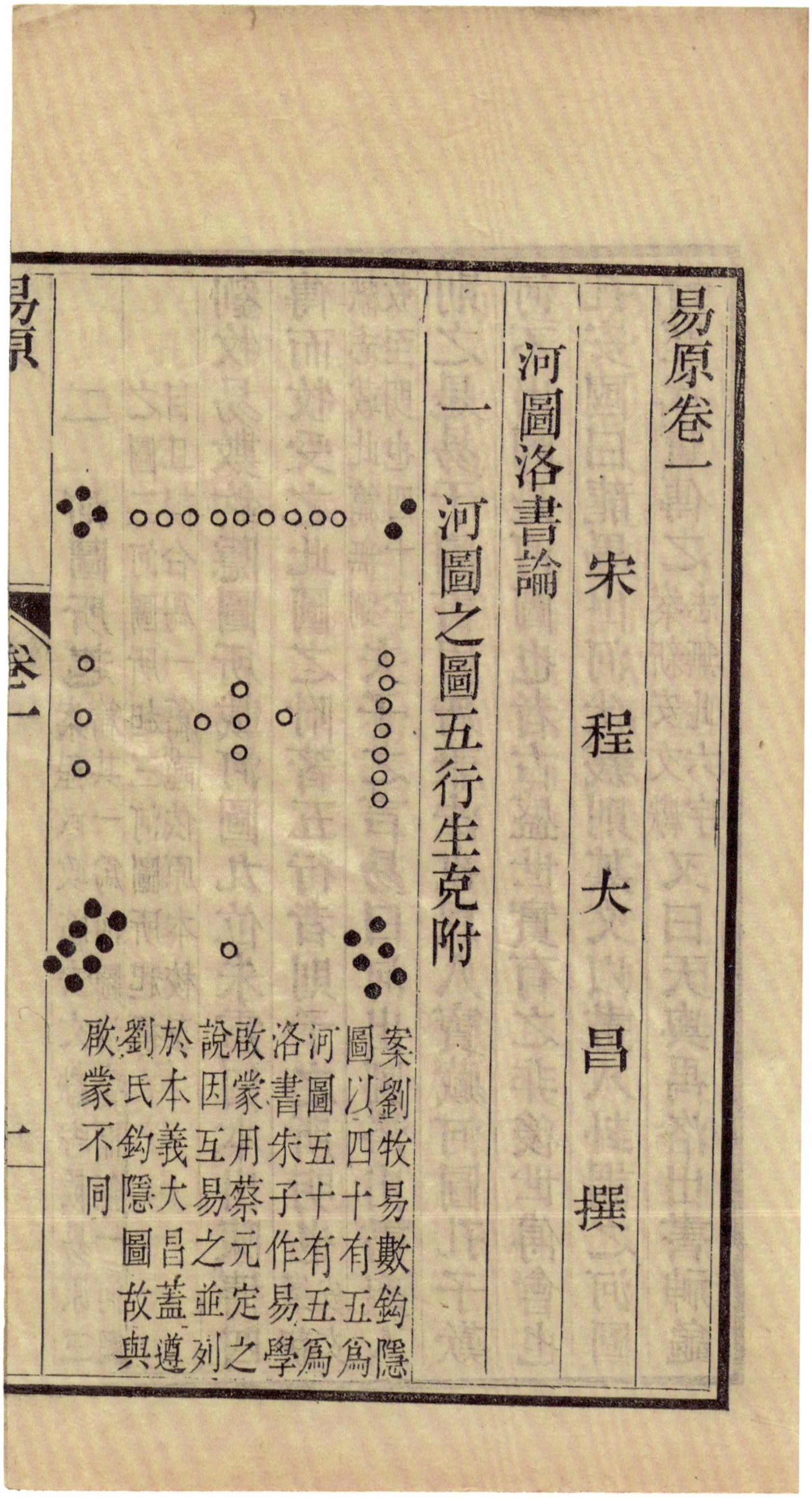
易原卷一

宋　程大昌　撰

河圖洛書論

一　河圖之圖五行生克附

案劉牧易數鈎隱圖以四十有五爲河圖五十有五爲洛書朱子作易學啟蒙用蔡元定之說因互易之並刻於本義大昌蓋遵劉氏鈎隱圖故與啟蒙不同

易原　卷一　一

易原八卷　（宋）程大昌撰　清乾隆武英殿聚珍版

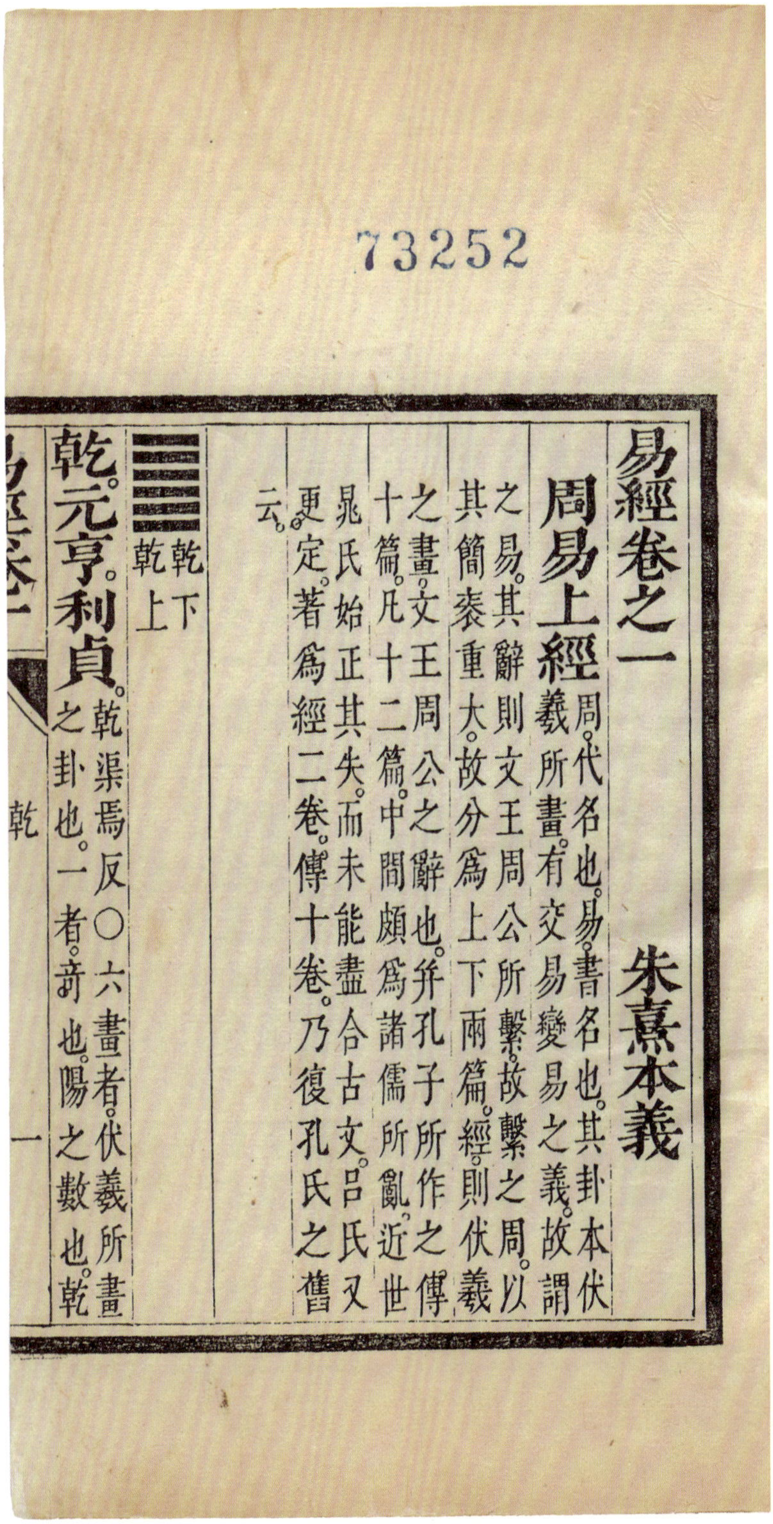

易經卷之一　　朱熹本義

周易上經　周代名也易書名也其卦本伏羲所畫有交易變易之義故謂之易其辭則文王周公所繫故繫之周以其簡袠重大故分爲上下兩篇經則伏羲之畫文王周公之辭也并孔子所作之傳十篇凡十二篇中間頗爲諸儒所亂近世晁氏始正其失而未能盡合古文呂氏又更定著爲經二卷傳十卷乃復孔氏之舊云

☰　乾下乾上

乾元亨利貞　乾渠焉反○六畫者伏羲所畫之卦也一者奇也陽之數也乾

易經卷之一　乾　一

易經四卷　（宋）朱熹本義　清乾隆怡府樂善堂刻本

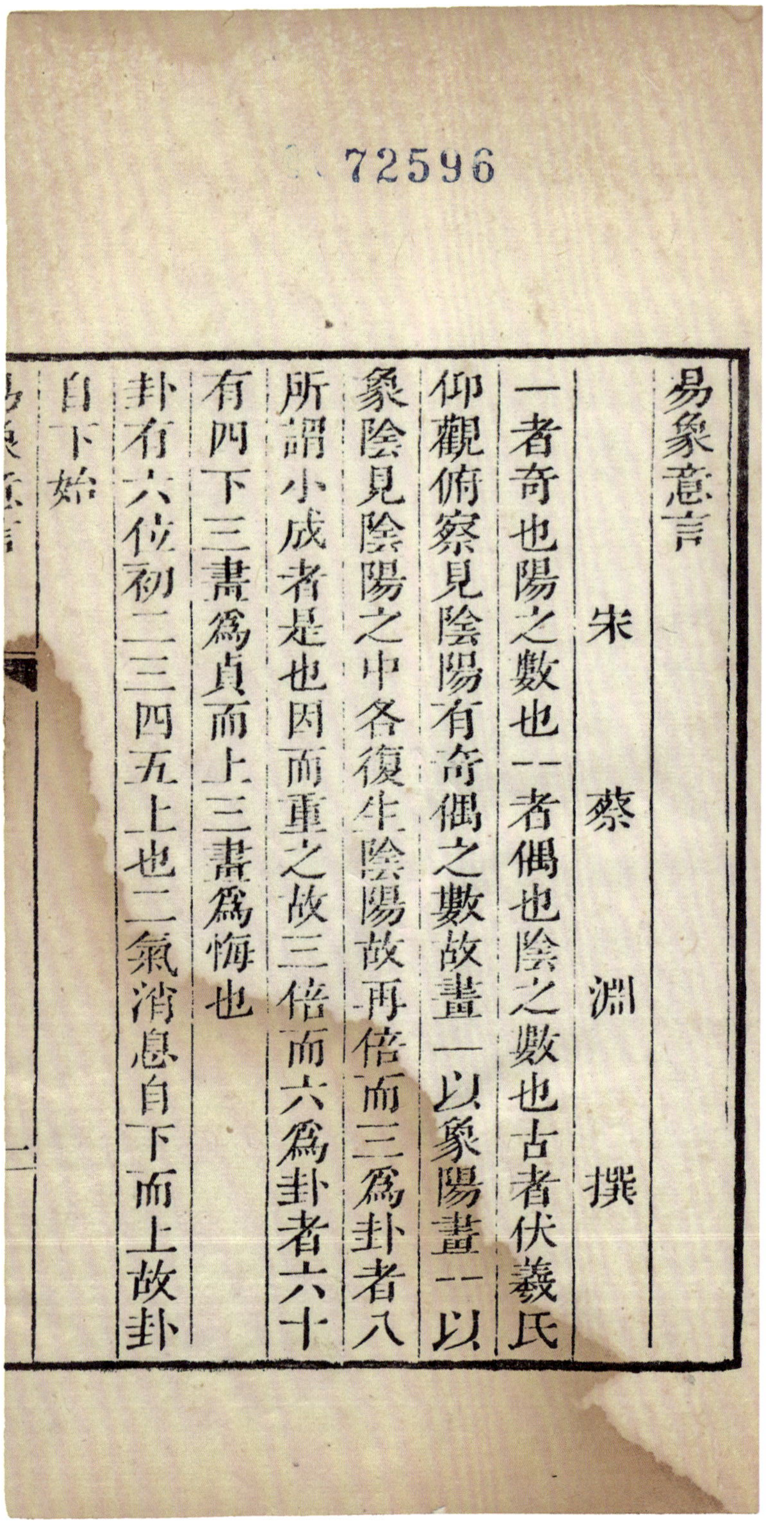

易象意言

宋　蔡　淵　撰

一者奇也陽之數也⚋者偶也陰之數也古者伏羲氏仰觀俯察見陰陽有奇偶之數故畫一以象陽畫⚋以象陰見陰陽之中各復生陰陽故再倍而三爲卦者八所謂小成者是也因而重之故三倍而六爲卦者六十有四下三畫爲貞而上三畫爲悔也

卦有六位初二三四五上也二氣消息自下而上故卦自下始

易象意言　一

易象意言一卷　（宋）蔡淵撰　（清）吴省蘭輯　清嘉慶南匯吴氏聽彝堂刻藝海珠塵本

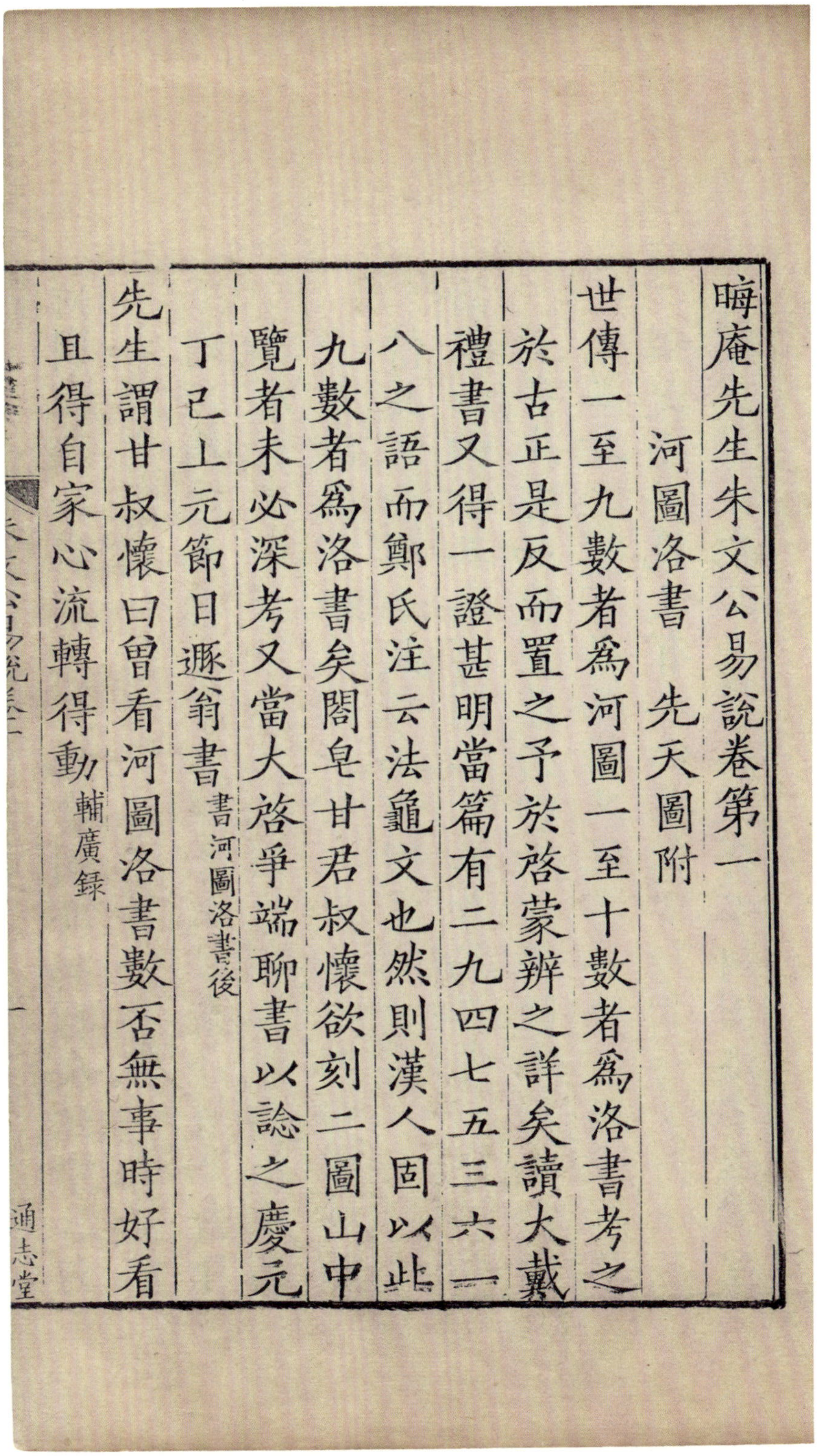
晦庵先生朱文公易説卷第一

河圖洛書　先天圖附

世傳一至九數者爲河圖一至十數者爲洛書考之於古正是反而置之予於啓蒙辨之詳矣讀大戴禮書又得一證甚明當篇有二九四七五三六一八之語而鄭氏注云法龜文也然則漢人固以此九數者爲洛書矣閣皂甘君叔懷欲刻二圖山中覽者未必深考又當大啓爭端聊書以諗之慶元丁巳上元節日遯翁書 書河圖洛書後

先生謂甘叔懷曰曾看河圖洛書數否無事時好看且得自家心流轉得動 輔廣録

朱文公易説卷一　一　通志堂

晦庵先生朱文公易說二十三卷　（宋）朱熹撰　（宋）朱鑑輯　清康熙十五年（1676）通志堂刻本

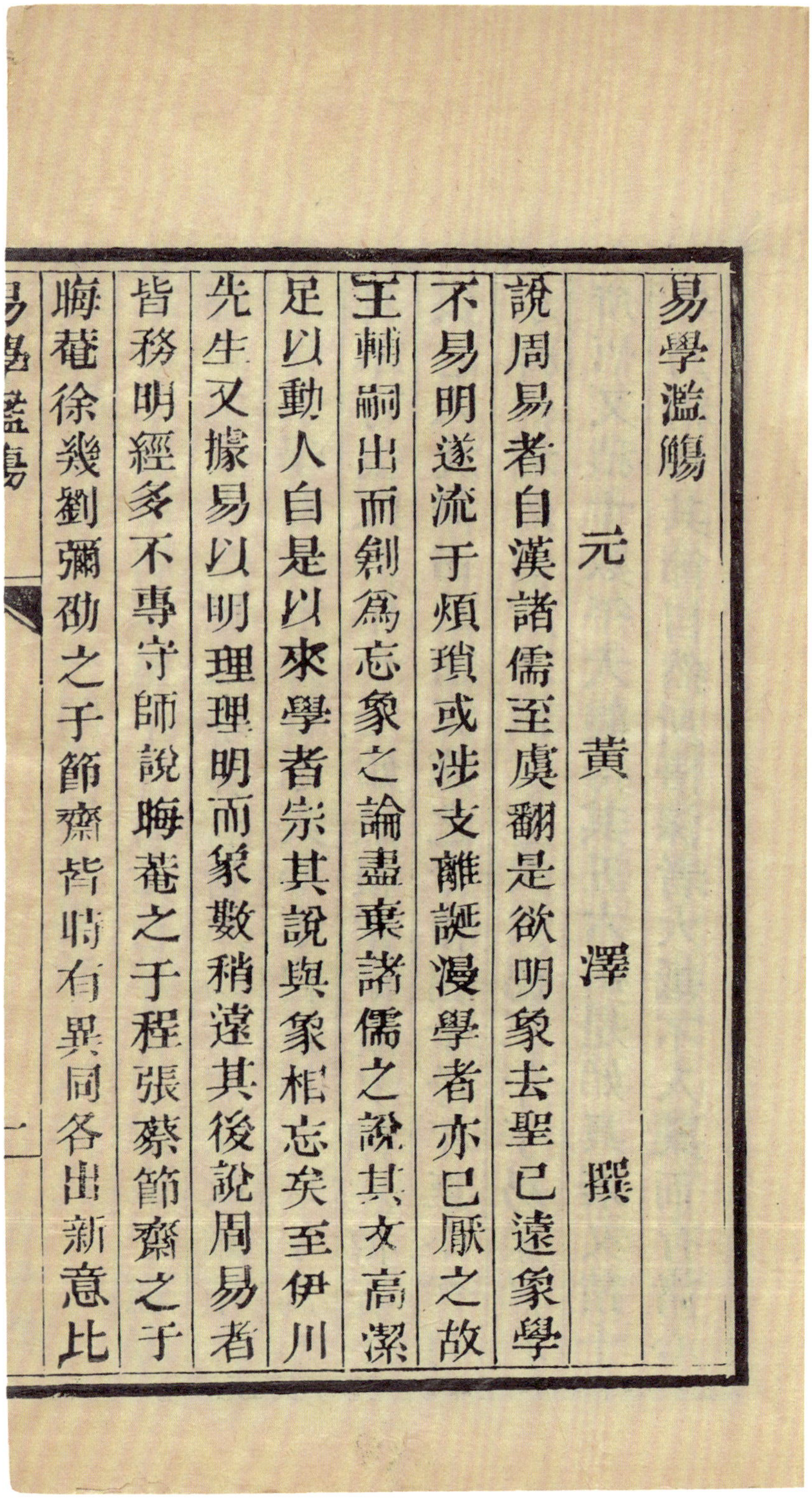

易學濫觴

元　黄　澤　撰

說周易者自漢諸儒至虞翻是欲明象去聖已遠象學不易明遂流于煩瑣或涉支離誕漫學者亦已厭之故王輔嗣出而剗爲忘象之論盡棄諸儒之說其文高潔足以動人自是以來學者宗其說與象相忘矣至伊川先生又據易以明理理明而象數稍遠其後說周易者皆務明經多不專守師說晦菴之于程張蔡節齋之于晦菴徐幾劉彌劭之于節齋皆時有異同各出新意比

易學濫觴　一

易學濫觴一卷　（元）黄澤撰　清乾隆武英殿聚珍版

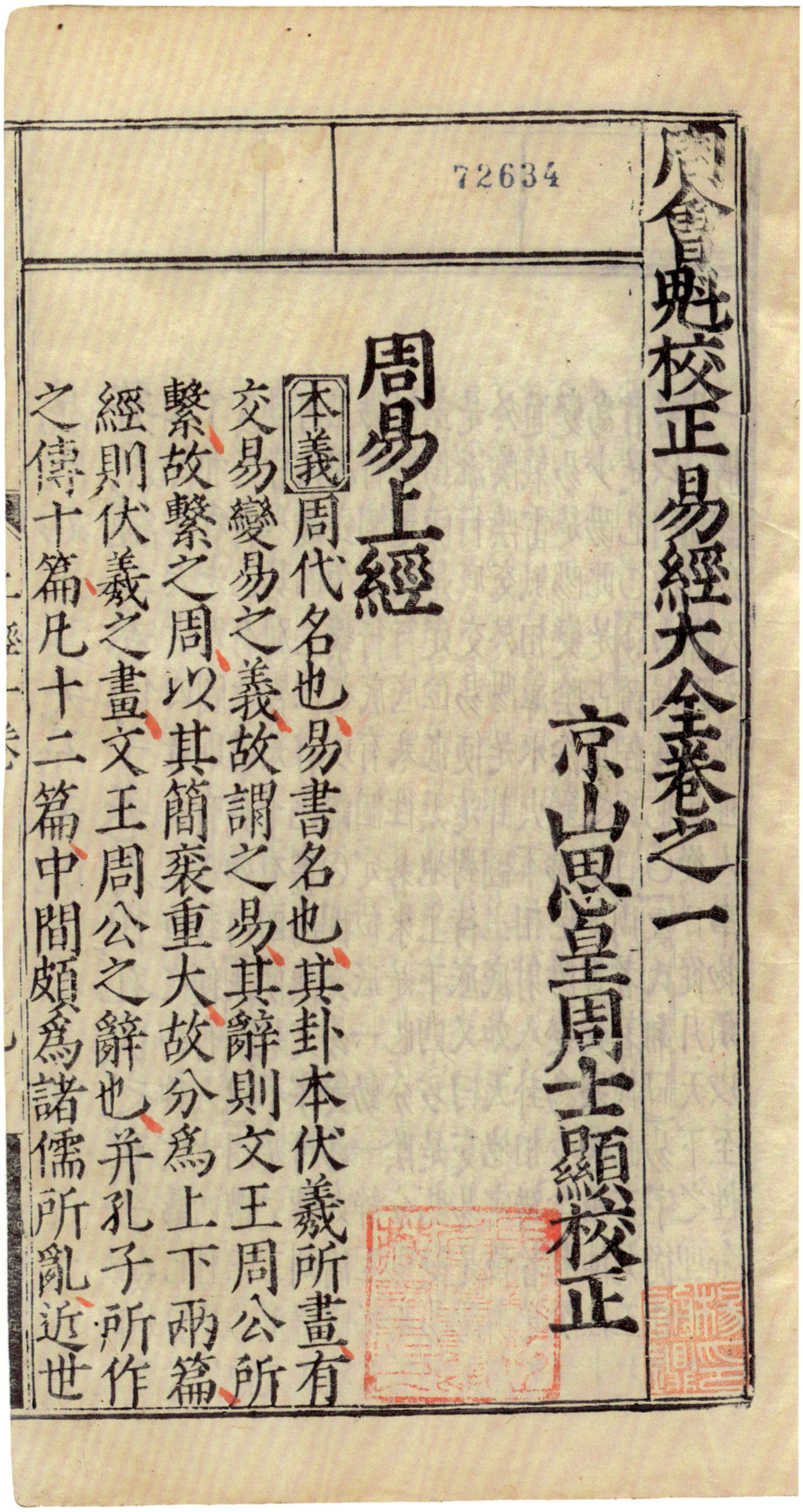

72634

周會魁校正易經大全卷之一

京山思皇周士顯校正

周易上經

本義周代名也易書名也其卦本伏羲所畫有交易變易之義故謂之易其辭則文王周公所繫故繫之周以其簡袠重大故分爲上下兩篇經則伏羲之畫文王周公之辭也并孔子所作之傳十篇凡十二篇中間頗爲諸儒所亂近世

周會魁校正易經大全二十卷首一卷　（明）胡廣等撰　（明）周士顯校　明萬曆三十三年（1605）書林余氏刻本

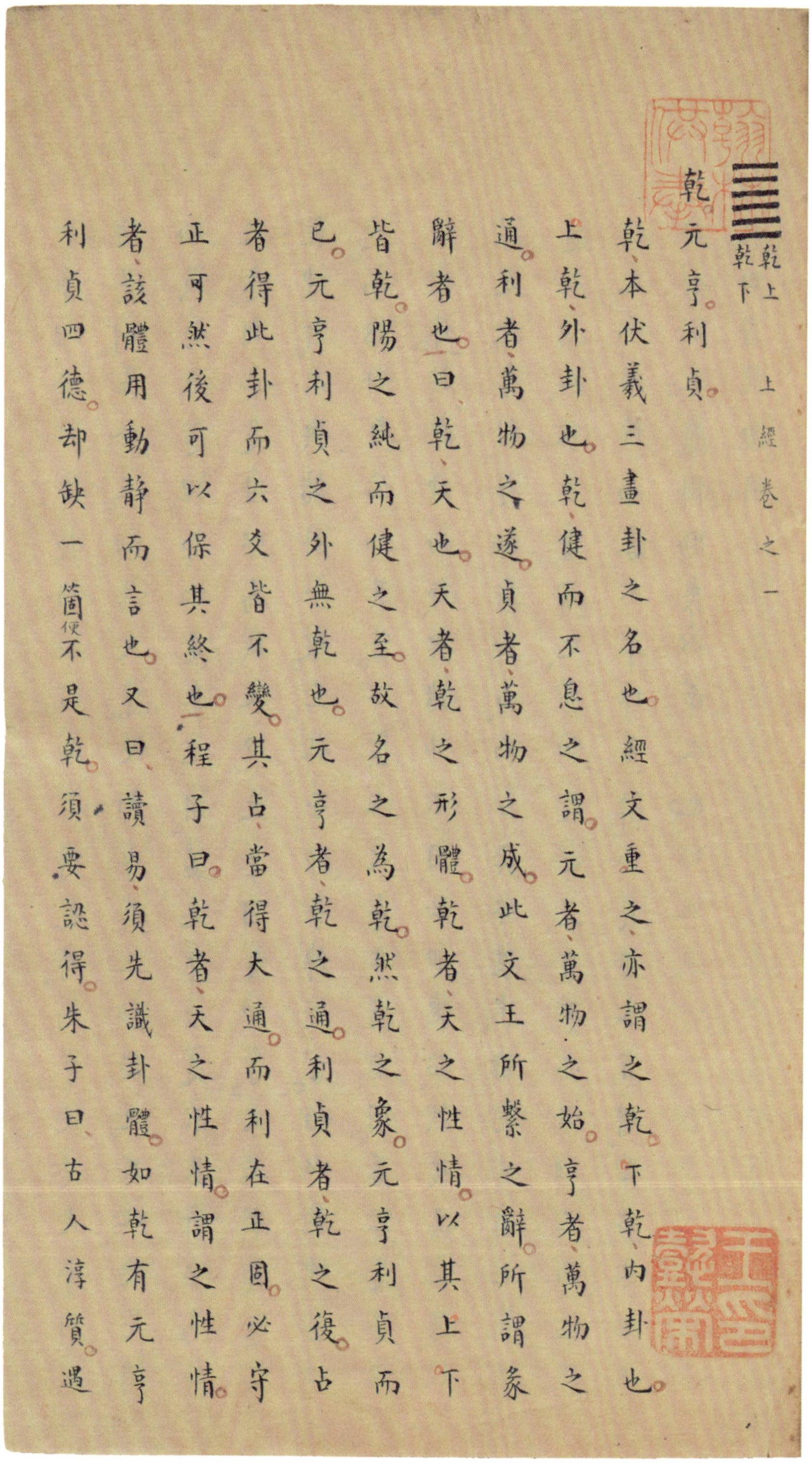

乾上乾下　上經卷之一

乾

元亨利貞

乾本伏羲三畫卦之名也經文重之亦謂之乾下乾内卦也上乾外卦也乾健而不息之謂元者萬物之始亨者萬物之通利者萬物之遂貞者萬物之成此文王所繫之辭所謂彖辭者也曰乾天也天者乾之形體乾者天之性情以其上下皆乾陽之純而健之至故名之為乾然乾之象元亨利貞而已元亨利貞之外無乾也元亨者乾之通利貞者乾之復占者得此卦而六爻皆不變其占當得大通而利在正固必守正可然後可以保其終也程子曰乾者天之性情謂之性情者該體用動靜而言也又曰讀易須先識卦體如乾有元亨利貞四德却缺一箇便不是乾須要認得朱子曰古人淳質遇

録周易傳義大全四卷　（明）胡廣等輯　清乾隆十五年（1750）恒陽陶靈無格抄本

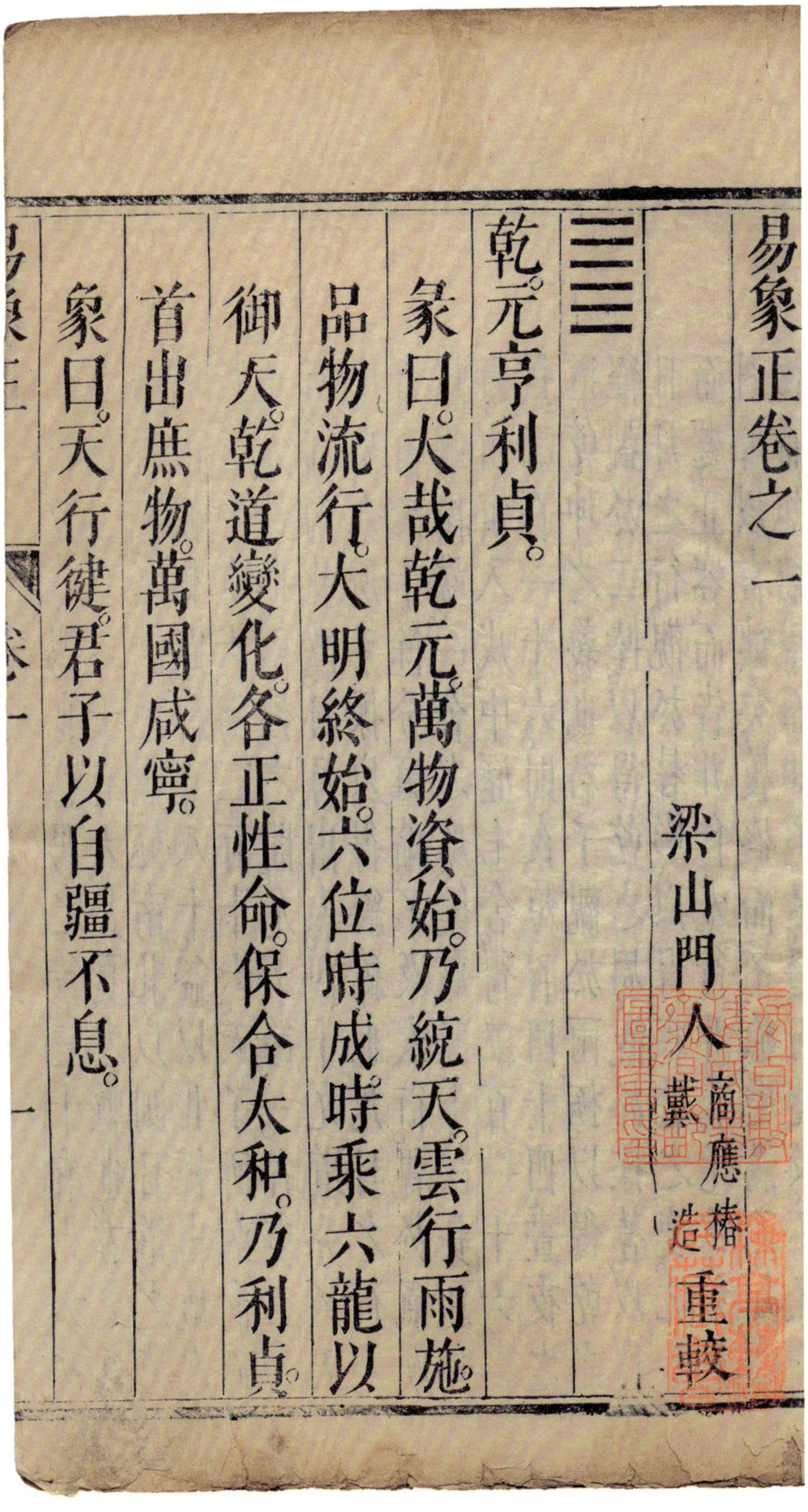
易象正卷之一
梁山門人商應椿戴造重較
䷀
乾元亨利貞。
彖曰大哉乾元萬物資始乃統天雲行雨施
品物流行大明終始六位時成時乘六龍以
御天乾道變化各正性命保合太和乃利貞
首出庶物萬國咸寧
象曰天行健君子以自彊不息
易象正　卷一　一

易象正十六卷　（明）黄道周撰　清康熙三十二年（1693）刻石齋九種本

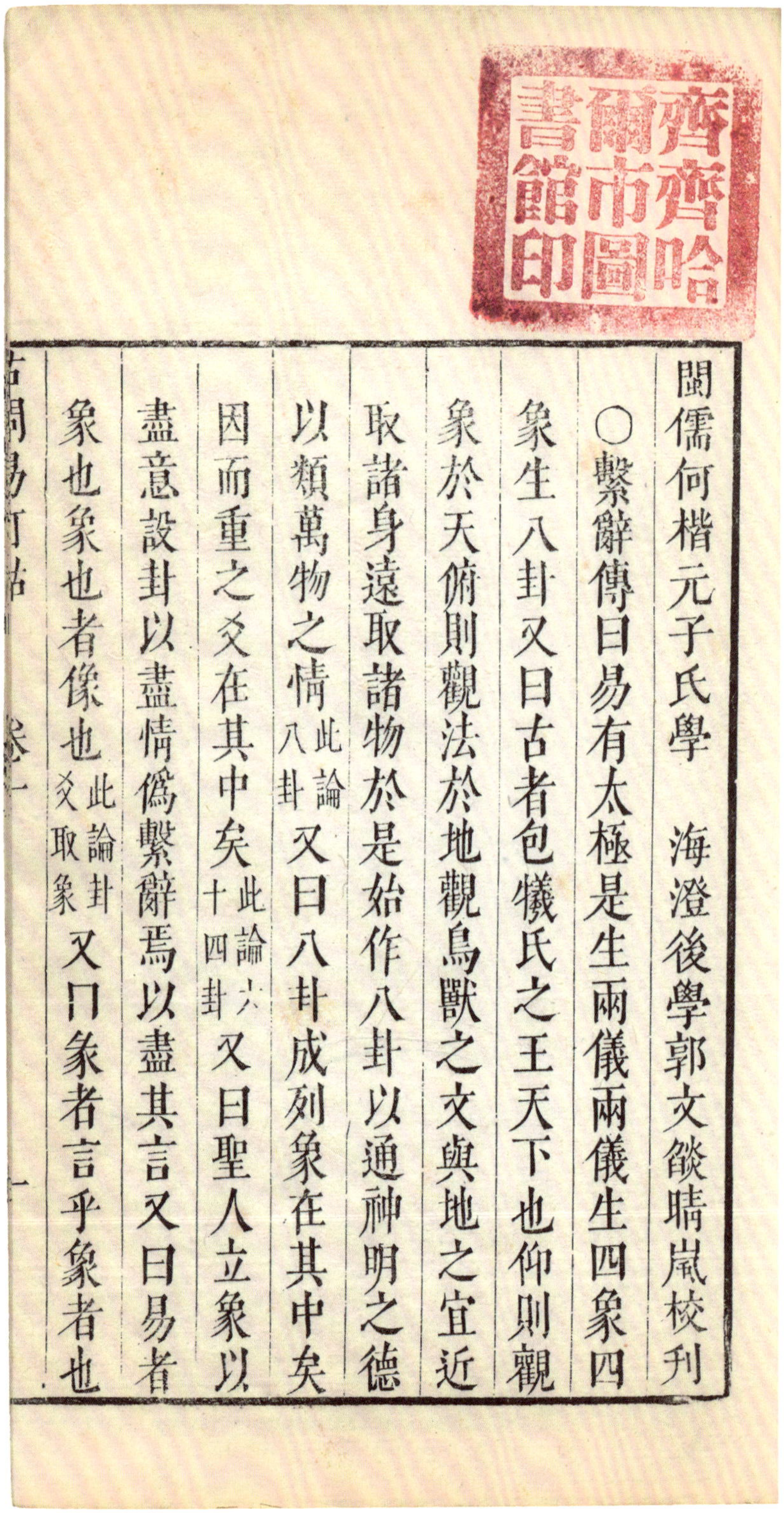

閩儒何楷元子氏學　海澄後學郭文餤晴嵐校刋

○繫辭傳曰易有太極是生兩儀兩儀生四象四象生八卦又曰古者包犧氏之王天下也仰則觀象於天俯則觀法於地觀鳥獸之文與地之宜近取諸身遠取諸物於是始作八卦以通神明之德以類萬物之情（此論八卦）又曰八卦成列象在其中矣因而重之爻在其中矣（此論六十四卦）又曰聖人立象以盡意設卦以盡情僞繫辭焉以盡其言又曰易者象也象也者像也（此論卦爻取象）又曰象者言乎象者也

古周易訂詁十六卷附答客問一篇　（明）何楷撰　（清）郭文餤校　清乾隆十六年（1751）荊園余氏刻朱墨套印本

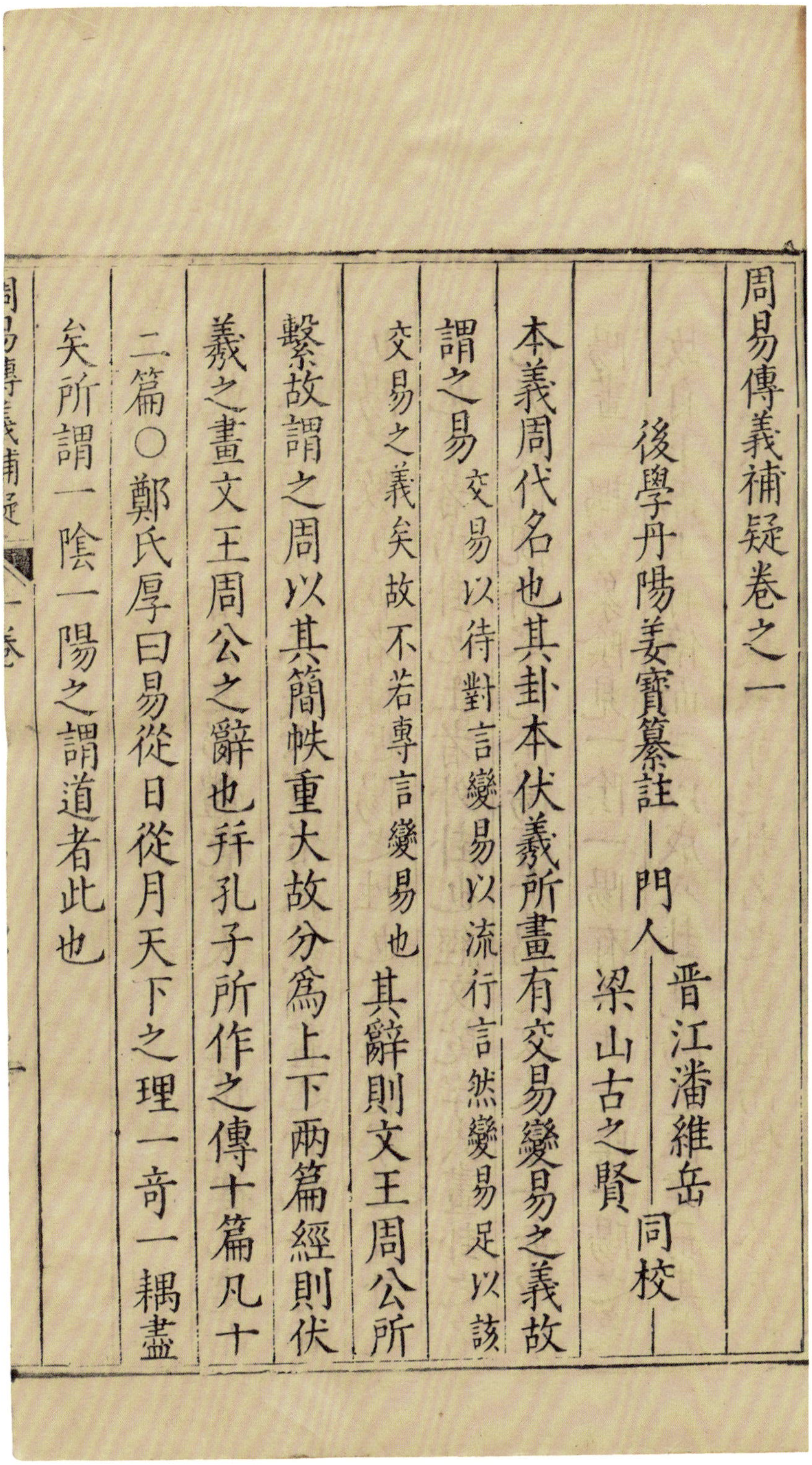

周易傳義補疑卷之一

後學丹陽姜寶纂註　門人　晉江潘維岳　梁山古之賢　同校

本義周代名也其卦本伏羲所畫有交易變易之義故謂之易交易以待對言變易以流行言然變易足以該交易之義矣故不若專言變易也　其辭則文王周公所繫故謂之周以其簡帙重大故分爲上下兩篇經則伏羲之畫文王周公之辭也幷孔子所作之傳十篇凡十二篇○鄭氏厚曰易從日從月天下之理一奇一耦盡矣所謂一陰一陽之謂道者此也

周易傳義補疑　一卷

周易傳義補疑十二卷　（明）姜寶纂註　（明）潘維岳　（明）古之賢校　明萬曆十四年（1586）古之賢新安郡齋刻本

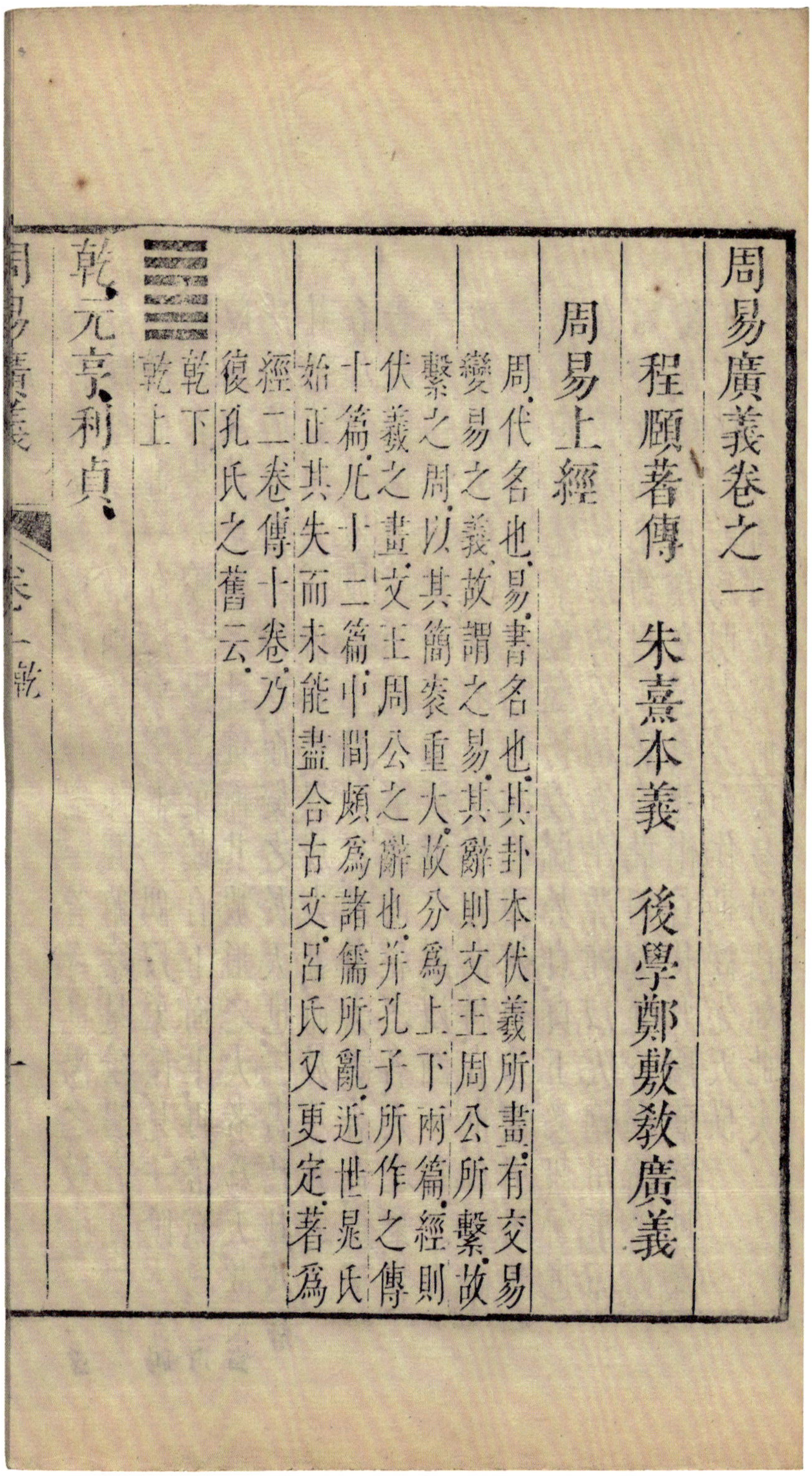

周易廣義卷之一

程頤著傳　朱熹本義　後學鄭敷教廣義

周易上經

周代名也易書名也其卦本伏羲所畫有交易變易之義故謂之易其辭則文王周公所繫故繫之周以其簡袠重大故分爲上下兩篇經則伏羲之畫文王周公之辭也并孔子所作之傳十篇凡十二篇中間頗爲諸儒所亂近世晁氏始正其失而未能盡合古文呂氏又更定著爲經二卷傳十卷乃復孔氏之舊云

䷀ 乾下乾上

乾元亨利貞

周易廣義　卷一　乾　一

周易廣義四卷圖一卷　（宋）程頤傳　（宋）朱熹本義　（清）鄭敷教廣義　清康熙二十三年（1684）松月樓刻本

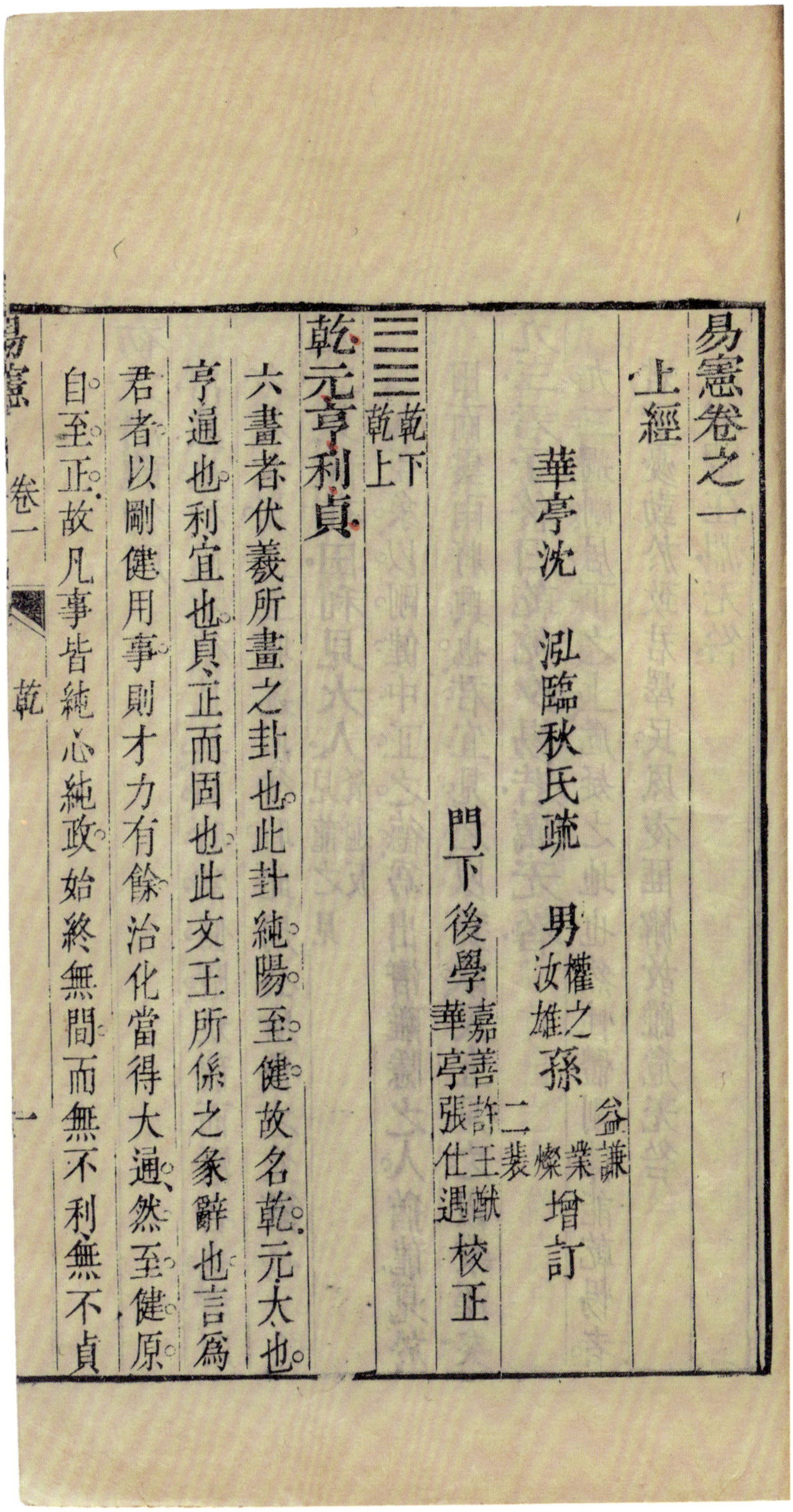

易憲卷之一

上經

華亭沈　泓臨秋氏疏　男權之汝雄孫益謙業燦增訂

門下後學嘉善許王猷二裴華亭張仕遇校正

☰☰乾下乾上

乾元亨利貞

六畫者伏羲所畫之卦也此卦純陽至健故名乾元太也亨通也利宜也貞正而固也此文王所係之彖辭也言爲君者以剛健用事則才力有餘治化當得大通然至健原自至正故凡事皆純心純政始終無間而無不利無不貞

易憲　卷一　乾　一

易憲四卷附圖説一卷　（明）沈泓撰　清乾隆九年（1744）刻本

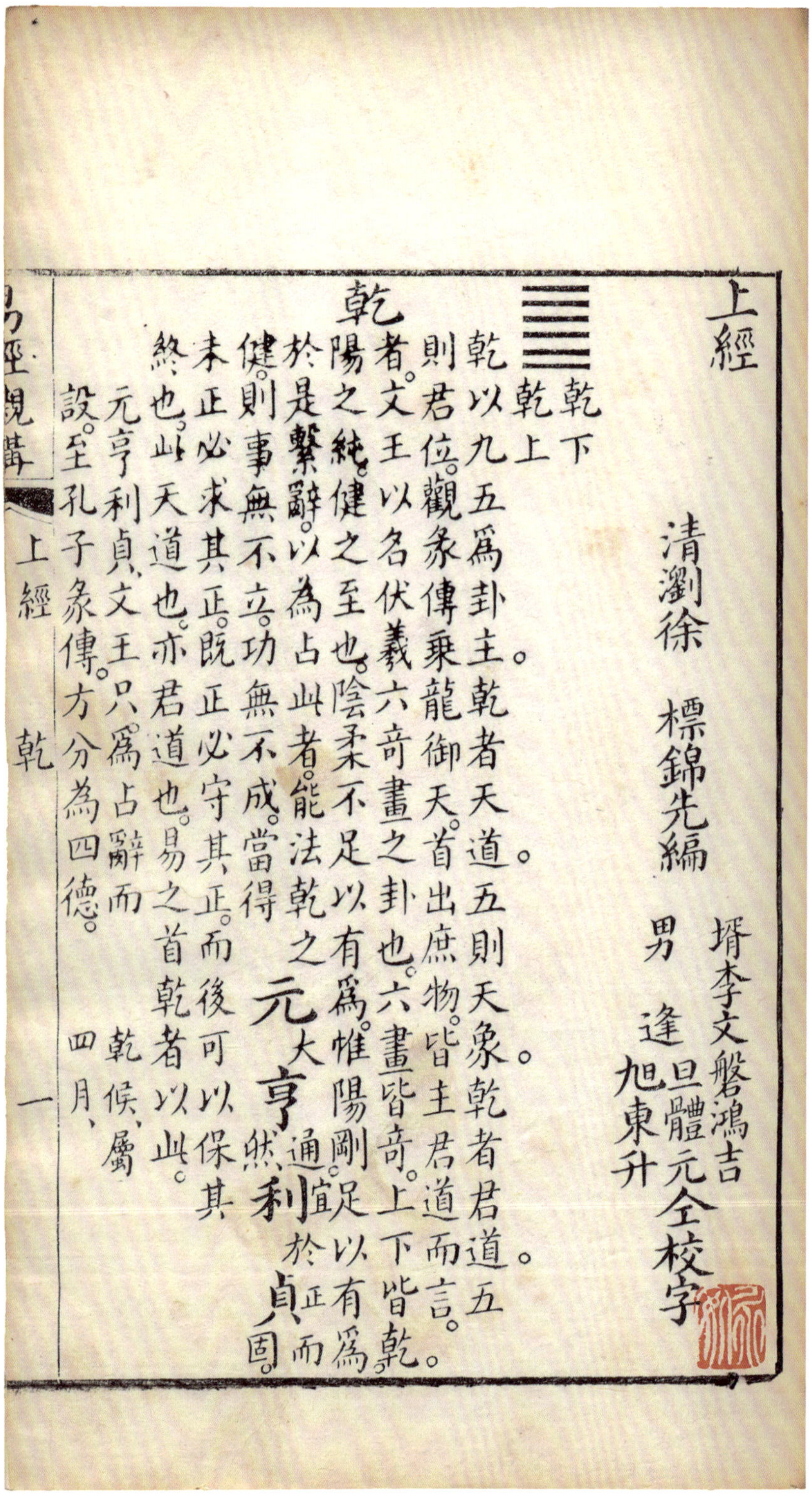
上經
清劉徐標錦先編
壻李文磐鴻吉
男逢旦體元
逢旭東升仝校字
乾下乾上
乾以九五爲卦主。乾者天道。五則天象。乾者君道。五
則君位。觀彖傳乘龍御天。首出庶物。皆主君道而言。
乾者。文王以名伏羲六奇畫之卦也。六畫皆奇。上下皆乾。
陽之純。健之至也。陰柔不足以有爲。惟陽剛足以有爲。
於是繫辭。以爲占此者。能法乾之
健。則事無不立。功無不成。當得
元大亨然通利宜於正而貞固
未正必求其正。既正必守其正。而後可以保其
終也。此天道也。亦君道也。易之首乾者以此。
元亨利貞。文王只爲占辭而
設。至孔子彖傳。方分爲四德。
乾。侯。屬四月。
易經襯講
上經
乾
一

易經襯講二卷　（明）徐標編　清乾隆四十年（1775）惺惺齋刻本

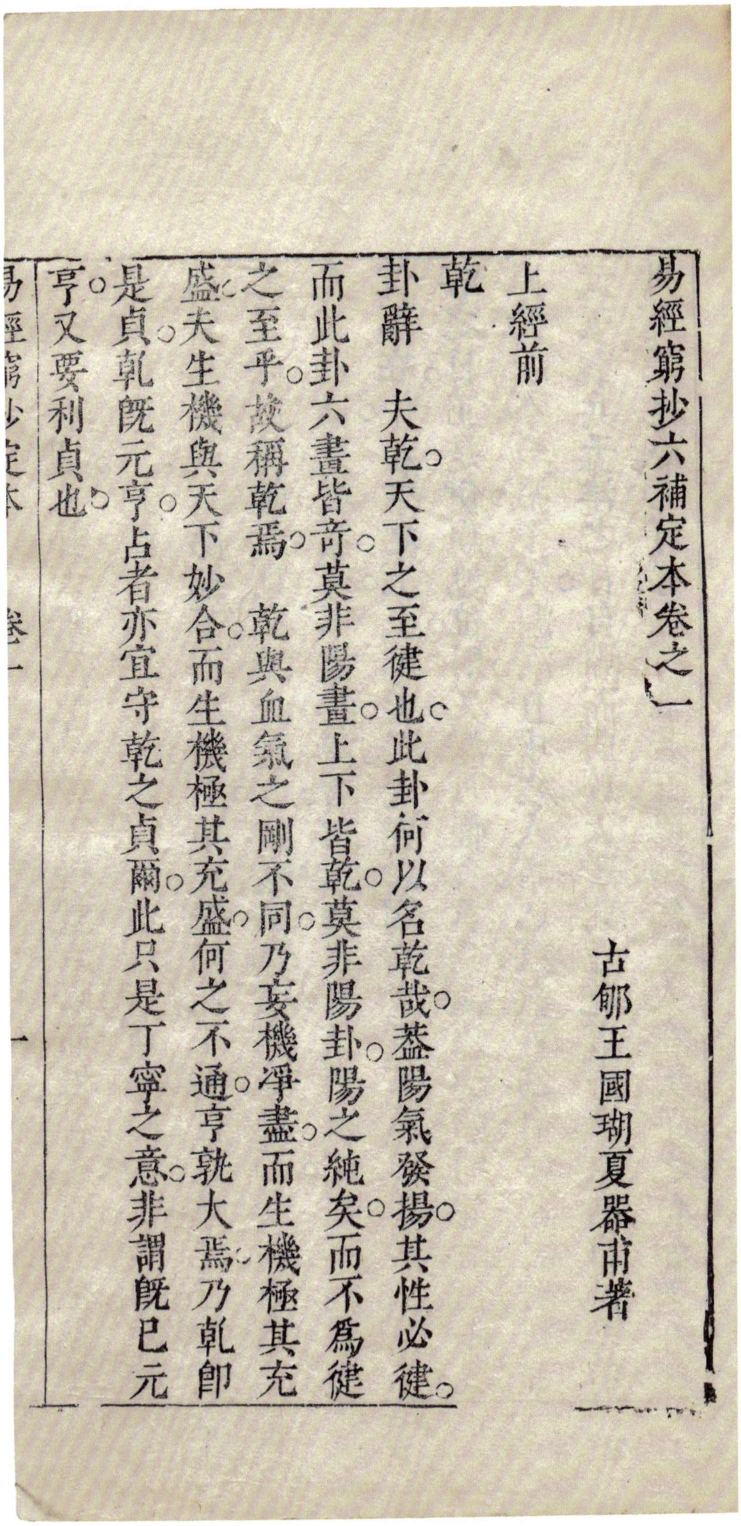

易經窮抄六補定本卷之一

古郇王國瑚夏器甫著

上經前

乾

卦辭　夫乾。天下之至健也。此卦何以名乾哉。蓋陽氣發揚其性必健。而此卦六畫皆奇。莫非陽畫。上下皆乾。莫非陽卦。陽之純矣。而不爲健之至乎。故稱乾焉。　乾與血氣之剛不同。乃妄機淨盡而生機極其充盛。夫生機與天下妙合而生機極其充盛。何之不通。亨孰大焉。乃乾即是貞。乾既元亨。占者亦宜守乾之貞。爾此只是丁寧之意。非謂既已元亨。又要利貞也。

易經窮抄定本　卷一　一

易經窮抄六補定本七卷　（清）王國瑚撰　清順治刻本

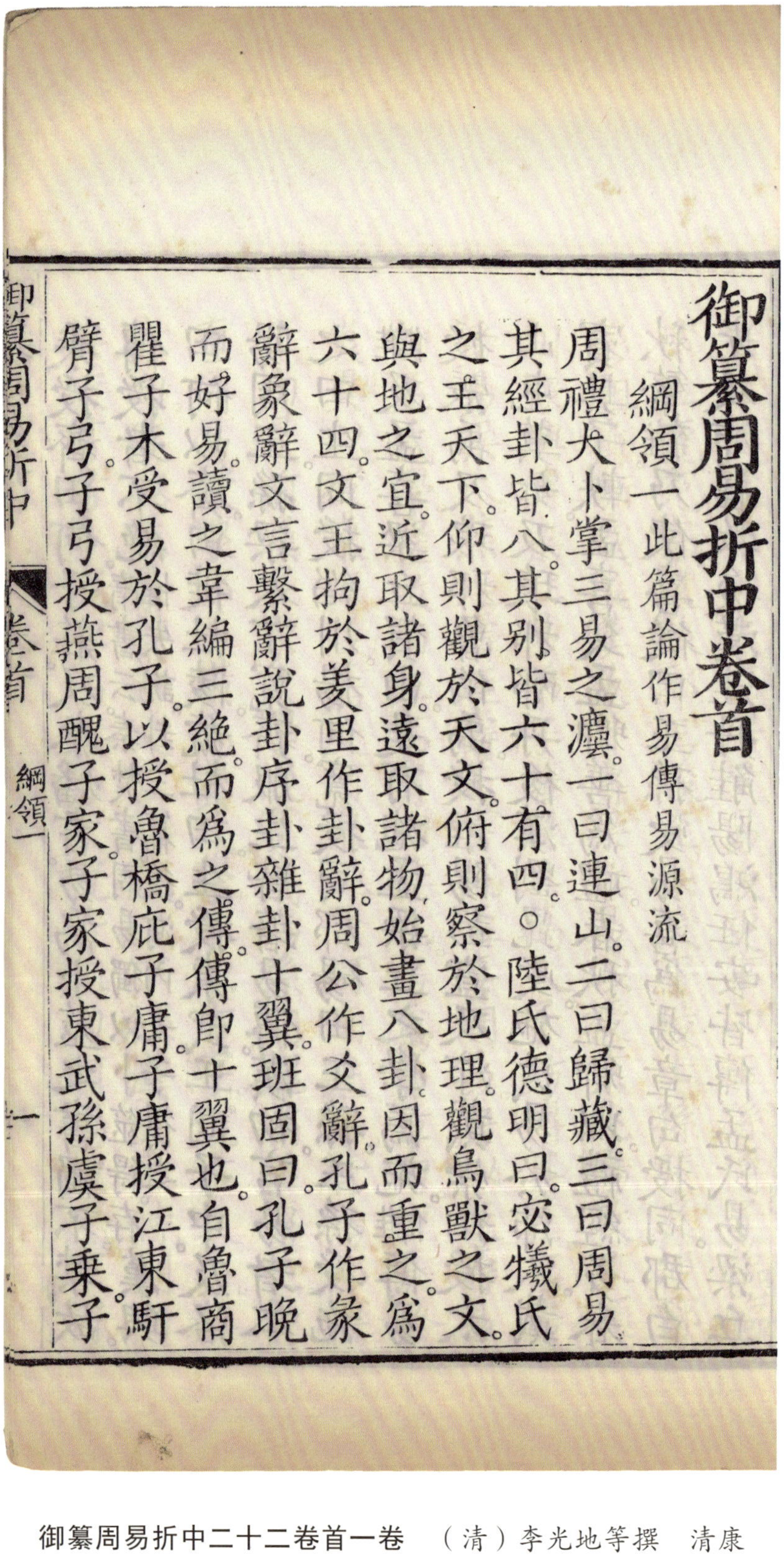

御纂周易折中卷首

綱領一 此篇論作易傳易源流

周禮大卜掌三易之灋一曰連山二曰歸藏三曰周易其經卦皆八其別皆六十有四○陸氏德明曰宓犧氏之王天下仰則觀於天文俯則察於地理觀鳥獸之文與地之宜近取諸身遠取諸物始畫八卦因而重之爲六十四文王拘於羑里作卦辭周公作爻辭孔子作彖辭象辭文言繫辭說卦序卦雜卦十翼班固曰孔子晚而好易讀之韋編三絕而爲之傳傳卽十翼也自魯商瞿子木受易於孔子以授魯橋庇子庸子庸授江東馯臂子弓子弓授燕周醜子家子家授東武孫虞子乘子

御纂周易折中 卷首 綱領一 一

御纂周易折中二十二卷首一卷 （清）李光地等撰 清康熙五十四年（1715）武英殿刻本

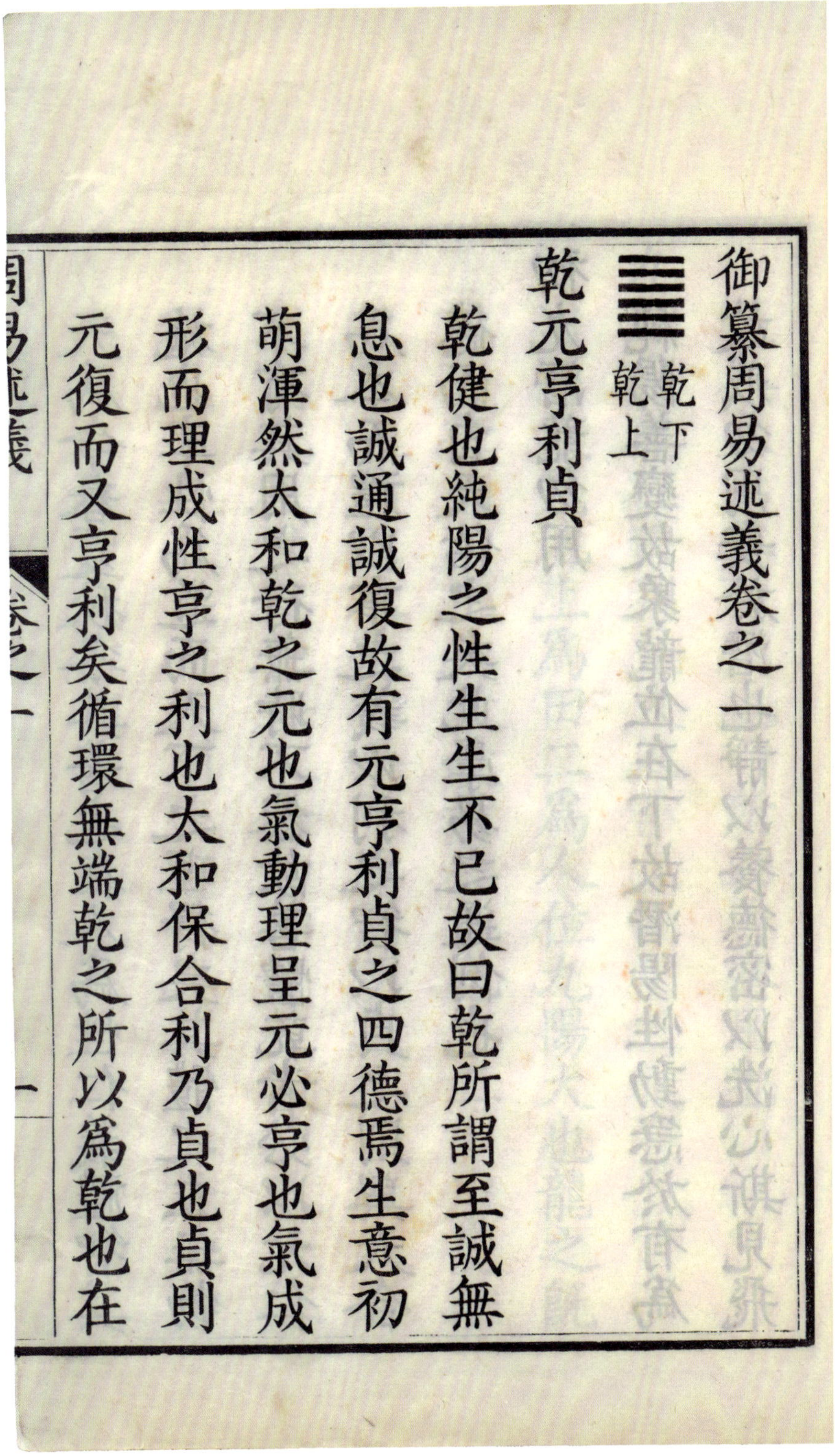

御纂周易述義卷之一

☰ 乾下乾上

乾元亨利貞

乾健也純陽之性生生不已故曰乾所謂至誠無息也誠通誠復故有元亨利貞之四德焉生意初萌渾然太和乾之元也氣動理呈元必亨也氣成形而理成性亨之利也太和保合利乃貞也貞則元復而又亨利矣循環無端乾之所以爲乾也在

周易述義　卷之一　一

御纂周易述義十卷　（清）傅恒等撰　清乾隆二十年（1755）內府刻本

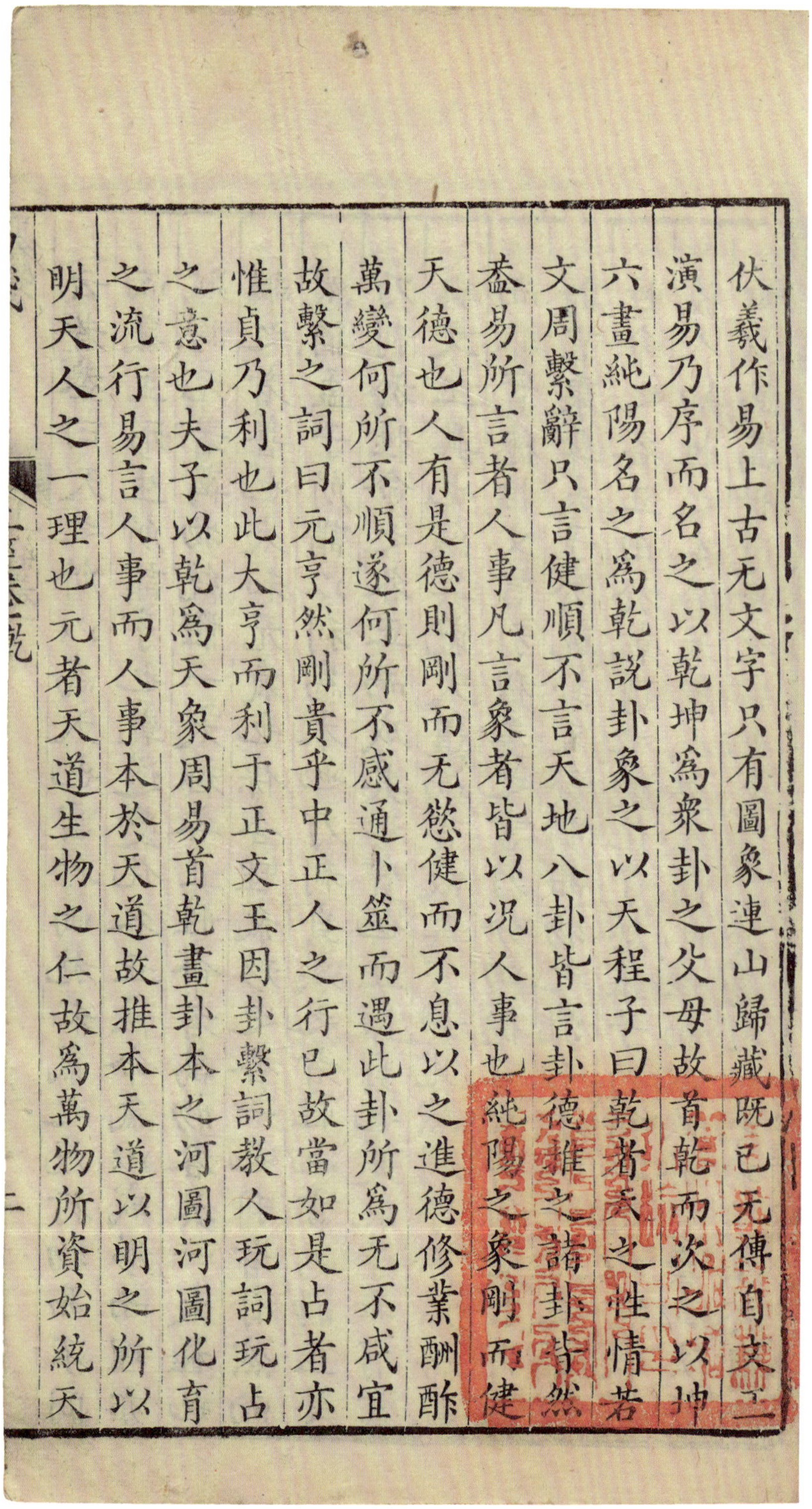

伏羲作易上古无文字只有圖象連山歸藏既已无傳自文王演易乃序而名之以乾坤爲衆卦之父母故首乾而次之以坤六畫純陽名之爲乾説卦象之以天程子曰乾者天之性情若文周繫辭只言健順不言天地八卦皆言卦德推之諸卦皆然葢易所言者人事凡言象者皆以況人事也純陽之象剛而健天德也人有是德則剛而无慾健而不息以之進德修業酬酢萬變何所不順遂何所不感通卜筮而遇此卦所爲无不咸宜故繫之詞曰元亨然剛貴乎中正人之行已故當如是占者亦惟貞乃利也此大亨而利于正文王因卦繫詞教人玩詞玩占之意也夫子以乾爲天象周易首乾畫卦本之河圖河圖化育之流行易言人事而人事本於天道故推本天道以明之所以明天人之一理也元者天道生物之仁故爲萬物所資始統天

易箋八卷首一卷　（清）陳法撰　清乾隆三十年（1765）敬和堂刻本

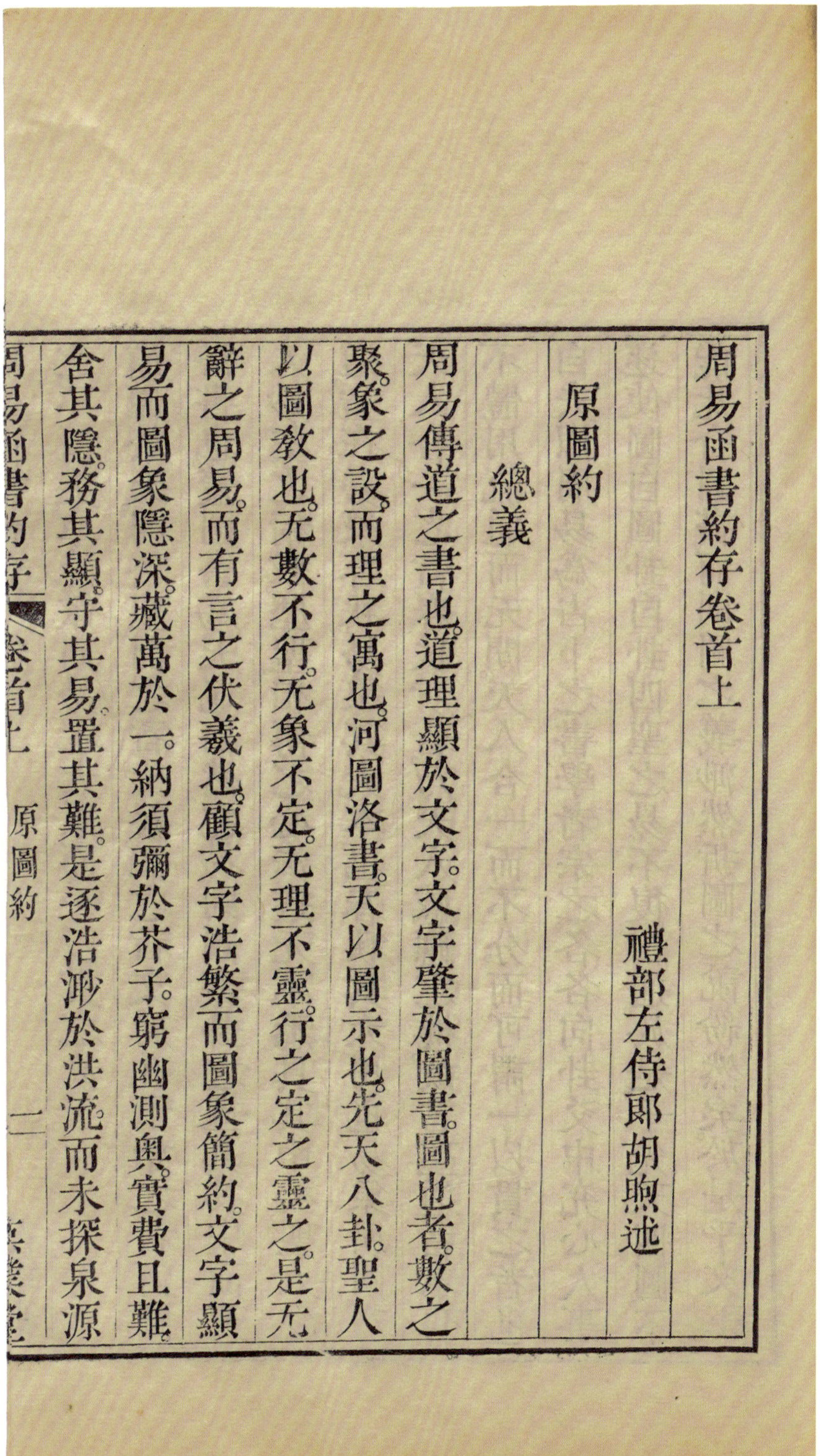
周易函書約存卷首上
禮部左侍郎胡煦述
原圖約
總義
周易傳道之書也。道理顯於文字。文字肇於圖書。圖也者。數之聚。象之設。而理之寓也。河圖洛書。天以圖示也。先天八卦。聖人以圖教也。无數不行。无象不定。无理不靈。行之定之靈之。是无辭之周易。而有言之伏羲也。顧文字浩繁。而圖象簡約。文字顯易。而圖象隱深。藏萬於一。納須彌於芥子。窮幽測奧。實費且難。舍其隱。務其顯。守其易。置其難。是逐浩渺於洪流。而未探泉源

周易函書約存　卷首上　原圖約　二

周易函書約存十五卷首三卷約注十八卷別集十六卷　（清）胡煦撰　（清）彭啟豐等校　清乾隆三十八年（1773）胡季堂葆璞堂刻本

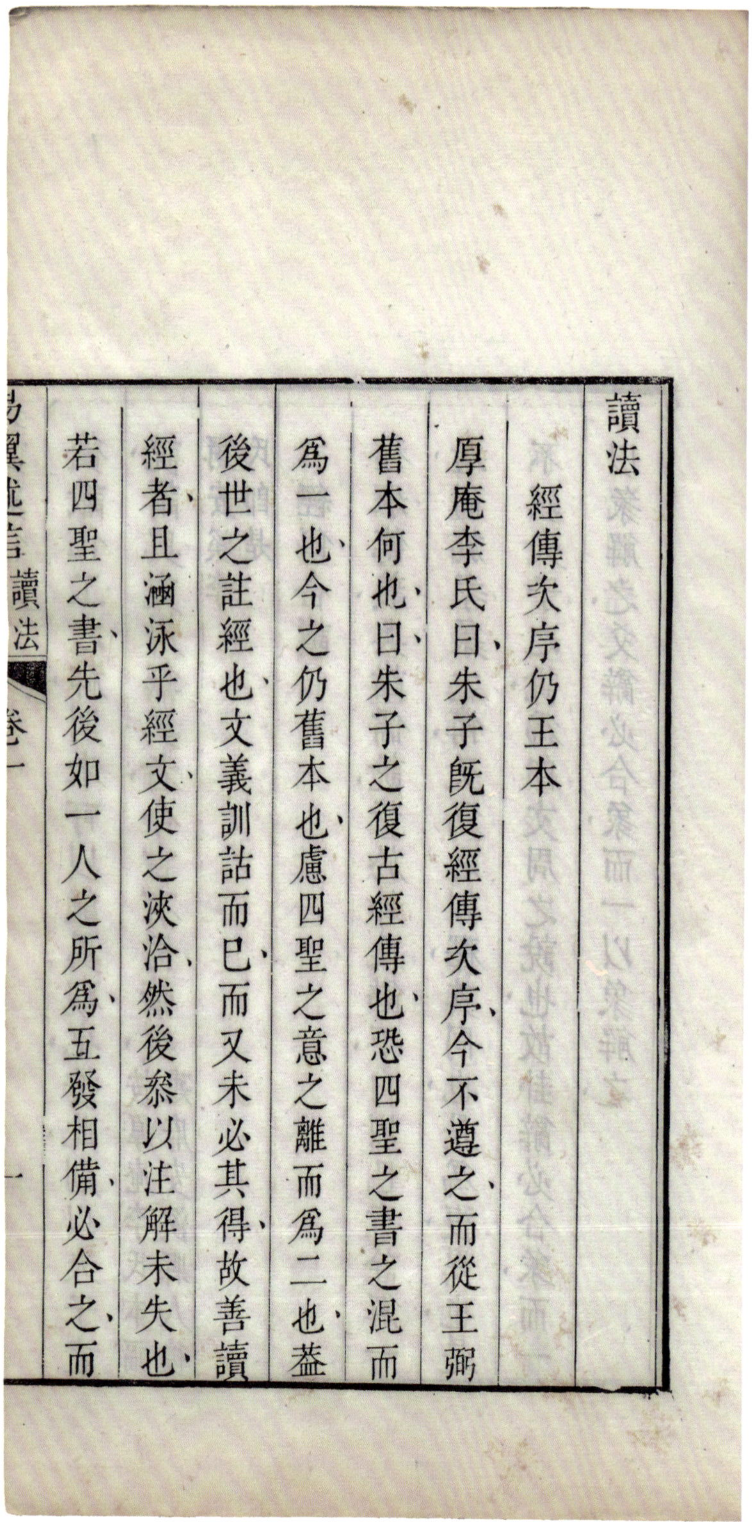
讀法
經傳次序仍王本
厚庵李氏曰朱子旣復經傳次序今不遵之而從王弼
舊本何也曰朱子之復古經傳也恐四聖之書之混而
爲一也今之仍舊本也慮四聖之意之離而爲二也葢
後世之註經也文義訓詁而已而又未必其得故善讀
經者且涵泳乎經文使之浹洽然後叅以注解未失也
若四聖之書先後如一人之所爲互發相備必合之而

易翼述信 讀法 卷一 一

易翼述信十二卷　（清）王又樸撰　清乾隆十六年（1751）刻本

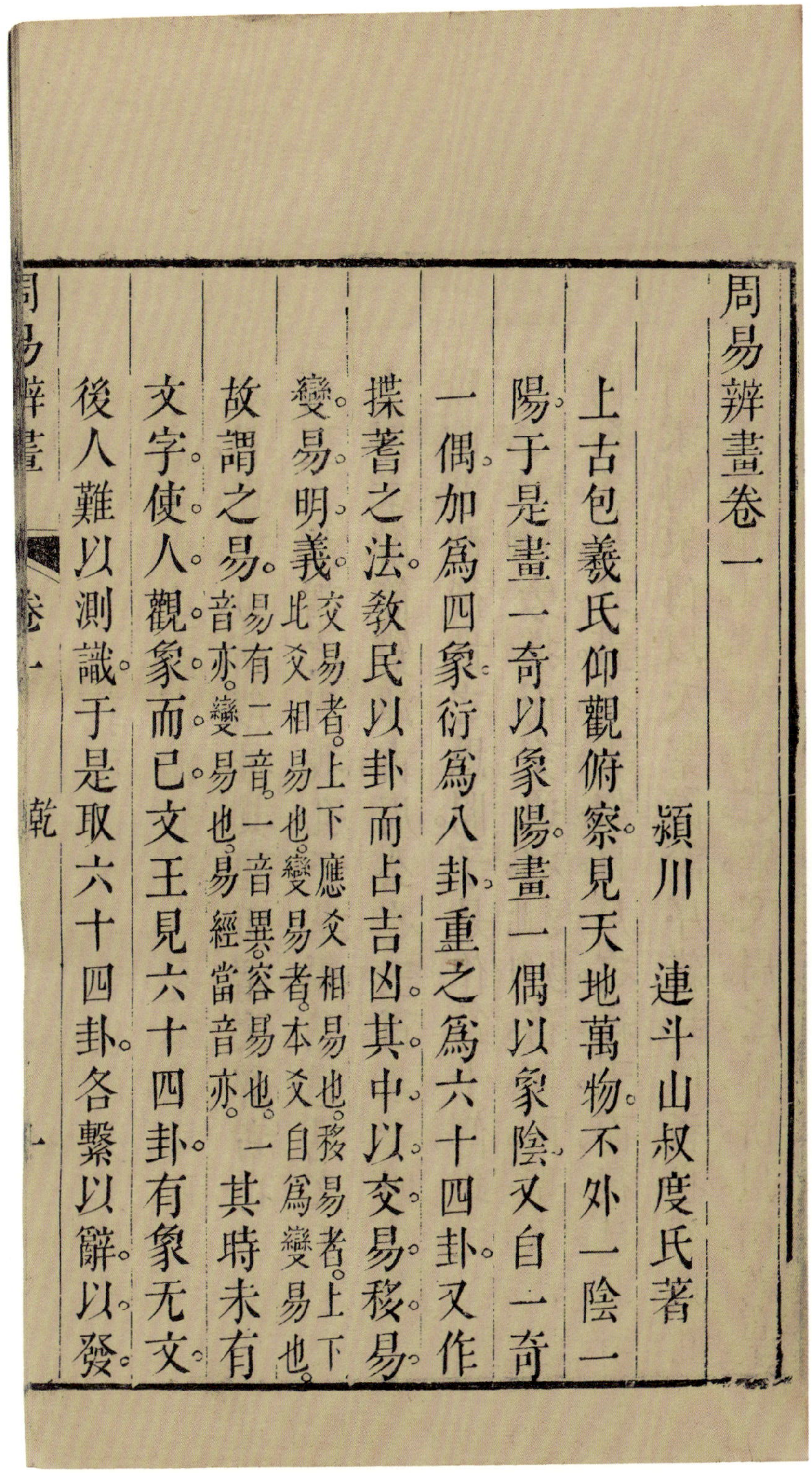
周易辨畫卷一
潁川　連斗山叔度氏著
上古包羲氏仰觀俯察見天地萬物不外一陰一
陽于是畫一奇以象陽畫一偶以象陰又自一奇
一偶加爲四象衍爲八卦重之爲六十四卦又作
揲蓍之法教民以卦而占吉凶其中以交易移易
變易明義交易者上下應爻相易也移易者上下比爻相易也變易者本爻自爲變易也
故謂之易易有二音一音異容易也一音亦變易也易經當音亦其時未有
文字使人觀象而已文王見六十四卦有象无文
後人難以測識于是取六十四卦各繫以辭以發
周易辨畫　卷一　乾　一

周易辨畫四十卷　（清）連斗山撰　清乾隆四十年（1775）連氏刻本

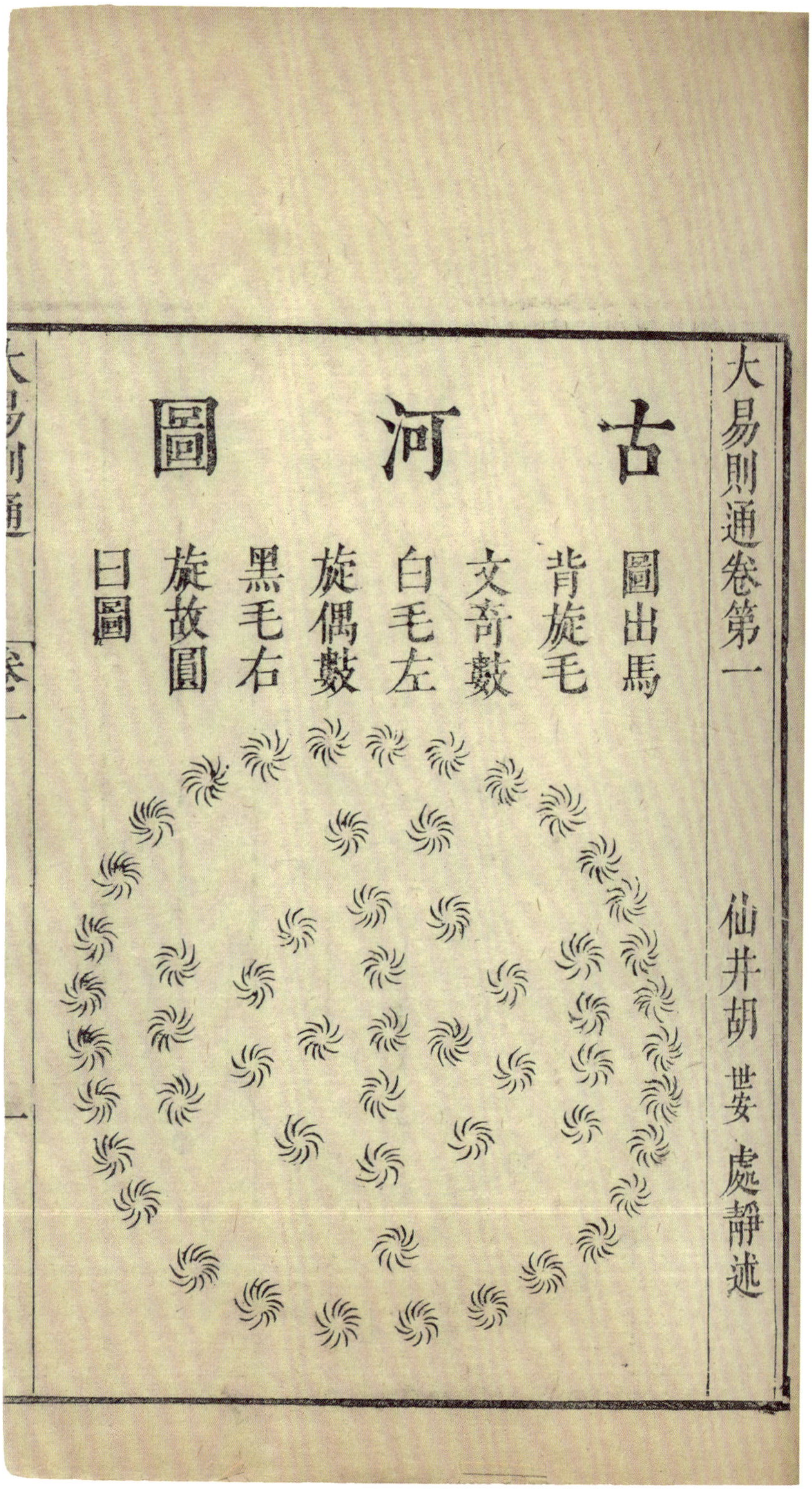
大易則通卷第一

古河圖

圖出馬背旋毛文奇數白毛左旋偶數黑毛右旋故圓曰圖

仙井胡世安處靜述

大易則通 卷一

大易則通十五卷閏一卷　（清）胡世安撰　清順治十八年（1661）胡氏刻本

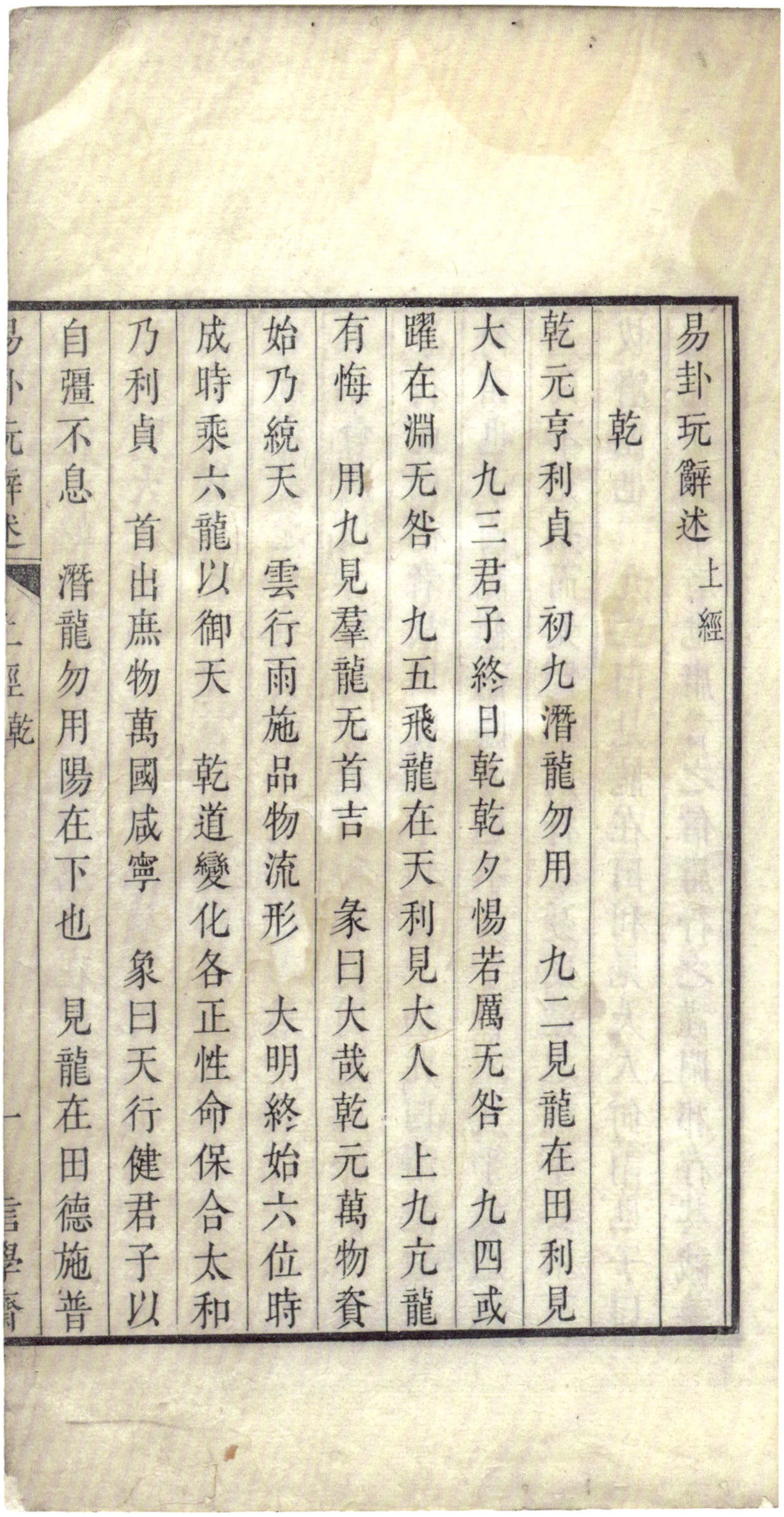

易卦玩辭述　上經

乾

乾元亨利貞　初九潛龍勿用　九二見龍在田利見
大人　九三君子終日乾乾夕惕若厲无咎　九四或
躍在淵无咎　九五飛龍在天利見大人　上九亢龍
有悔　用九見羣龍无首吉　彖曰大哉乾元萬物資
始乃統天　雲行雨施品物流形　大明終始六位時
成時乘六龍以御天　乾道變化各正性命保合太和
乃利貞　首出庶物萬國咸寧　象曰天行健君子以
自彊不息　潛龍勿用陽在下也　見龍在田德施普

易卦玩辭述　上經　乾　一　信學齋

易卦玩辭述二卷　（清）陳詵撰　清康熙五十一年（1712）信學齋刻本

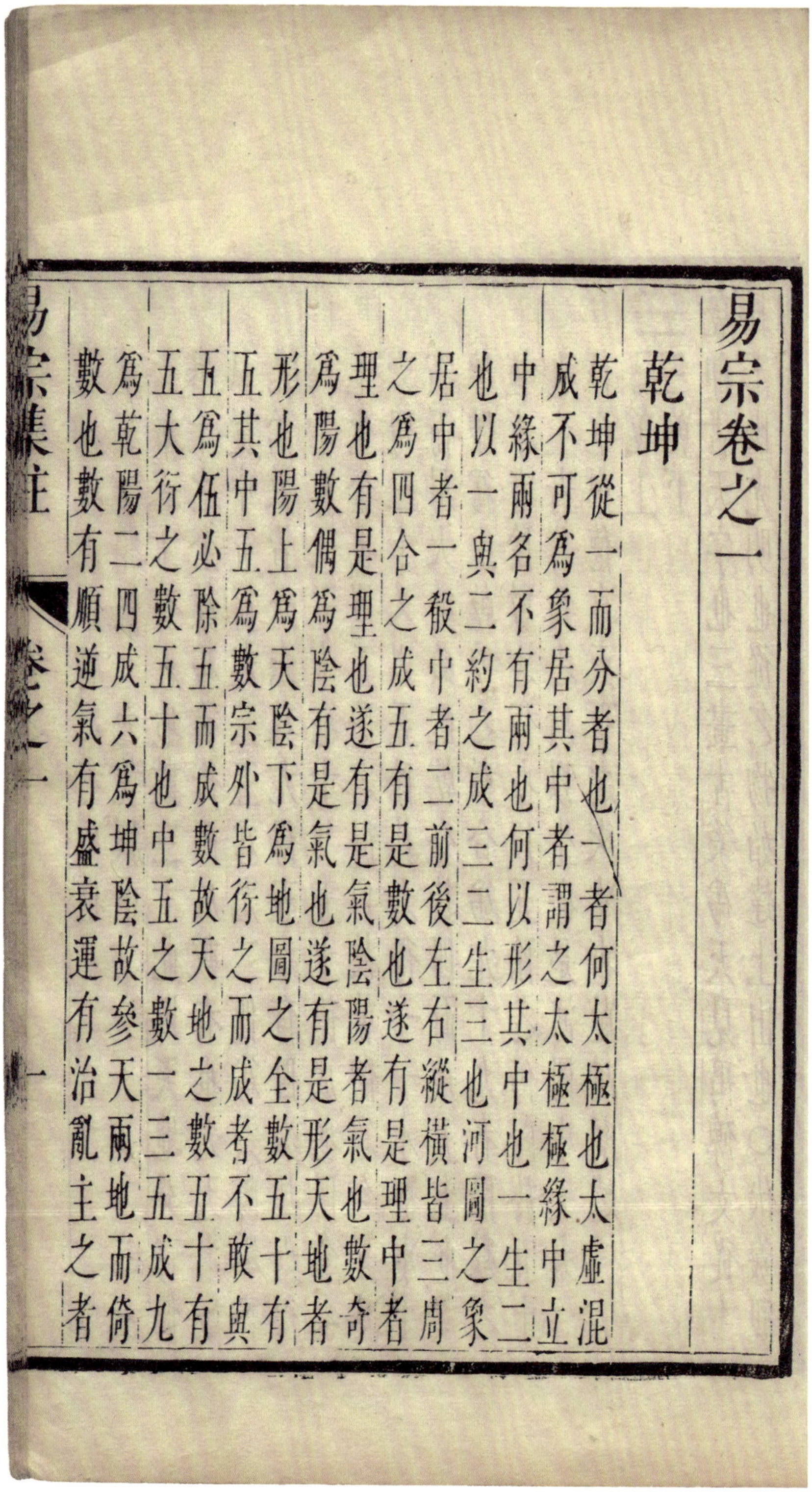

易宗卷之一

乾坤

乾坤從一而分者也一者何太極也太虛混成不可爲象居其中者謂之太極極緣中立中緣兩名不有兩也何以形其中也一生二也以一與二約之成三二生三也河圖之象居中者一殺中者二前後左右縱横皆三周之爲四合之成五有是數也遂有是理中者理也有是理也遂有是氣陰陽者氣也數奇爲陽數偶爲陰有是氣也遂有是形天地者形也陽上爲天陰下爲地圖之全數五十有五其中五爲數宗外皆衍之而成者不敢與五爲伍必除五而成數故天地之數五十有五大衍之數五十也中五之數一三五成九爲乾陽二四成六爲坤陰故參天兩地而倚數也數有順逆氣有盛衰運有治亂主之者

易宗集注　卷之一　一

易宗十二卷首一卷　（清）孫宗彝撰　清康熙二十九年（1690）天心閣刻本

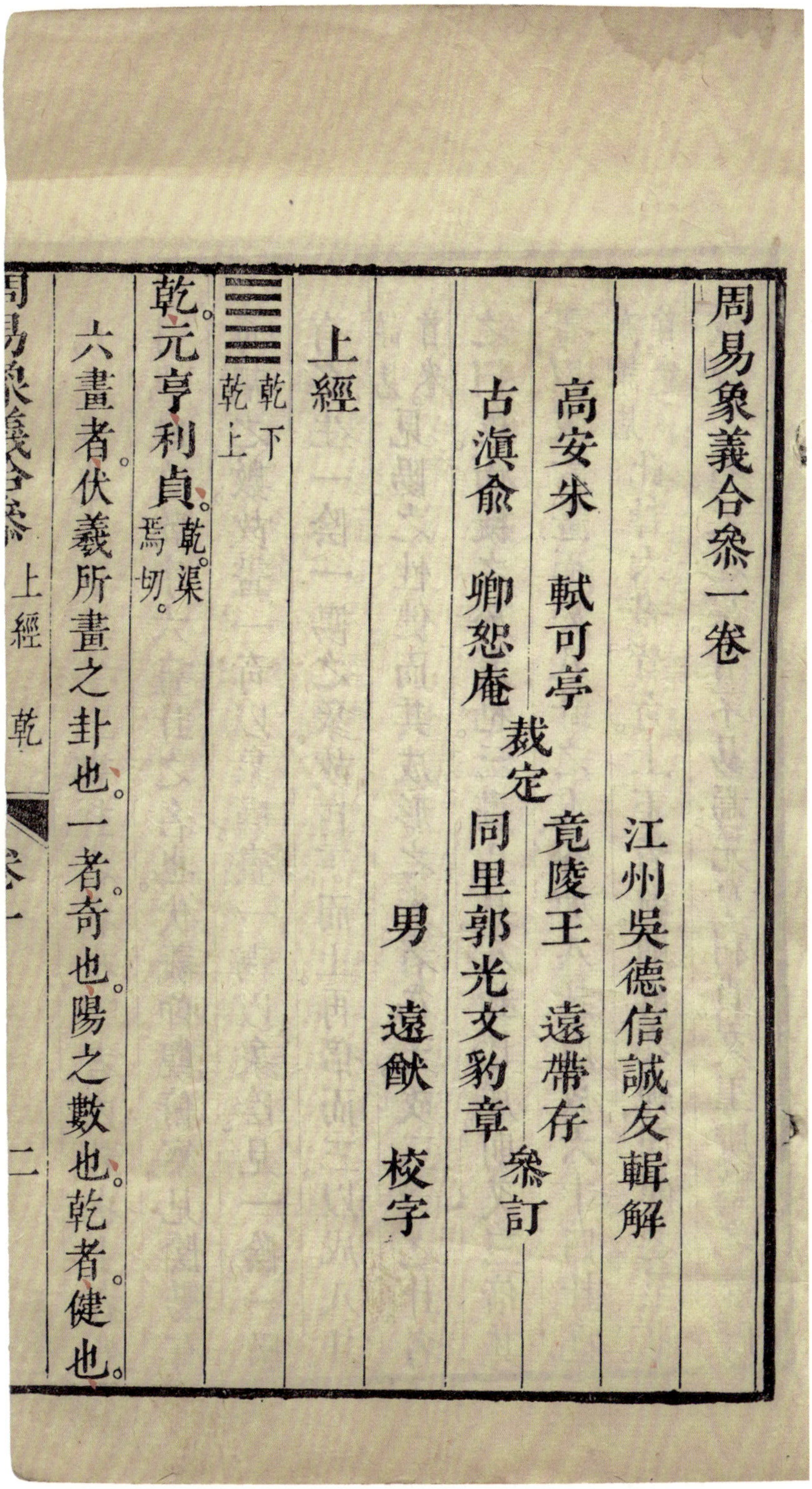

周易象義合參十二卷首一卷　（清）吳德信輯解　清康熙四十五年 (1706) 餘慶堂刻本

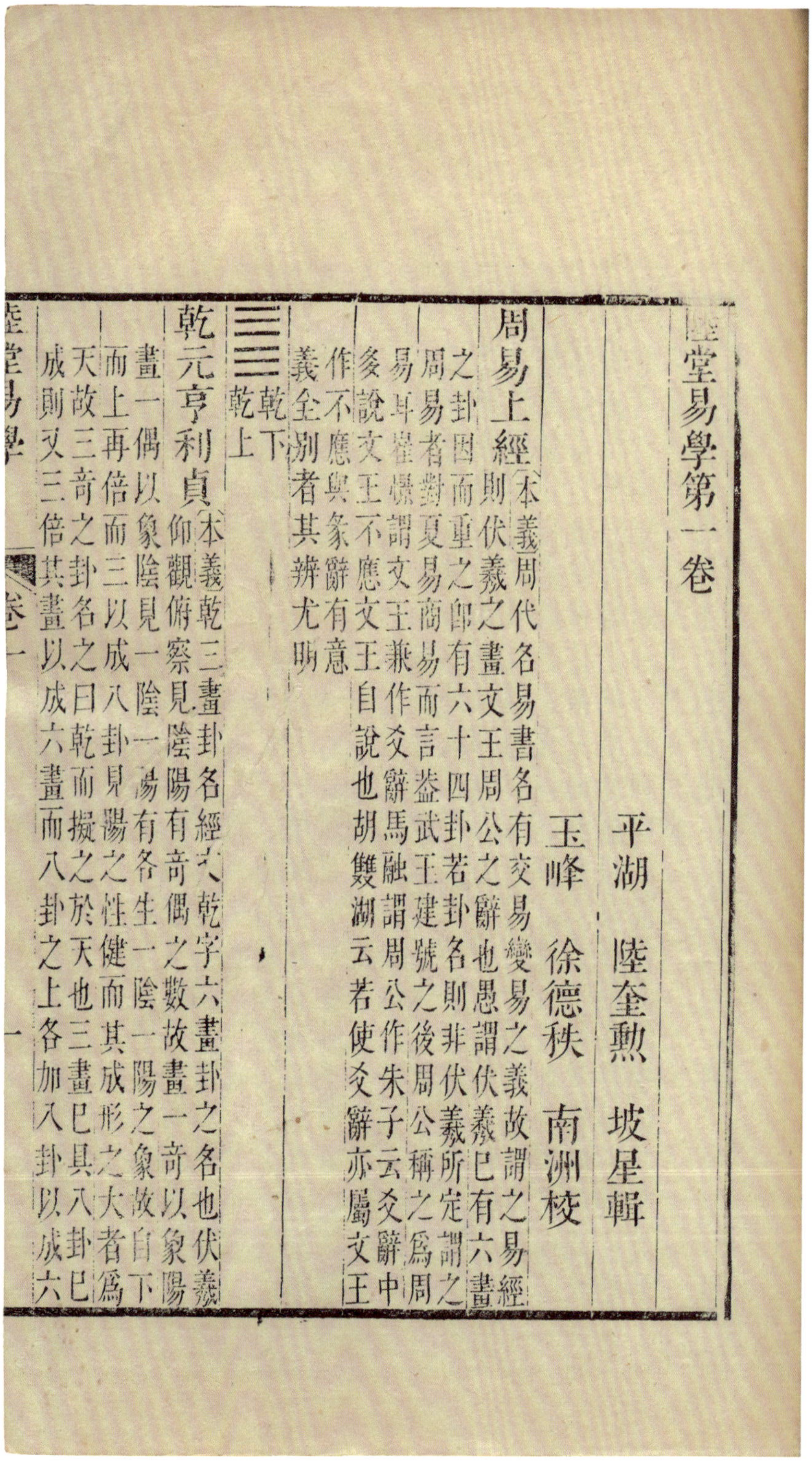

陸堂易學第一卷

平湖　陸奎勲　坡星輯

玉峰　徐德秩　南洲校

周易上經〔本義〕周代名易書名有交易變易之義故謂之易經則伏羲之畫文王周公之辭也愚謂伏羲巳有六畫之卦因而重之卽有六十四卦若卦名則非伏羲所定謂之周易者對夏易商易而言蓋武王建號之後周公稱之爲周易耳崔憬謂文王兼作爻辭馬融謂周公作朱子云爻辭中多說文王不應文王自說也胡雙湖云若使爻辭亦屬文王作不應與彖辭有意義全別者其辨尤明

䷀ 乾下乾上

乾元亨利貞〔本義〕乾三畫卦名經文乾字六畫卦之名也伏羲仰觀俯察見陰陽有奇偶之數故畫一奇以象陽畫一偶以象陰見一陰一陽有各生一陰一陽之象故自下而上再倍而三以成八卦見陽之性健而其成形之大者爲天故三奇之卦名之曰乾而擬之於天也三畫巳具八卦巳成則又三倍其畫以成六畫而八卦之上各加八卦以成六

陸堂易學　卷一　一

陸堂易學十卷首一卷　（清）陸奎勳輯　（清）徐德秩校
清乾隆元年（1736）刻陸堂叢書本

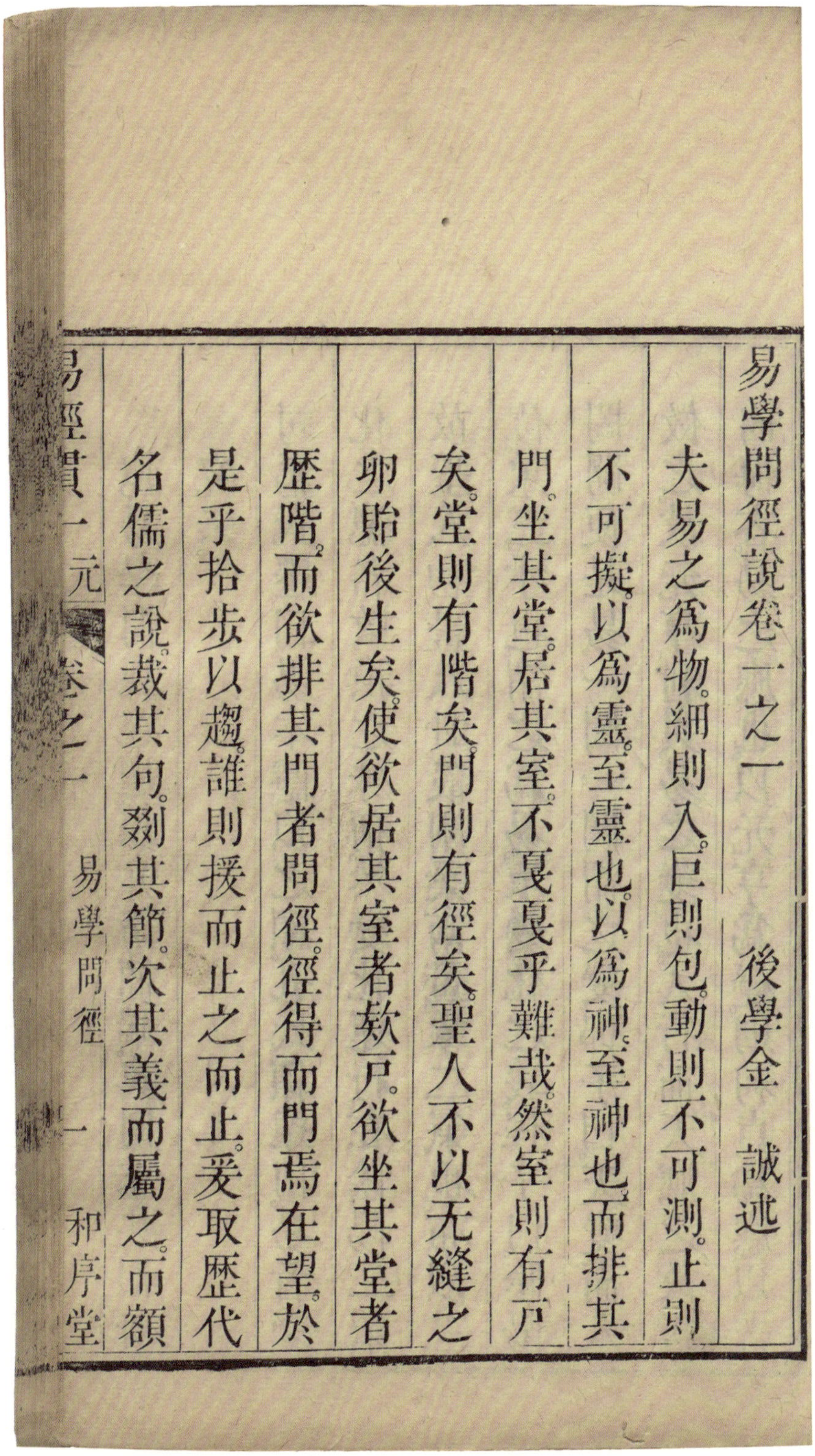

易學問徑說卷一之一　後學金　誠述

夫易之爲物。細則入。巨則包。動則不可測。止則不可擬。以爲靈。至靈也。以爲神。至神也。而排其門。坐其堂。居其室。不戞戞乎難哉。然室則有戸矣。堂則有階矣。門則有徑矣。聖人不以无縫之卵貽後生矣。使欲居其室者欵戸。欲坐其堂者歷階。而欲排其門者問徑。徑得而門焉在望。於是乎拾步以趨。誰則援而止之而止。爰取歷代名儒之說。裁其句。剟其節。次其義而屬之。而額

易經貫一　元　卷之一　易學問徑　一　和序堂

易經貫一二十二卷　（清）金誠撰　清乾隆十七年（1752）和序堂刻本

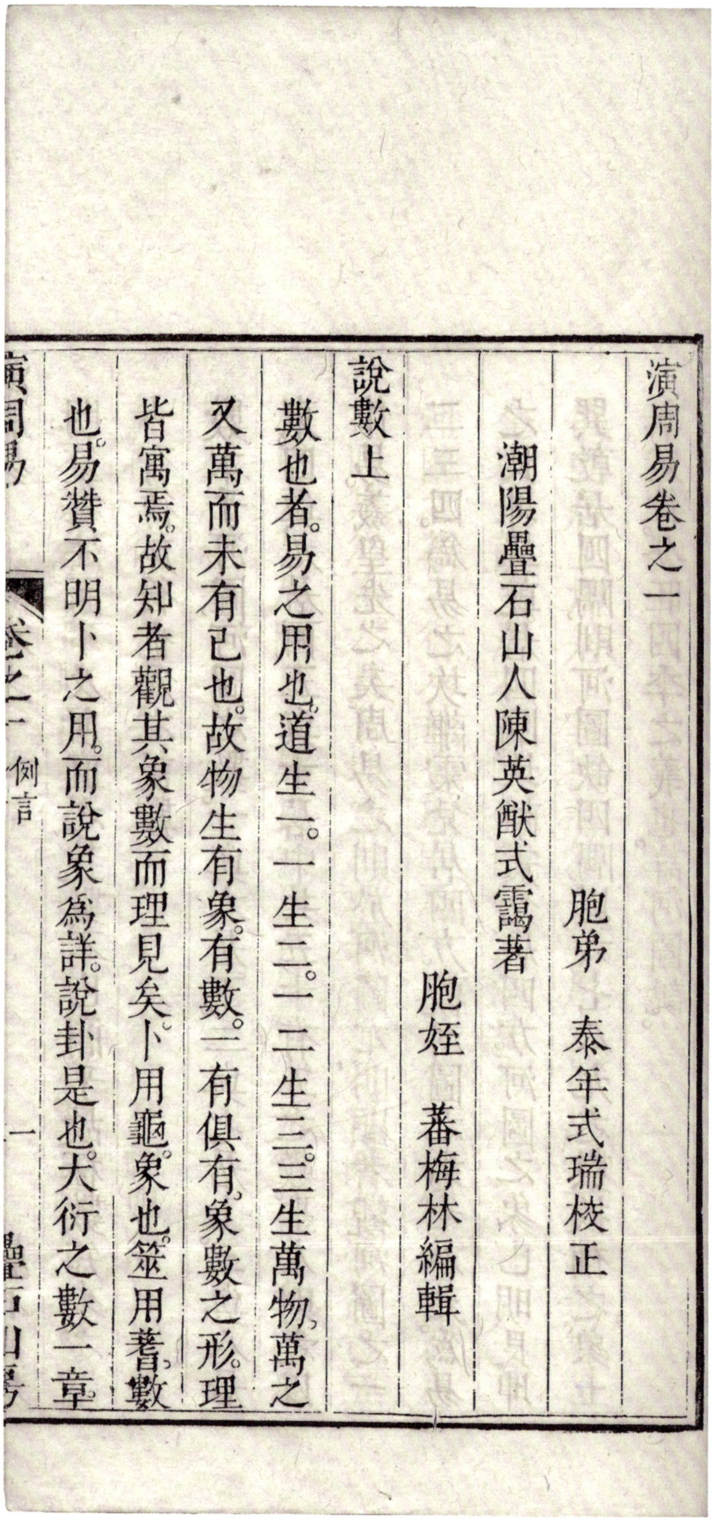
演周易卷之一
胞弟　泰年式瑞校正
潮陽疊石山人陳英猷式靄著
胞姪　蕃梅林編輯
說數上
數也者。易之用也。道生一。一生二。二生三。三生萬物。萬之
又萬而未有已也。故物生有象。有數。一有俱有。象數之形。理
皆寓焉。故知者觀其象數而理見矣。卜用龜。象也。筮用蓍。數
也。易贊不明卜之用。而說象為詳。說卦是也。大衍之數一章

演周易　卷之一　例言　一　疊石山房

演周易四卷　（清）陳英猷撰　清乾隆十八年（1753）疊石山房刻本

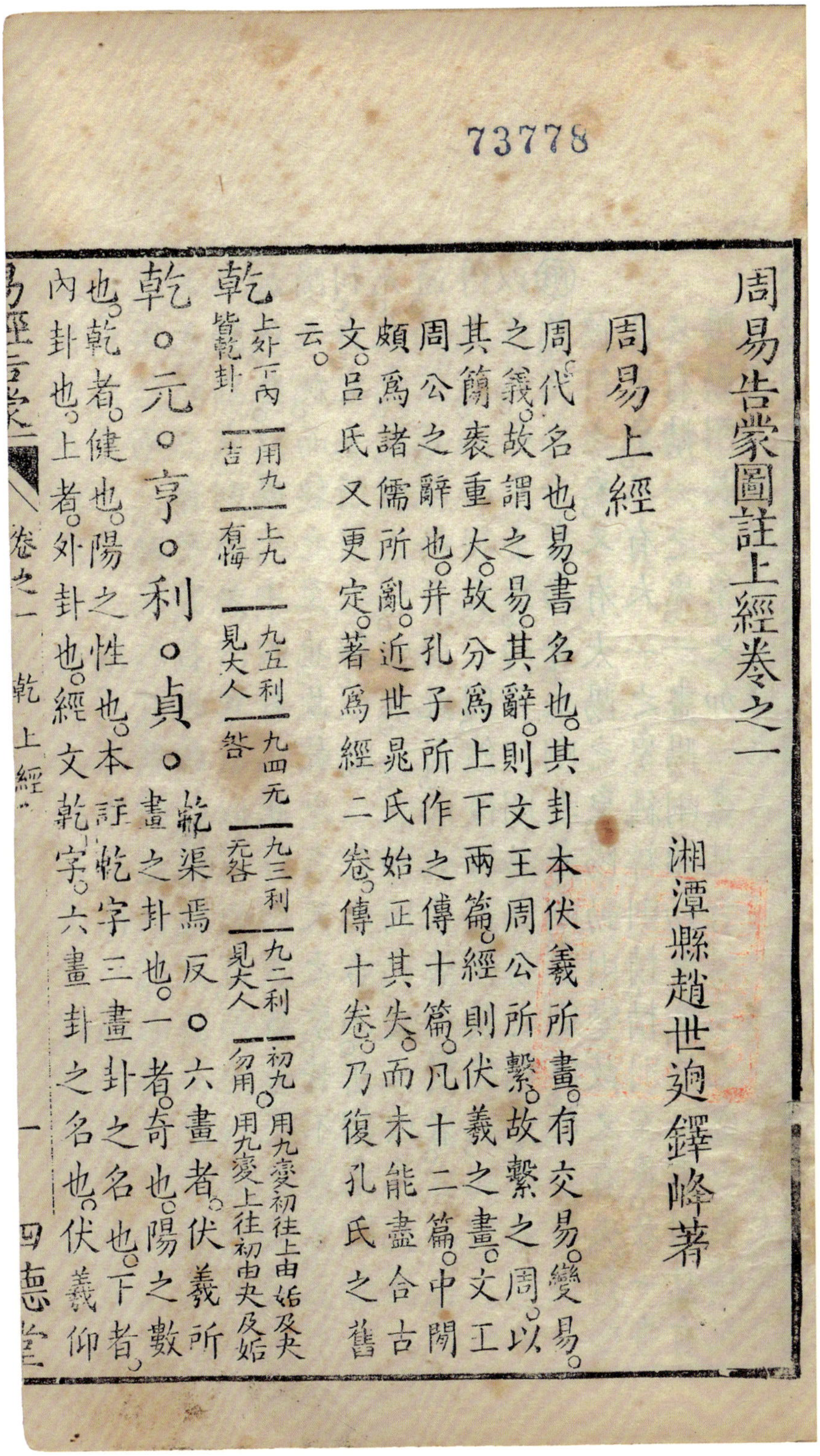

周易告蒙圖註上經卷之一
湘潭縣趙世逈鐸峰著
周易上經
周代名也。易。書名也。其卦本伏羲所畫。有交易。變易。之義。故謂之易。其辭。則文王周公所繫。故繫之周。以其簡袠重大。故分爲上下兩篇。經則伏羲之畫。文王周公之辭也。并孔子所作之傳十篇。凡十二篇。中閒頗爲諸儒所亂。近世晁氏始正其失。而未能盡合古文。呂氏又更定著爲經二卷。傳十卷。乃復孔氏之舊云。
乾 上外下內 皆乾卦
用九 吉
上九 有悔
九五利 見大人
九四无 咎
九三利 无咎
九二利 見大人
初九 勿用
用九變初往上由姤及夬
用九變上往初由夬及姤
乾。元。亨。利。貞。乾渠焉反。六畫者。伏羲所畫之卦也。一者。奇也。陽之數也。乾者。健也。陽之性也。本註乾字三畫卦之名也。下者。內卦也。上者。外卦也。經文乾字。六畫卦之名也。伏羲仰
易經告蒙　卷之一　乾上經　一　四德堂

周易告蒙四卷圖註三卷　（清）趙世逈撰　清乾隆三十八年（1773）四德堂刻本

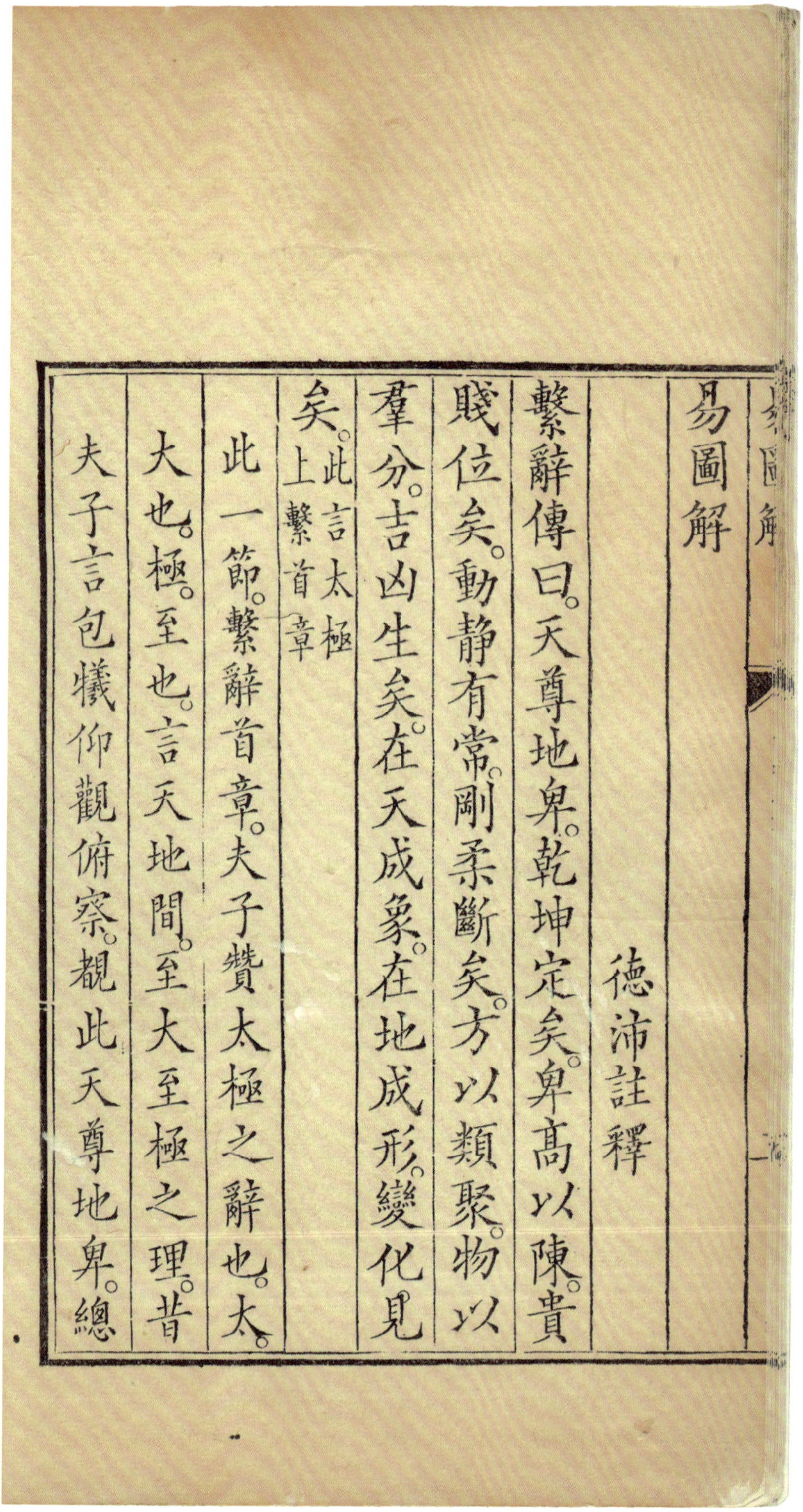

易圖解

德沛註釋

繫辭傳曰。天尊地卑。乾坤定矣。卑高以陳。貴
賤位矣。動静有常。剛柔斷矣。方以類聚。物以
羣分。吉凶生矣。在天成象。在地成形。變化見
矣。此言太極上繫首章
此一節。繫辭首章。夫子贊太極之辭也。太
大也。極。至也。言天地間。至大至極之理。昔
夫子言包犧仰觀俯察。覩此天尊地卑。總

易圖解一卷　（清）德沛註釋　清乾隆元年（1736）刻本

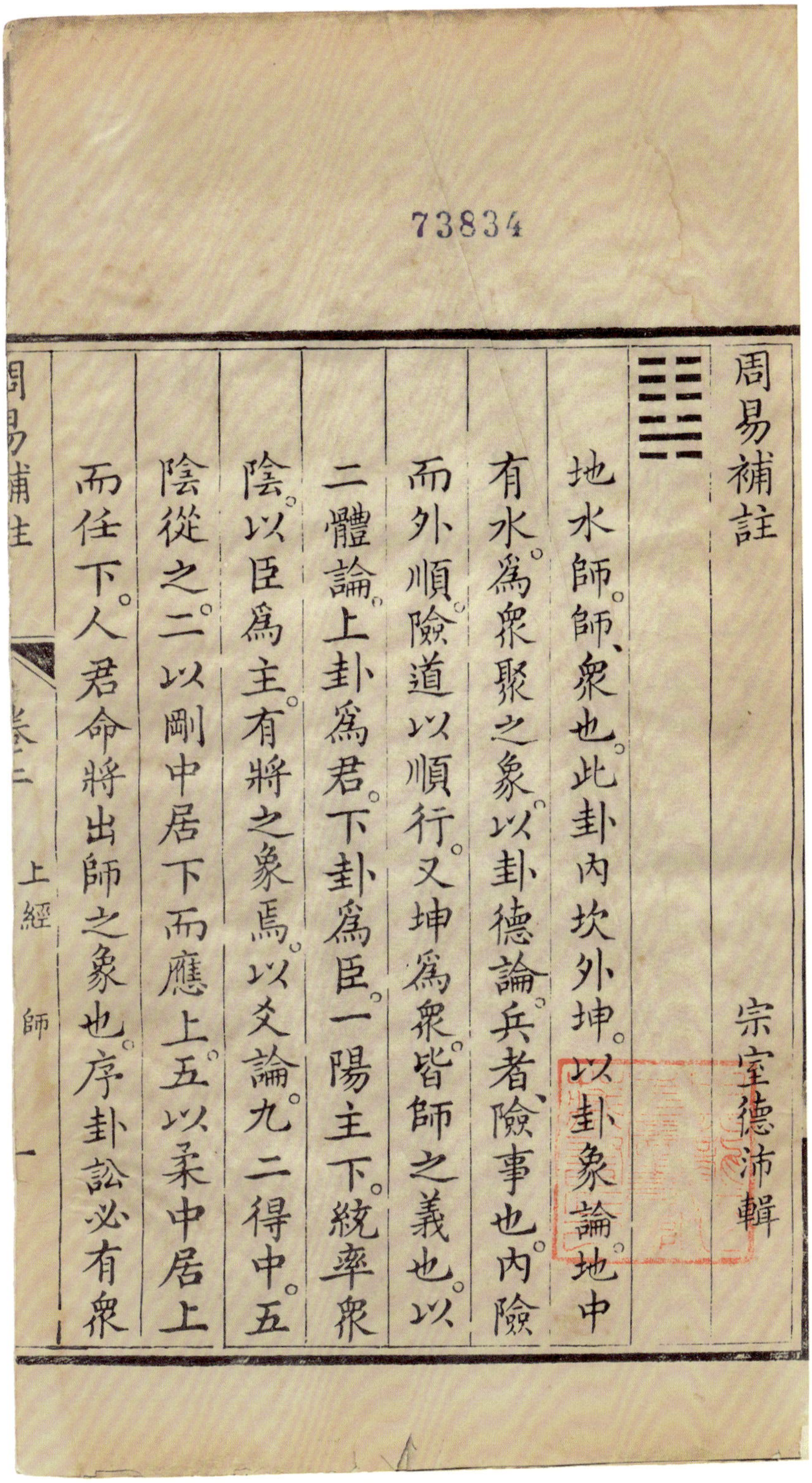

周易補註　　宗室德沛輯

䷆

地水師。師、衆也。此卦内坎外坤。以卦象論地中有水。爲衆聚之象。以卦德論兵者、險事也。内險而外順。險道以順行。又坤爲衆。皆師之義也。以二體論。上卦爲君。下卦爲臣。一陽主下。統率衆陰。以臣爲主。有將之象焉。以爻論九二得中。五陰從之。二以剛中居下而應上。五以柔中居上而任下。人君命將出師之象也。序卦訟必有衆

周易補註　卷二　上經　師　一

周易補註六卷　（清）德沛輯　清乾隆六年（1741）刻本

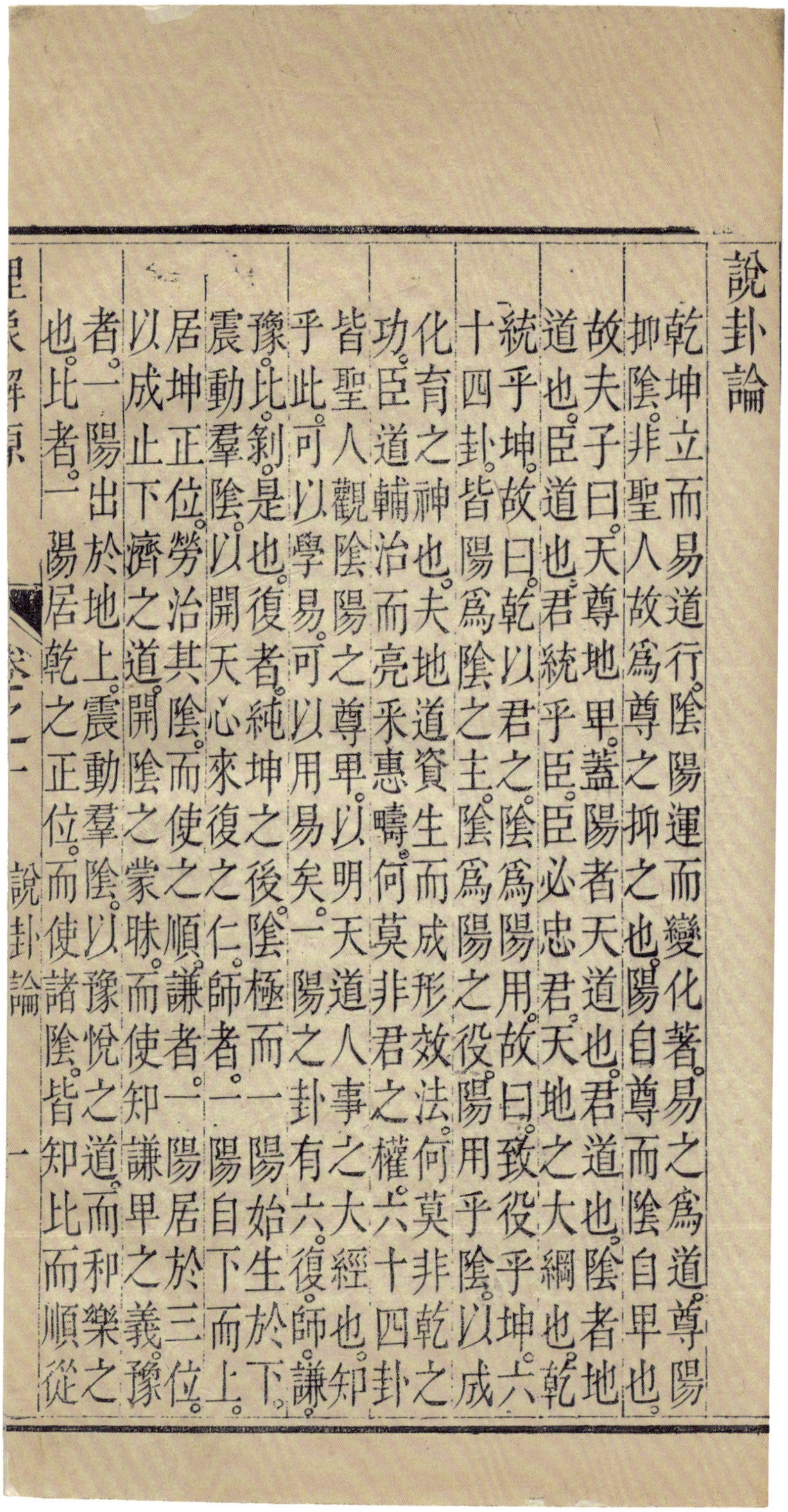

說卦論

乾坤立而易道行。陰陽運而變化著。易之爲道。尊陽抑陰。非聖人故爲尊之抑之也。陽自尊而陰自卑也。故夫子曰。天尊地卑。蓋陽者天道也。君道也。陰者地道也。臣道也。君統乎臣。臣必忠君。天地之大綱也。乾統乎坤。故曰。乾以君之。陰爲陽用。故曰。致役乎坤。六十四卦。皆陽爲陰之主。陰爲陽之役。陽用乎陰。以成化育之神也。夫地道資生而成形效法。何莫非乾之功。臣道輔治而亮采惠疇。何莫非君之權。六十四卦皆聖人觀陰陽之尊卑。以明天道人事之大經也。知乎此。可以學易。可以用易矣。一陽之卦有六。復師謙豫比剝是也。復者。純坤之後。陰極而一陽始生於下。震動羣陰。以開天心來復之仁。師者。一陽自下而上。居坤正位。勞治其陰。而使之順。謙者。一陽居於三位。以成止下濟之道。開陰之蒙昧。而使知謙卑之義。豫者。一陽出於地上。震動羣陰。以豫悅之道。而和樂之也。比者。一陽居乾之正位。而使諸陰。皆知比而順從

理象解原　卷之一　說卦論　一

理象解原四卷　（清）朏圖輯　清乾隆十二年（1747）紫竹齋刻本

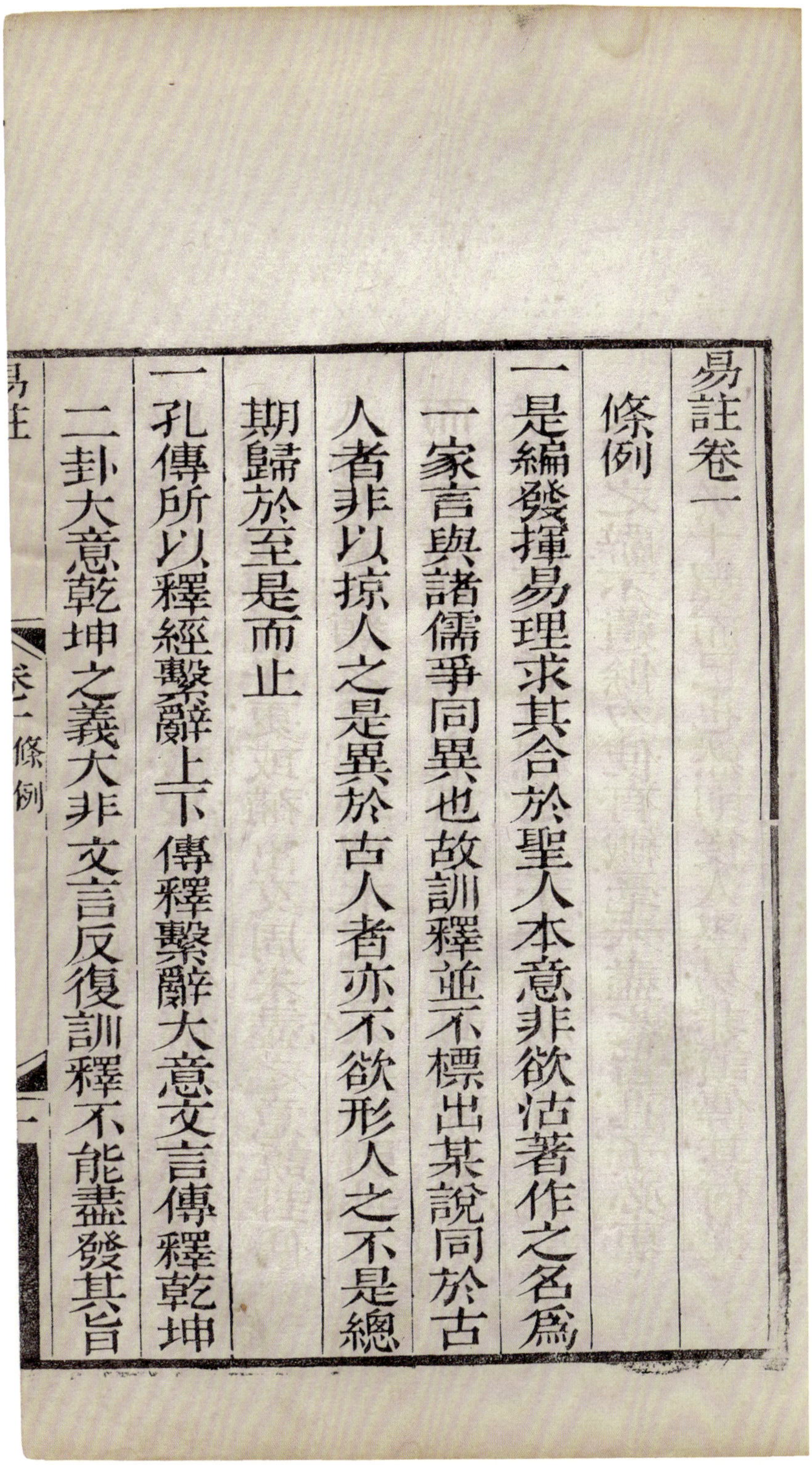
易註卷一

條例

一是編發揮易理求其合於聖人本意非欲沽著作之名爲

一家言與諸儒爭同異也故訓釋並不標出某說同於古

人者非以掠人之是異於古人者亦不欲形人之不是總

期歸於至是而止

一孔傳所以釋經繫辭上下傳釋繫辭大意文言傳釋乾坤

二卦大意乾坤之義大非文言反復訓釋不能盡發其旨

易註　卷一　條例

易註十二卷附洪範傳一卷　（清）崔致遠撰　清乾隆四年（1739）絳雲樓刻本

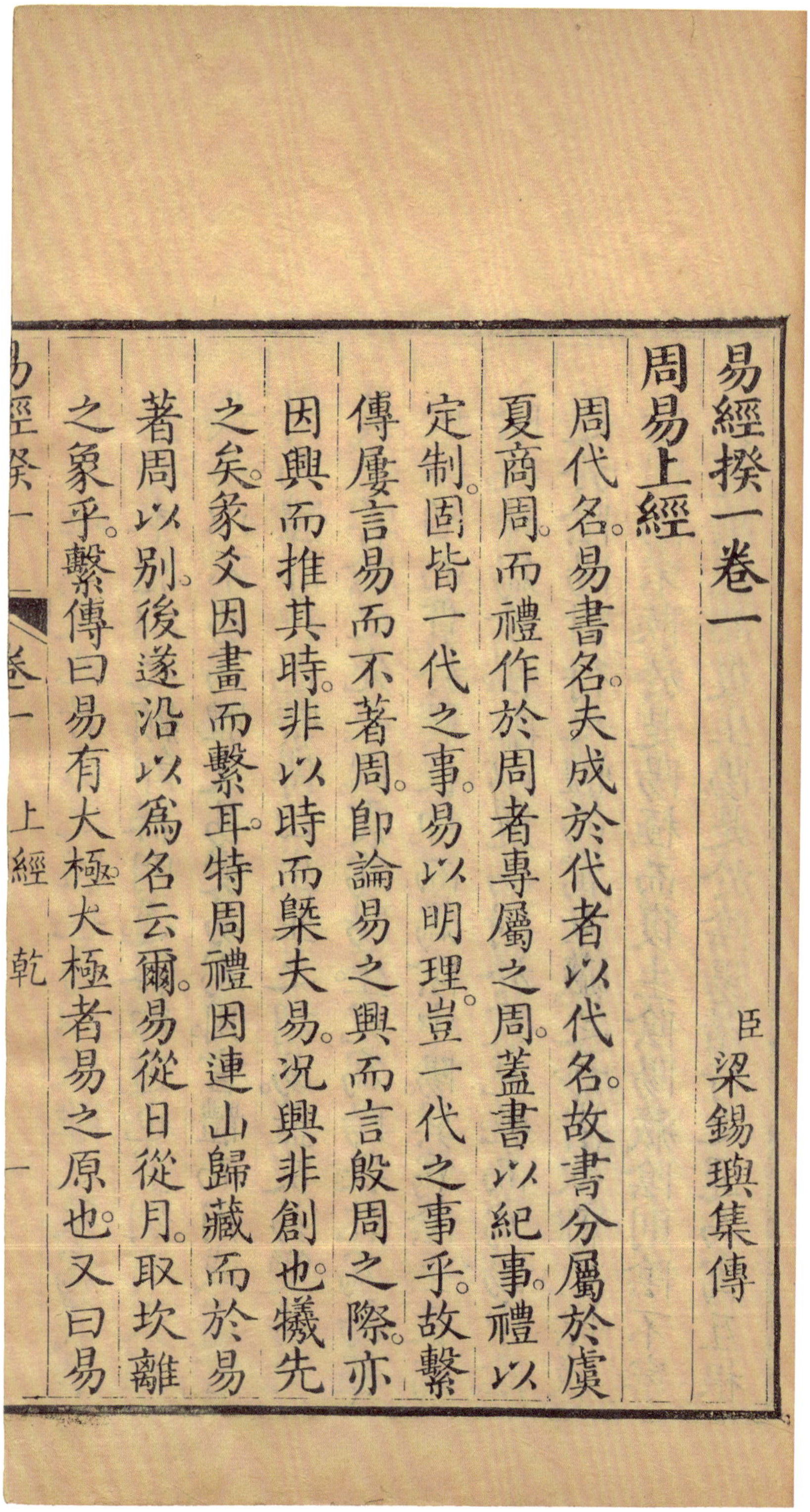
易經揆一卷一

周易上經

臣梁錫璵集傳

周代名。易書名。夫成於代者以代名。故書分屬於虞夏商周。而禮作於周者專屬之周。蓋書以紀事。禮以定制。固皆一代之事。易以明理。豈一代之事乎。故繫傳屢言易而不著周。即論易之興而言殷周之際。亦因興而推其時。非以時而槩夫易。况興非創也。犧先之矣。彖爻因畫而繫耳。特周禮因連山歸藏而於易著周以別。後遂沿以爲名云爾。易從日從月。取坎離之象乎。繫傳曰易有大極。大極者易之原也。又曰易

易經揆一　卷一　上經　乾　一

易經揆一十四卷易學啟蒙補二卷　（清）梁錫璵撰　清乾隆十六年 (1751) 刻本

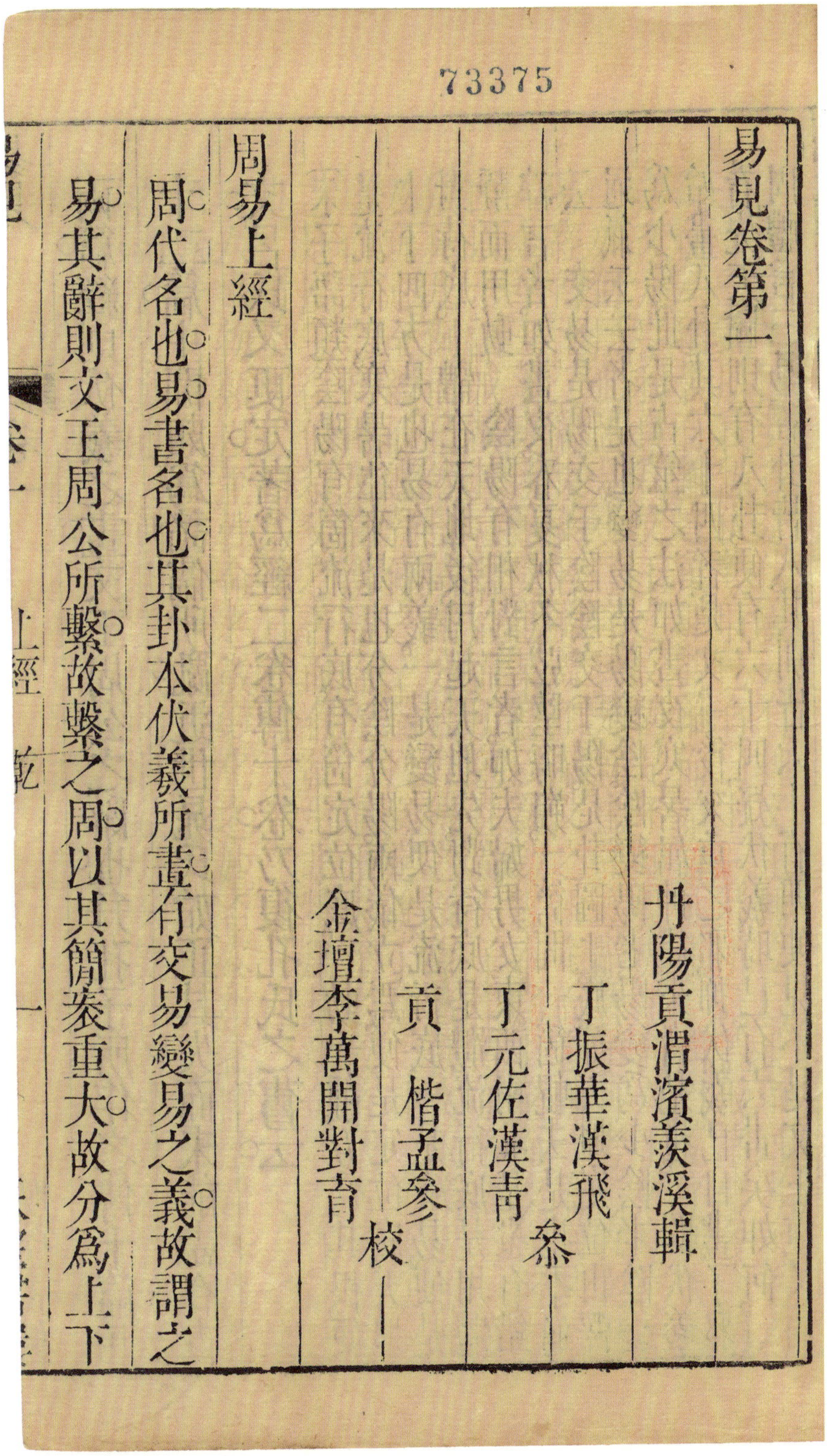
73375

易見卷第一

丹陽貢渭濱羨溪輯

丁振華漢飛

丁元佐漢青　叅

貢　楷孟参

金壇李萬開對育　校

周易上經

周代名也易書名也其卦本伏羲所畫有交易變易之義故謂之易其辭則文王周公所繫故繫之周以其簡袠重大故分爲上下

易見　卷一　上經　乾　一

易見九卷易見啟蒙二卷首一卷　（清）貢渭濱輯　清乾隆二十四年（1759）脉望書樓刻本

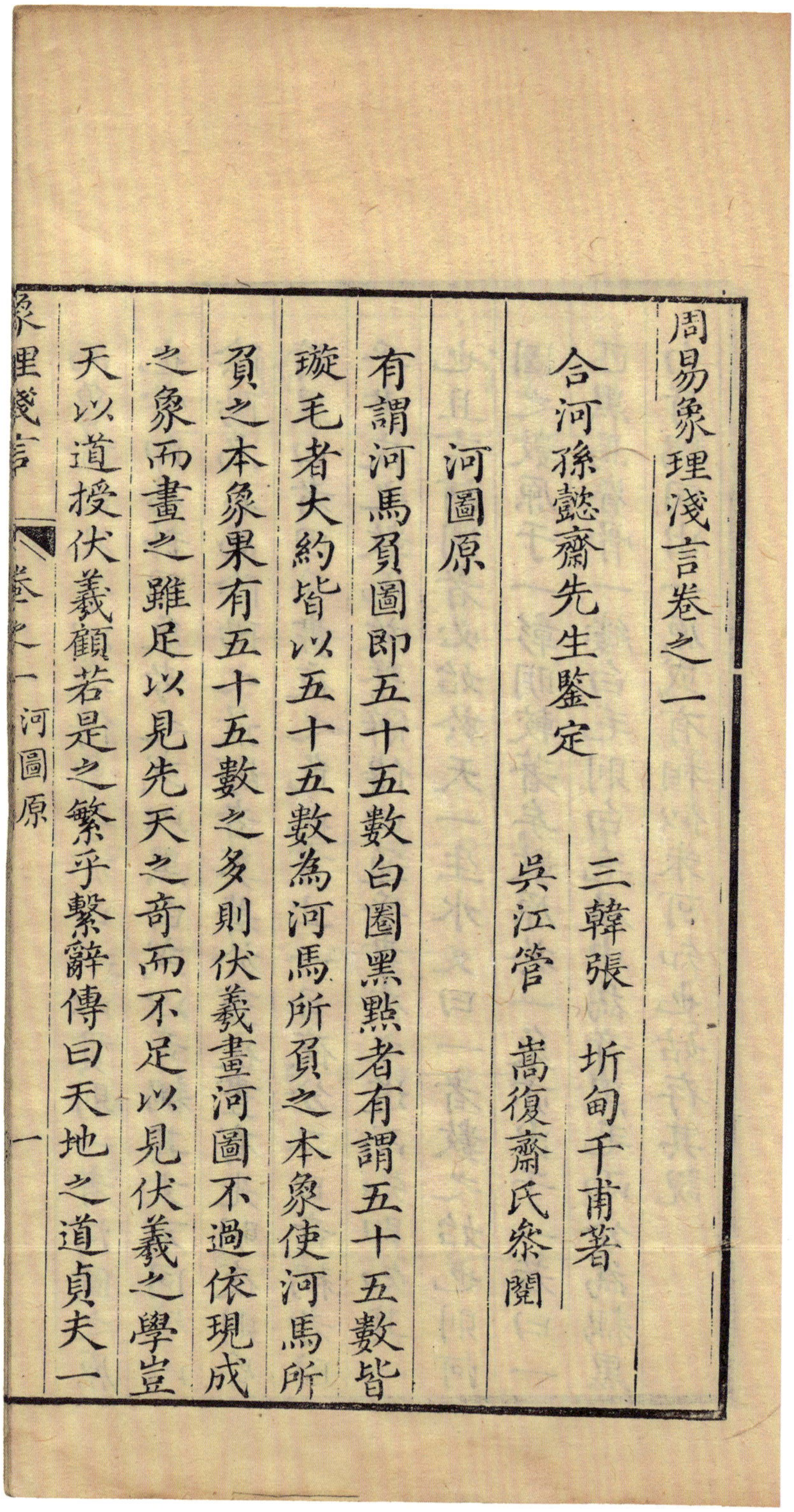

周易象理淺言卷之一

合河孫懿齋先生鑒定

三韓張　圻甸千甫著

吳江管　嵩復齋氏參閱

河圖原

有謂河馬負圖即五十五數白圈黑點者有謂五十五數皆璇毛者大約皆以五十五數為河馬所負之本象使河馬所負之本象果有五十五數之多則伏羲畫河圖不過依現成之象而畫之雖足以見先天之奇而不足以見伏羲之學豈天以道授伏羲顧若是之繁乎繫辭傳曰天地之道貞夫一

象理淺言　卷之一　河圖原　一

周易象理淺言十卷　（清）張圻撰　（清）孫懿齋鑒定

清乾隆三十四年（1769）永譽堂刻本

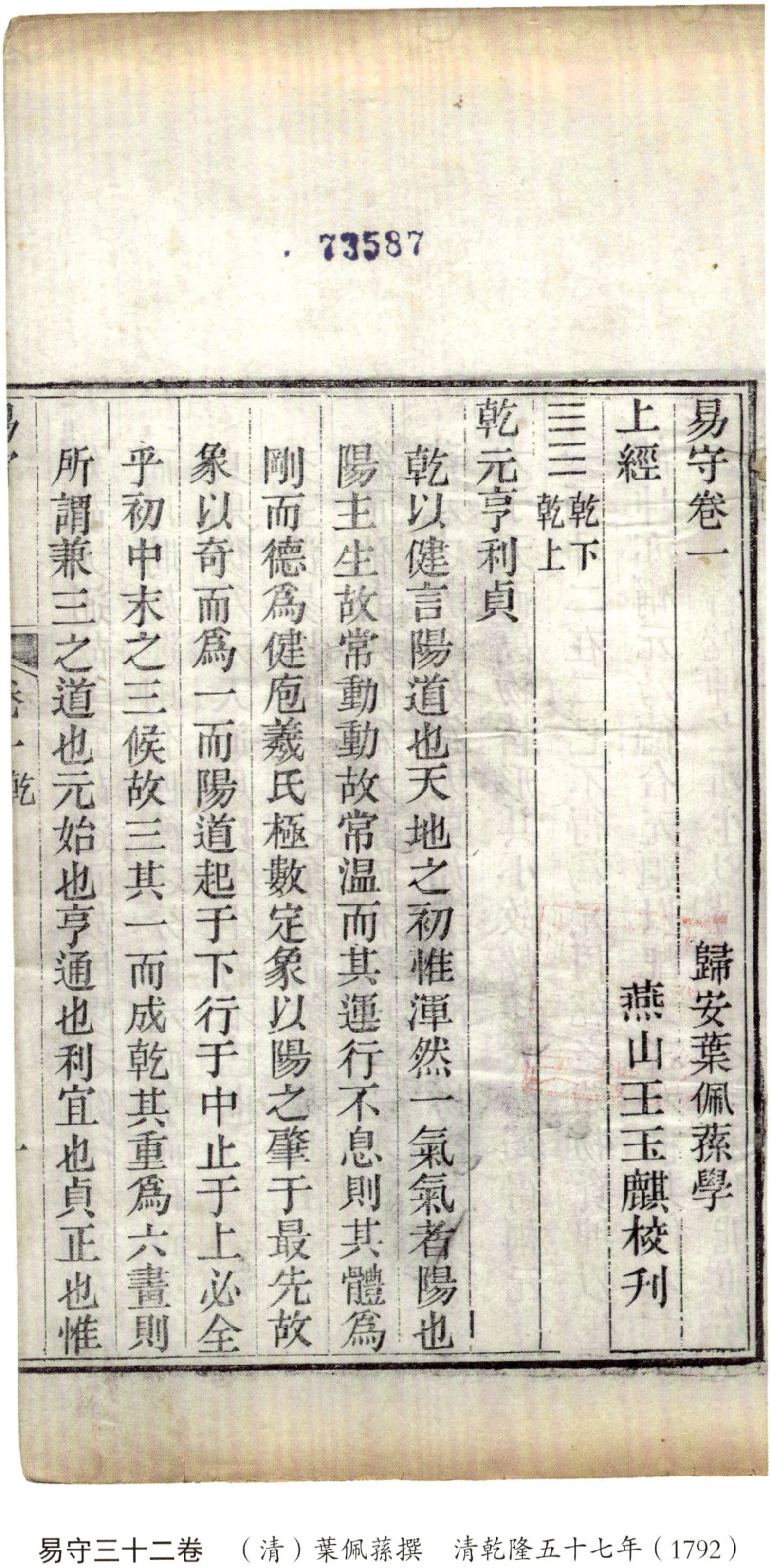

易守卷一

上經　歸安葉佩蓀學

燕山王玉麒校刊

☰☰乾下乾上

乾元亨利貞

乾以健言陽道也天地之初惟渾然一氣氣者陽也陽主生故常動動故常溫而其運行不息則其體爲剛而德爲健庖羲氏極數定象以陽之肇于最先故象以奇而爲一而陽道起于下行于中止于上必全乎初中末之三候故三其一而成乾其重爲六畫則所謂兼三之道也元始也亨通也利宜也貞正也惟

易守　卷一　乾

易守三十二卷　（清）葉佩蓀撰　清乾隆五十七年（1792）刻本

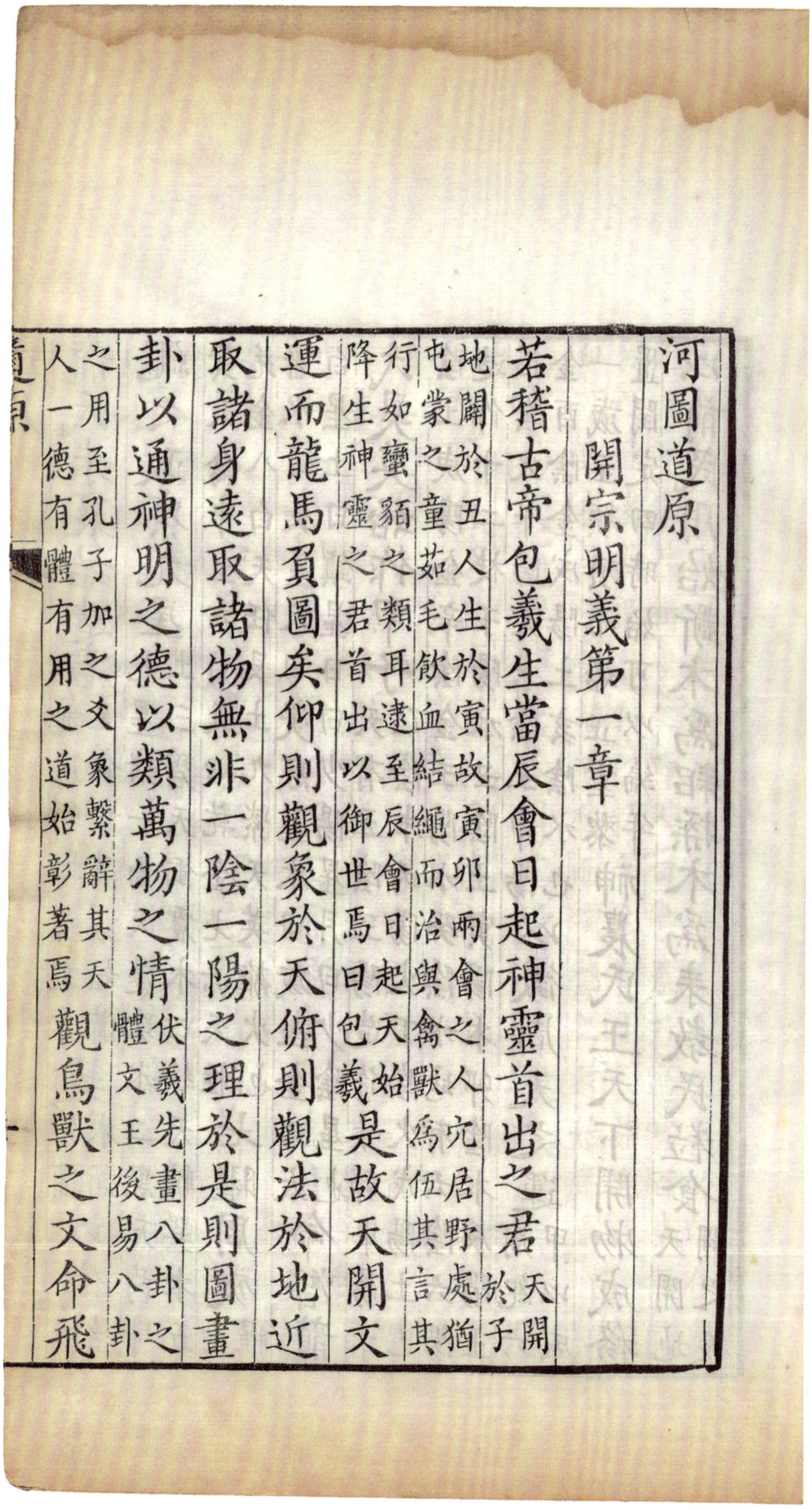
河圖道原
一開宗明義第一章
若稽古帝包羲生當辰會日起神靈首出之君天開於子地闢於丑人生於寅故寅卯兩會之人宂居野處猶屯蒙之童茹毛飲血結繩而治與禽獸爲伍其言其行如蠻貊之類耳逮至辰會日起天始降生神靈之君首出以御世焉曰包羲是故天開文運而龍馬負圖矣仰則觀象於天俯則觀法於地近取諸身遠取諸物無非一陰一陽之理於是則圖畫卦以通神明之德以類萬物之情伏羲先畫八卦之體文王後易八卦之用至孔子加之爻象繫辭其天人一德有體有用之道始彰著焉觀鳥獸之文命飛
道原　一

河圖道原一卷　（清）朱雲龍撰　清乾隆六十年（1795）朱氏二南軒刻本

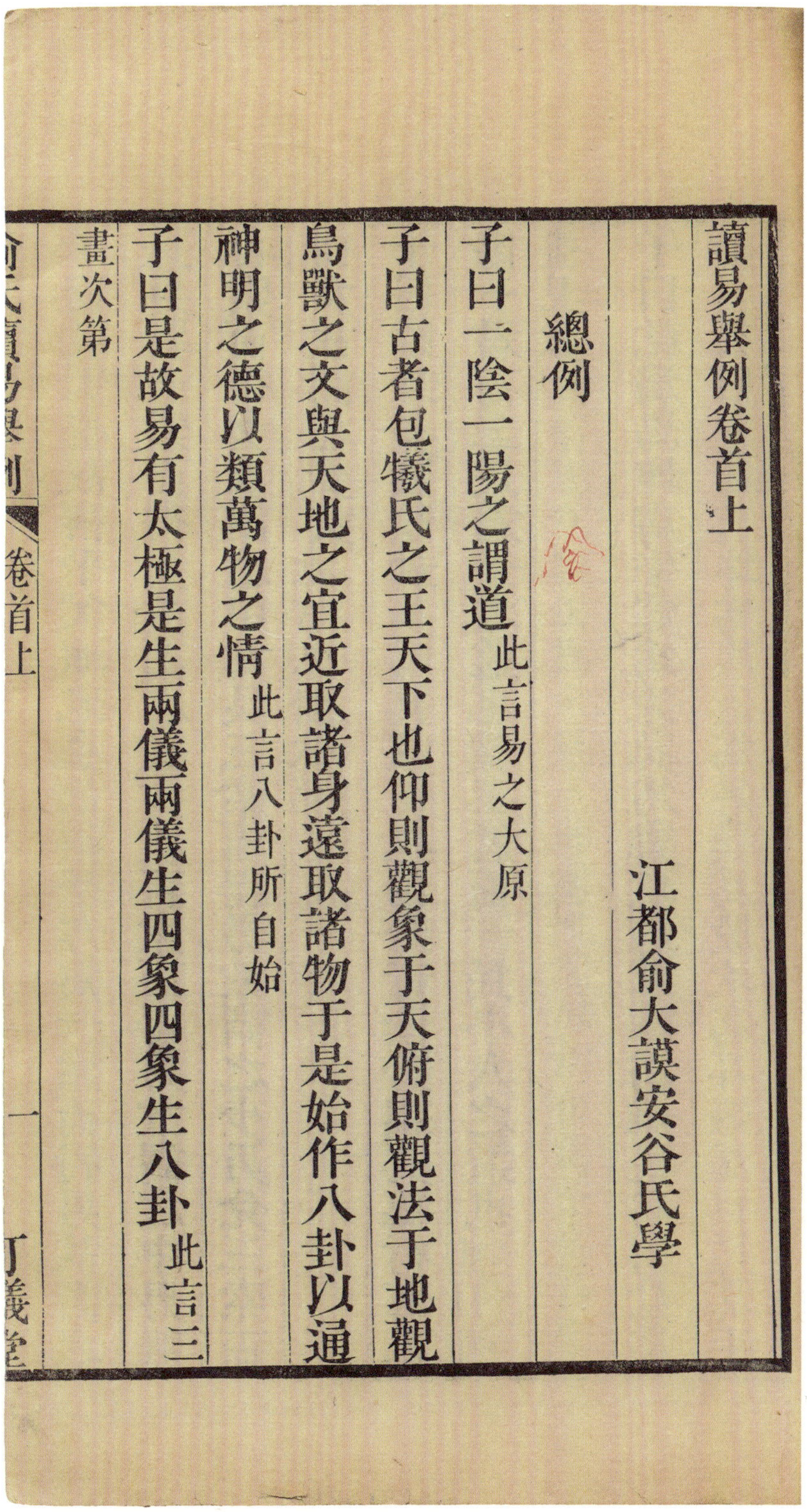
讀易舉例卷首上

江都俞大謨安谷氏學

總例

子曰一陰一陽之謂道此言易之大原

子曰古者包犧氏之王天下也仰則觀象于天俯則觀法于地觀鳥獸之文與天地之宜近取諸身遠取諸物于是始作八卦以通神明之德以類萬物之情此言八卦所自始

子曰是故易有太極是生兩儀兩儀生四象四象生八卦此言三畫次第

俞氏讀易舉例　卷首上　一　可儀堂

讀易舉例四卷首三卷　（清）俞大謨撰　清嘉慶五年（1800）可儀堂新刻本

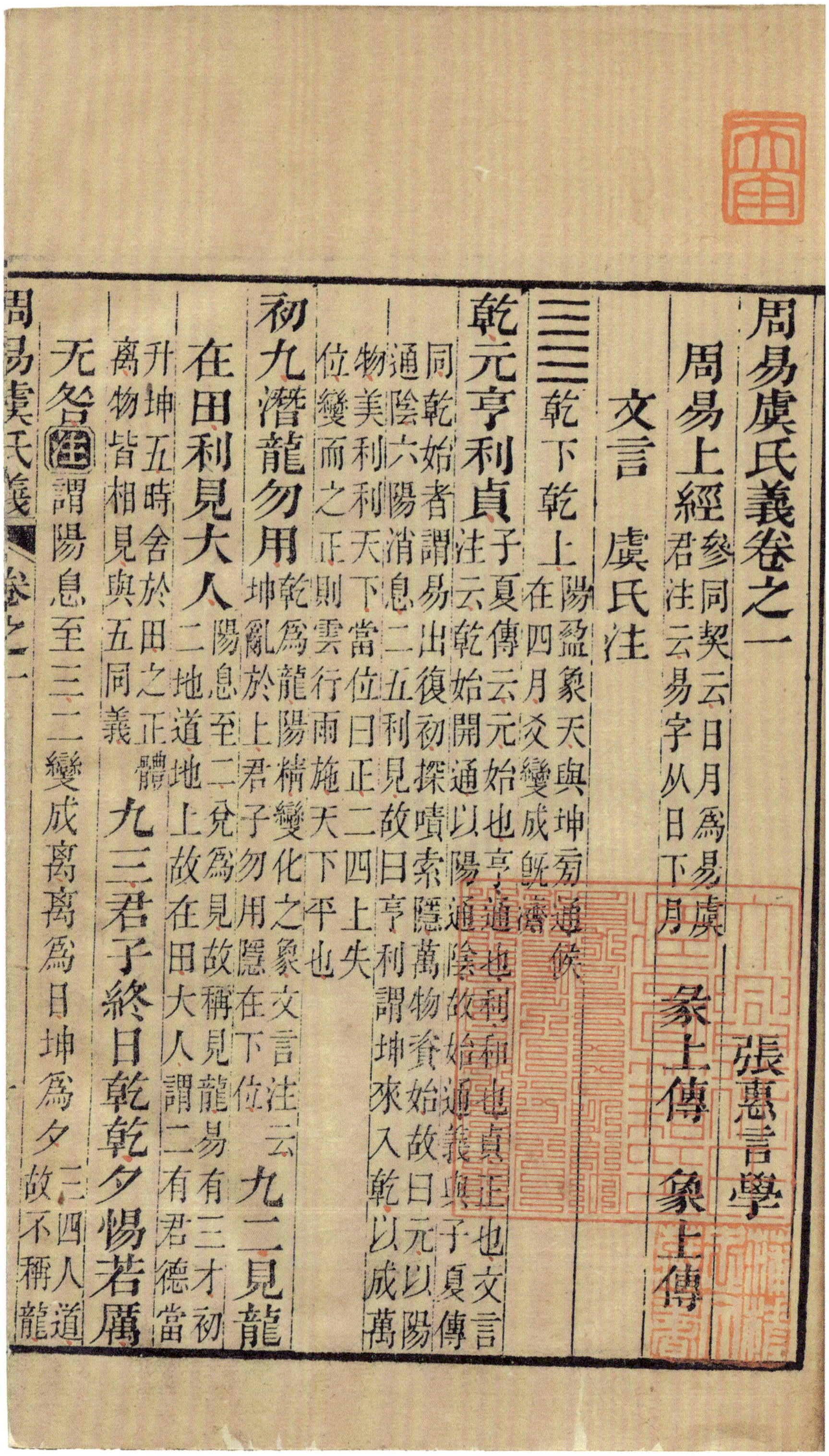

周易虞氏義卷之一　張惠言學

周易上經參同契云日月爲易虞君注云易字从日下月　彖上傳　象上傳

文言　虞氏注

☰☰乾下乾上陽盈象天與坤旁通侯在四月爻變成既濟

乾元亨利貞子夏傳云元始也亨通也利和也貞正也文言注云乾始開通以陽通陰故始通義與子夏傳同乾始者謂易出復初探嘖索隱萬物資始故曰元以陽通陰六陽消息二五利見故曰亨利謂坤來入乾以成萬物美利利天下當位曰正二四上失位變而之正則雲行雨施天下平也

初九潛龍勿用乾爲龍陽精變化之象文言注云坤亂於上君子勿用隱在下位

九二見龍在田利見大人陽息至二兌爲見故稱見龍易有三才初二地道地上故在田大人謂二有君德當升坤五時舍於田之正體离物皆相見與五同義

九三君子終日乾乾夕惕若厲无咎注謂陽息至三二變成离离爲日坤爲夕三四人道故不稱龍

周易虞氏義　卷之一　一

周易虞氏義九卷虞氏消息二卷　（清）張惠言撰　清嘉慶八年（1803）揚州阮氏琅嬛僊館刻本

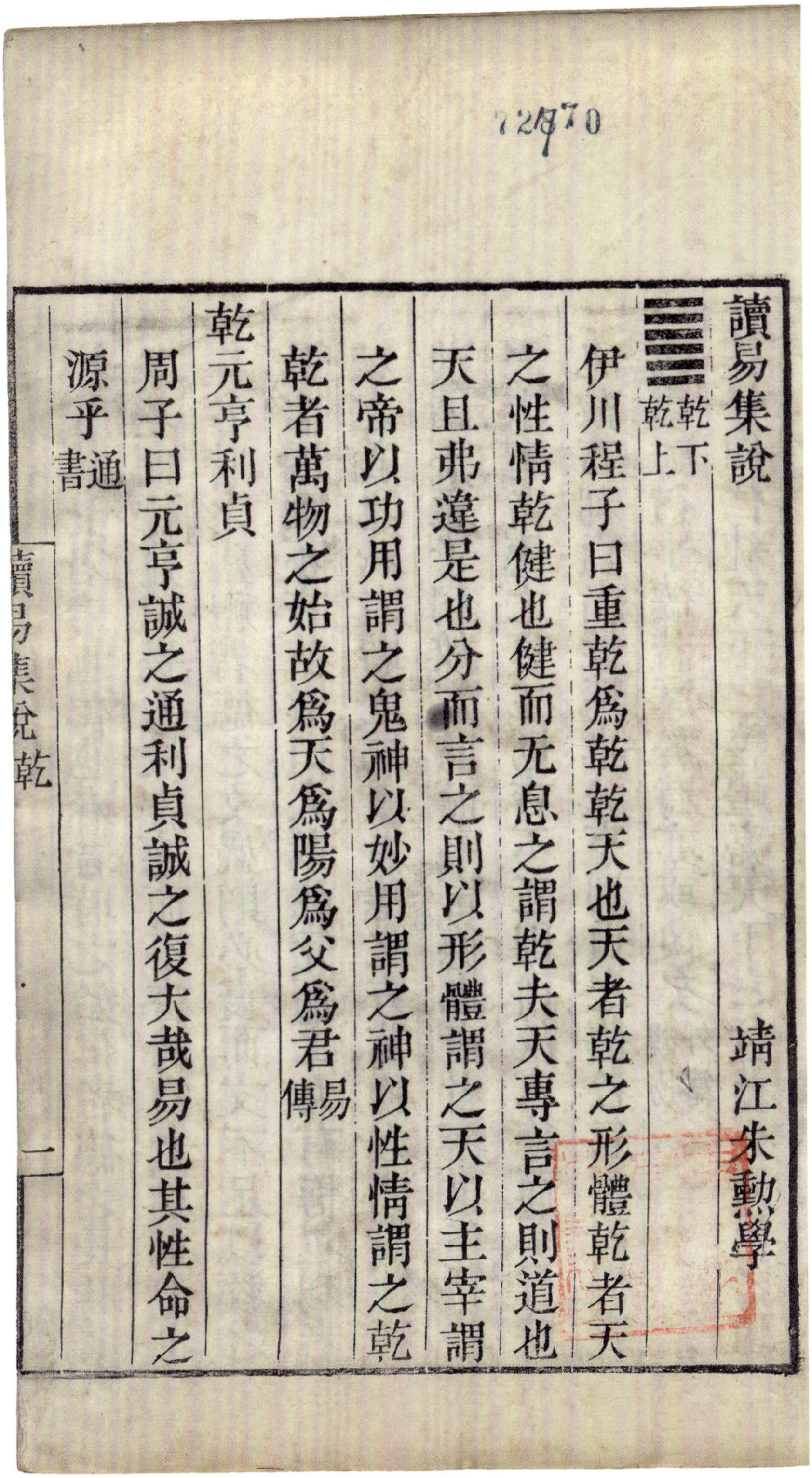
讀易集說　　靖江朱勳學

☰乾下乾上

伊川程子曰重乾爲乾乾天也天者乾之形體乾者天之性情乾健也健而无息之謂乾夫天專言之則道也天且弗違是也分而言之則以形體謂之天以主宰謂之帝以功用謂之鬼神以妙用謂之神以性情謂之乾乾者萬物之始故爲天爲陽爲父爲君易傳

乾元亨利貞

周子曰元亨誠之通利貞誠之復大哉易也其性命之源乎通書

讀易集說　乾　一

讀易集說不分卷　（清）朱勳撰　清嘉慶二十二年（1817）資善堂刻本

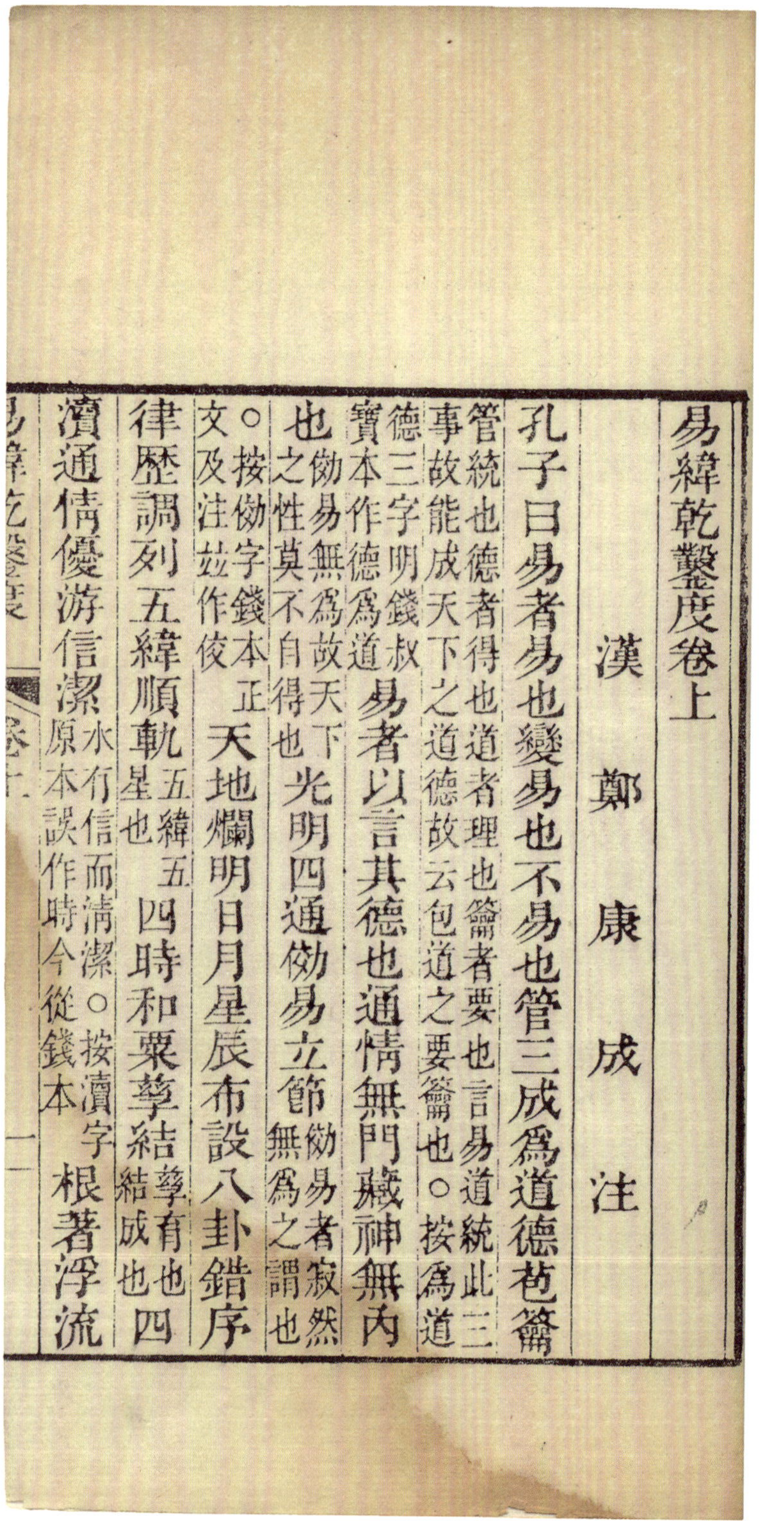

易緯乾鑿度卷上

漢 鄭 康 成 注

孔子曰易者易也變易也不易也管三成爲道德苞籥管統也德者得也道者理也籥者要也言易道統此三事故能成天下之道德故云包道之要籥也○按爲道德三字明錢叔寶本作德爲道易者以言其德也通情無門藏神無內也俲易無爲故天下之性莫不自得也○按俲字錢本正文及注竝作俲光明四通俲易立節俲易者寂然無爲之謂也天地爛明日月星辰布設八卦錯序律歷調列五緯順軌五緯五星也四時和粟孳結孳育也結成也四瀆通情優游信潔水有信而清潔○按瀆字原本誤作時今從錢本根著浮流

易緯乾鑿度　卷上　一

七緯七種　（漢）鄭玄注　清嘉慶十四年（1809）侯官趙氏小積石山房刻本

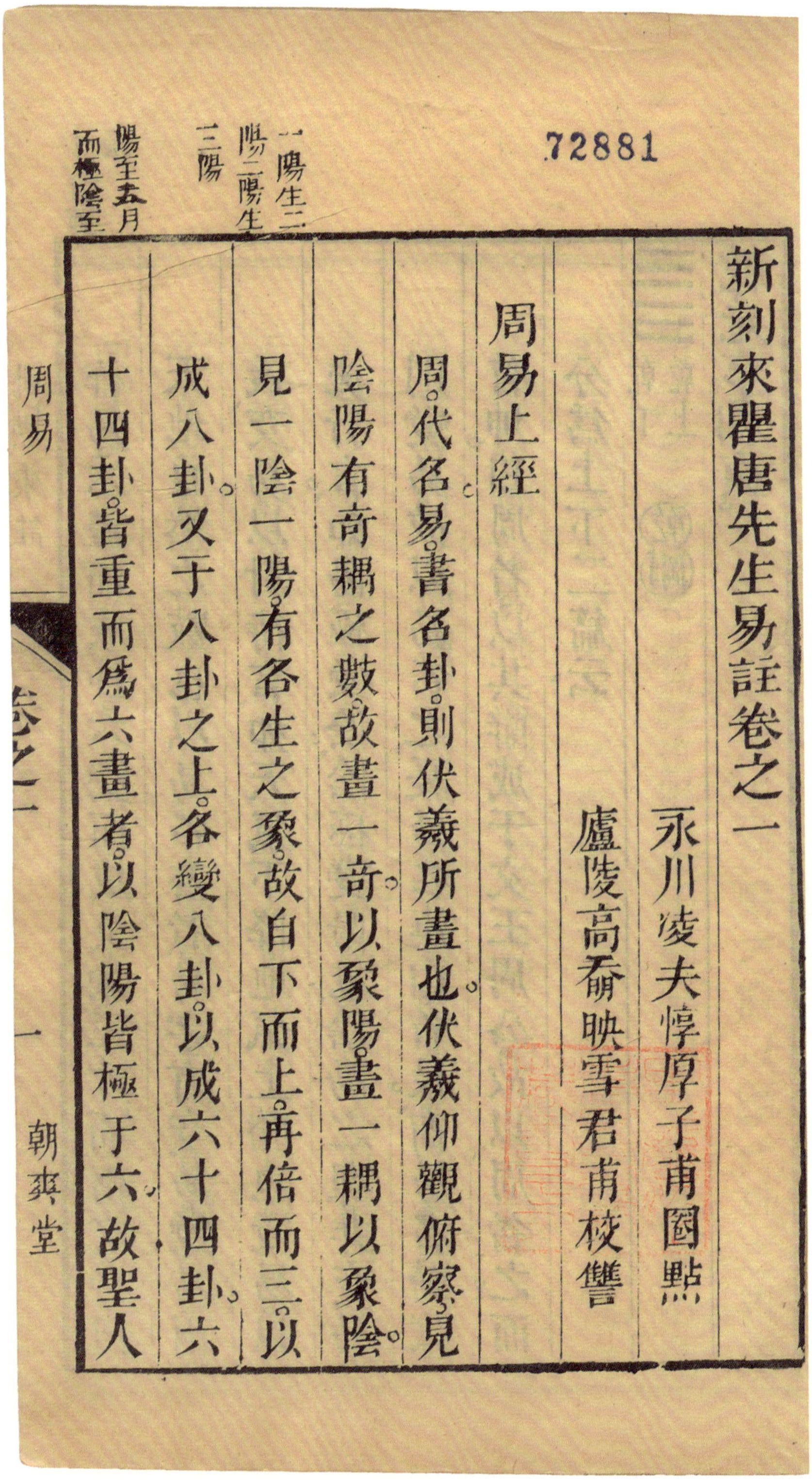

一陽生二陽二陽生三陽

陽至五月而極陰至

新刻來瞿唐先生易註卷之一

永川凌夫惇厚子甫圈點

盧陵高奣映雪君甫校讐

周易上經

周代名易書名卦則伏羲所畫也伏羲仰觀俯察見陰陽有奇耦之數故畫一奇以象陽畫一耦以象陰見一陰一陽有各生之象故自下而上再倍而三以成八卦又于八卦之上各變八卦以成六十四卦六十四卦皆重而爲六畫者以陰陽皆極于六故聖人

周易　卷之一　一　朝爽堂

新刻來瞿唐先生易註十五卷首一卷末一卷　（明）來知德撰　清文選樓李連福刻本

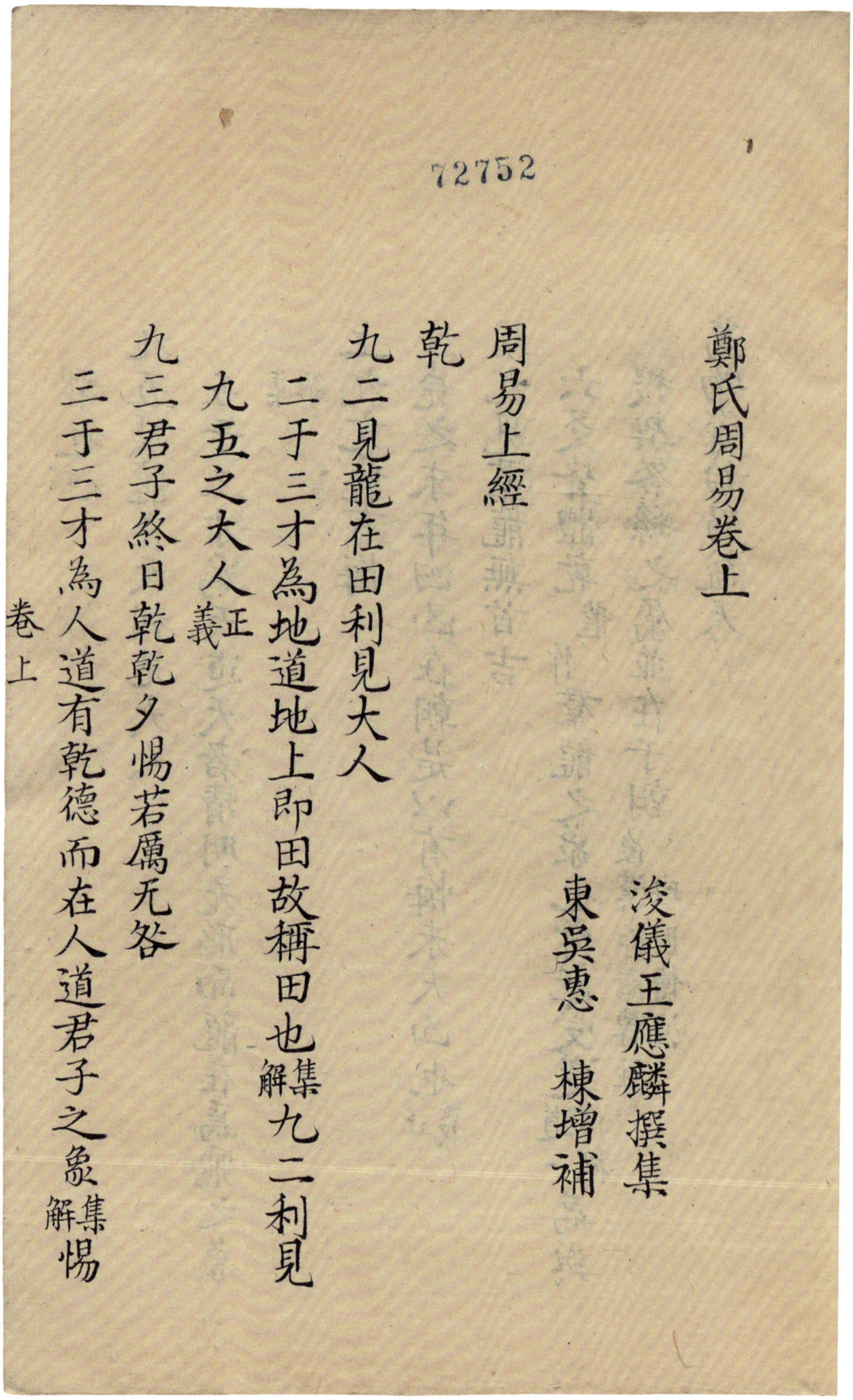
72752

鄭氏周易卷上

浚儀王應麟撰集

東吳惠　棟增補

周易上經

乾

九二見龍在田利見大人

二于三才為地道地上即田故稱田也集解九二利見

九五之大人正義

九三君子終日乾乾夕惕若厲无咎

三于三才為人道有乾德而在人道君子之象集解惕

卷上

鄭氏周易三卷附爻辰圖一卷　（漢）鄭玄注　（宋）王應麟撰集　（清）惠棟增補　清乾隆二十一年（1756）雅雨堂叢書本

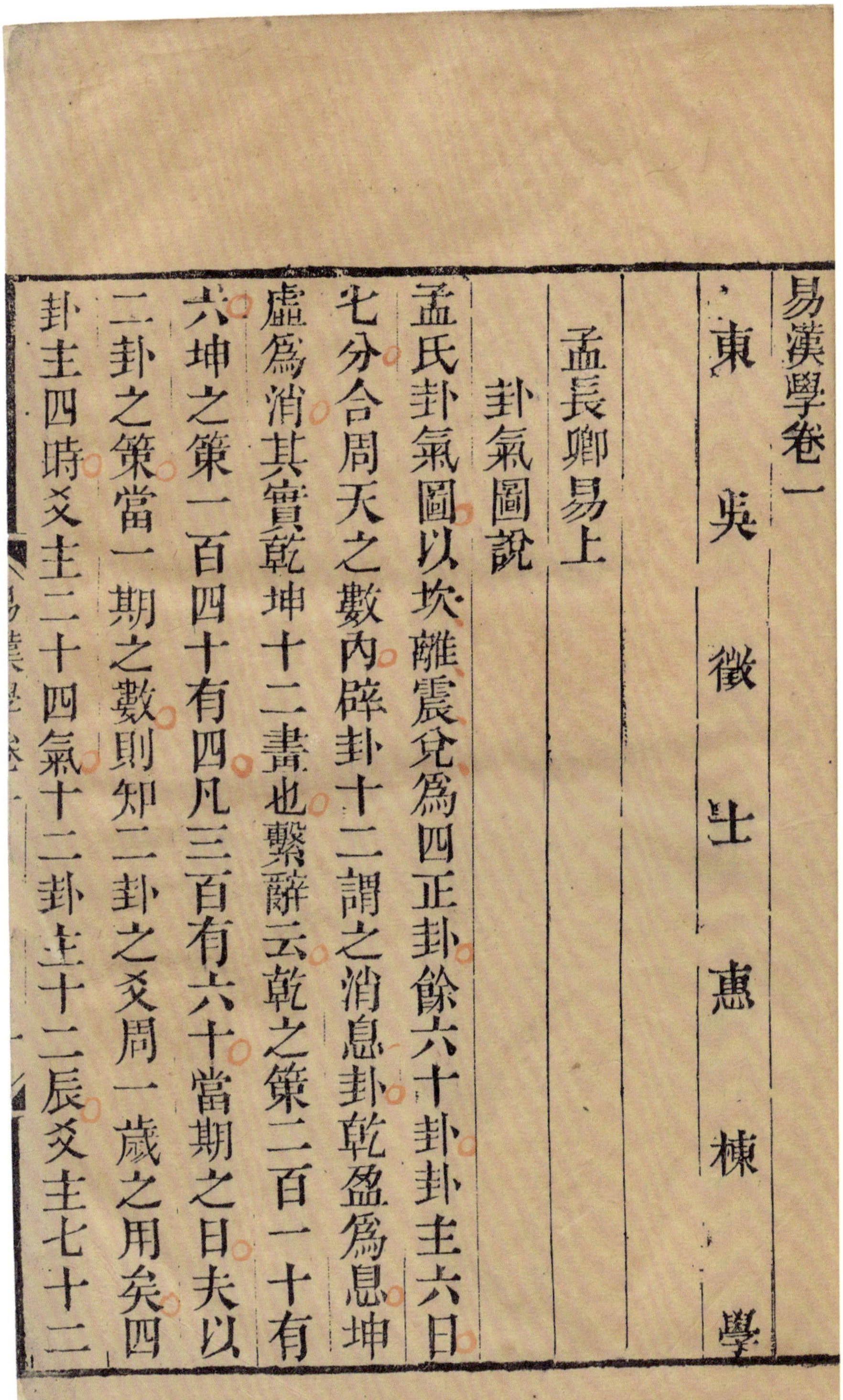
易漢學卷一
東吳徵士惠棟學
孟長卿易上
卦氣圖說
孟氏卦氣圖以坎離震兌爲四正卦餘六十卦卦主六日七分合周天之數內辟卦十二謂之消息卦乾盈爲息坤虛爲消其實乾坤十二畫也繫辭云乾之策二百一十有六坤之策一百四十有四凡三百有六十當期之日夫以二卦之策當一期之數則知二卦之爻周一歲之用矣四卦主四時爻主二十四氣十二卦主十二辰爻主七十二

易漢學八卷　（清）惠棟撰　清乾隆柏筠堂刻本

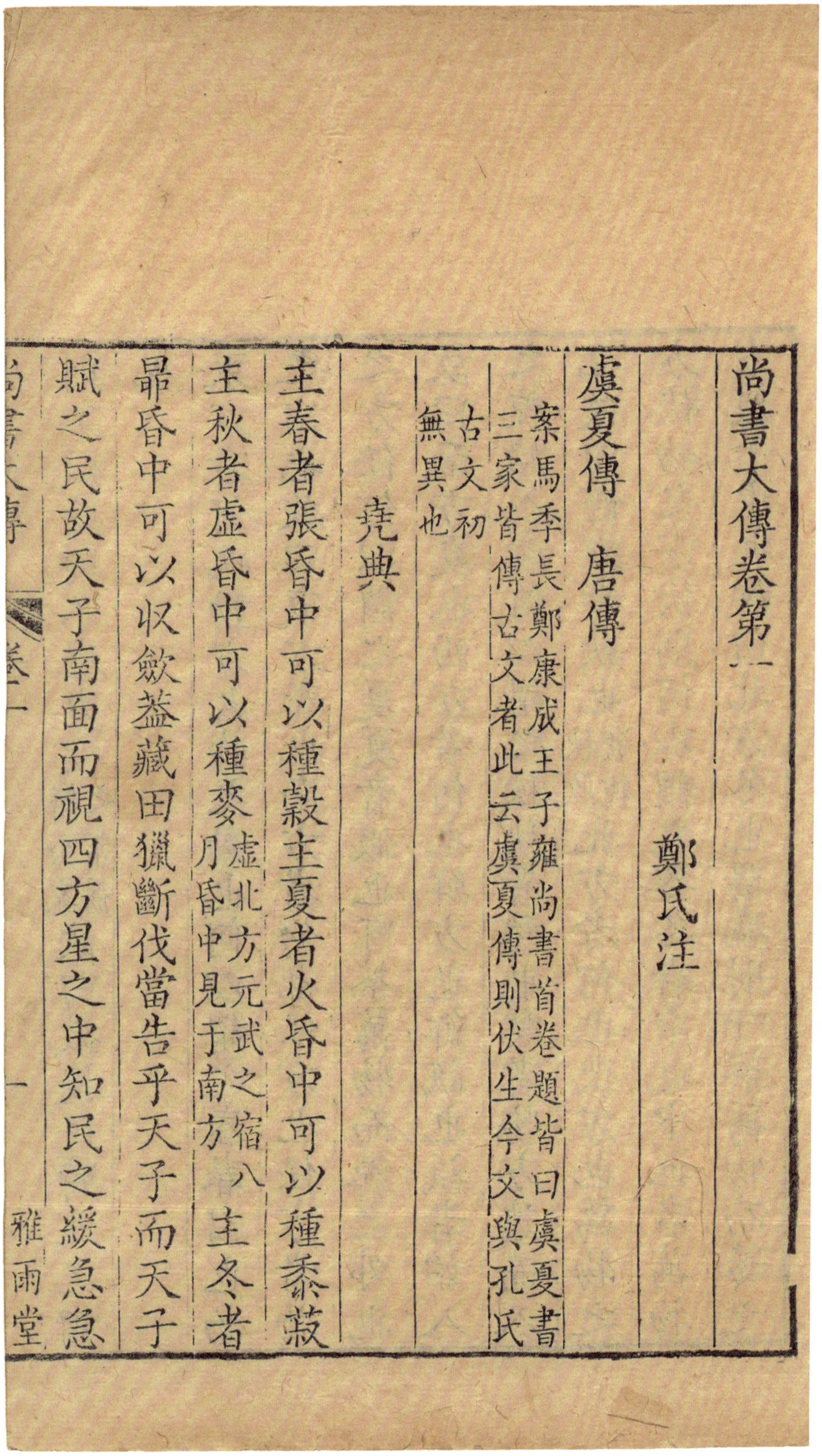
尚書大傳卷第一　　鄭氏注

虞夏傳　唐傳

案馬季長鄭康成王子雍尚書首卷題皆曰虞夏書三家皆傳古文者此云虞夏傳則伏生今文與孔氏古文初無異也

堯典

主春者張昏中可以種穀主夏者火昏中可以種黍菽主秋者虛昏中可以種麥虛北方元武之宿八月昏中見于南方主冬者昴昏中可以收斂蓋藏田獵斷伐當告乎天子而天子賦之民故天子南面而視四方星之中知民之緩急急

尚書大傳　卷一　一　雅雨堂

尚書大傳四卷　（漢）伏勝撰　（漢）鄭玄注　**考異一卷**
補遺一卷續補遺一卷　（清）盧文弨撰　清乾隆二十一年（1756）盧氏刻雅雨堂叢書本

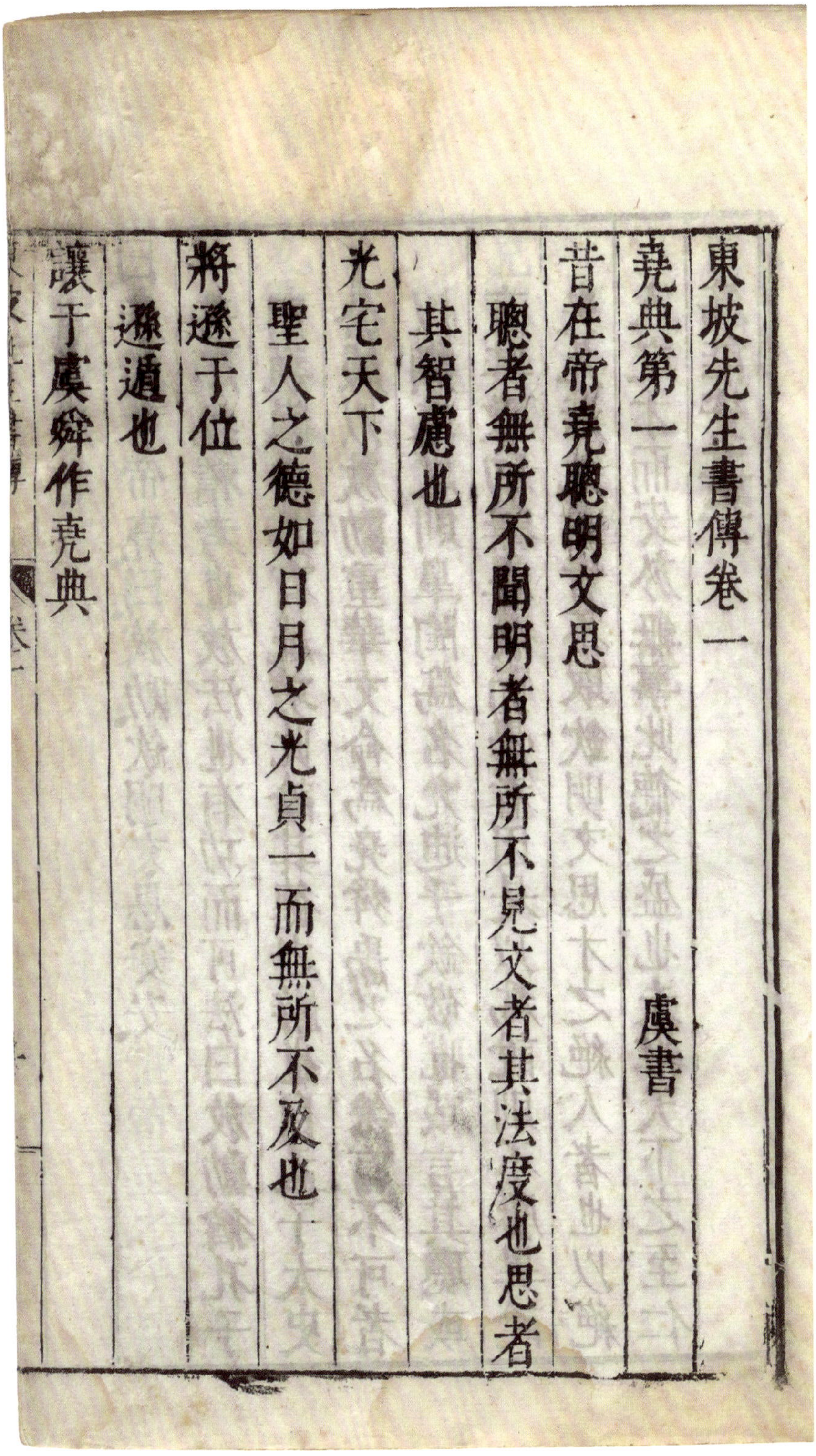
東坡先生書傳卷一
堯典第一　虞書
昔在帝堯聰明文思
聽者無所不聞明者無所不見文者其法度也思者
其智慮也
光宅天下
聖人之德如日月之光貞一而無所不及也
將遜于位
遜遁也
讓于虞舜作堯典

東坡先生書傳二十卷　（宋）蘇軾撰　明萬曆焦竑刻兩蘇經解本

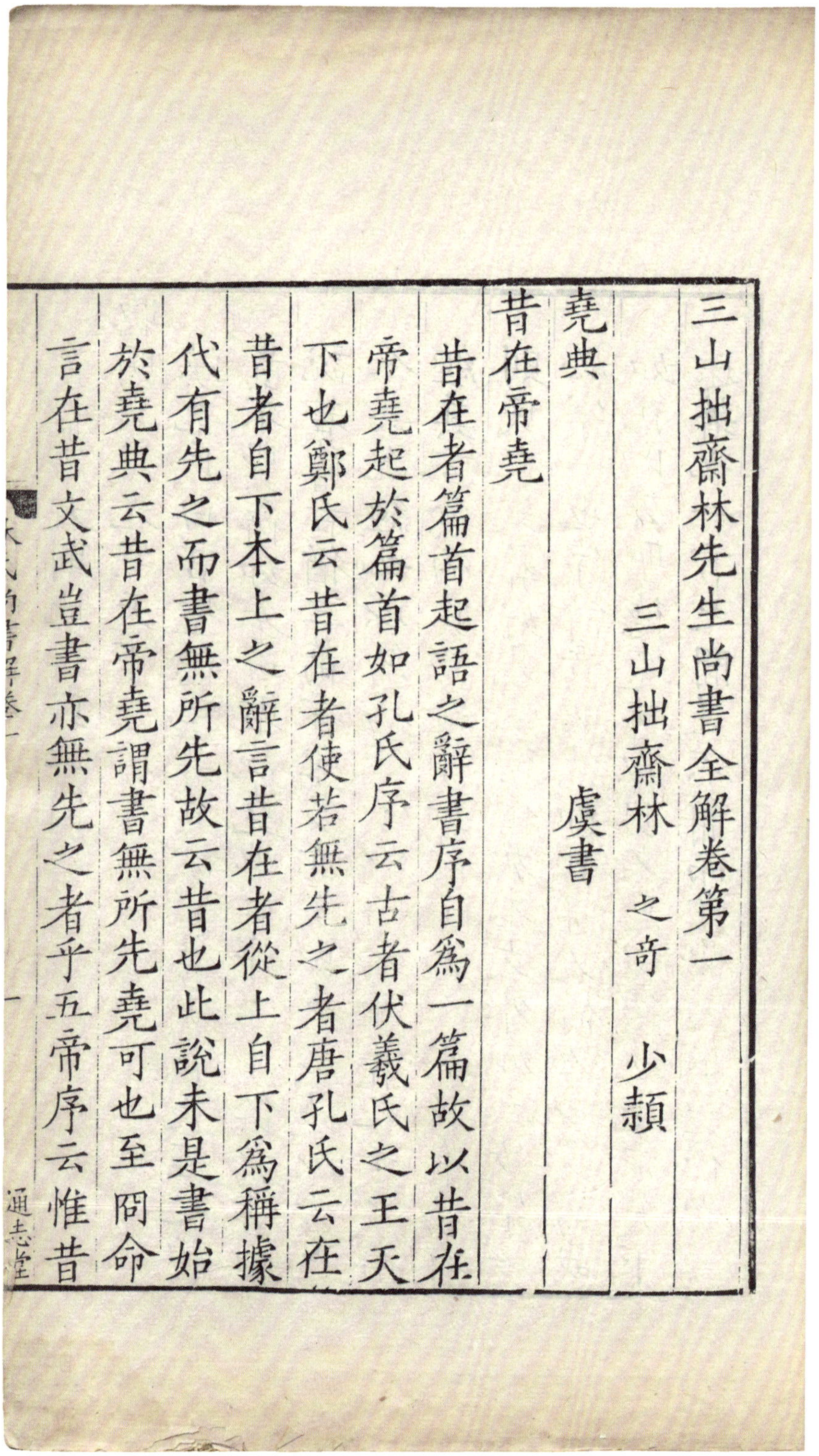

三山拙齋林先生尚書全解卷第一

三山拙齋林　之奇　少頴

虞書

堯典

昔在帝堯

昔在者篇首起語之辭書序自爲一篇故以昔在帝堯起於篇首如孔氏序云古者伏羲氏之王天下也鄭氏云昔在者使若無先之者唐孔氏云在昔者自下本上之辭言昔在者從上自下爲稱據代有先之而書無所先故云昔也此說未是書始於堯典云昔在帝堯謂書無所先堯可也至冏命言在昔文武豈書亦無先之者乎五帝序云惟昔

林氏尚書解卷一　一　通志堂

尚書全解四十卷　（宋）林之奇撰　清康熙十九年（1680）成德刻通志堂經解本

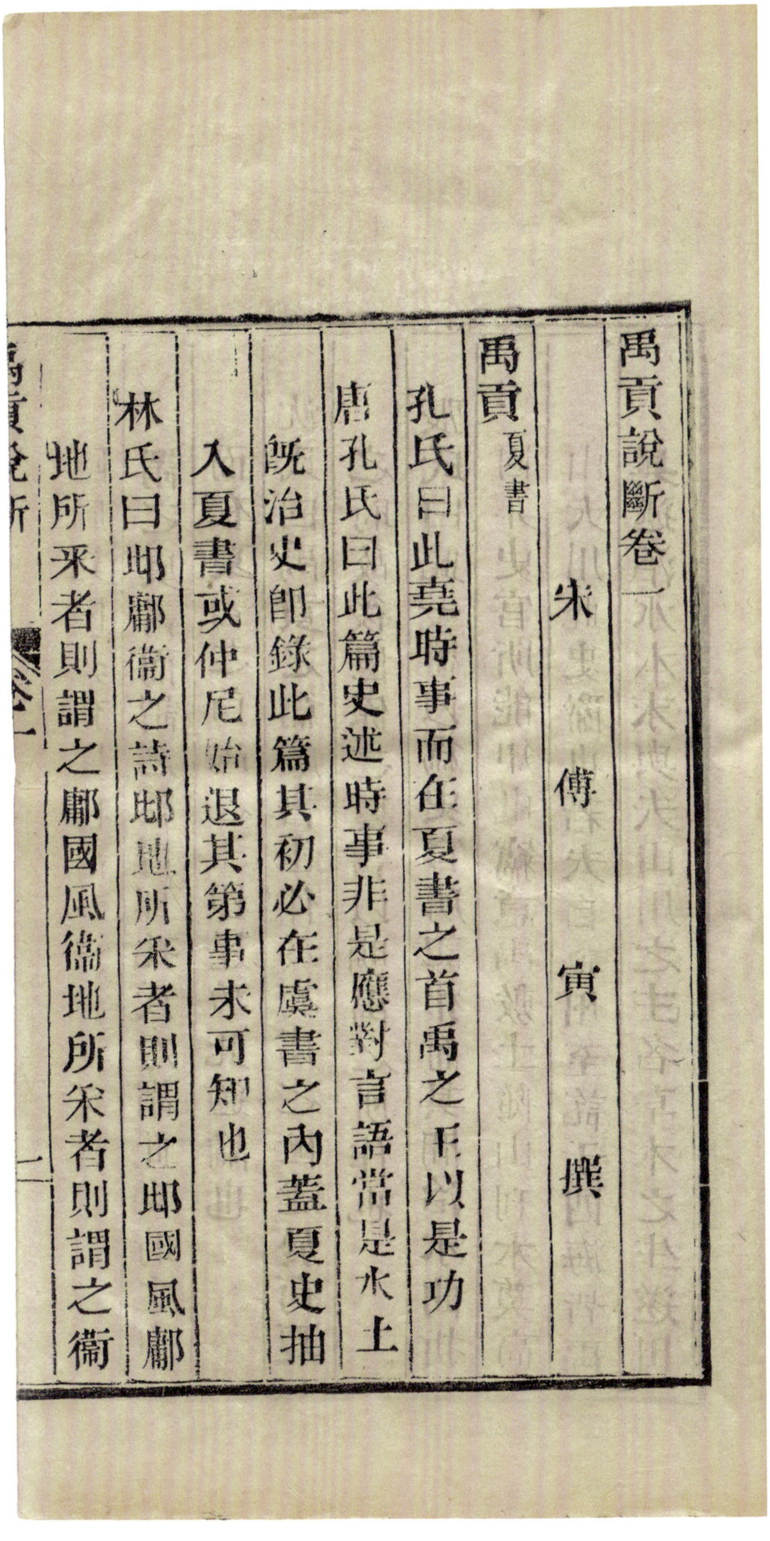
禹貢說斷卷一
宋　傅寅　撰
禹貢　夏書
孔氏曰此堯時事而在夏書之首禹之王以是功
唐孔氏曰此篇史述時事非是應對言語當是水土
旣治史卽錄此篇其初必在虞書之內蓋夏史抽
入夏書或仲尼始退其第事未可知也
林氏曰邶鄘衛之詩邶地所采者則謂之邶國風鄘
地所采者則謂之鄘國風衛地所采者則謂之衛
禹貢說斷　卷一　一

禹貢說斷四卷　（宋）傅寅撰　清乾隆武英殿聚珍版

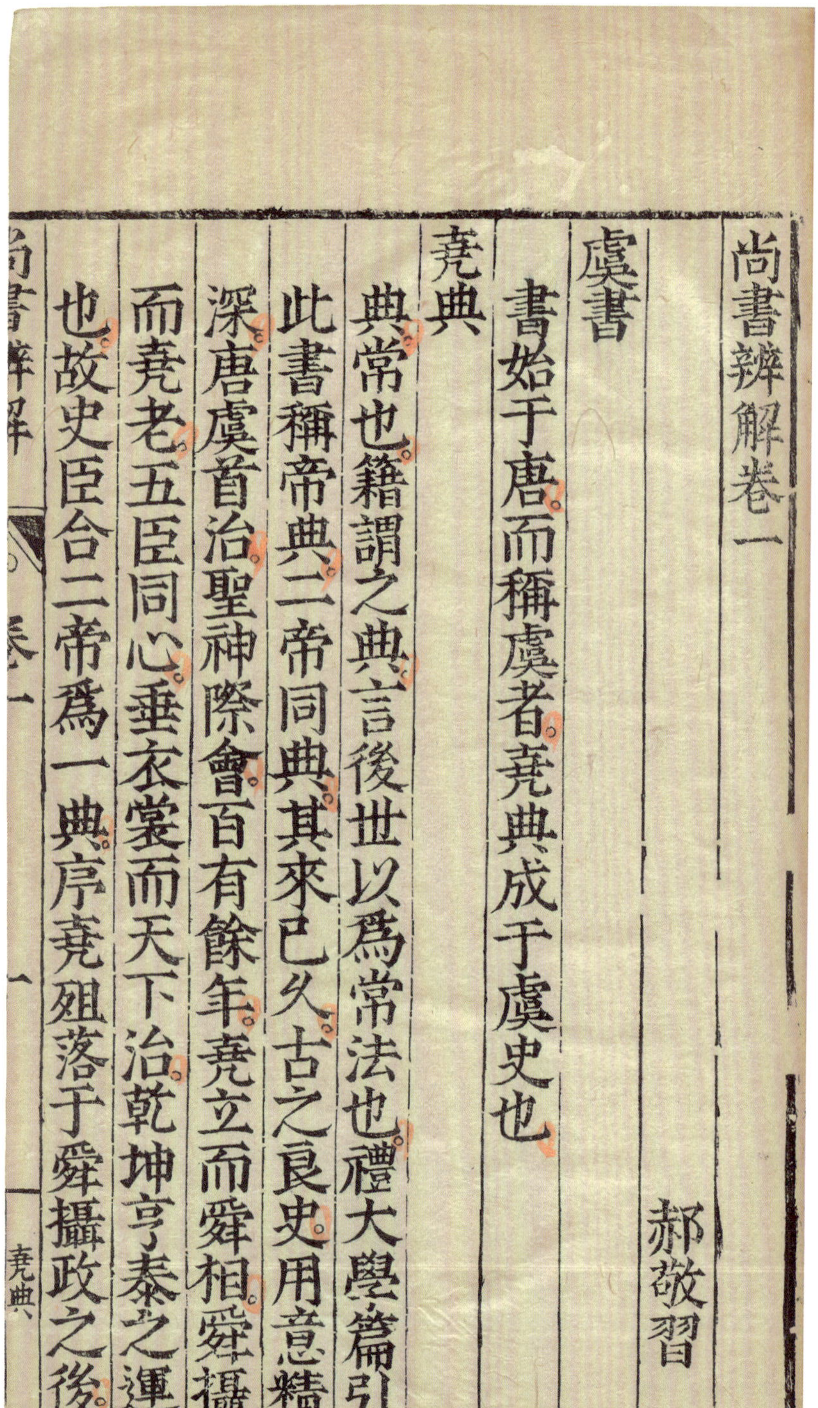

尚書辨解卷一

郝敬習

虞書

書始于唐而稱虞者堯典成于虞史也

堯典

典常也籍謂之典言後世以爲常法也禮大學篇引此書稱帝典二帝同典其來已久古之良史用意精深唐虞首治聖神際會百有餘年堯立而舜相舜攝而堯老五臣同心垂衣裳而天下治乾坤亨泰之運也故史臣合二帝爲一典序堯殂落于舜攝政之後

尚書辨解　卷一　一　堯典

尚書辨解十卷　（明）郝敬撰　（明）郝千秋　（明）郝千石校　明刻本

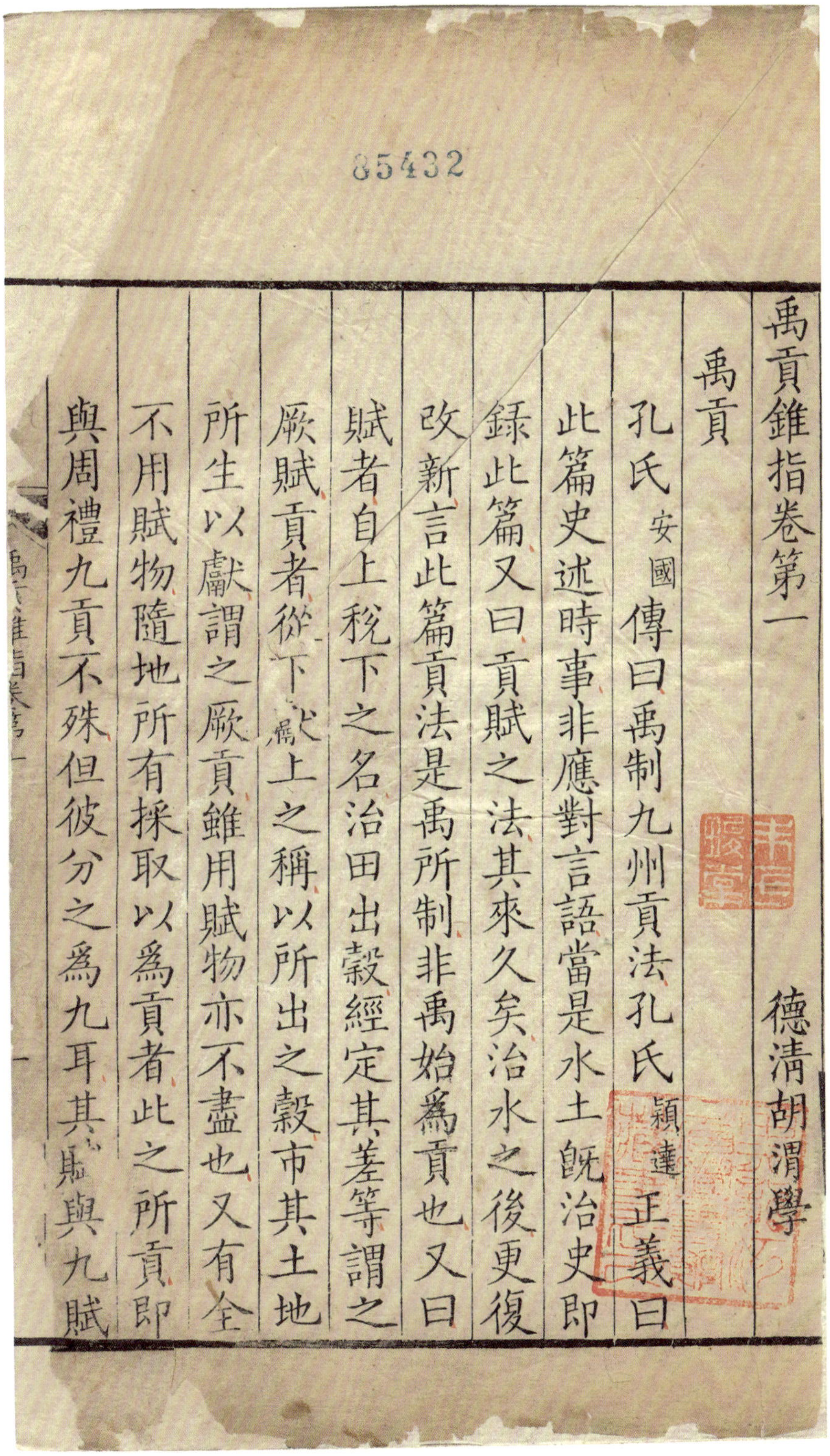

禹貢錐指卷第一　德清胡渭學

禹貢

孔氏安國傳曰禹制九州貢法孔氏穎達正義曰
此篇史述時事非應對言語當是水土既治史即
錄此篇又曰貢賦之法其來久矣治水之後更復
改新言此篇貢法是禹所制非禹始爲貢也又曰
賦者自上稅下之名治田出穀經定其差等謂之
厥賦貢者從下獻上之稱以所出之穀市其土地
所生以獻謂之厥貢雖用賦物亦不盡也又有全
不用賦物隨地所有採取以爲貢者此之所貢即
與周禮九貢不殊但彼分之爲九耳其賦與九賦

禹貢錐指二十卷圖一卷　（清）胡渭撰　清康熙四十四年（1705）漱六軒刻本

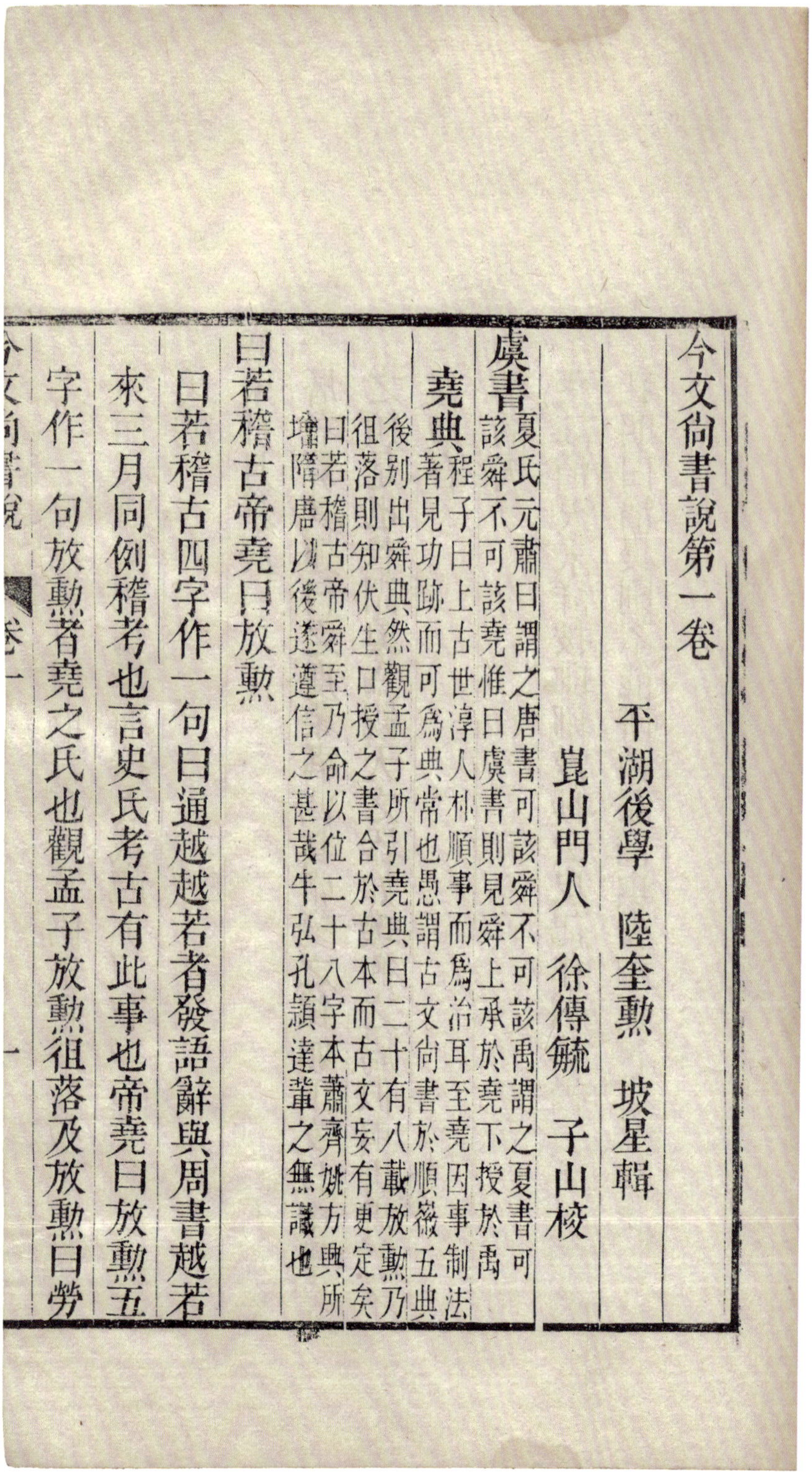
今文尚書說第一卷
平湖後學　陸奎勳　坡星輯
崑山門人　徐傳鯍　子山校
虞書夏氏元肅曰謂之唐書可該舜不可該禹謂之夏書可該舜不可該堯惟曰虞書則見舜上承於堯下授於禹
堯典程子曰上古世淳人朴順事而為治耳至堯因事制法著見功跡而可為典常也愚謂古文尚書於順徽五典後別出舜典然觀孟子所引堯典曰二十有八載放勳乃徂落則知伏生口授之書合於古本而古文妄有更定矣曰若稽古帝舜至乃命以位二十八字本蕭齊姚方興所增隋唐以後遂遵信之甚哉牛弘孔頴達輩之無識也
曰若稽古帝堯曰放勳
曰若稽古四字作一句曰通越越若者發語辭與周書越若來三月同例稽者考也言史氏考古有此事也帝堯曰放勳五字作一句放勳者堯之氏也觀孟子放勳徂落及放勳曰勞
今文尚書說　卷一　一

今文尚書說三卷　（清）陸奎勳輯　清乾隆元年（1736）刻陸堂叢書本

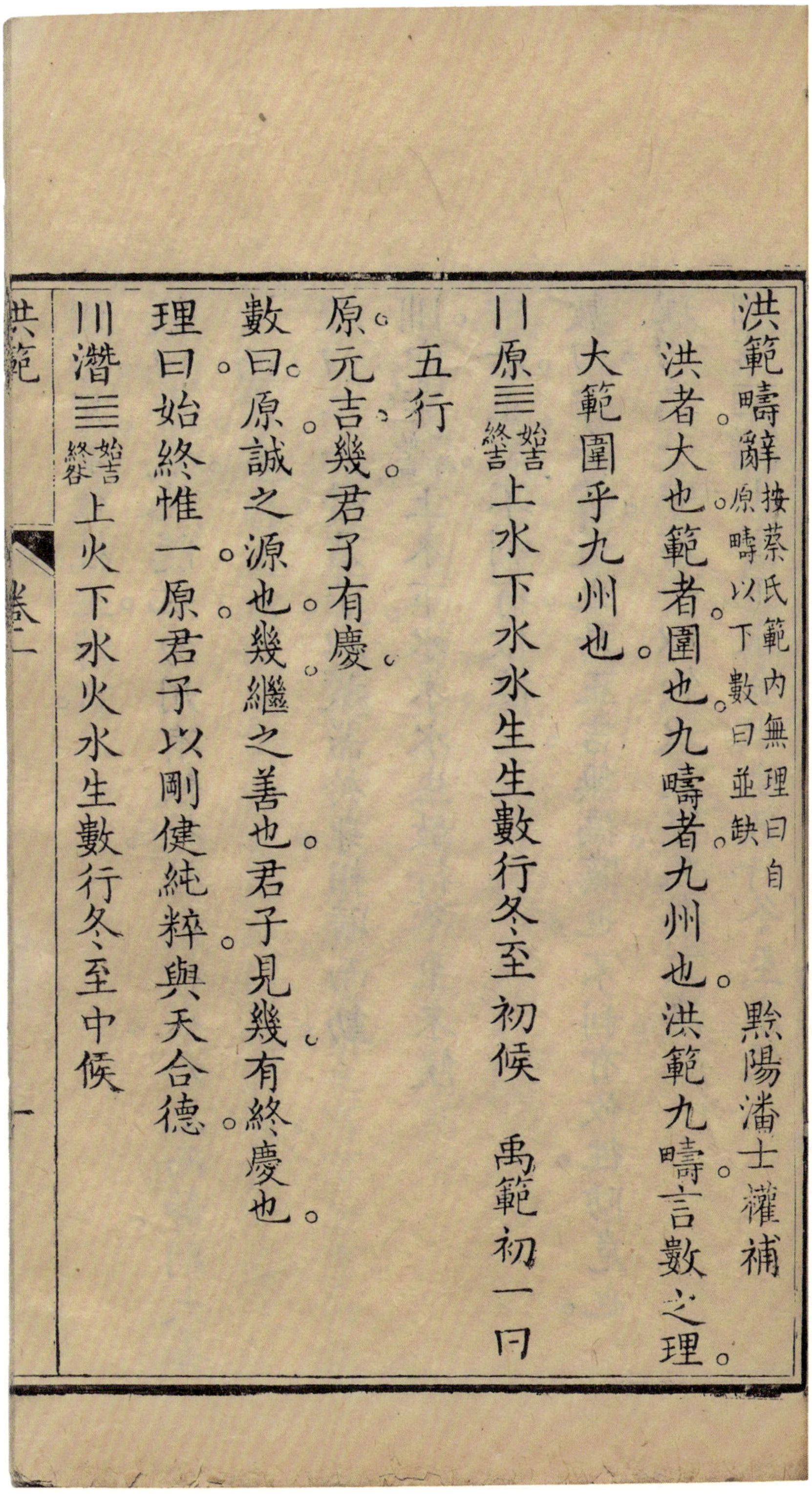
洪範疇辭 按蔡氏範內無理曰自原疇以下數曰並缺　黔陽潘士權補

洪者大也範者圍也九疇者九州也洪範九疇言數之理

大範圍乎九州也

〢原☰ 始吉終吉 上水下水水生生數行冬至初候　禹範初一曰

五行

原元吉幾君子有慶

數曰原誠之源也幾繼之善也君子見幾有終慶也

理曰始終惟一原君子以剛健純粹與天合德

〣潛☰ 始吉終吝 上火下水火水生數行冬至中候

洪範　卷一　一

洪範註補五卷　（清）潘士權撰　清乾隆四年（1739）國子監刻本

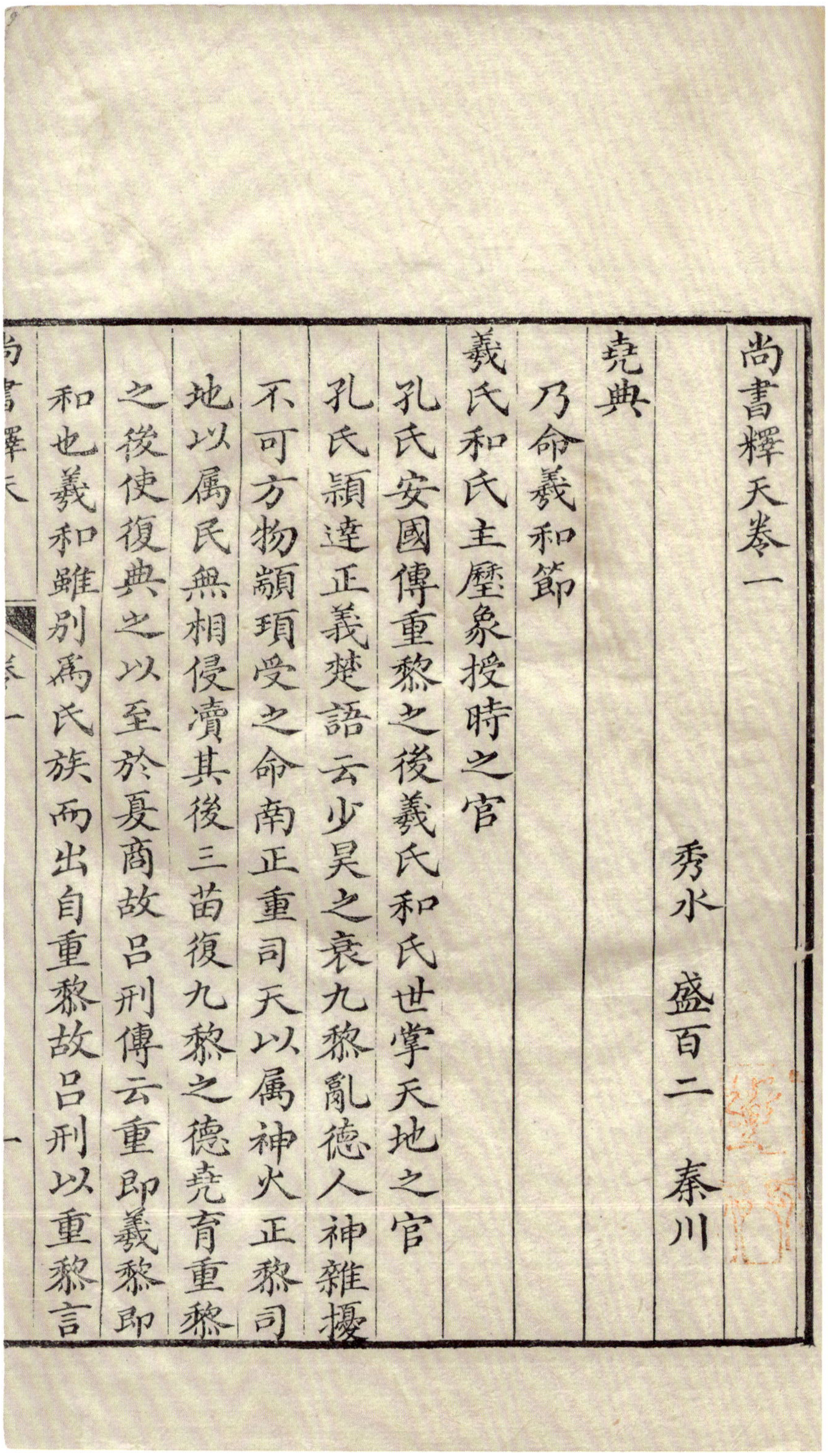

尚書釋天卷一

秀水　盛百二　秦川

堯典

乃命羲和節

羲氏和氏主曆象授時之官

孔氏安國傳重黎之後羲氏和氏世掌天地之官

孔氏穎達正義楚語云少昊之衰九黎亂德人神雜擾不可方物顓頊受之命南正重司天以屬神火正黎司地以屬民無相侵瀆其後三苗復九黎之德堯育重黎之後使復典之以至於夏商故呂刑傳云重即羲黎即和也羲和雖別爲氏族而出自重黎故呂刑以重黎言

尚書釋天　卷一　一

尚書釋天六卷　（清）盛百二撰　清乾隆十八年（1753）秀水李氏刻本

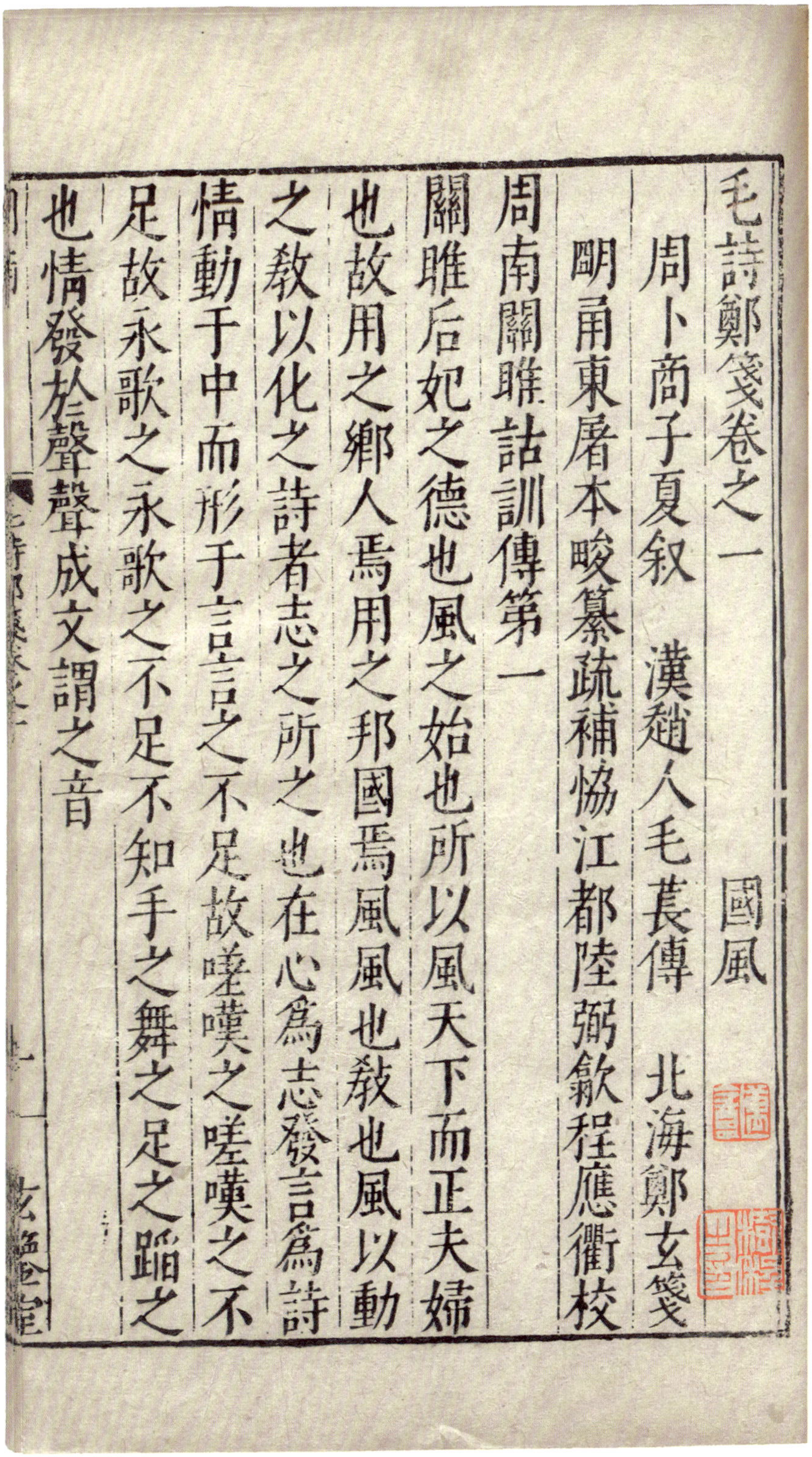
毛詩鄭箋卷之一　　國風
周卜商子夏叙　漢趙人毛萇傳　北海鄭玄箋
明甬東屠本畯纂疏補協江都陸弼歙程應衢校
周南關雎詁訓傳第一
關雎后妃之德也風之始也所以風天下而正夫婦
也故用之鄉人焉用之邦國焉風風也教也風以動
之教以化之詩者志之所之也在心爲志發言爲詩
情動于中而形于言言之不足故嗟嘆之嗟嘆之不
足故永歌之永歌之不足不知手之舞之足之蹈之
也情發於聲聲成文謂之音

毛詩鄭箋二十卷　（漢）鄭玄箋　（明）屠本畯纂疏　明萬曆二十二年（1594）玄鑒室刻本

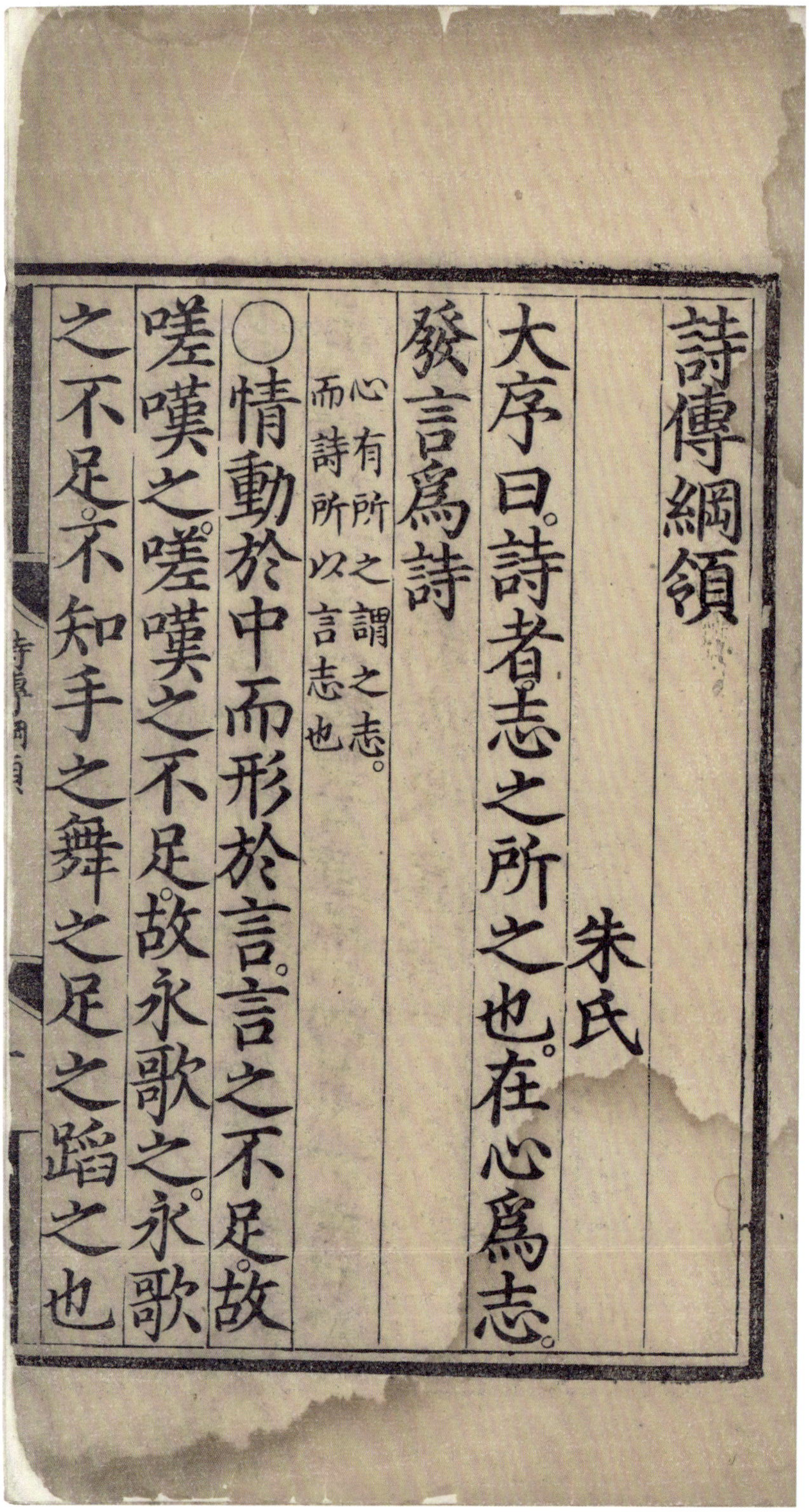

詩傳綱領

朱氏

大序曰。詩者志之所之也。在心爲志。發言爲詩

心有所之謂之志。而詩所以言志也

○情動於中而形於言。言之不足故嗟歎之。嗟歎之不足故永歌之。永歌之不足。不知手之舞之足之蹈之也

詩集傳二十卷詩序辨説一卷詩傳綱領一卷詩圖一卷　（宋）朱熹撰　明正統十二年（1447）司禮監刻本

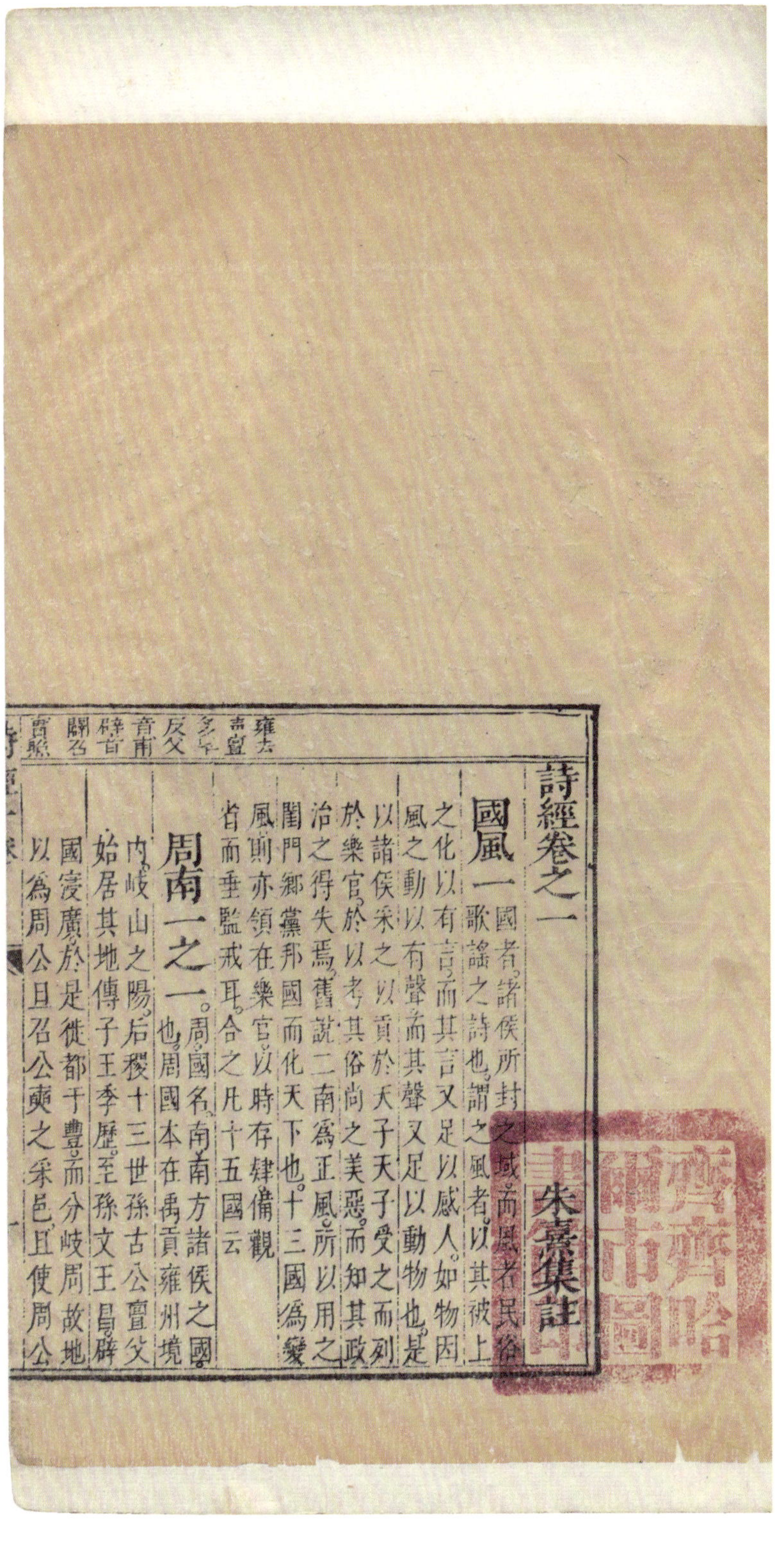

詩經卷之一　朱熹集註

國風一國者諸侯所封之域而風者民俗
歌謠之詩也謂之風者以其被上
之化以有言而其言又足以感人如物因
風之動以有聲而其聲又足以動物也是
以諸侯采之以貢於天子天子受之而列
於樂官於以考其俗尚之美惡而知其政
治之得失焉舊說二南爲正風所以用之
閨門鄉黨邦國而化天下也十三國爲變
風則亦領在樂官以時存肄備觀
省而垂監戒耳合之凡十五國云

周南一之一周國名南南方諸侯之國
也周國本在禹貢雍州境
內岐山之陽后稷十三世孫古公亶父
始居其地傳子王季歷至孫文王昌辟
國寖廣於是徙都于豐而分岐周故地
以爲周公旦召公奭之采邑且使周公

詩經八卷　（宋）朱熹集註　明刻本

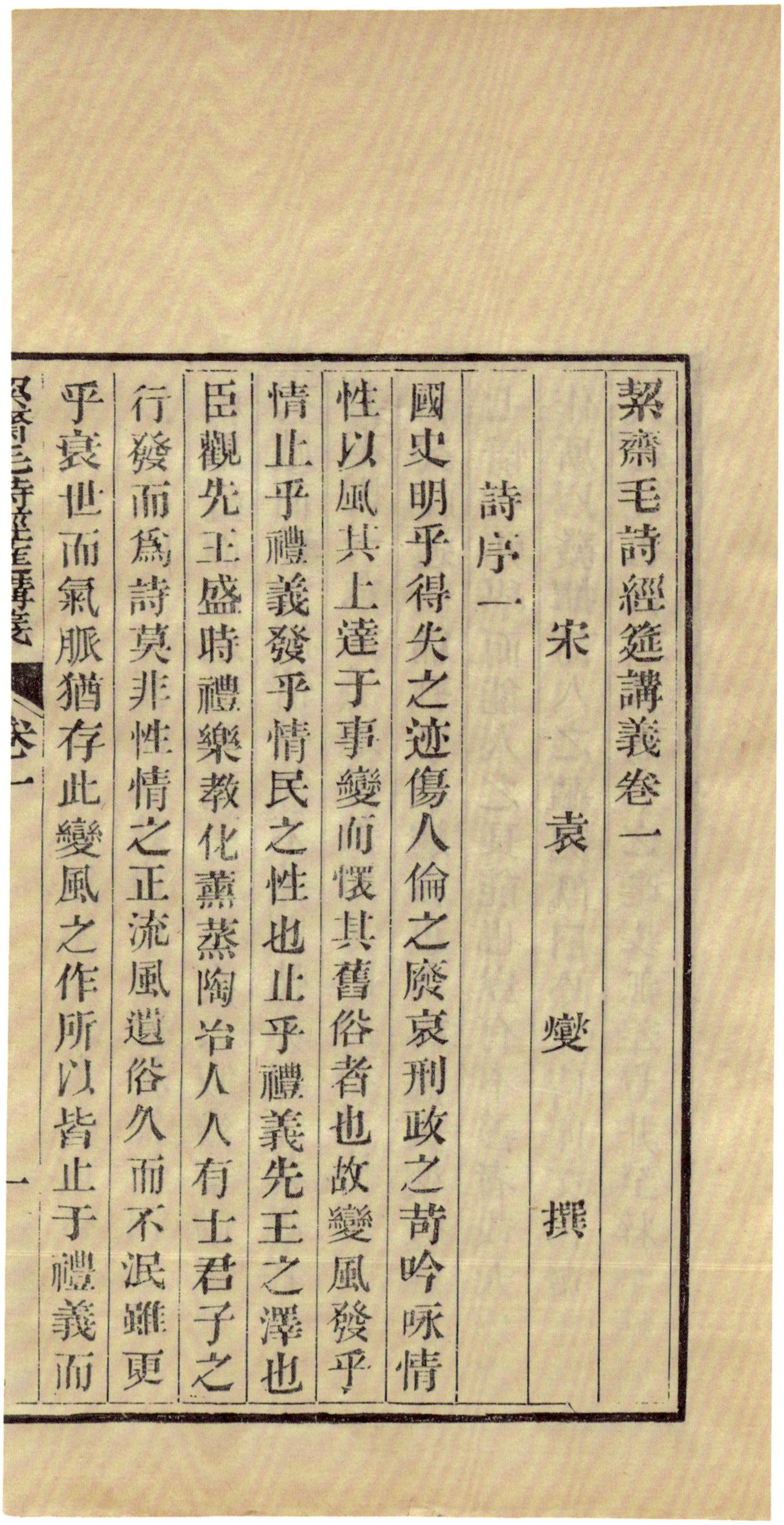
絜齋毛詩經筵講義卷一
宋 袁 燮 撰
詩序一
國史明乎得失之迹傷人倫之廢哀刑政之苛吟咏情
性以風其上達于事變而懷其舊俗者也故變風發乎
情止乎禮義發乎情民之性也止乎禮義先王之澤也
臣觀先王盛時禮樂教化薰蒸陶冶人人有士君子之
行發而爲詩莫非性情之正流風遺俗久而不泯雖更
乎衰世而氣脈猶存此變風之作所以皆止于禮義而
絜齋毛詩經筵講義 卷一 一

絜齋毛詩經筵講義四卷 （宋）袁燮撰 清乾隆武英殿聚珍版

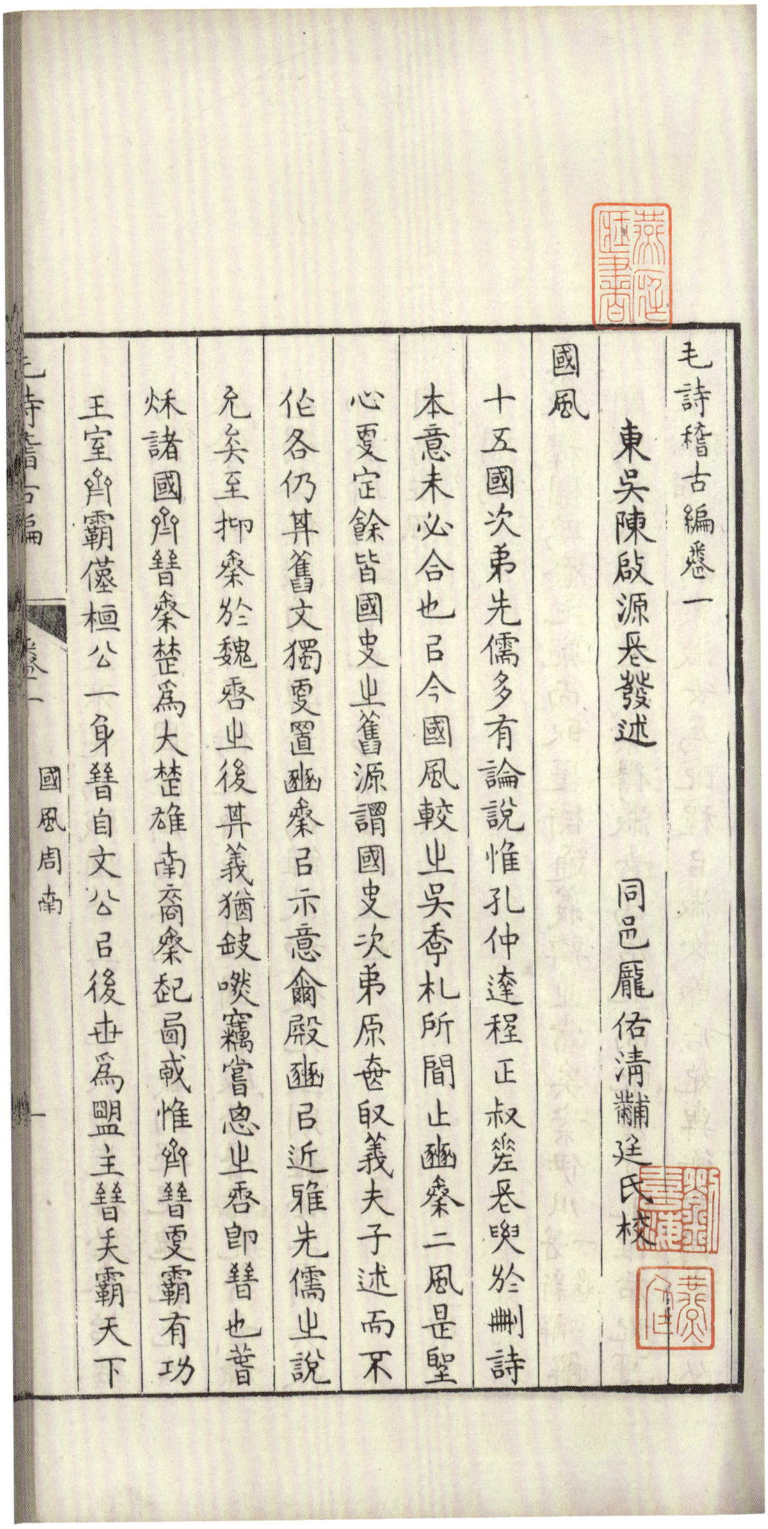

毛詩稽古編卷一

東吳陳啟源長發述　同邑龐佑清翽廷氏校

國風

十五國次第先儒多有論說惟孔仲達程正叔差長與於刪詩本意未必合也以今國風較之吳季札所聞止豳秦二風是聖心更定餘皆國史之舊源謂國史次第原無取義夫子述而不作各仍其舊文獨更置豳秦以示意爾殿豳以近雅先儒之說允矣至抑秦於魏唐之後其義猶缺然竊嘗思之唐即晉也晉於諸國齊晉秦楚爲大楚雄南裔秦起西戎惟齊晉更霸有功王室齊霸僅桓公一身晉自文公以後世爲盟主晉秉霸天下

毛詩稽古編　卷一　國風周南　一

毛詩稽古編三十卷附考一卷　（清）陳啟源撰　清嘉慶十八年（1813）龐佑清刻本

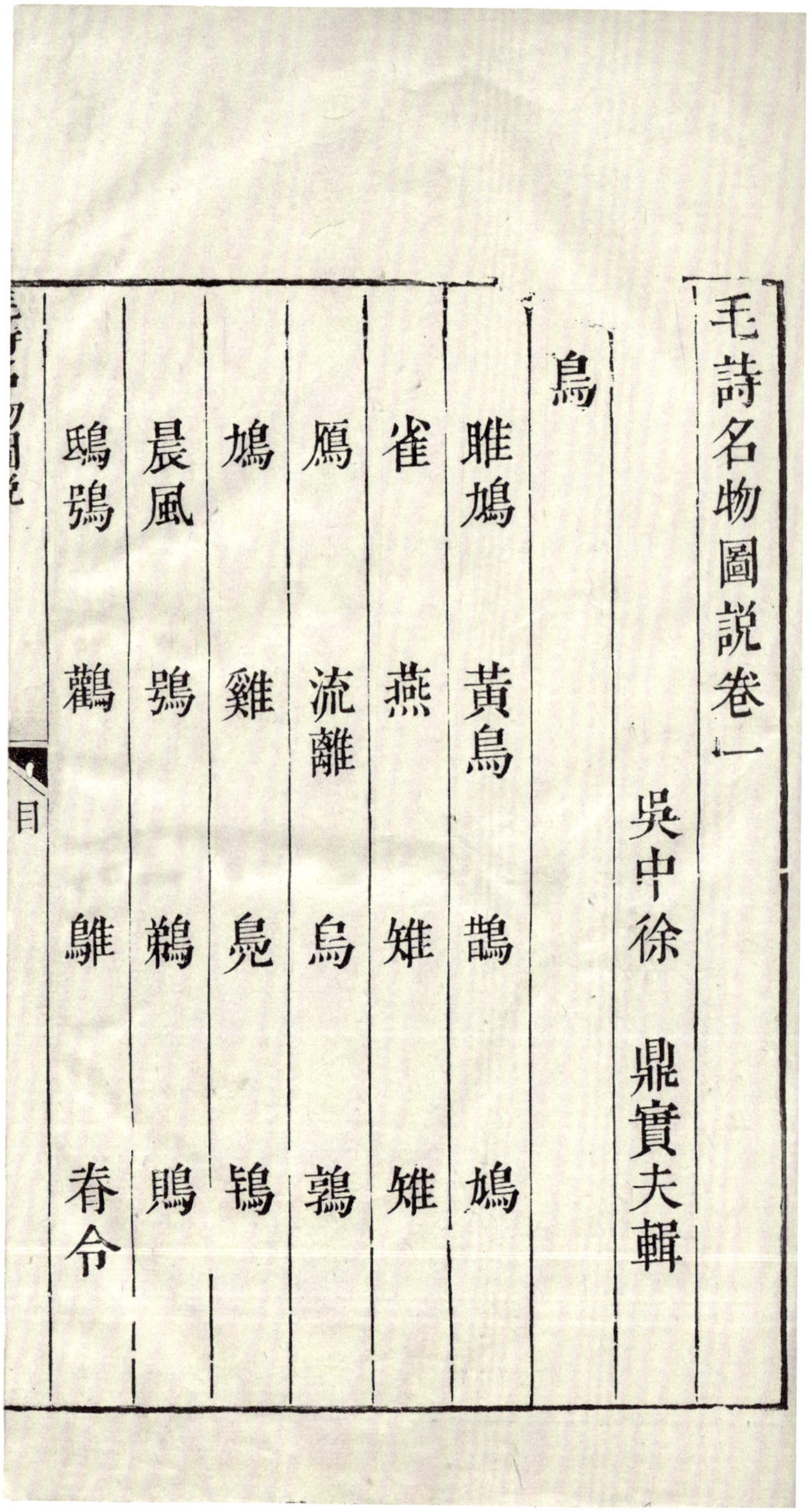
毛詩名物圖説卷一
吳中徐　鼎實夫輯
鳥
雎鳩　黃鳥　鵲　鳩
雀　燕　雉　雉
鳲　流離　烏　鶉
鳩　雞　梟　鴇
晨風　鴞　鶬　鵙
鴟鴞　鸛　鵻　春令

毛詩名物圖説九卷　（清）徐鼎輯　清乾隆三十六年（1771）
徐氏清德堂刻本

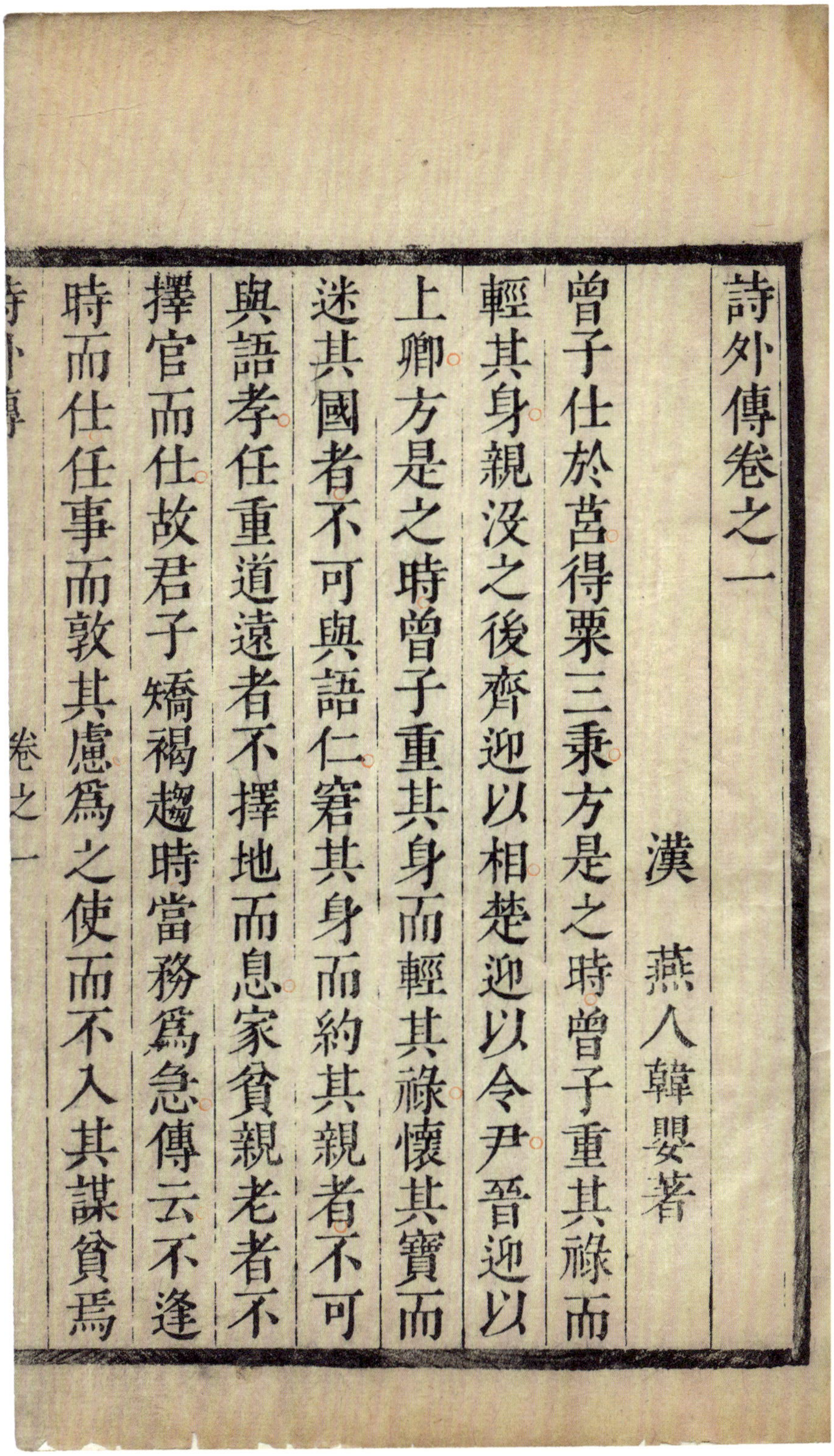

詩外傳卷之一

漢　燕人韓嬰著

曾子仕於莒得粟三秉方是之時曾子重其祿而
輕其身親没之後齊迎以相楚迎以令尹晉迎以
上卿方是之時曾子重其身而輕其祿懷其寶而
迷其國者不可與語仁窘其身而約其親者不可
與語孝任重道遠者不擇地而息家貧親老者不
擇官而仕故君子矯褐趨時當務爲急傳云不逢
時而仕任事而敦其慮爲之使而不入其謀貧焉

詩外傳　卷之一

詩外傳十卷　（漢）韓嬰撰　明刻本

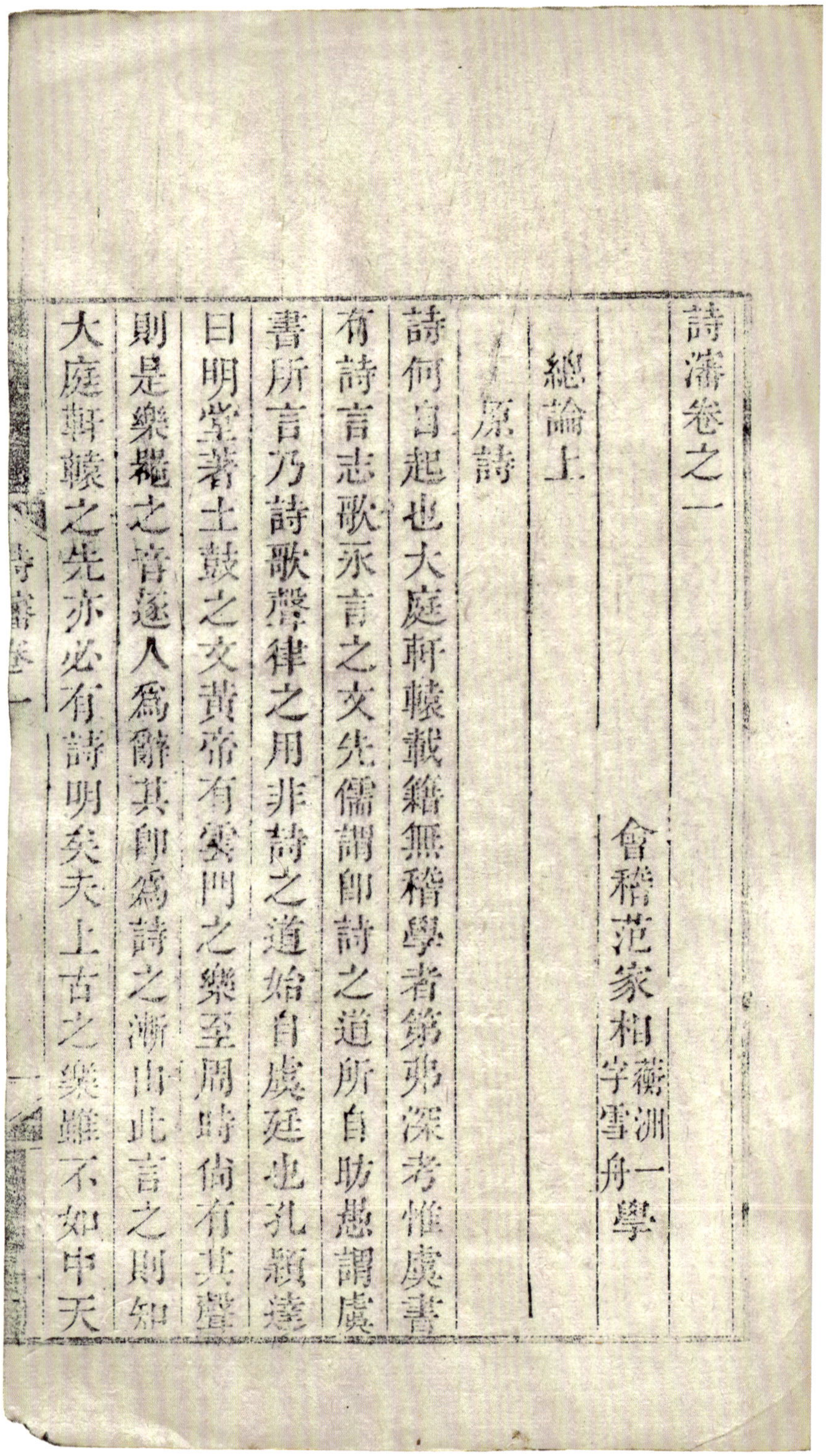

詩瀋卷之一

會稽范家相蘅洲一字雪舟學

總論上

原詩

詩何自起也大庭軒轅載籍無稽學者鮮夷深考惟虞書
有詩言志歌永言之文先儒謂卽詩之道所自昉愚謂虞
書所言乃詩歌聲律之用非詩之道始自虞廷也孔穎達
曰明堂著土鼓之文黃帝有雲門之樂至周時尚有其聲
則是樂繼之音遂人爲辭其卽爲詩之漸由此言之則知
大庭軒轅之先亦必有詩明矣夫上古之樂雖不如中天

詩瀋二十卷　（清）范家相撰　清乾隆三十九年（1774）古趣亭刻本

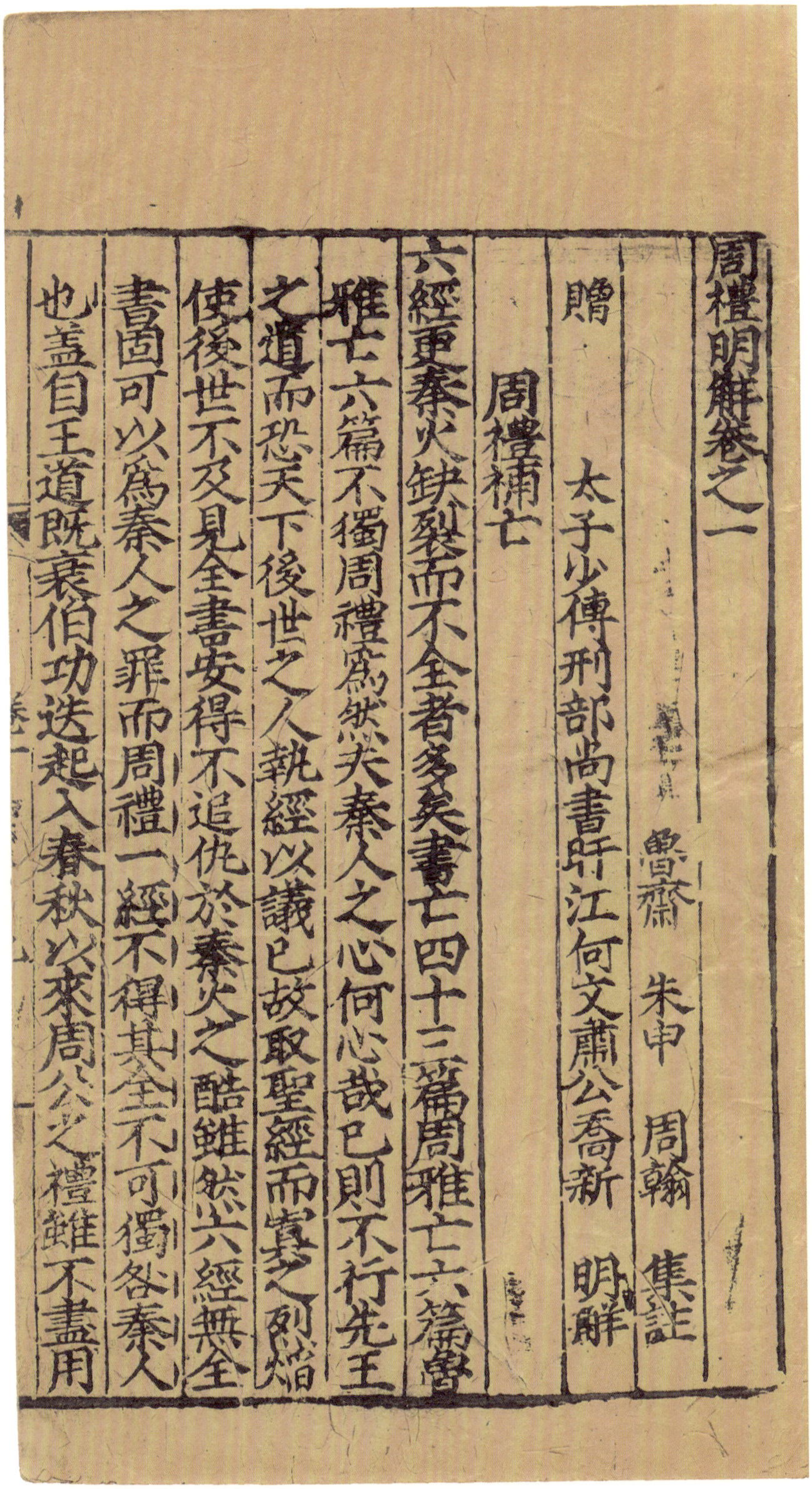

周禮明解卷之一
魯齋　朱申　周翰　集註
贈太子少傅刑部尚書盱江何文肅公喬新　明解
周禮補亡
六經更秦火缺裂而不全者多矣書亡四十二篇周雅亡六篇魯雅亡六篇不獨周禮爲然夫秦人之心何心哉已則不行先王之道而恐天下後世之人執經以議已故取聖經而盡之烈焰使後世不及見全書安得不追仇於秦火之酷雖然六經無全書固可以爲秦人之罪而周禮一經不得其全不可獨咎秦人也盖自王道既衰伯功迭起入春秋以來周公之禮雖不盡用

周禮明解十二卷　（明）何喬新撰　明正德刻本

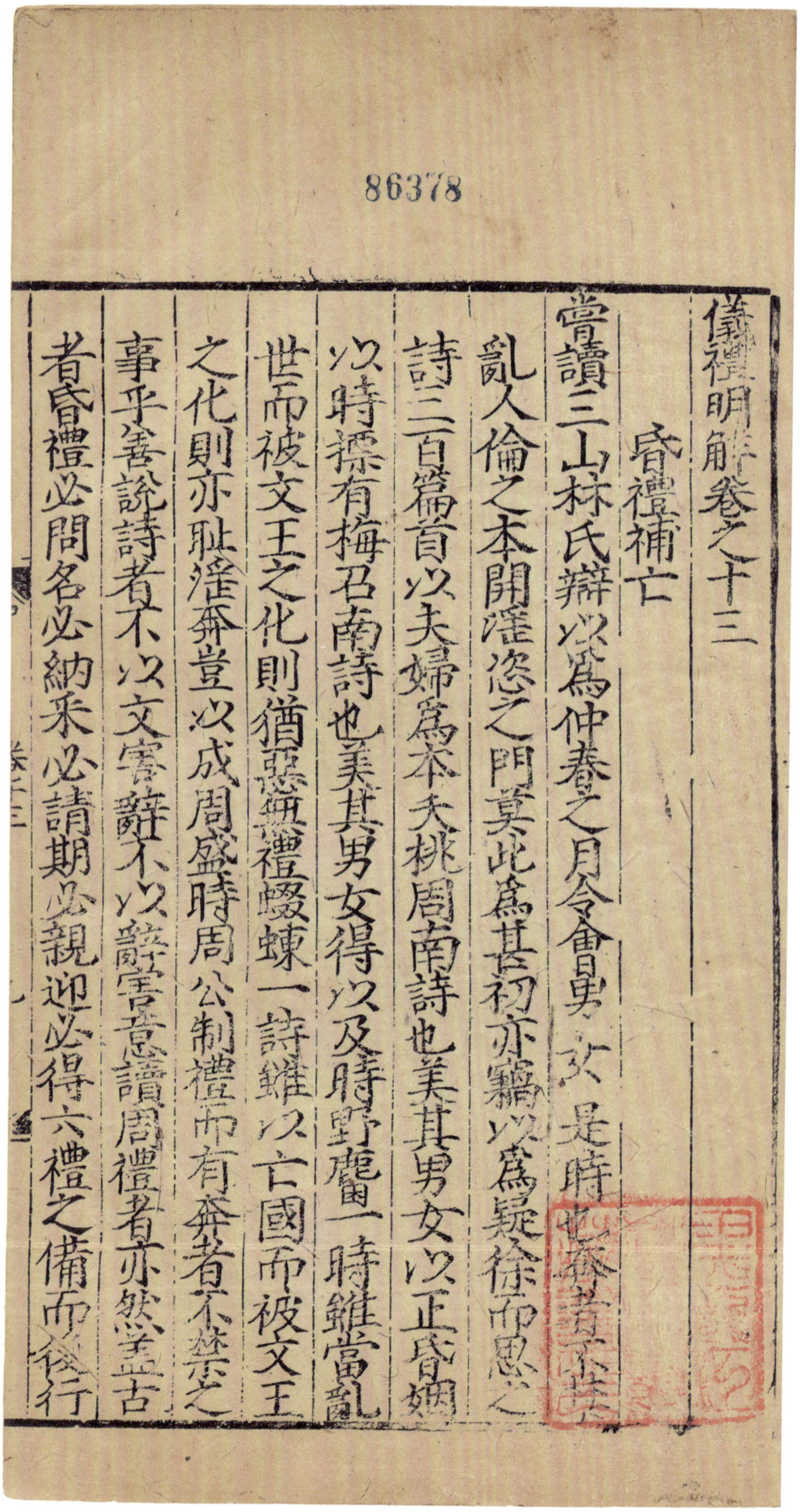

86378

儀禮明解卷之十三

昏禮補亡

嘗讀三山林氏辯以爲仲春之月令會男女是時也奔者不禁亂人倫之本開淫泆之門莫此爲甚初亦竊以爲疑徐而思之詩三百篇首以夫婦爲本夫桃周南詩也美其男女以正昏姻以時摽有梅召南詩也美其男女得以及時野麕一時雖當亂世而被文王之化則猶惡無禮蝃蝀一詩雖以亡國而被文王之化則亦恥淫奔豈以成周盛時周公制禮而有奔者不禁之事乎善說詩者不以文害辭不以辭害意讀周禮者亦然蓋古者昏禮必問名必納采必請期必親迎必得六禮之備而後行

儀禮明解二十卷　（明）何喬新撰　明正德刻本

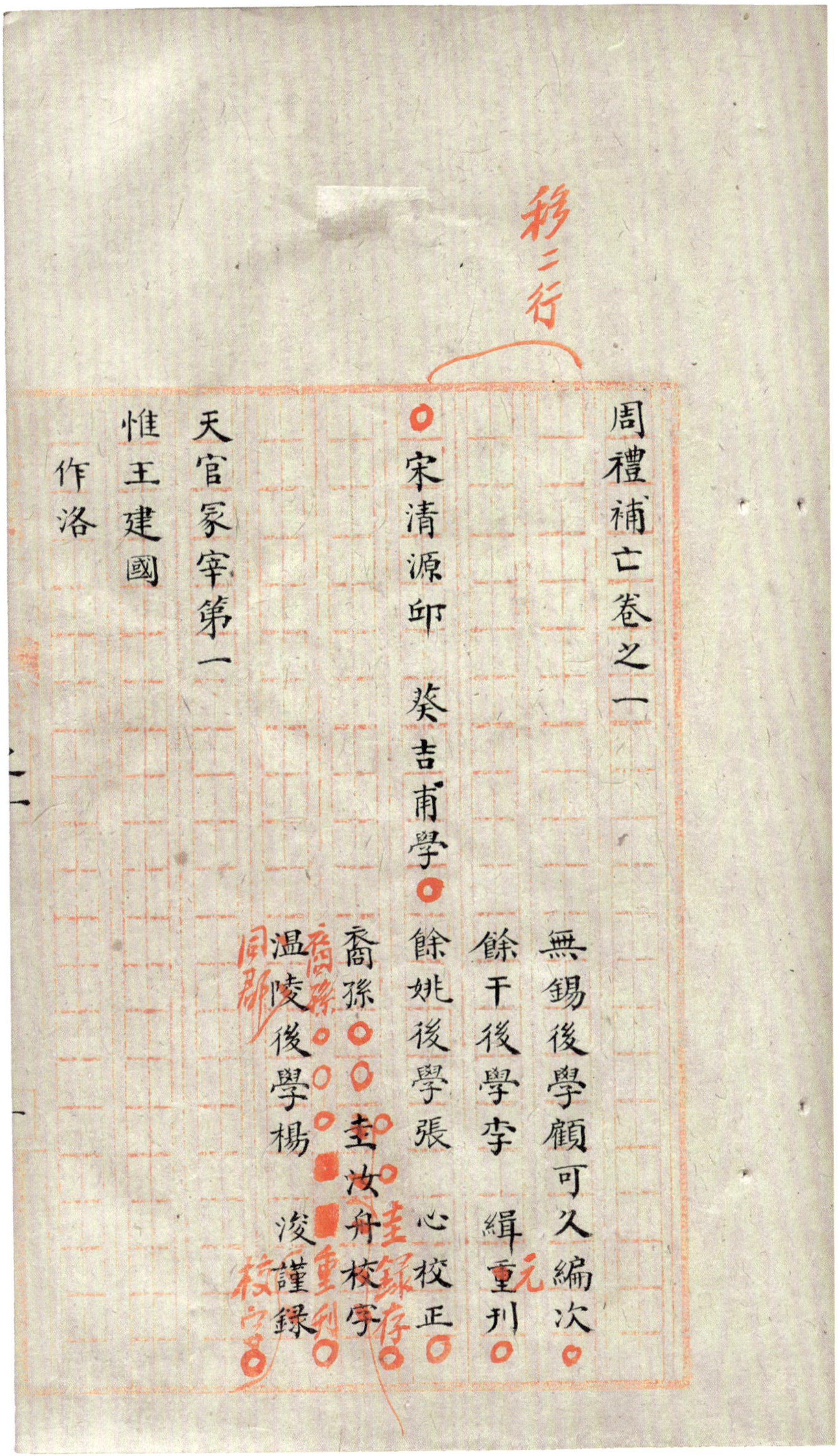
移二行
周禮補亡卷之一
無錫後學顧可久編次
餘干後學李　緝重刊
宋清源邱　葵吉甫學
餘姚後學張　心校正
裔孫　圭汝舟校字
温陵後學楊　浚謹録
天官冢宰第一
惟王建國
作洛

周禮補亡六卷　（元）邱葵撰　清紅格抄本

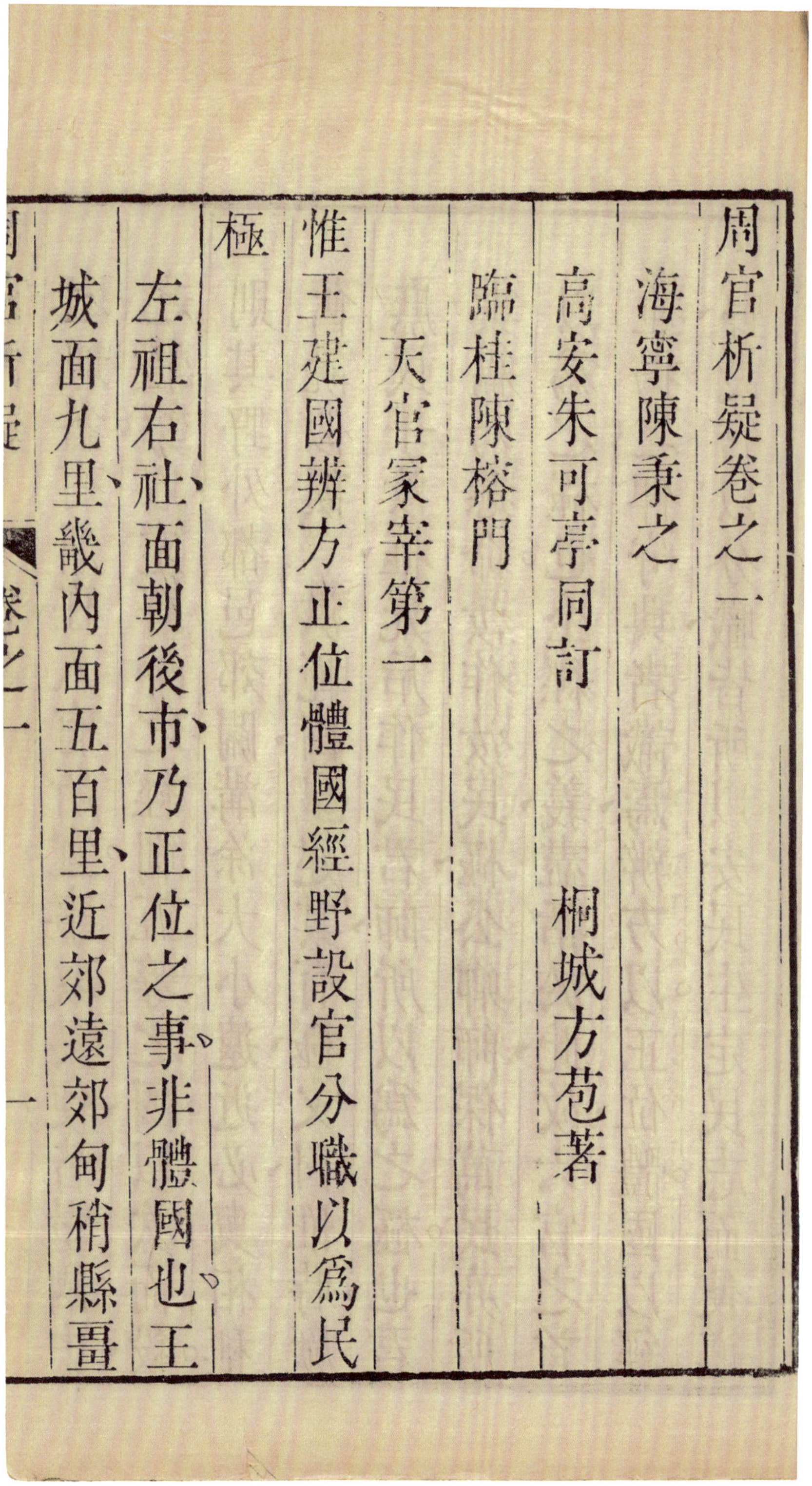

周官析疑卷之一

海寧陳秉之

高安朱可亭同訂　　桐城方苞著

臨桂陳榕門

天官冢宰第一

惟王建國辨方正位體國經野設官分職以爲民極

左祖右社、面朝後市、乃正位之事。非體國也。王城面九里、畿內面五百里、近郊遠郊甸稍縣畺

周官析疑　卷之一　一

周官析疑三十六卷　（清）方苞撰　清雍正十年（1732）抗希堂刻望溪全書本

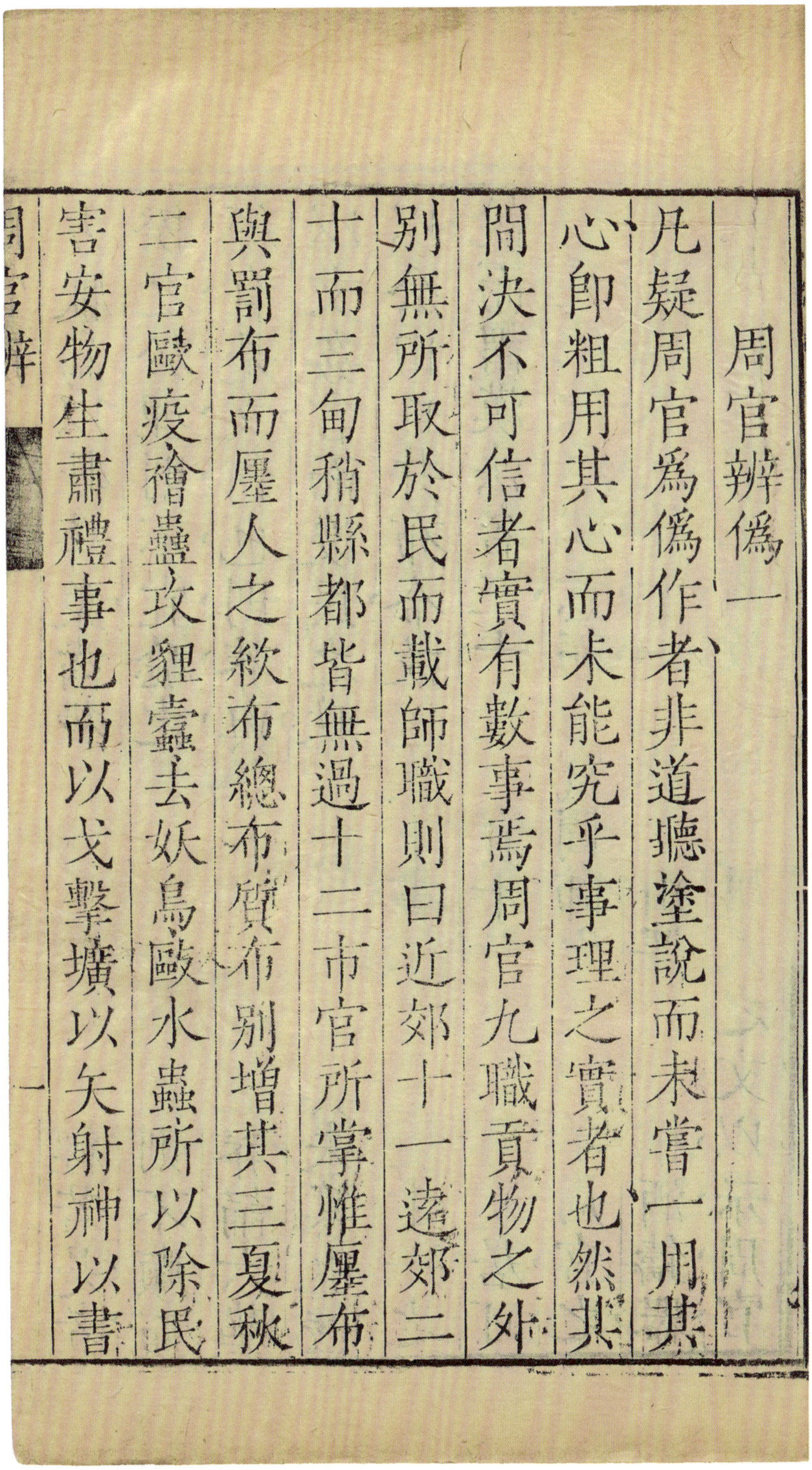
周官辨僞一
凡疑周官爲僞作者非道聽塗說而未嘗一用其
心即粗用其心而未能究乎事理之實者也然其
間決不可信者實有數事焉周官九職貢物之外
別無所取於民而載師職則曰近郊十一遠郊二
十而三甸稍縣都皆無過十二市官所掌惟廛布
與罰布而廛人之絘布總布質布別增其三夏秋
二官毆疫禬蠱攻貍蠹去妖鳥毆水蟲所以除民
害安物生肅禮事也而以戈擊壙以矢射神以書

周官辨　一

周官辨一卷　（清）方苞撰　清乾隆七年（1742）抗希堂刻望溪全書本

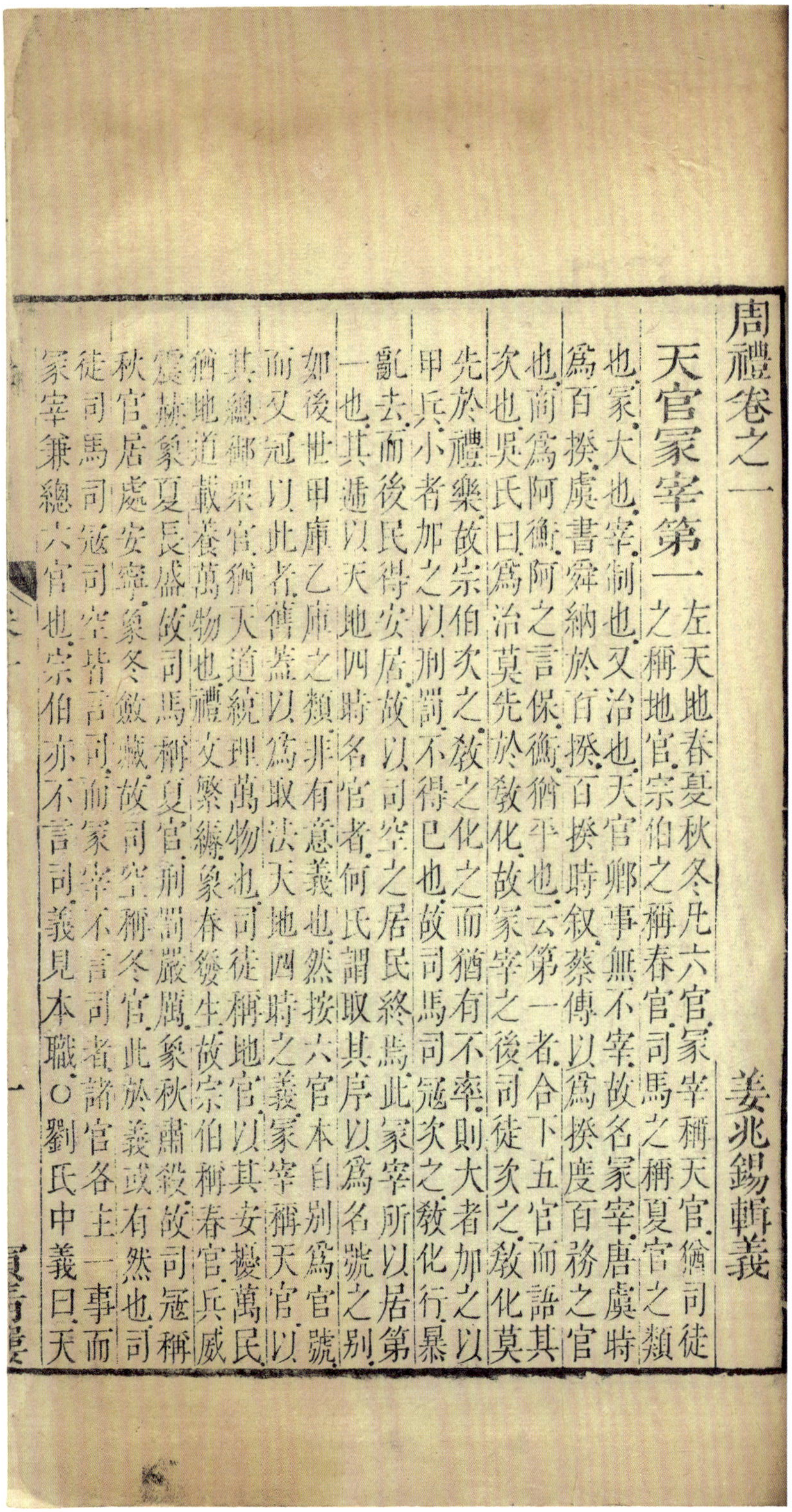

周禮卷之一　姜兆錫輯義

天官冢宰第一左天地春夏秋冬凡六官冢宰稱天官猶司徒之稱地官宗伯之稱春官司馬之稱夏官之類也冢大也宰制也又治也天官卿事無不宰故名冢宰唐虞時爲百揆虞書舜納於百揆百揆時叙蔡傳以爲揆度百務之官也商爲阿衡阿之言保衡猶平也云第一者合下五官而語其次也賈氏曰爲治莫先於敎化故冢宰之後司徒次之敎化莫先於禮樂故宗伯次之敎之化之而猶有不率則大者加之以甲兵小者加之以刑罰不得已也故司馬司寇次之敎化行暴亂去而後民得安居故以司空之居民終焉此冢宰所以居第一也其遞以天地四時名官者何氏謂取其序以爲名號之别如後世甲庫乙庫之類非有意義也然按六官本自别爲官號而又冠以此者舊蓋以爲取法天地四時之義冢宰稱天官以其總御衆官猶天道統理萬物也司徒稱地官以其安擾萬民猶地道載養萬物也禮文繁縟象春發生故宗伯稱春官兵威震赫象夏長盛故司馬稱夏官刑罰嚴厲象秋肅殺故司寇稱秋官居處安寧象冬斂藏故司空稱冬官此於義或有然也司徒司馬司寇司空皆言司而冢宰不言司者諸官各主一事而冢宰兼總六官也宗伯亦不言司義見本職○劉氏中義曰天

周禮輯義十二卷　（清）姜兆錫撰　清雍正九年（1731）寅清樓刻本

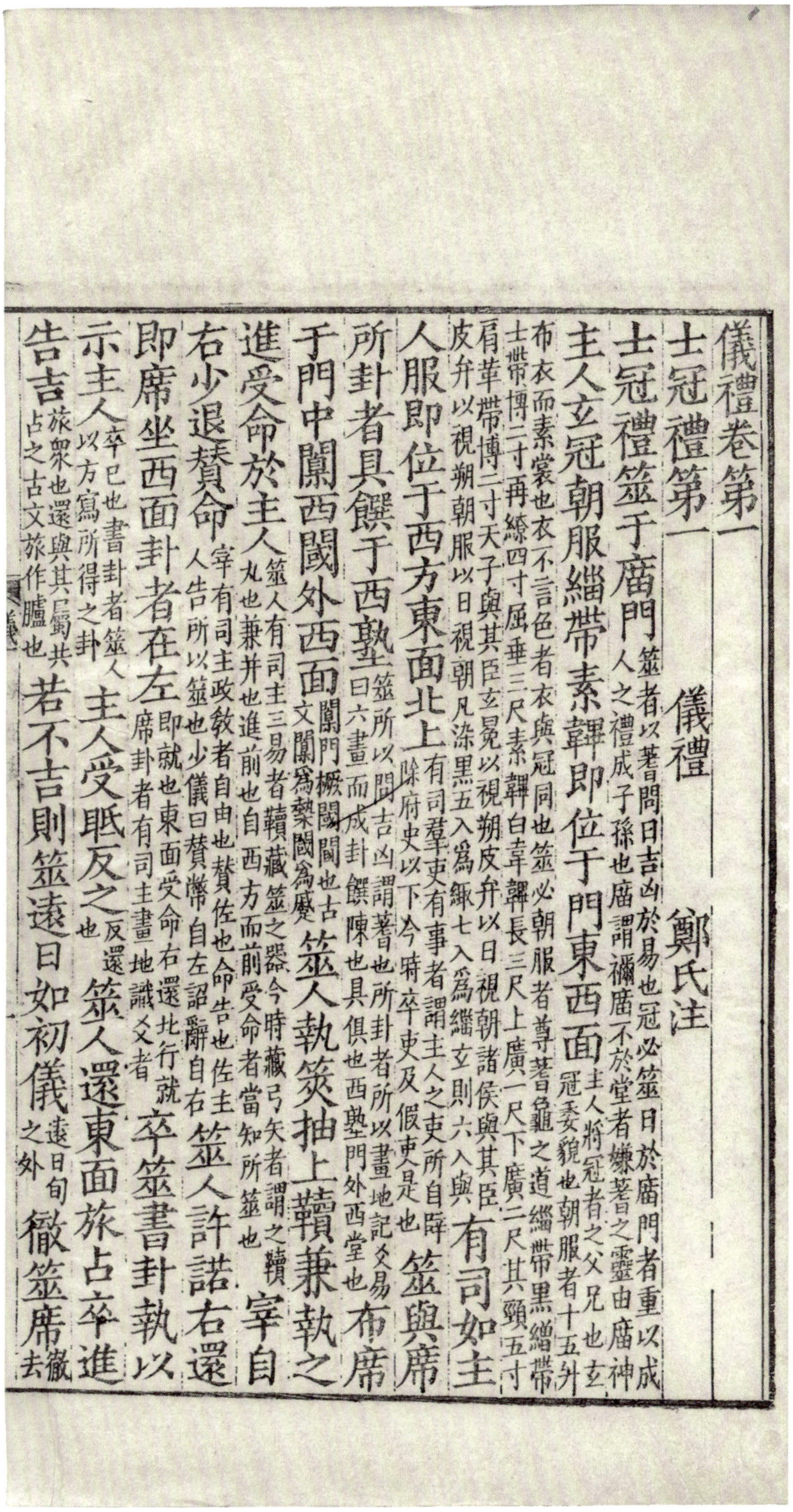
儀禮卷第一
士冠禮第一　儀禮　鄭氏注
士冠禮筮于廟門筮者以蓍問日吉凶於易也冠必筮日於廟門者重以成人之禮成子孫也廟謂禰廟不於堂者嫌蓍之靈由廟神
主人玄冠朝服緇帶素韠即位于門東西面主人將冠者之父兄也玄冠委貌也朝服者十五升
布衣而素裳也衣不言色者衣與冠同也筮必朝服者尊蓍龜之道緇帶黑繒帶士帶博二寸再繚四寸屈垂三尺素韠白韋韠長三尺上廣一尺下廣二尺其頸五寸
肩革帶博二寸天子與其臣玄冕以視朔皮弁以日視朝諸侯與其臣皮弁以視朔朝服以日視朝凡染黑五入爲緅七入爲緇玄則六入與有司如主
人服即位于西方東面北上有司羣吏有事者謂主人之吏所自辟除府史以下今時卒吏及假吏是也筮與席
所卦者具饌于西塾筮所以問吉凶謂蓍也所卦者所以畫地記爻易曰六畫而成卦饌陳也具俱也西塾門外西堂也布席
于門中闑西閾外西面闑門橛閾閫也古文闑爲槷閾爲蹙筮人執筴抽上韇兼執之
進受命於主人筮人有司主三易者韇藏筴之器今時藏弓矢者謂之韇丸也兼并也進前也自西方而前受命者當知所筮也宰自
右少退贊命宰有司主政教者自由也贊佐也命告也佐主人告所以筮也少儀曰贊幣自左詔辭自右筮人許諾右還
即席坐西面卦者在左即就也東面受命右還北行就席卦者有司主畫地識爻者卒筮書卦執以
示主人卒已也書卦者筮人以方寫所得之卦主人受眡反之反還也筮人還東面旅占卒進
告吉旅衆也還與其屬共占之古文旅作臚也若不吉則筮遠日如初儀遠日旬之外徹筮席徹去

儀禮十七卷附嚴本儀禮鄭氏注校録　（漢）鄭玄注　清嘉慶二十年（1815）黄丕烈影宋刻本

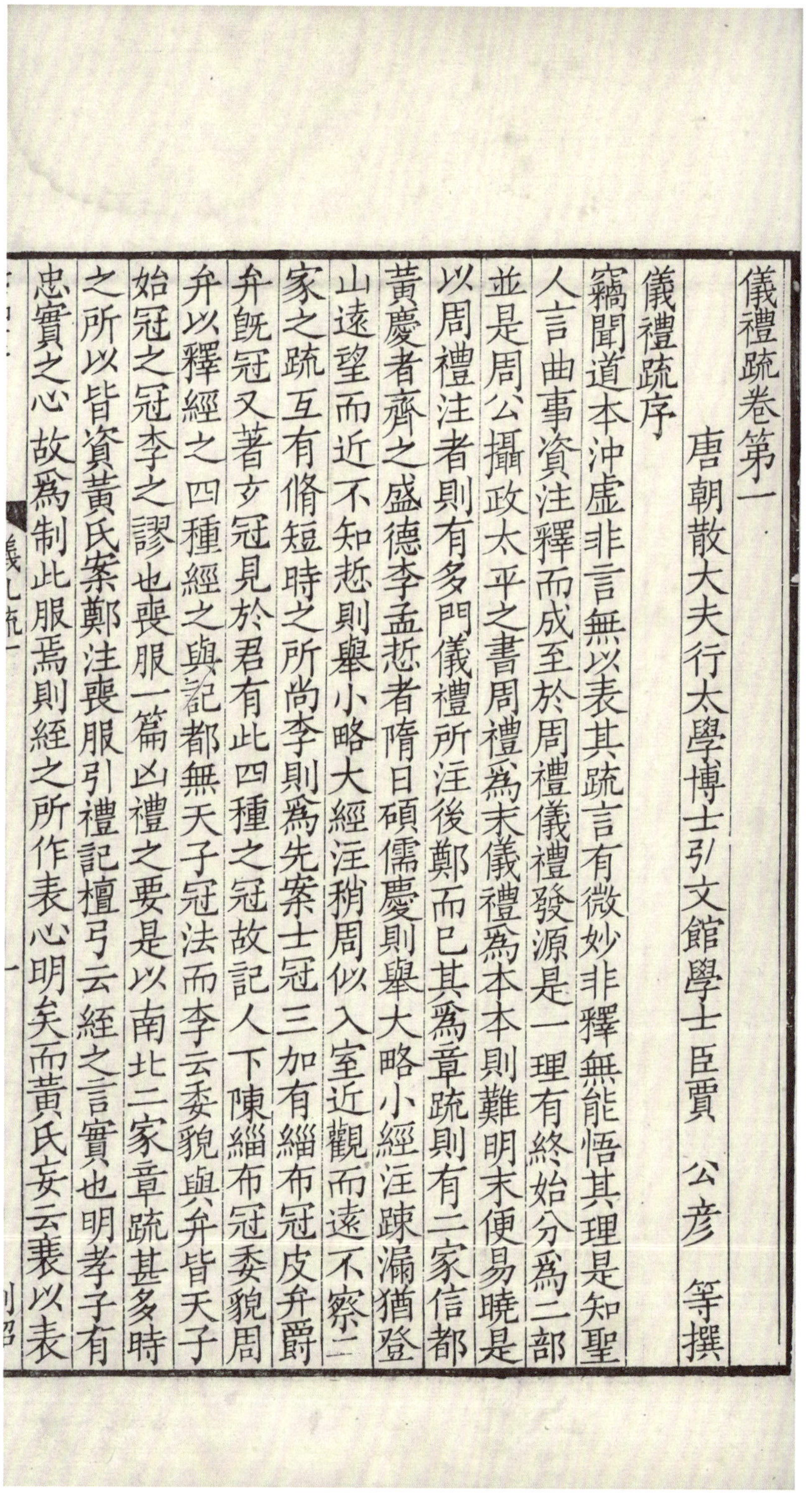

儀禮疏卷第一

唐朝散大夫行太學博士弘文館學士臣賈　公彦　等撰

儀禮疏序

竊聞道本沖虛非言無以表其疏言有微妙非釋無能悟其理是知聖人言曲事資注釋而成至於周禮儀禮發源是一理有終始分爲二部並是周公攝政太平之書周禮爲末儀禮爲本本則難明末便易曉是以周禮注者則有多門儀禮所注後鄭而已其爲章疏則有二家信都黄慶者齊之盛德李孟悊者隋日碩儒慶則舉大略小經注疎漏猶登山遠望而近不知悊則舉小略大經注稍周似入室近觀而遠不察二家之疏互有修短時之所尚李則爲先案士冠三加有緇布冠皮弁爵弁既冠又著玄冠見於君有此四種之冠故記人下陳緇布冠委貌周弁以釋經之四種經之與記都無天子冠法而李云委貌與弁皆天子始冠之冠李之謬也喪服一篇凶禮之要是以南北二家章疏甚多時之所以皆資黄氏案鄭注喪服引禮記檀弓云經之言實也明孝子有忠實之心故爲制此服焉則經之所作表心明矣而黄氏妄云衰以表

儀禮疏五十卷　（唐）賈公彦等撰　清道光十年（1830）汪士鍾藝芸書舍影宋刻本

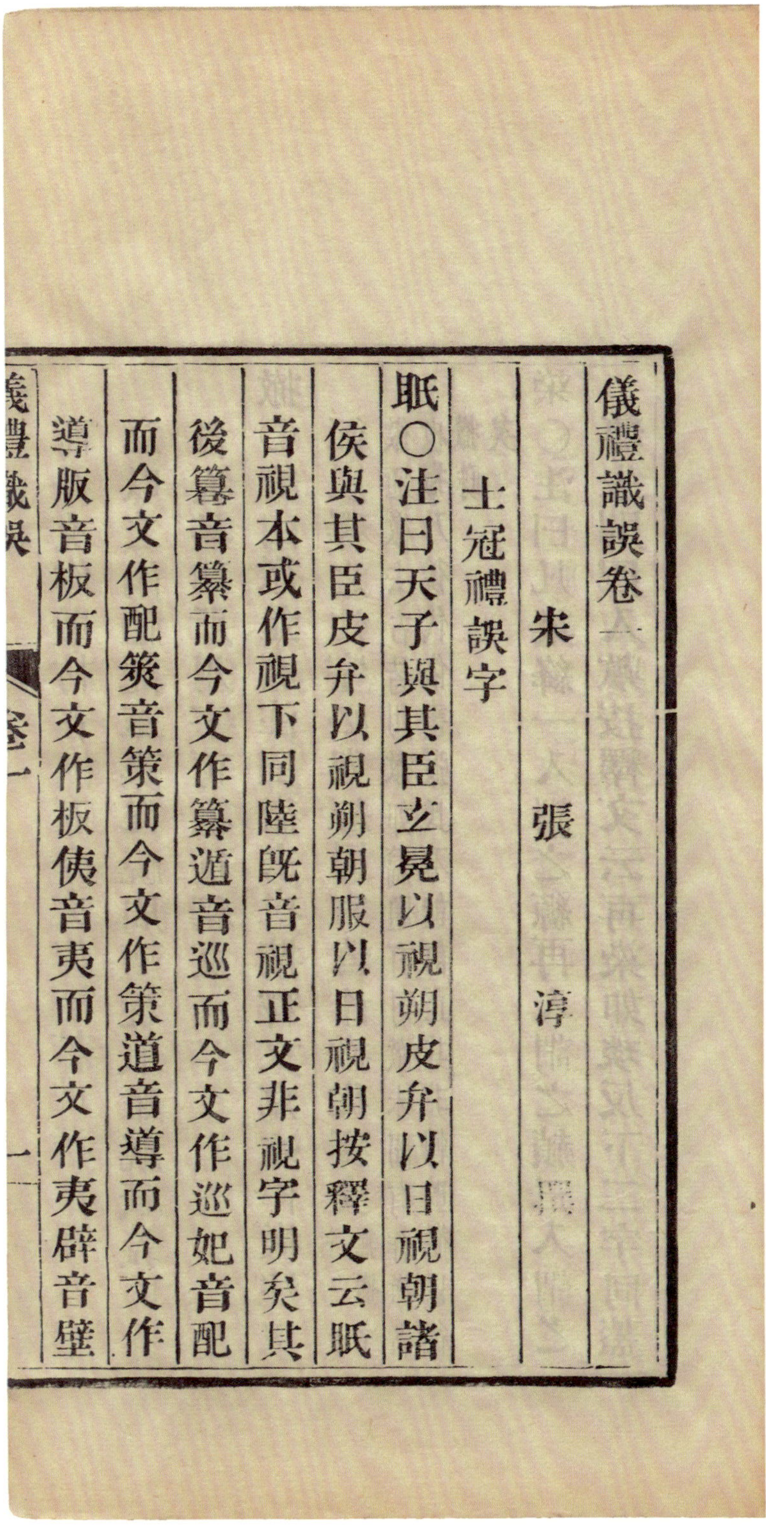

儀禮識誤卷一

宋　張淳　撰

士冠禮誤字

眡○注曰天子與其臣玄冕以視朔皮弁以日視朝諸
侯與其臣皮弁以視朔朝服以日視朝按釋文云眡
音視本或作視下同陸旣音視正文非視字明矣其
後篹音纂而今文作篹遁音巡而今文作巡妃音配
而今文作配筴音策而今文作策道音導而今文作
導版音板而今文作板俠音夷而今文作夷辟音壁

儀禮識誤　卷一　一

儀禮識誤三卷　（宋）張淳撰　清乾隆武英殿聚珍版

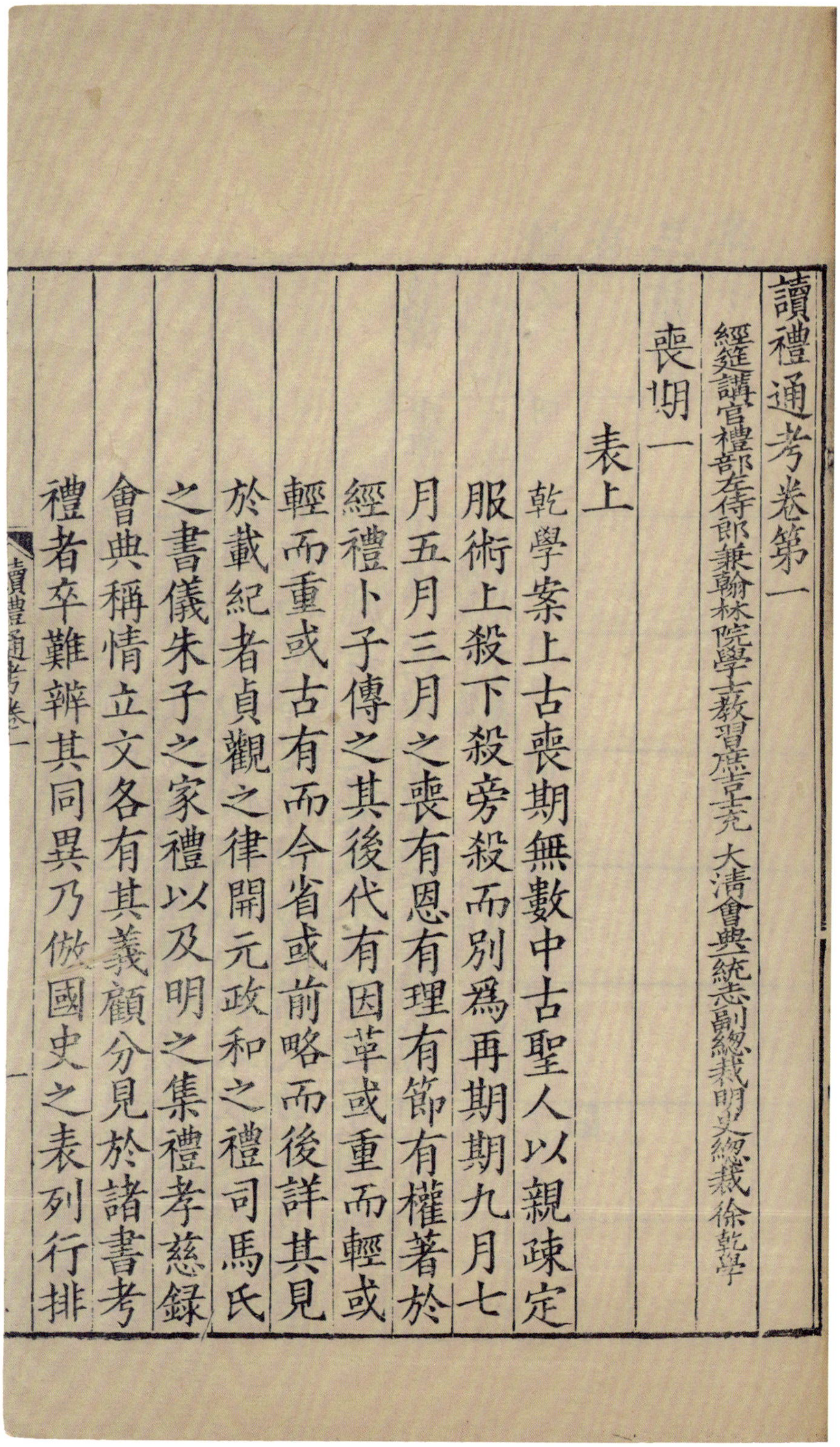

讀禮通考卷第一

經筵講官禮部左侍郎兼翰林院學士教習庶吉士充 大清會典統志副總裁明史總裁徐乾學

喪期一

表上

乾學案上古喪期無數中古聖人以親疎定服術上殺下殺旁殺而別爲再期期九月七月五月三月之喪有恩有理有節有權著於經禮卜子傳之其後代有因革或重而輕或輕而重或古有而今省或前略而後詳其見於載紀者貞觀之律開元政和之禮司馬氏之書儀朱子之家禮以及明之集禮孝慈録會典稱情立文各有其義顧分見於諸書考禮者卒難辨其同異乃倣國史之表列行排

讀禮通考卷一　一

讀禮通考一百二十卷　（清）徐乾學編　清康熙三十五年（1696）冠山堂刻本

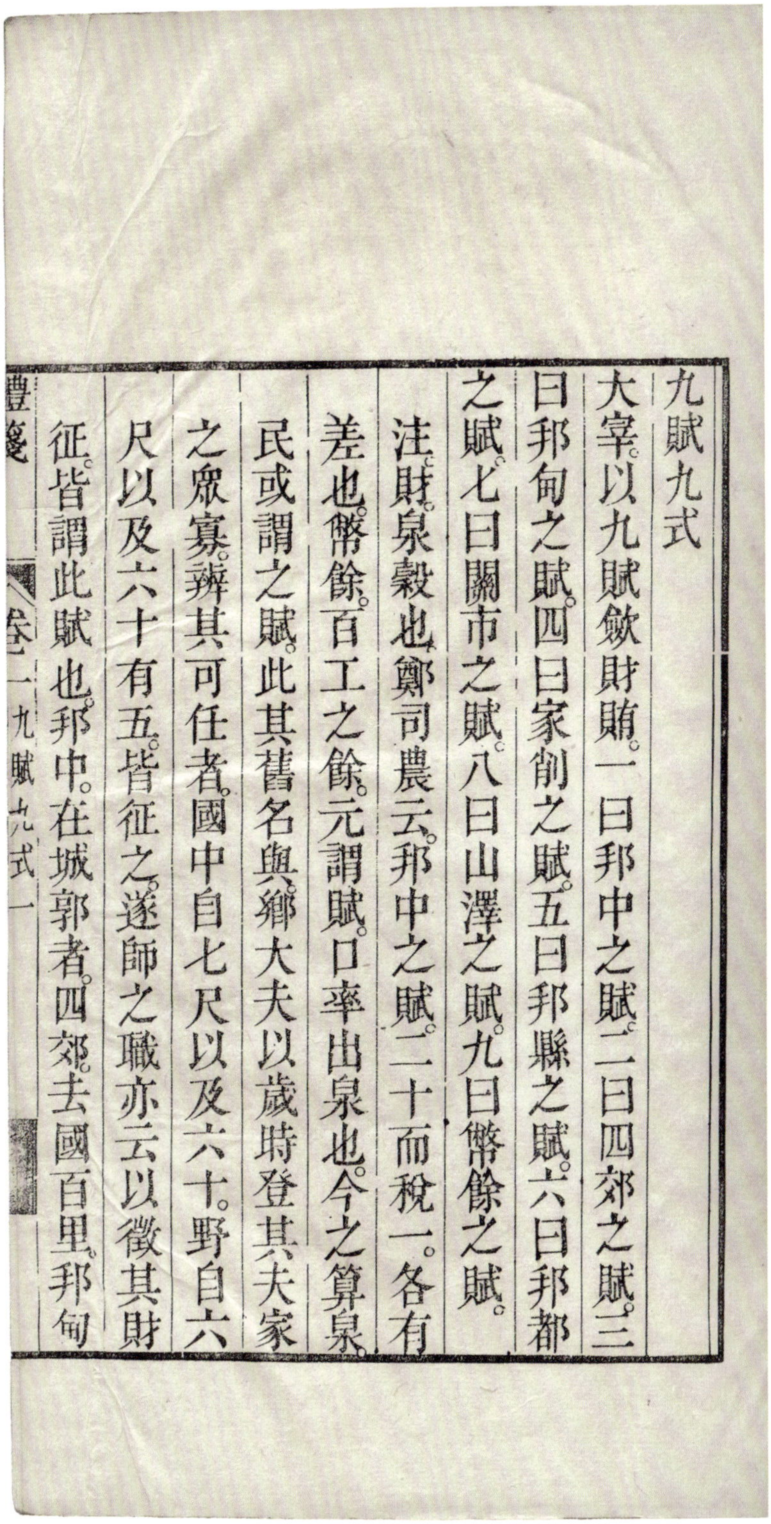
九賦九式
大宰以九賦斂財賄。一曰邦中之賦。二曰四郊之賦。三曰邦甸之賦。四曰家削之賦。五曰邦縣之賦。六曰邦都之賦。七曰關市之賦。八曰山澤之賦。九曰幣餘之賦。
注財。泉穀也。鄭司農云。邦中之賦。二十而稅一。各有差也。幣餘。百工之餘。元謂賦。口率出泉也。今之算泉。民或謂之賦。此其舊名與。鄉大夫以歲時登其夫家之衆寡。辨其可任者。國中自七尺以及六十。野自六尺以及六十有五。皆征之。遂師之職亦云以徵其財征。皆謂此賦也。邦中。在城郭者。四郊。去國百里。邦甸

禮箋　卷一　九賦九式　一

禮箋三卷　（清）金榜撰　清乾隆五十九年（1794）遊文齋刻本

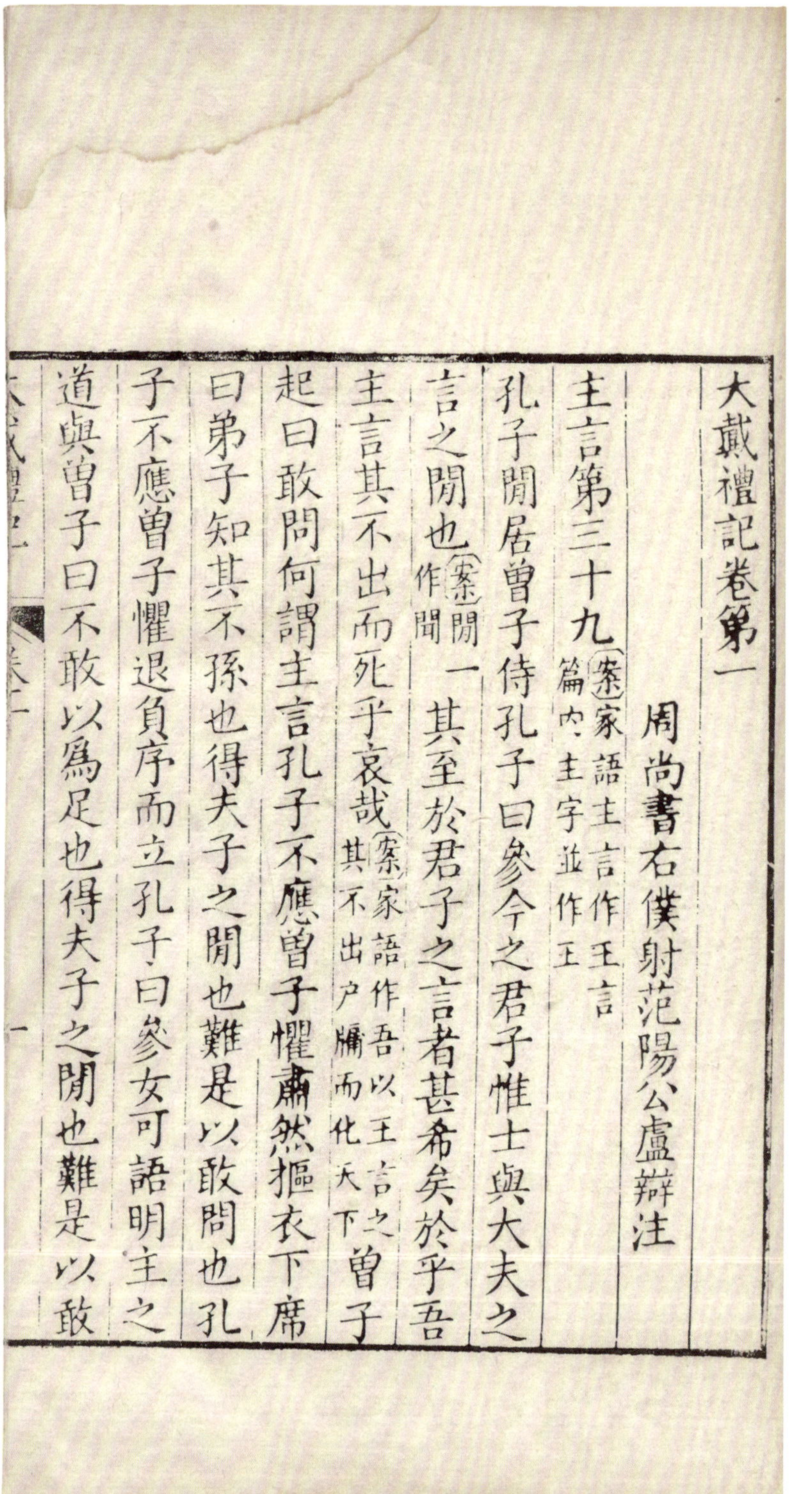

大戴禮記卷第一

周尚書右僕射范陽公盧辯注

主言第三十九（案家語主言作王言篇内主字並作王）

孔子閒居曾子侍孔子曰參今之君子惟士與大夫之言之閒也（案閒一作間）其至於君子之言者甚希矣於乎吾主言其不出而死乎哀哉（案家語作吾以王言之其不出户牖而化天下）曾子起曰敢問何謂主言孔子不應曾子懼肅然摳衣下席曰弟子知其不孫也得夫子之閒也難是以敢問也孔子不應曾子懼退負序而立孔子曰參女可語明主之道與曾子曰不敢以爲足也得夫子之閒也難是以敢

大戴禮記十三卷　（漢）戴德撰　（北周）盧辯注　清乾隆二十三年（1758）盧見曾刻雅雨堂叢書本

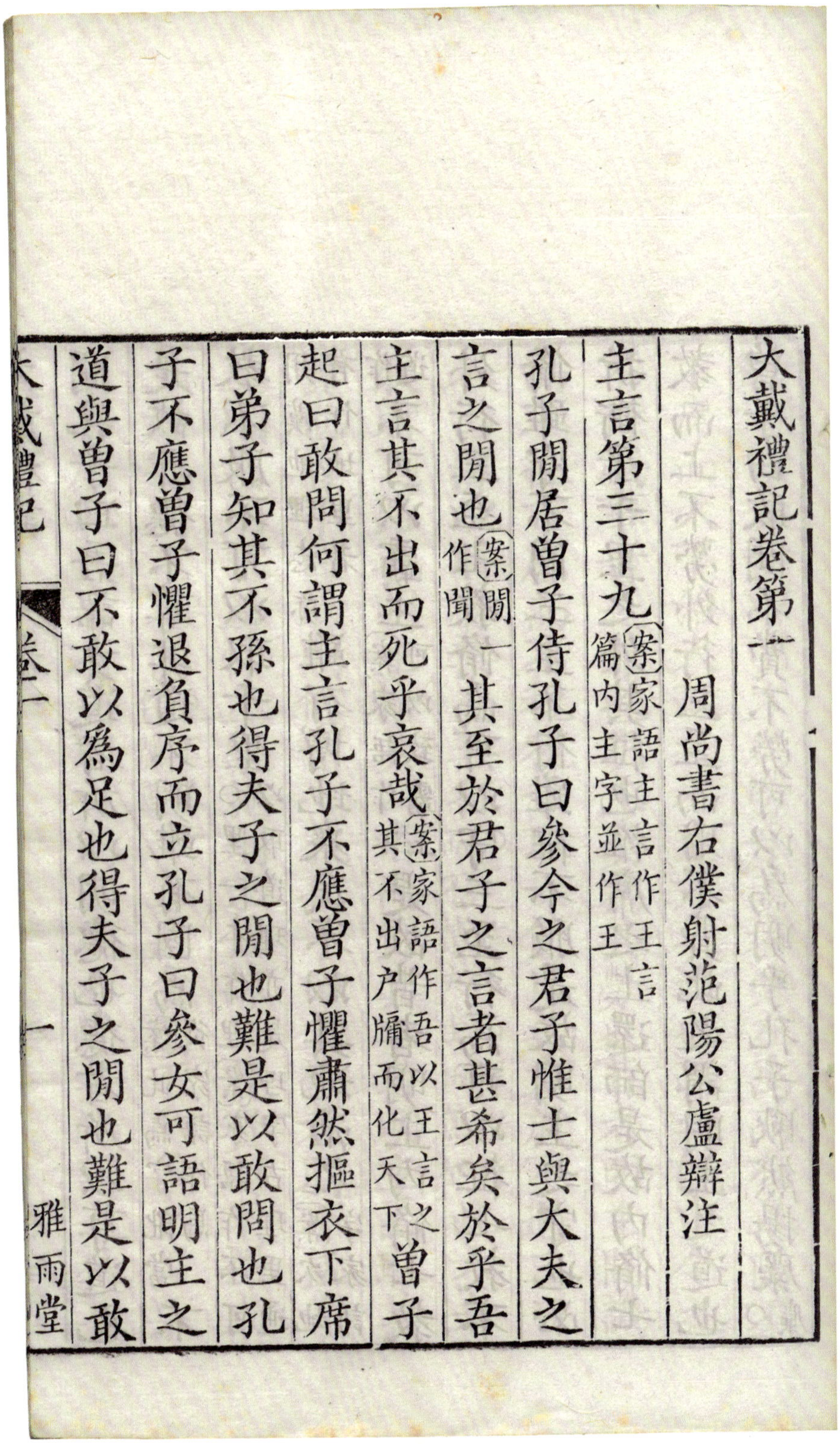

大戴禮記卷第一　周尚書右僕射范陽公盧辯注

主言第三十九（案家語主言作王言篇内主字並作王）

孔子閒居曾子侍孔子曰參今之君子惟士與大夫之言之閒也（案閒一作聞）其至於君子之言者甚希矣於乎吾主言其不出而死乎哀哉（案家語作吾以王言之其不出户牖而化天下）曾子起曰敢問何謂主言孔子不應曾子懼肅然摳衣下席曰弟子知其不孫也得夫子之閒也難是以敢問也孔子不應曾子懼退負序而立孔子曰參女可語明主之道與曾子曰不敢以爲足也得夫子之閒也難是以敢

大戴禮記　卷一　一　雅雨堂

大戴禮記十三卷　（漢）戴德撰　（北周）盧辯注　清乾隆二十一年（1756）雅雨堂叢書本

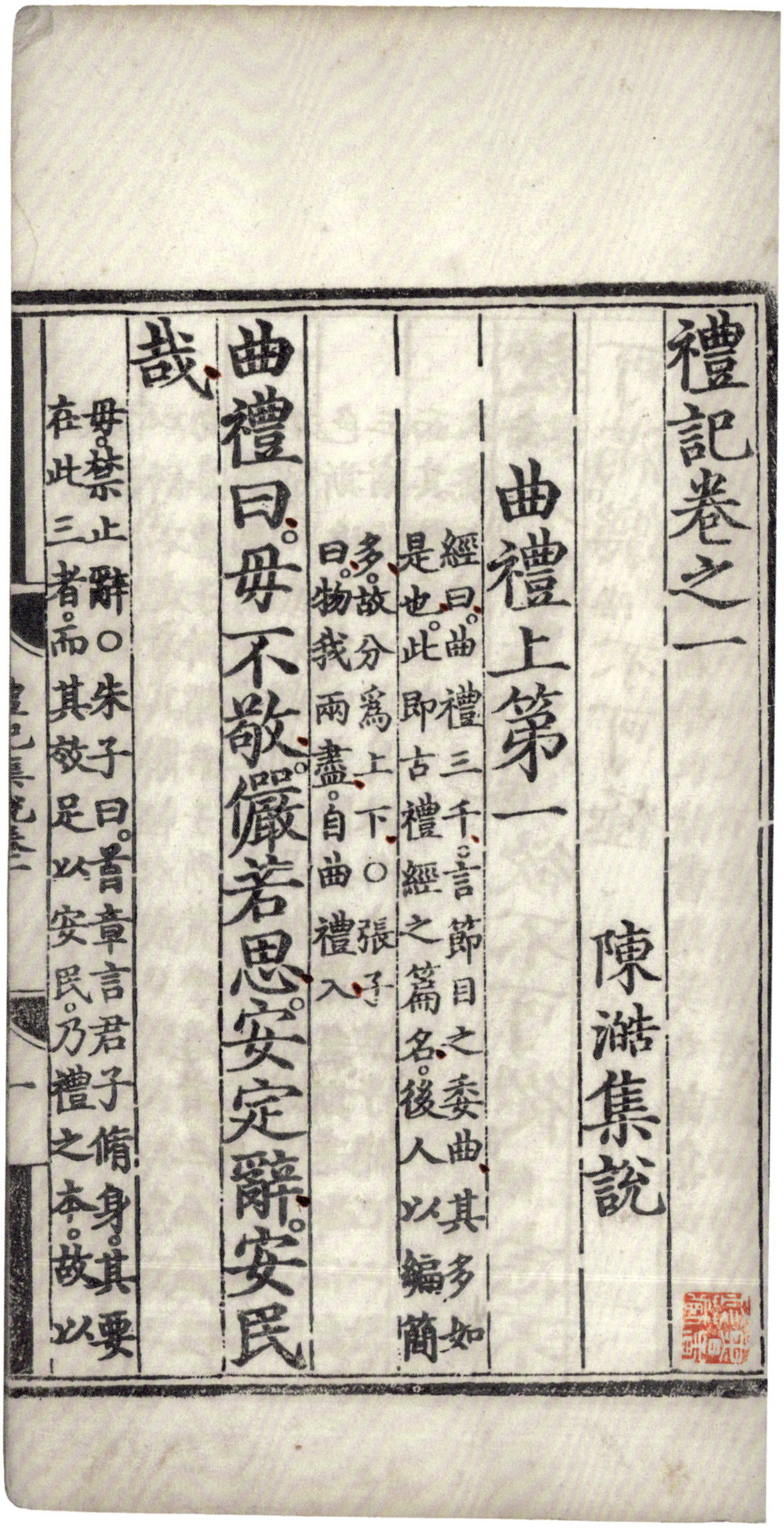
禮記卷之一　陳澔集說
曲禮上第一
經曰曲禮三千言節目之委曲其多如是也此即古禮經之篇名後人以編簡多故分爲上下○張子曰物我兩盡自曲禮入
曲禮曰毋不敬儼若思安定辭安民哉
毋禁止辭○朱子曰首章言君子脩身其要在此三者而其效足以安民乃禮之本故以

禮記十六卷　（元）陳澔撰　明正統十二年（1447）司禮監刻本

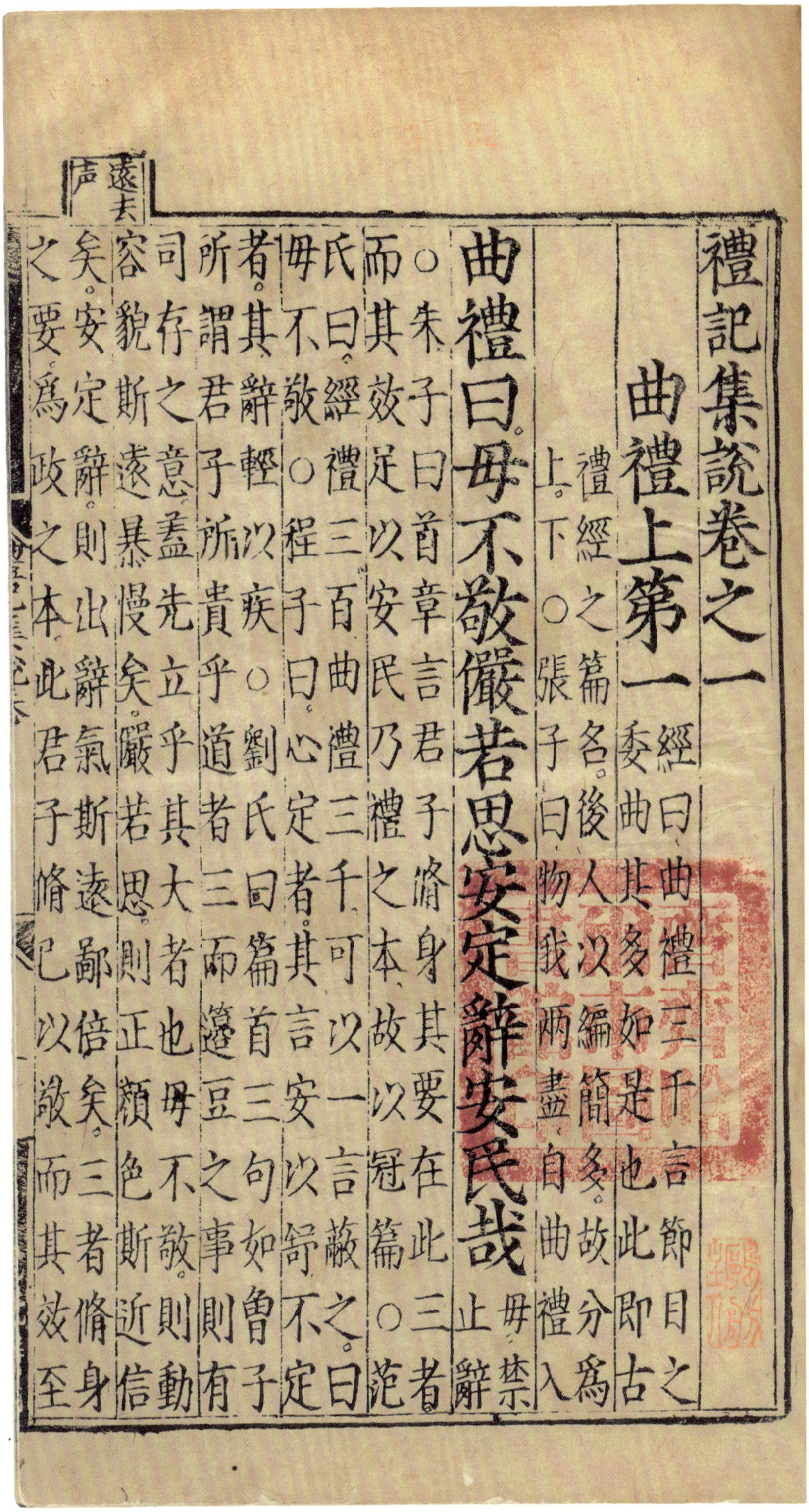
遠去声

禮記集說卷之一

曲禮上第一 經曰曲禮三千言節目之委曲其多如是也此即古禮經之篇名。後人以編簡多。故分爲上下。○張子曰物我兩盡自曲禮入

曲禮曰。毋不敬。儼若思。安定辭。安民哉 毋禁止辭

○朱子曰首章言君子脩身其要在此三者
而其效足以安民乃禮之本故以冠篇○范
氏曰經禮三百曲禮三千可以一言蔽之曰
毋不敬○程子曰心定者其言安以舒不定
者其辭輕以疾○劉氏曰篇首三句如曾子
所謂君子所貴乎道者三而籩豆之事則有
司存之意蓋先立乎其大者也毋不敬則動
容貌斯遠暴慢矣儼若思則正顔色斯近信
矣安定辭則出辭氣斯遠鄙倍矣三者脩身
之要爲政之本此君子脩己以敬而其效至

禮記集說三十卷　（元）陳澔撰　明刻本

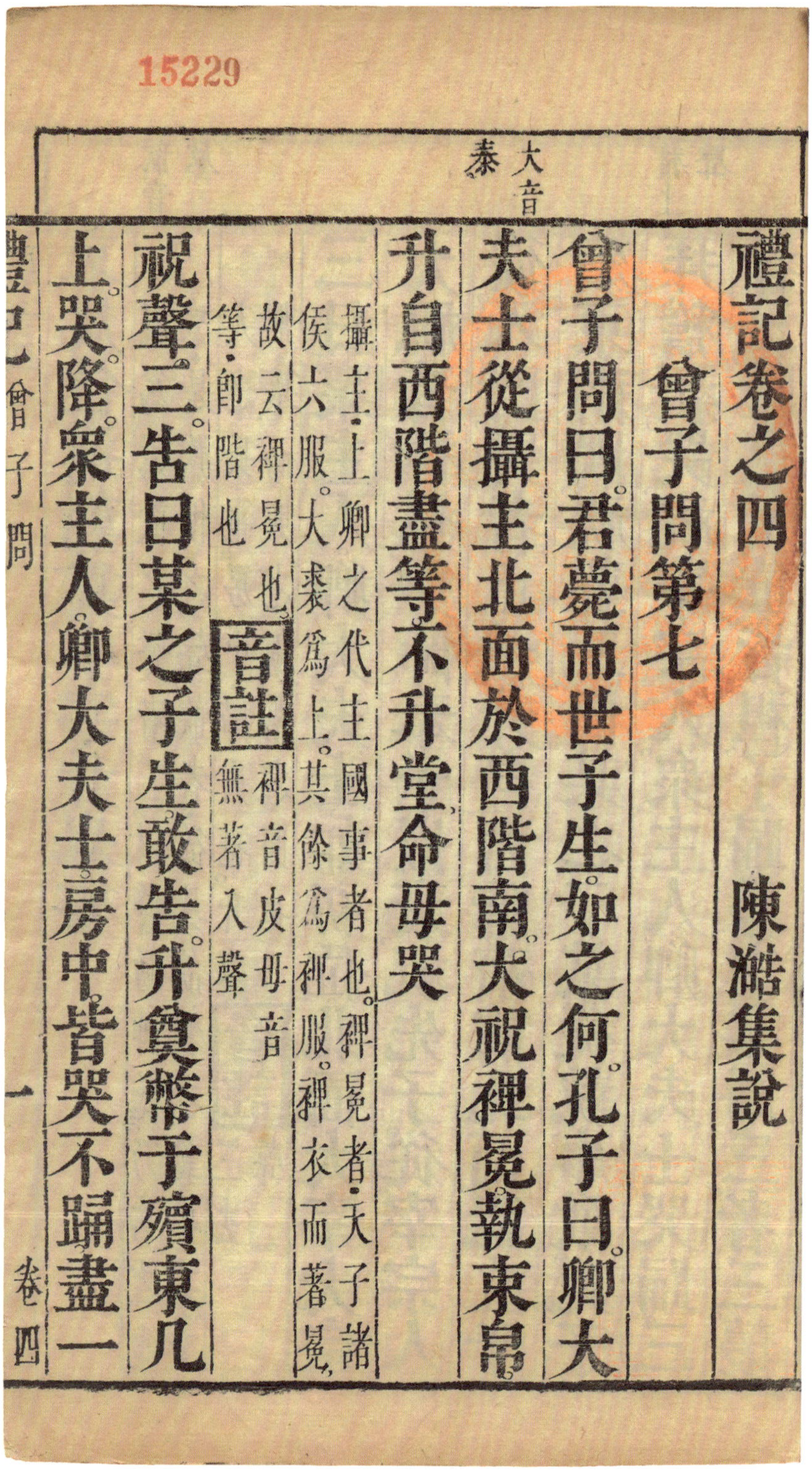
15229

大音泰

禮記卷之四　陳澔集說

曾子問第七

曾子問曰君薨而世子生如之何孔子曰卿大夫士從攝主北面於西階南大祝裨冕執束帛升自西階盡等不升堂命毋哭

攝主上卿之代主國事者也裨冕者天子諸侯六服大裘爲上其餘爲裨服裨衣而著冕故云裨冕也等即階也【音註】裨音皮毋音無著入聲

祝聲三告曰某之子生敢告升奠幣于殯東几上哭降衆主人卿大夫士房中皆哭不踊盡一

禮記　曾子問　卷四　一

禮記十卷　（元）陳澔撰　明崇禎金陵奎壁齋刻本

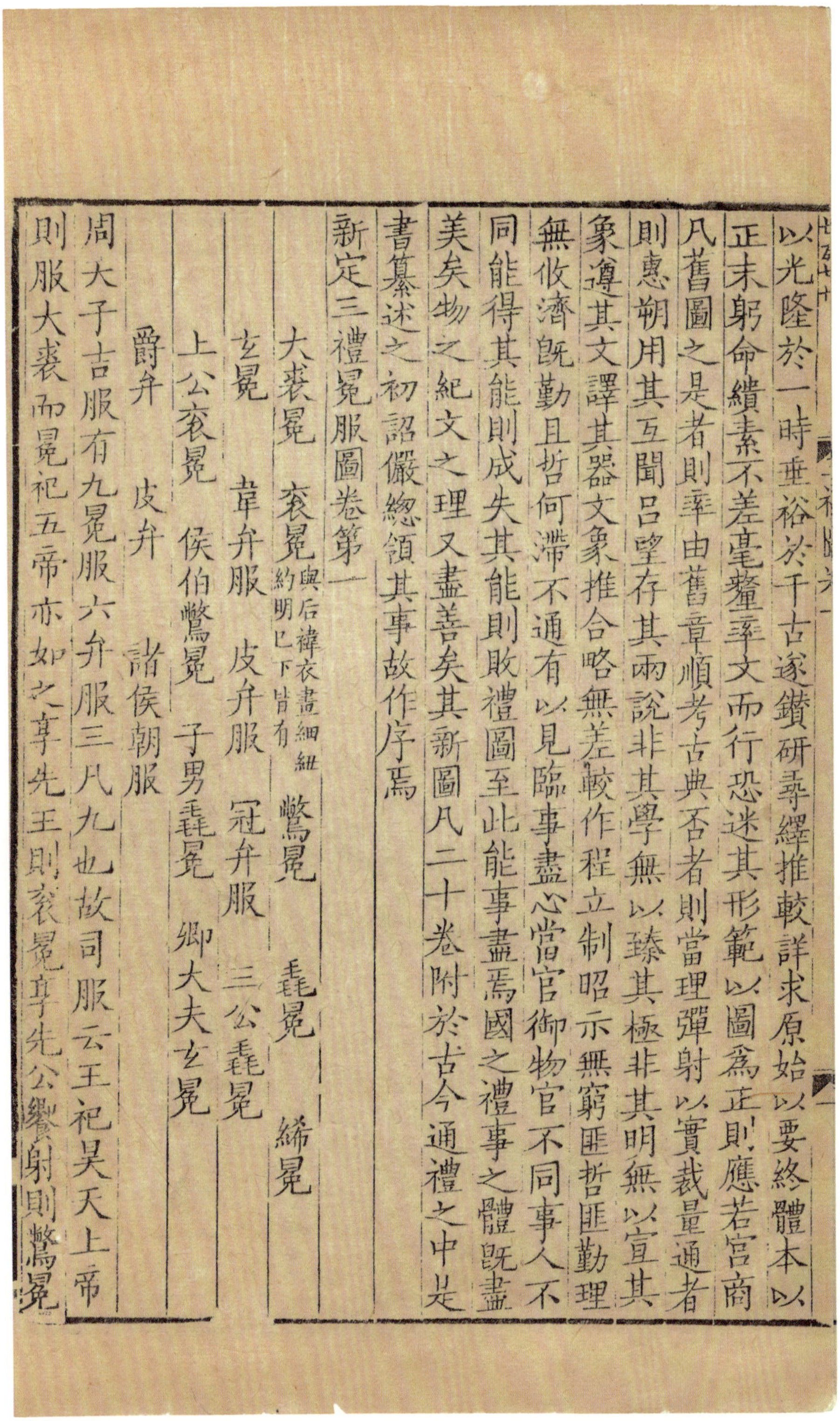

以光隆於一時垂裕於千古遂鑽研尋繹推較詳求原始以要終體本以
正末躬命繢素不差毫釐率文而行恐迷其形範以圖為正則應若宮商
凡舊圖之是者則率由舊章順考古典否者則當理彈射以實裁量通者
則惠朔用其互聞呂望存其兩說非其學無以臻其極非其明無以宣其
象遵其文譯其器文象推合略無差較作程立制昭示無窮匪哲匪勤理
無攸濟既勤且哲何滯不通有以見臨事盡心當官御物官不同事人不
同能得其能則成失其能則敗禮圖至此能事盡焉國之禮事之體既盡
美矣物之紀文之理又盡善矣其新圖凡二十卷附於古今通禮之中是
書纂述之初詔儼總領其事故作序焉

新定三禮冕服圖卷第一

大裘冕　衮冕與后褘衣畫細紐約明已下皆有　鷩冕　毳冕　絺冕
玄冕　韋弁服　皮弁服　冠弁服　三公毳冕
上公衮冕　侯伯鷩冕　子男毳冕　卿大夫玄冕
爵弁　皮弁　諸侯朝服

周大子吉服有九冕服六弁服三凡九也故司服云王祀昊天上帝
則服大裘而冕祀五帝亦如之享先王則衮冕享先公饗射則鷩冕

新定三禮圖二十卷　（宋）聶崇義集注　清康熙十五年（1676）通志堂刻本

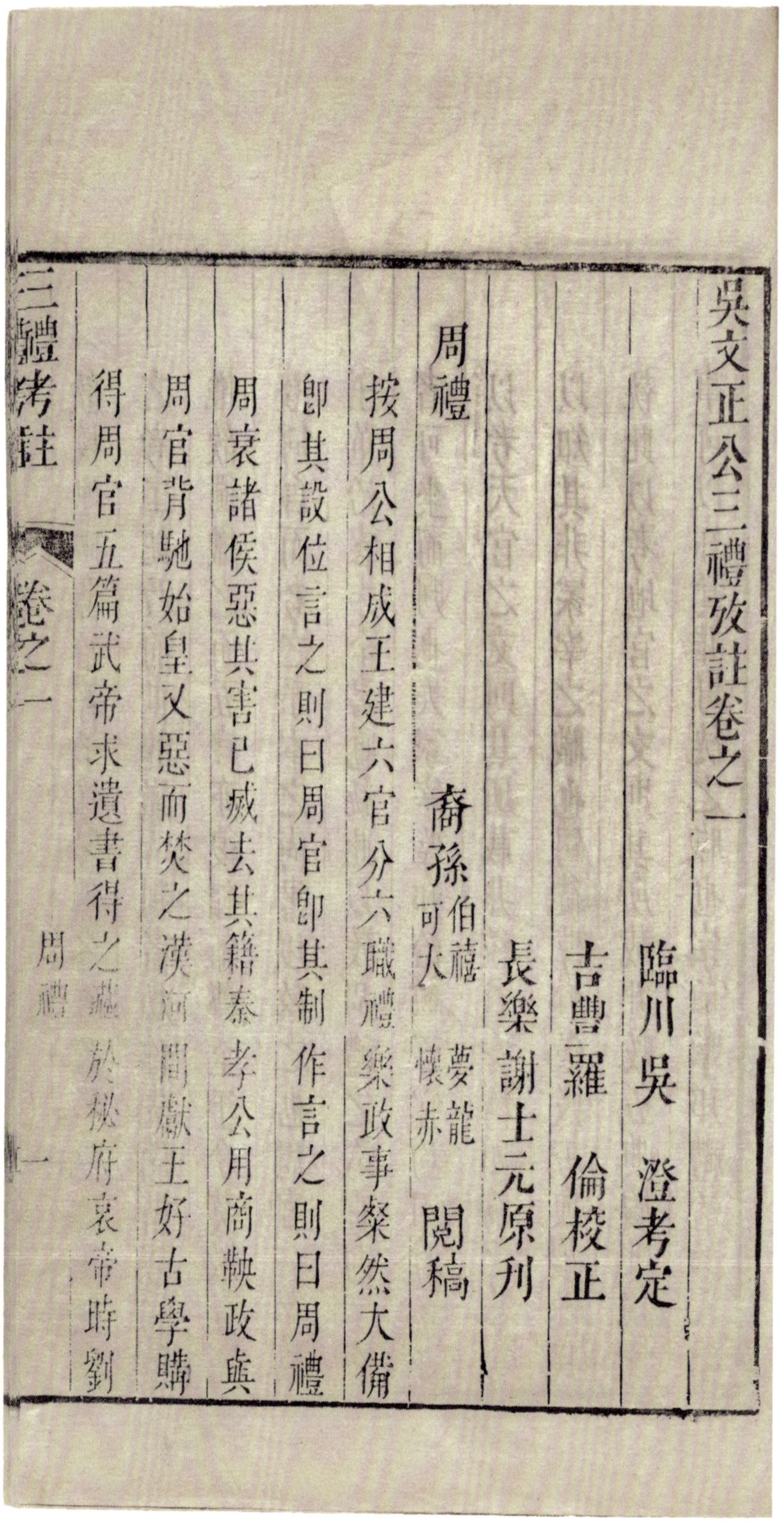

吳文正公三禮攷註卷之一

臨川吳　澄考定

吉豐羅　倫校正

長樂謝士元原刊

周禮　裔孫伯禧可大夢龍懷赤閱稿

按周公相成王建六官分六職禮樂政事粲然大備即其設位言之則曰周官即其制作言之則曰周禮周衰諸侯惡其害已滅去其籍秦孝公用商鞅政與周官背馳始皇又惡而焚之漢河間獻王好古學購得周官五篇武帝求遺書得之藏於秘府哀帝時劉

三禮考註　卷之一　周禮　一

吳文正公三禮攷註六十四卷首一卷　（元）吳澄考定　（明）羅倫校正　清乾隆二年（1737）刻本

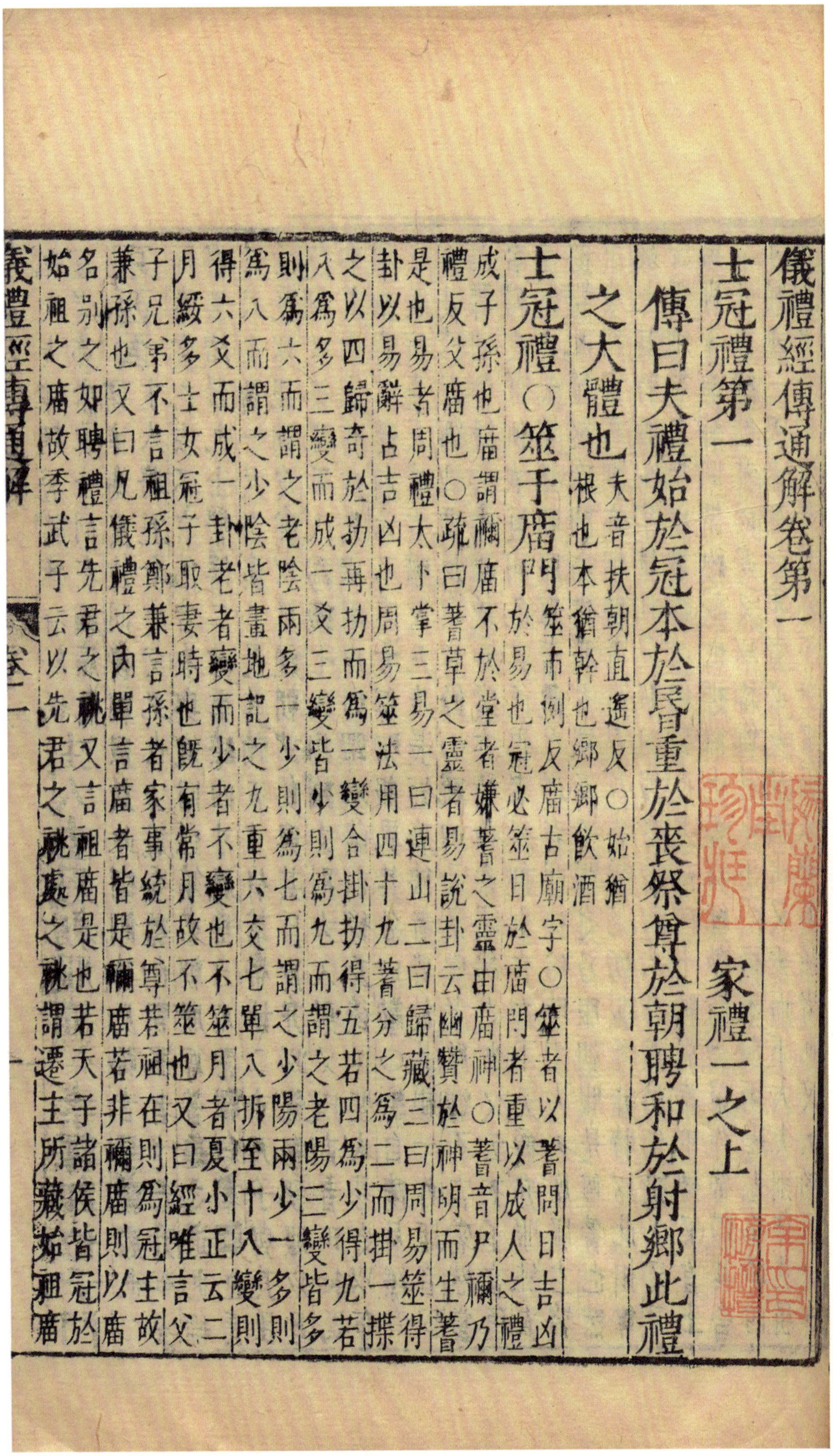
儀禮經傳通解卷第一

士冠禮第一　家禮一之上

傳曰夫禮始於冠本於昏重於喪祭尊於朝聘和於射鄉此禮之大體也夫音扶朝直遥反○始猶根也本猶幹也鄉鄉飲酒

士冠禮○筮于廟門筮者以蓍問日吉凶於易也冠必筮日於廟門者重以成人之禮成子孫也廟謂禰廟不於堂者嫌蓍之靈由廟神○蓍音尸禰乃禮反父廟也○疏曰蓍草之靈者易說卦云幽贊於神明而生蓍是也易者周禮太卜掌三易一曰連山二曰歸藏三曰周易筮得卦以易辭占吉凶也周易筮法用四十九蓍分之爲二而掛一揲之以四歸奇於扐再扐而爲一變合掛扐得五若四爲少得九若八爲多三變而成一爻三變皆少則爲九而謂之老陽三變皆多則爲六而謂之老陰兩多一少則爲七而謂之少陽兩少一多則爲八而謂之少陰皆畫地記之九重六爻七單八拆至十八變則得六爻而成一卦老者變而少者不變也不筮月者夏小正云二月綏多士女冠子取妻時也旣有常月故不筮也又曰經唯言父子兄弟不言祖孫鄭兼言孫者家事統於尊若祖在則爲冠主故兼孫也又曰凡儀禮之內單言廟者皆是禰廟若非禰廟則以廟名別之如聘禮言先君之祧又言祖廟是也若天子諸侯皆冠於始祖之廟故季武子云以先君之祧處之祧謂遷主所藏始祖廟

儀禮經傳通解　卷一　一

儀禮經傳通解三十七卷續二十九卷　（宋）朱熹撰　（宋）黃幹續　清呂氏寶誥堂刻本

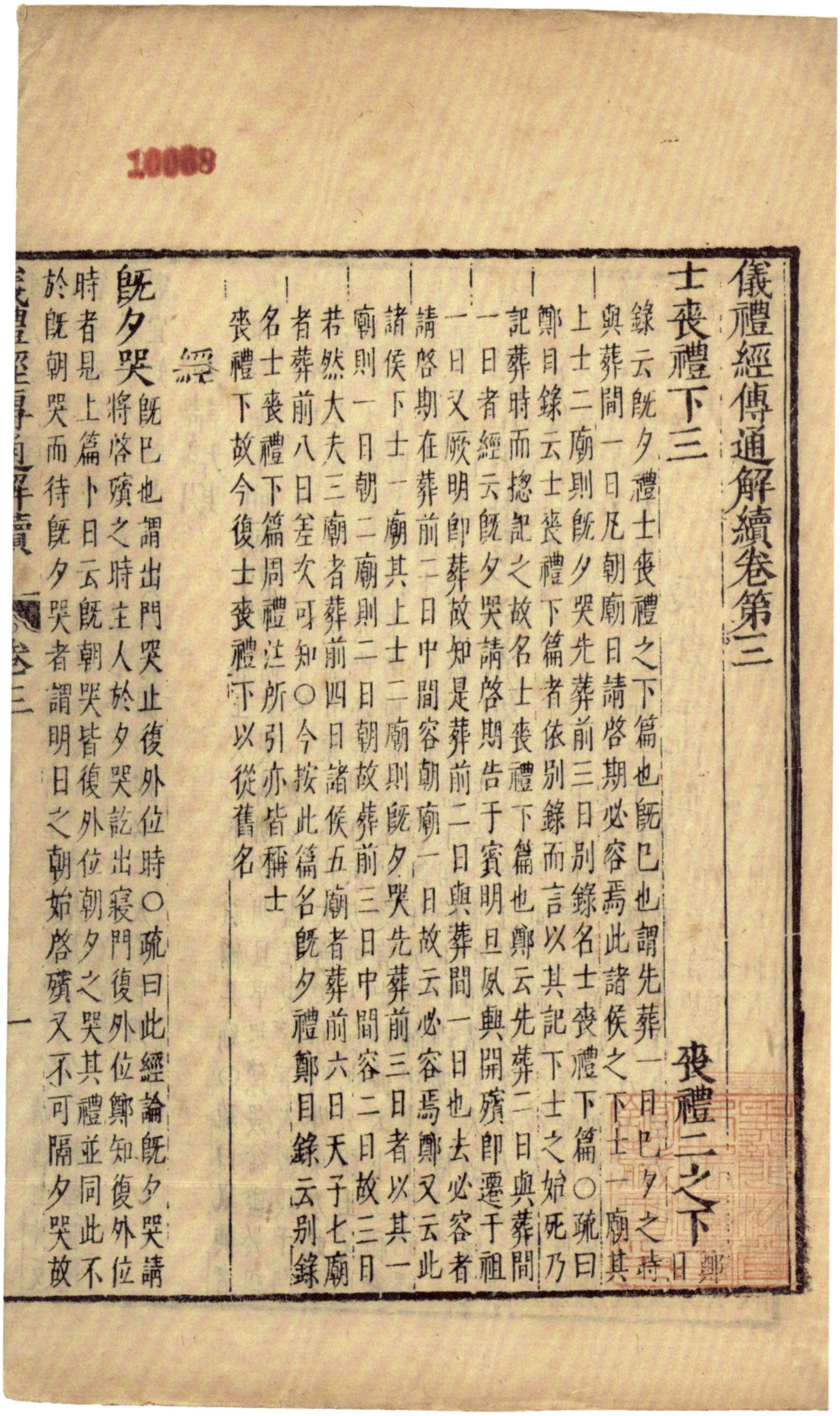

儀禮經傳通解續卷第三

士喪禮下三　喪禮二之下

鄭目錄云既夕禮士喪禮之下篇也既已也謂先葬二日已夕哭之時與葬間一日凡朝廟日請啓期必容焉此諸侯之下士一廟其上士二廟則既夕哭先葬前三日别錄名士喪禮下篇○疏曰鄭目錄云士喪禮下篇者依别錄而言以其記下士之始死乃記葬時而揔記之故名士喪禮下篇也鄭云先葬二日與葬間一日者經云既夕哭請啓期告于賓明旦夙興開殯即遷于祖一日又厥明即葬故知是葬前二日與葬間一日也去必容者請啓期在葬前二日中間容朝廟一日故云必容焉鄭又云此諸侯下士一廟其上士二廟則既夕哭先葬前三日者以其一廟則一日朝二廟則二日朝故葬前三日中間容二日故三日若然大夫三廟者葬前四日諸侯五廟者葬前六日天子七廟者葬前八日差次可知○今按此篇名既夕禮鄭目錄云别錄名士喪禮下篇周禮注所引亦皆稱士喪禮下故今復士喪禮下以從舊名

經

既夕哭　既已也謂出門哭止復外位時○疏曰此經論既夕哭請將啓殯之時主人於夕哭訖出寢門復外位鄭知復外位時者見上篇卜日云既朝哭皆復外位朝夕之哭其禮並同此不於既朝哭而待既夕哭者謂明日之朝始啓殯又不可隔夕哭故

儀禮經傳通解續　卷三　一

儀禮經傳通解續二十九卷　（宋）黄幹撰　清吕氏寶誥堂刻本

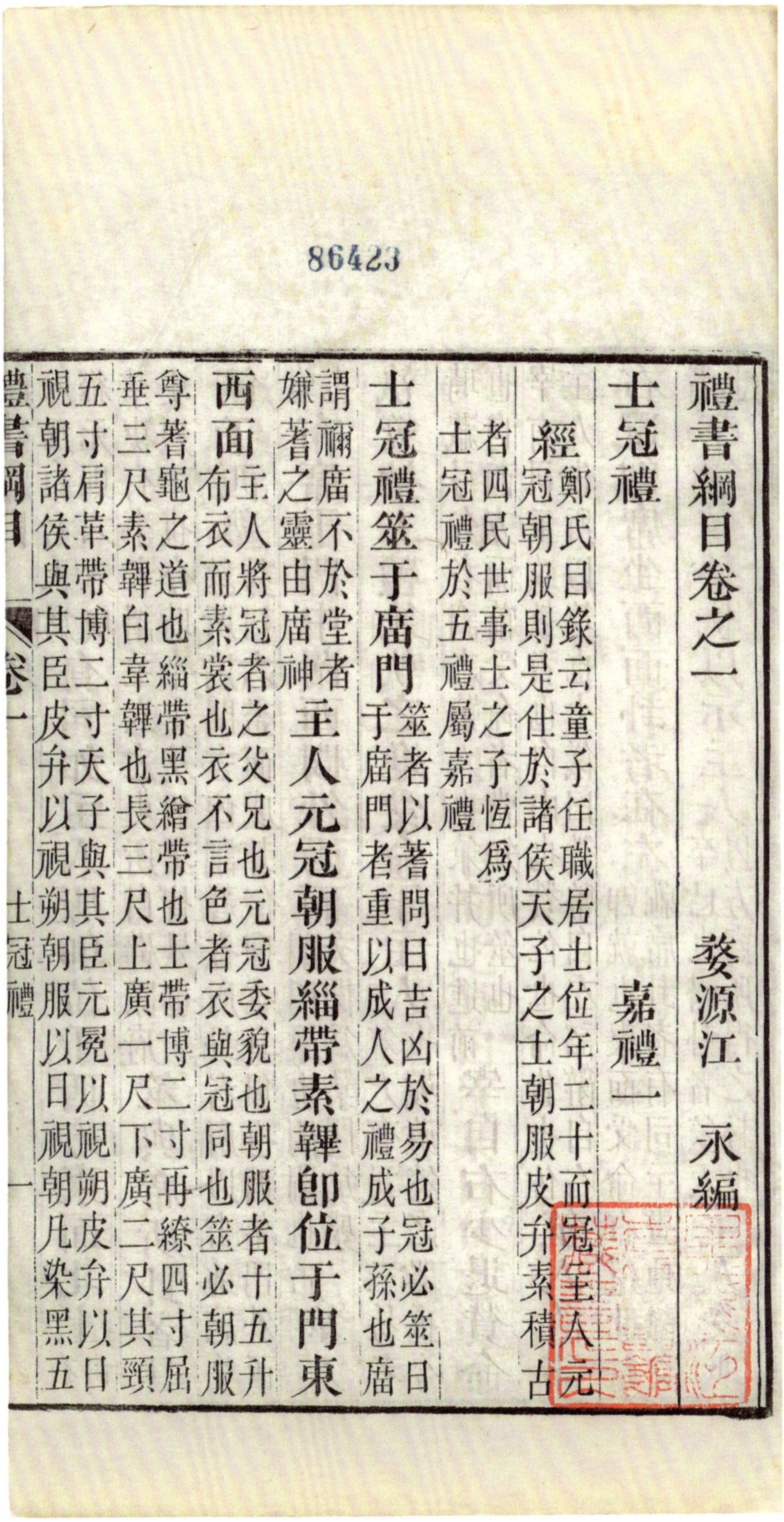

禮書綱目卷之一　婺源江　永編

士冠禮　嘉禮一

經鄭氏目錄云童子任職居士位年二十而冠主人元冠朝服則是仕於諸侯天子之士朝服皮弁素積古者四民世事士之子恒為士冠禮於五禮屬嘉禮

士冠禮筮于廟門筮者以著問日吉凶於易也冠必筮日于廟門者重以成人之禮成子孫也廟謂禰廟不於堂者嫌著之靈由廟神主人元冠朝服緇帶素韠卽位于門東西面主人將冠者之父兄也元冠委貌也朝服者十五升布衣而素裳也衣不言色者衣與冠同也筮必朝服尊著龜之道也緇帶黑繒帶也士帶博二寸再繚四寸屈垂三尺素韠白韋韠也長三尺上廣一尺下廣二尺其頸五寸肩革帶博二寸天子與其臣元冕以視朔皮弁以日視朝諸侯與其臣皮弁以視朔朝服以日視朝凡染黑五

禮書綱目　卷一　士冠禮　一

禮書綱目八十五卷首三卷　（清）江永編　清嘉慶十五年（1810）鏤恩堂刻本

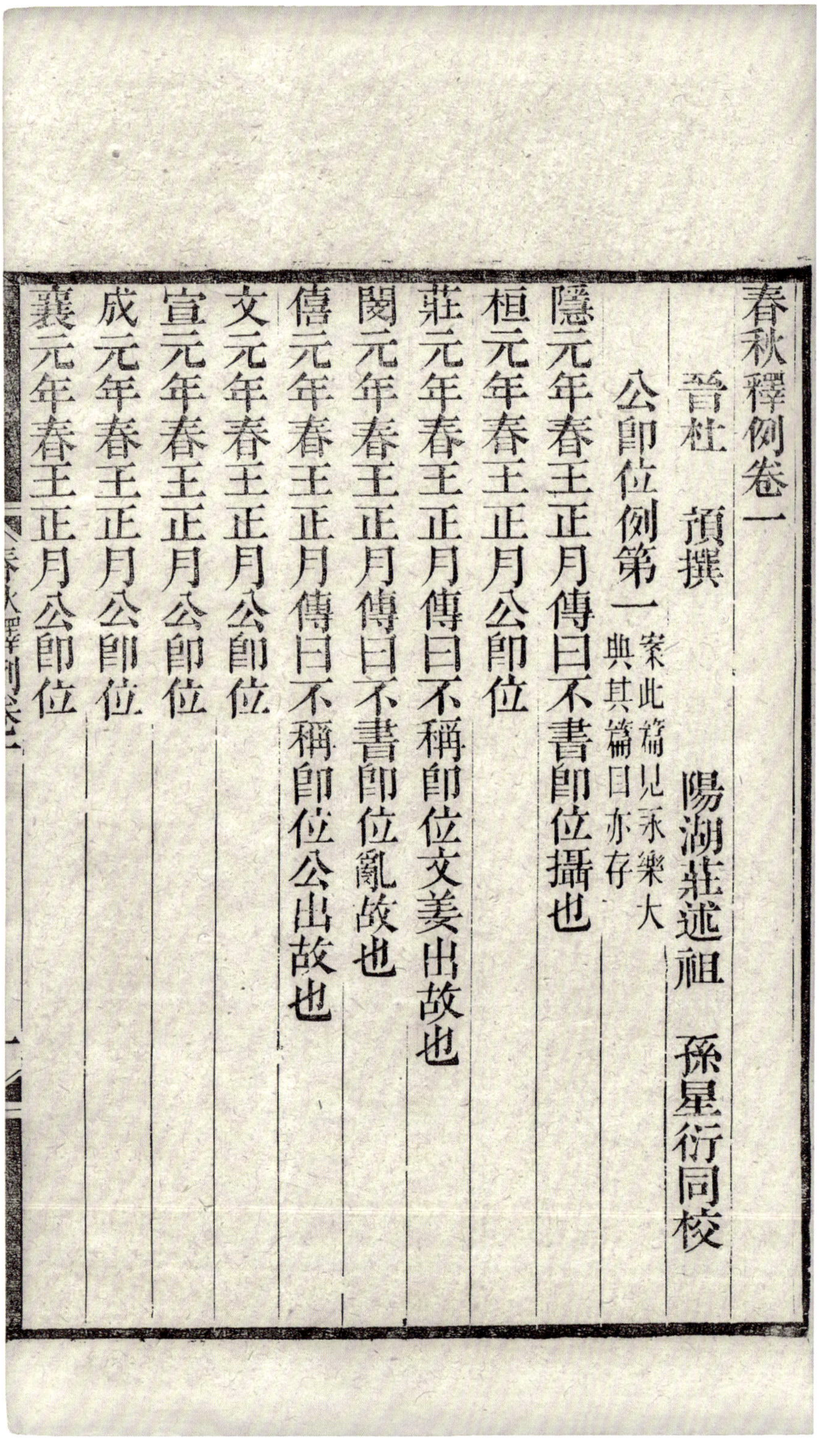

春秋釋例卷一

晉杜　預撰　　陽湖莊述祖　孫星衍同校

公即位例第一 案此篇見永樂大典其篇目亦存

隱元年春王正月傳曰不書即位攝也

桓元年春王正月公即位

莊元年春王正月傳曰不稱即位文姜出故也

閔元年春王正月傳曰不書即位亂故也

僖元年春王正月傳曰不稱即位公出故也

文元年春王正月公即位

宣元年春王正月公即位

成元年春王正月公即位

襄元年春王正月公即位

春秋釋例卷一　一

春秋釋例十五卷　（晋）杜預撰　（清）莊述祖　（清）孫星衍同校　清嘉慶孫星衍校刻岱南閣叢書本

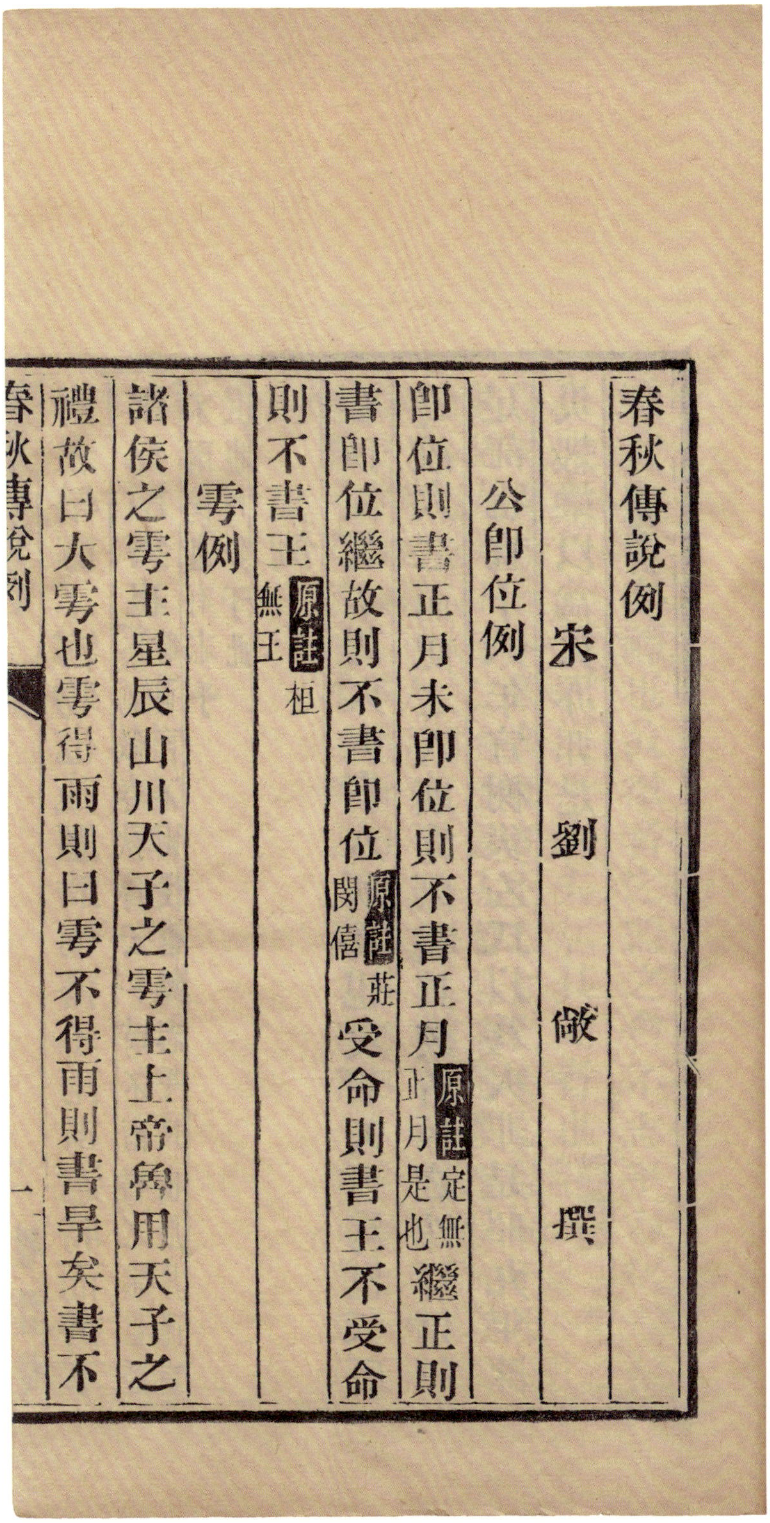
春秋傳說例

宋　劉敞　撰

公即位例

即位則書正月未即位則不書正月原註定無正月是也繼正則書即位繼故則不書即位原註莊閔僖受命則書王不受命則不書王原註桓無王

雩例

諸侯之雩主星辰山川天子之雩主上帝魯用天子之禮故曰大雩也雩得雨則曰雩不得雨則書旱矣書不

春秋傳說例　一

春秋傳說例一卷　（宋）劉敞撰　清乾隆武英殿聚珍版

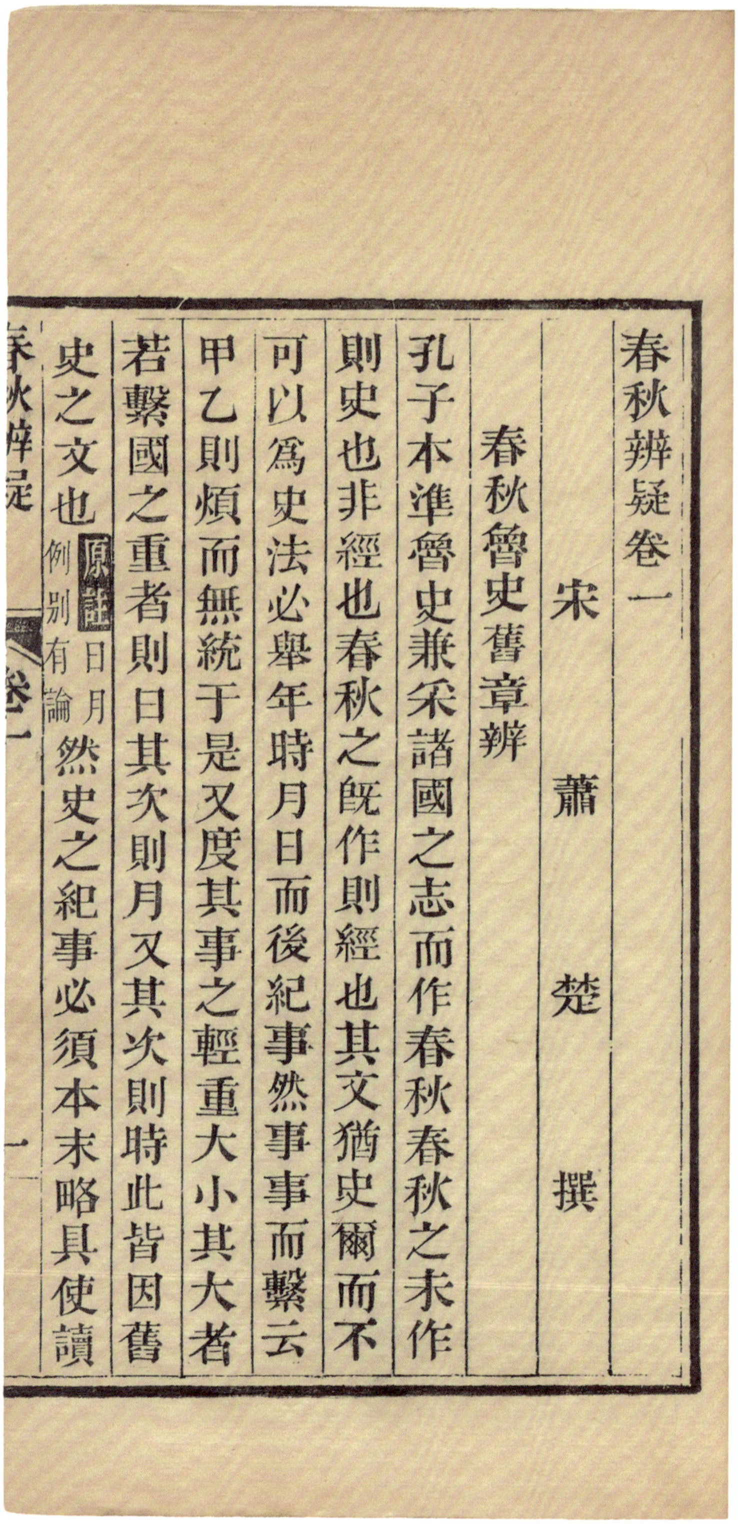

春秋辨疑卷一

宋　蕭楚　撰

春秋魯史舊章辨

孔子本準魯史兼采諸國之志而作春秋春秋之未作則史也非經也春秋之既作則經也其文猶史爾而不可以爲史法必舉年時月日而後紀事然事事而繫云甲乙則煩而無統于是又度其事之輕重大小其大者若繫國之重者則日其次則月又其次則時此皆因舊史之文也（原註）日月例别有論然史之紀事必須本末略具使讀

春秋辨疑　卷一　一

春秋辨疑四卷　（宋）蕭楚撰　清乾隆武英殿聚珍版

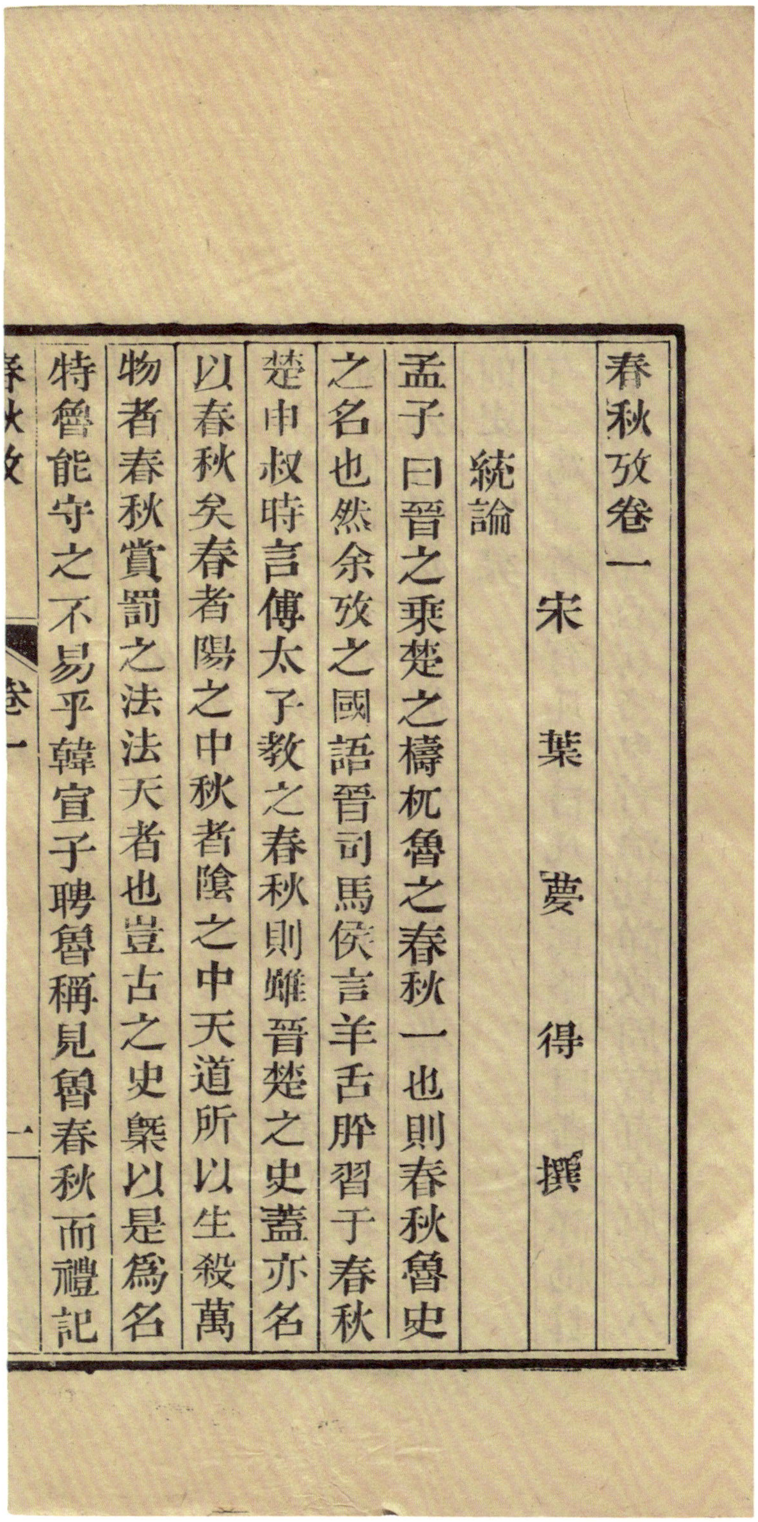

春秋攷卷一

宋　葉　夢　得　撰

統論

孟子曰晉之乘楚之檮杌魯之春秋一也則春秋魯史之名也然余攷之國語晉司馬侯言羊舌肸習于春秋楚申叔時言傳太子教之春秋則雖晉楚之史蓋亦名以春秋矣春者陽之中秋者陰之中天道所以生殺萬物者春秋賞罰之法法天者也豈古之史槩以是爲名特魯能守之不易乎韓宣子聘魯稱見魯春秋而禮記

春秋攷　卷一　一

春秋攷十六卷　（宋）葉夢得撰　清乾隆武英殿聚珍版

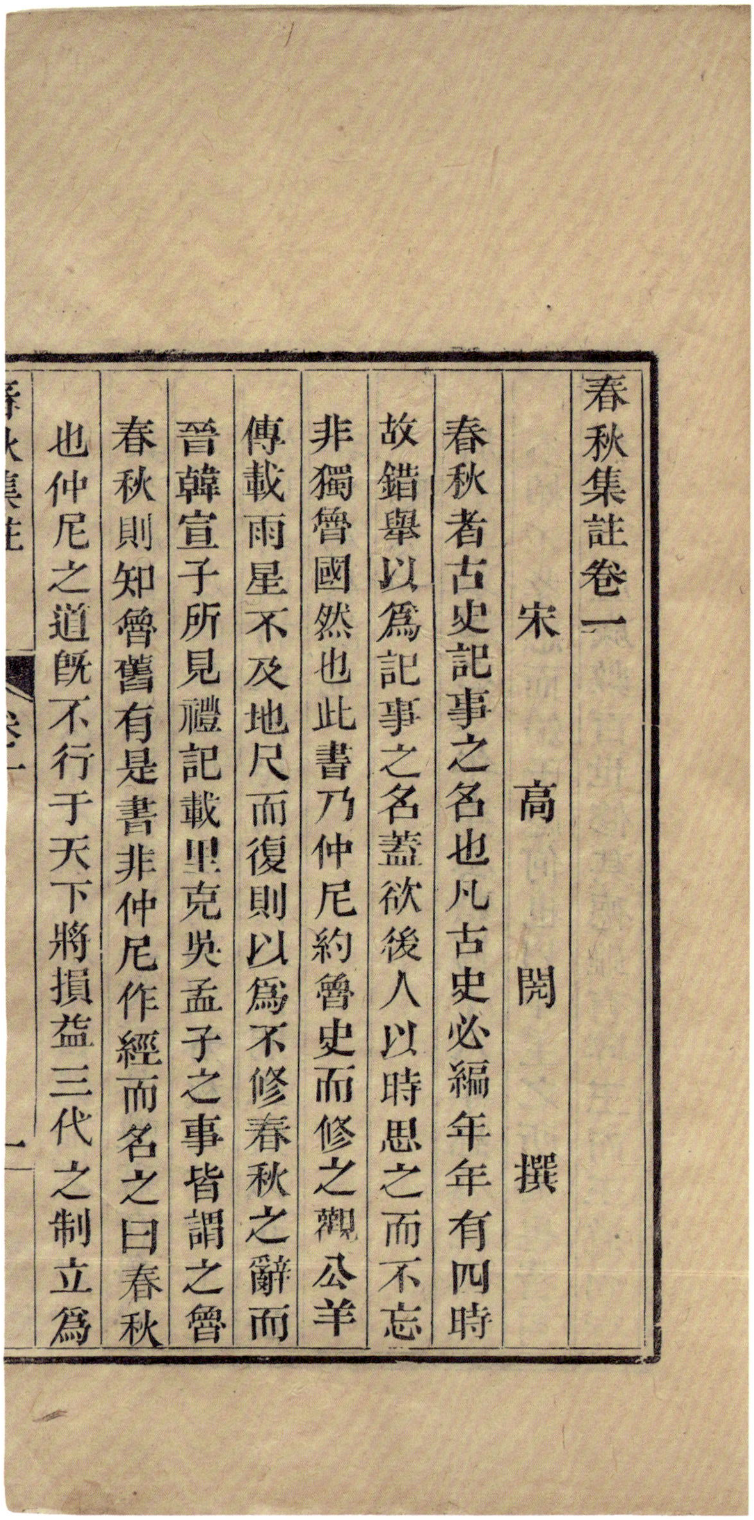

春秋集註卷一

宋　高閌　撰

春秋者古史記事之名也凡古史必編年年有四時故錯舉以爲記事之名葢欲後人以時思之而不忘非獨魯國然也此書乃仲尼約魯史而修之觀公羊傳載雨星不及地尺而復則以爲不修春秋之辭而晉韓宣子所見禮記載里克奐孟子之事皆謂之魯春秋則知魯舊有是書非仲尼作經而名之曰春秋也仲尼之道既不行于天下將損益三代之制立爲

春秋集註　卷一　一

春秋集註四十卷　（宋）高閌撰　清乾隆武英殿聚珍版

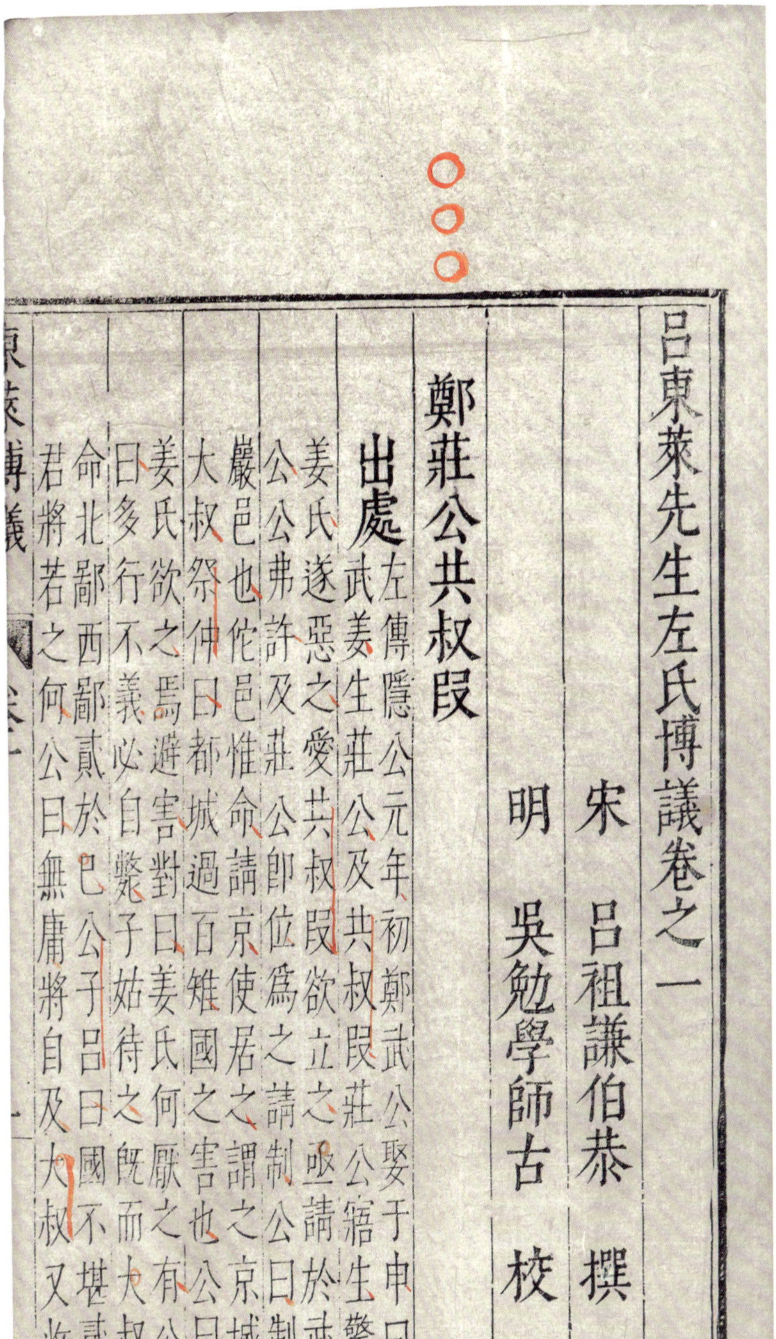

呂東萊先生左氏博議卷之一

宋　呂祖謙伯恭　撰

明　吳勉學師古　校

鄭莊公共叔段

出處 左傳隱公元年初鄭武公娶于申曰武姜生莊公及共叔段莊公寤生驚姜氏遂惡之愛共叔段欲立之亟請於武公公弗許及莊公即位爲之請制公曰制巖邑也佗邑惟命請京使居之謂之京城大叔祭仲曰都城過百雉國之害也公曰姜氏欲之焉避害對曰姜氏何厭之有公曰多行不義必自斃子姑待之既而大叔命北鄙西鄙貳於己公子呂曰國不堪貳君將若之何公曰無庸將自及大叔又收

呂東萊先生左氏博義十二卷　（宋）呂祖謙撰　（明）吳勉學校　明刻本

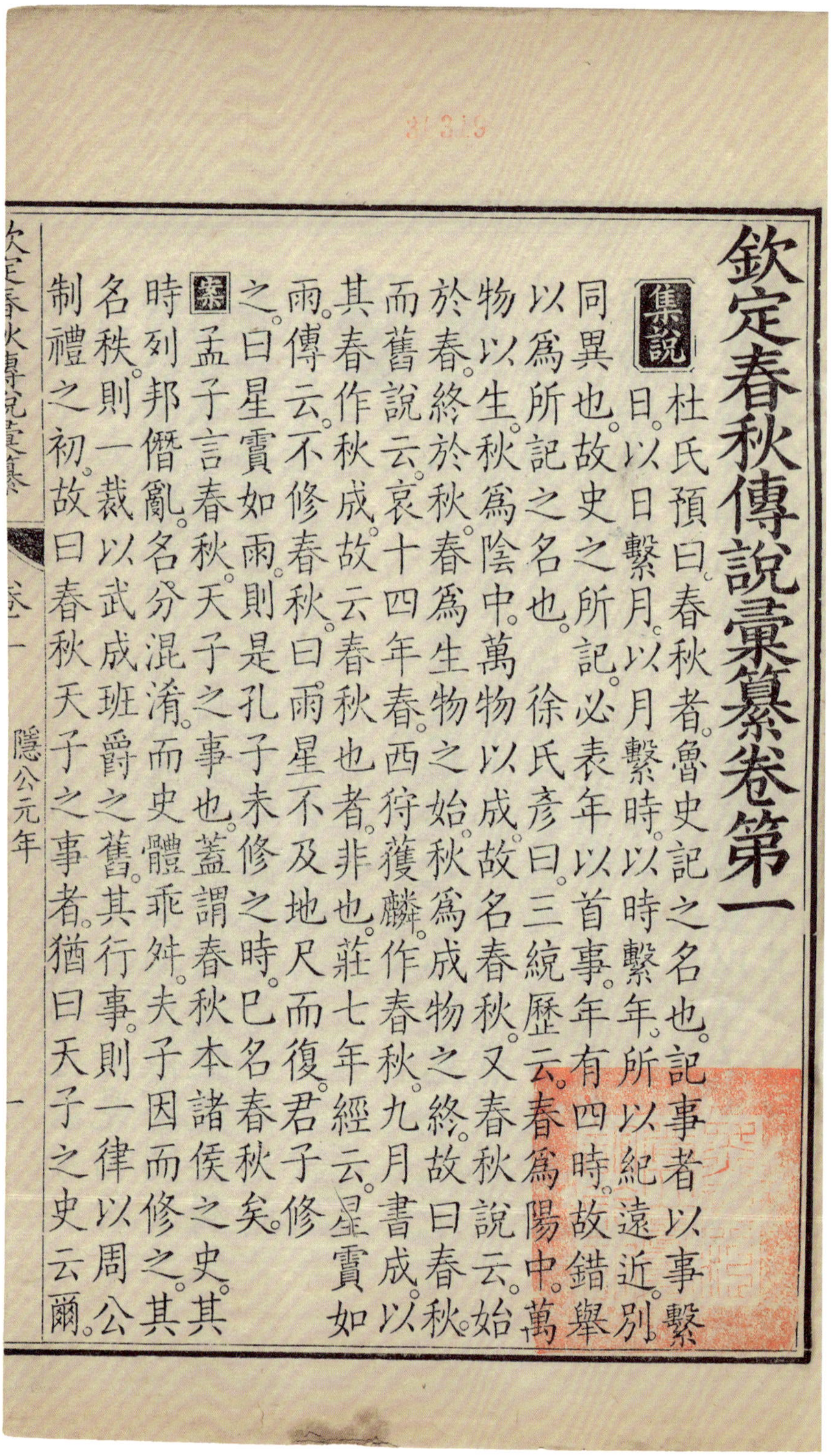

欽定春秋傳說彙纂卷第一

【集說】杜氏預曰。春秋者。魯史記之名也。記事者以事繫日。以日繫月。以月繫時。以時繫年。所以紀遠近。别同異也。故史之所記。必表年以首事。年有四時。故錯舉以爲所記之名也。徐氏彦曰。三統歷云。春爲陽中。萬物以生。秋爲陰中。萬物以成。故名春秋。又春秋說云。始於春。終於秋。春爲生物之始。秋爲成物之終。故曰春秋。而舊說云。哀十四年春。西狩獲麟。作春秋。九月書成。以其春作秋成。故云春秋也者。非也。莊七年經云。星霣如雨。傳云。不修春秋曰。雨星不及地尺而復。君子修之曰。星霣如雨。則是孔子未修之時。已名春秋矣。

【案】孟子言春秋。天子之事也。蓋謂春秋本諸侯之史。其時列邦僭亂。名分混淆。而史體乖舛。夫子因而修之。其名秩。則一裁以武成班爵之舊。其行事。則一律以周公制禮之初。故曰春秋天子之事者。猶曰天子之史云爾。

欽定春秋傳說彙纂　卷一　隱公元年　一

欽定春秋傳說彙纂三十八卷首二卷　（清）王掞等撰　清康熙六十年（1721）内府刻本

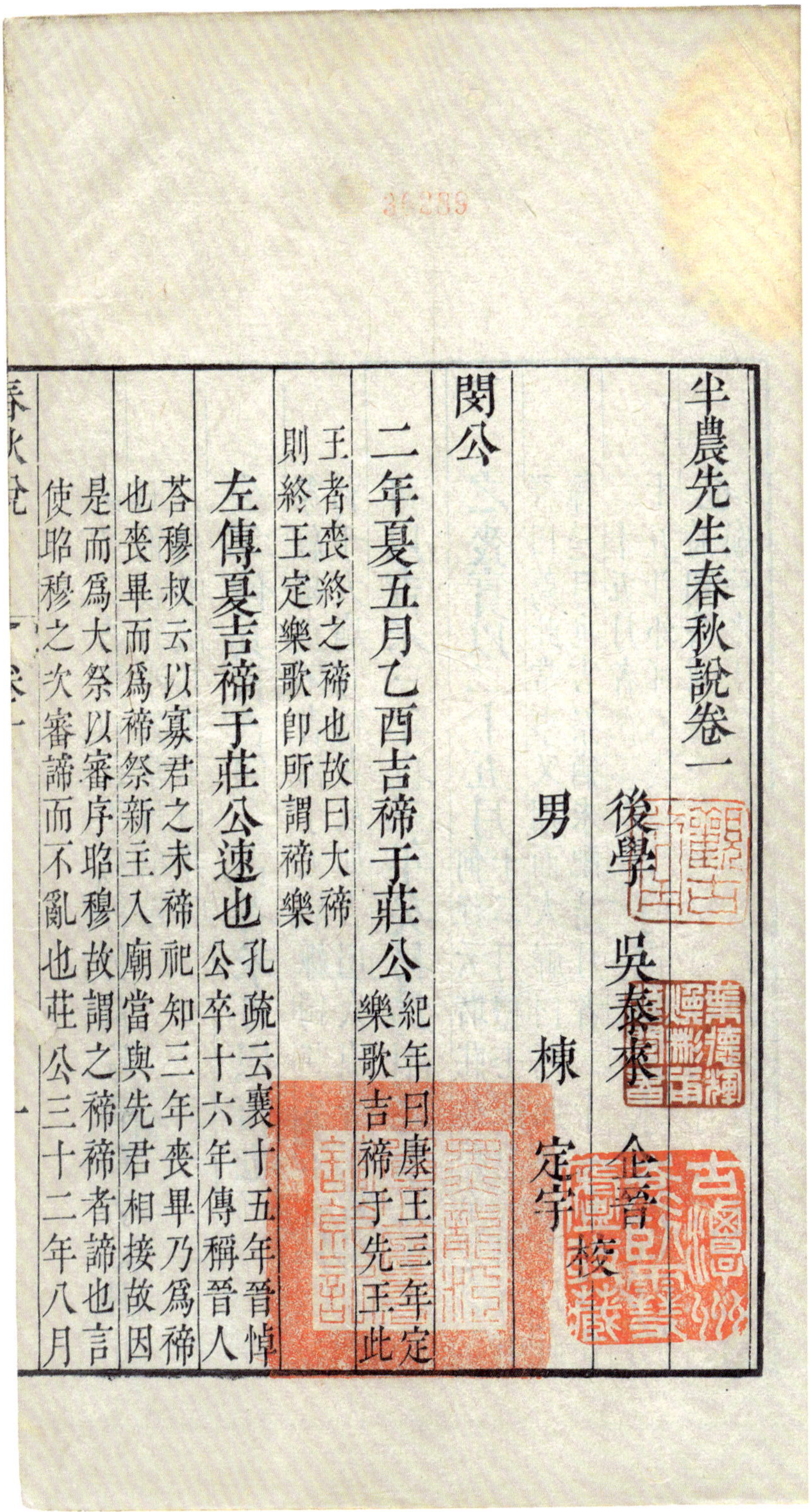

半農先生春秋說卷一

後學　吳泰來　企晉　校

男　棟　定宇

閔公

二年夏五月乙酉吉禘于莊公紀年曰康王三年定樂歌吉禘于先王此王者喪終之禘也故曰大禘則終王定樂歌即所謂禘樂

左傳夏吉禘于莊公速也孔疏云襄十五年晉悼公卒十六年傳稱晉人荅穆叔云以寡君之未禘祀知三年喪畢乃爲禘也喪畢而爲禘祭新王入廟當與先君相接故因是而爲大祭以審序昭穆故謂之禘禘者諦也言使昭穆之次審諦而不亂也莊公三十二年八月

春秋說　卷一　一

半農先生春秋說十五卷　（清）惠士奇撰　（清）吳泰來校　清乾隆十四年（1749）璜川書屋刻本

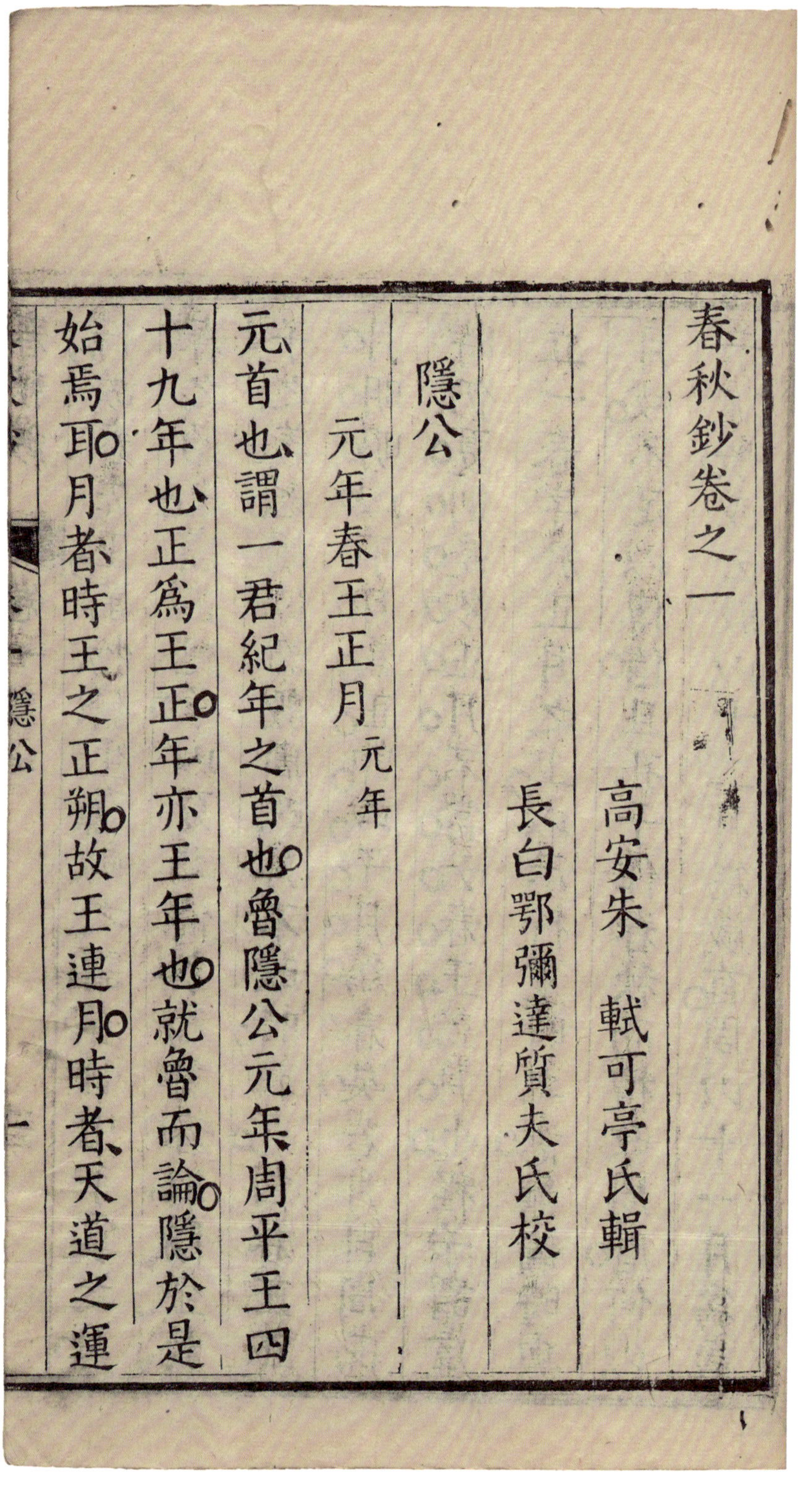

春秋鈔卷之一

高安朱　軾可亭氏輯

長白鄂彌達質夫氏校

隱公

元年春王正月　元年

元首也謂一君紀年之首也。魯隱公元年周平王四十九年也正爲王正。年亦王年也。就魯而論。隱於是始焉耳。月者時王之正朔。故王連月。時者、天道之運

春秋鈔十卷首一卷　（清）朱軾輯　（清）鄂彌達校　清乾隆元年（1736）刻朱文端公藏書本

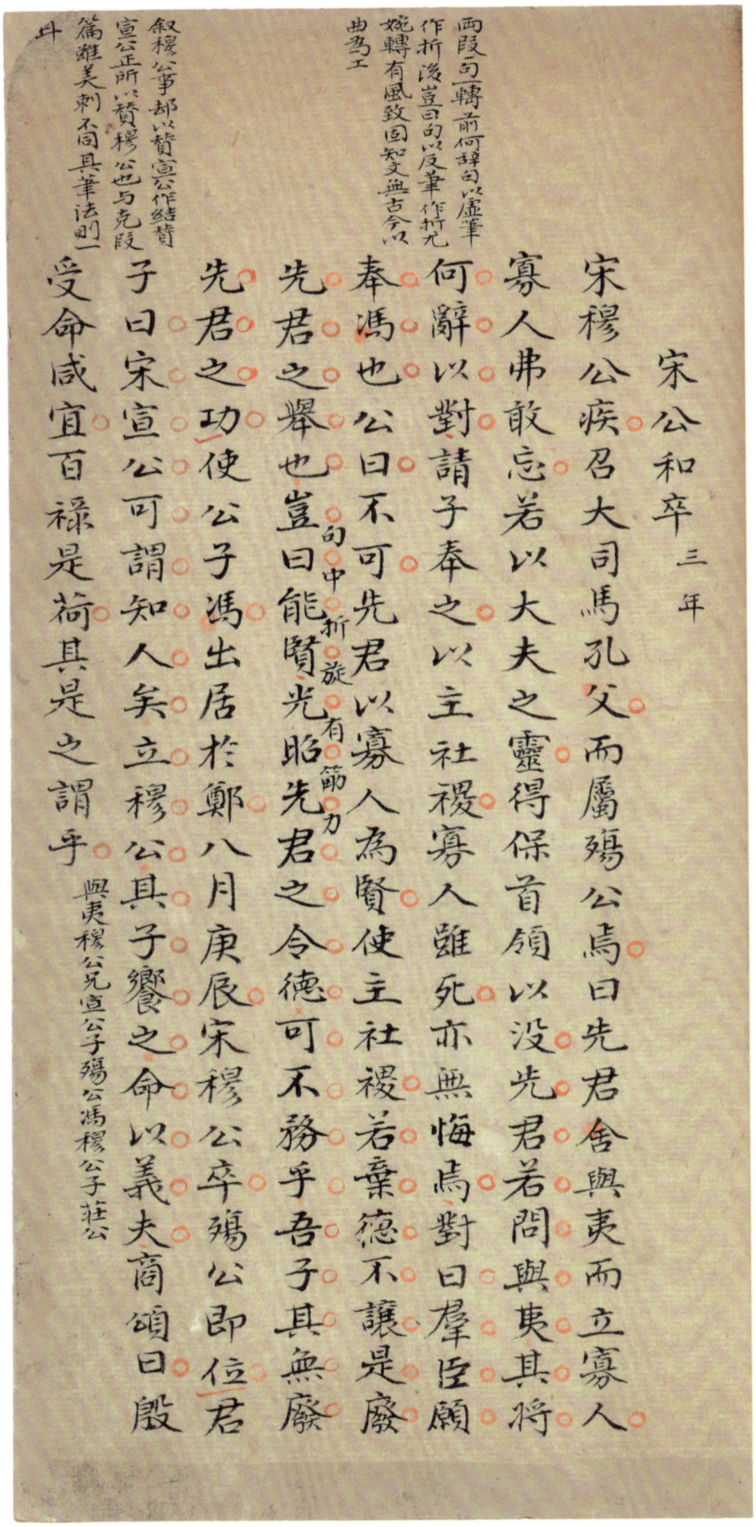

兩段句轉前何辭句以虛筆作折後豈曰句以反筆作折尤婉轉有風致固知文無古今以曲為工

叙穆公事却以贊宣公作結贊宣公正所以贊穆公也与克段篇雖美刺不同其筆法則一也

宋公和卒 三年

宋穆公疾召大司馬孔父而屬殤公焉曰先君舍與夷而立寡人寡人弗敢忘若以大夫之靈得保首領以没先君若問與夷其將何辭以對請子奉之以主社稷寡人雖死亦無悔焉對曰羣臣願奉馮也公曰不可先君以寡人為賢使主社稷若棄德不讓是廢先君之舉也豈曰能賢句中折旋有節力光昭先君之令德可不務乎吾子其無廢先君之功使公子馮出居於鄭八月庚辰宋穆公卒殤公即位君子曰宋宣公可謂知人矣立穆公其子饗之命以義夫商頌曰殷受命咸宜百祿是荷其是之謂乎

與夷穆公兄宣公子殤公馮穆公子莊公

左傳文鈔不分卷　（□）□□撰　清無格抄本

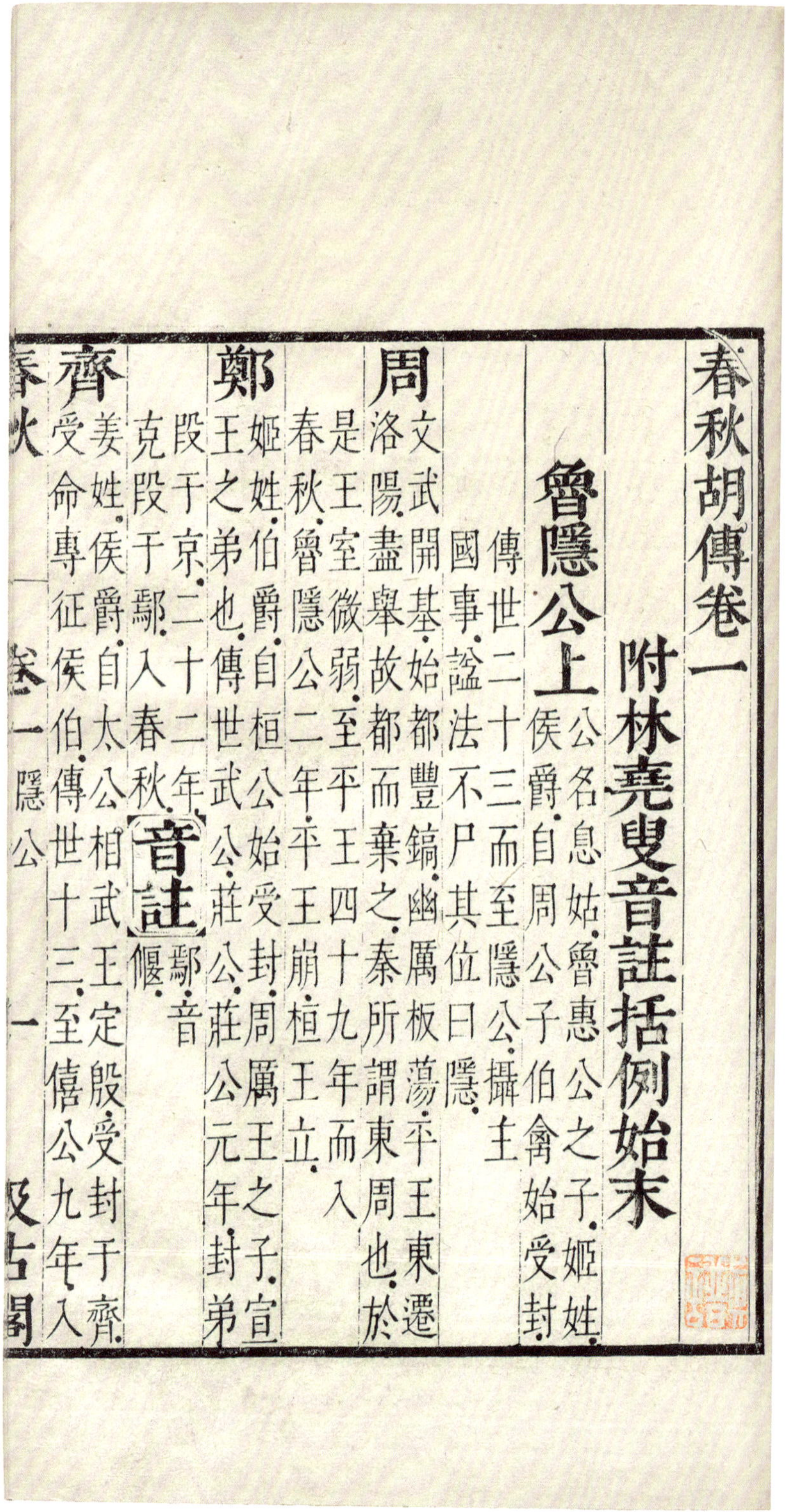
春秋胡傳卷一　附林堯叟音註括例始末

魯隱公上　公名息姑魯惠公之子姬姓侯爵自周公子伯禽始受封傳世二十三而至隱公攝主國事諡法不尸其位曰隱

周　文武開基始都豐鎬幽厲板蕩平王東遷洛陽盡舉故都而棄之秦所謂東周也於是王室微弱至平王四十九年而入春秋魯隱公二年平王崩桓王立

鄭　姬姓伯爵自桓公始受封周厲王之子宣王之弟也傳世武公莊公莊公元年封弟段于京二十二年克段于鄢入春秋　音註　鄢音偃

齊　姜姓侯爵自太公相武王定殷受封于齊受命專征侯伯傳世十三至僖公九年入

春秋　卷一　隱公　一　汲古閣

春秋胡傳三十卷　（宋）胡安國撰　明毛晋汲古閣刻本

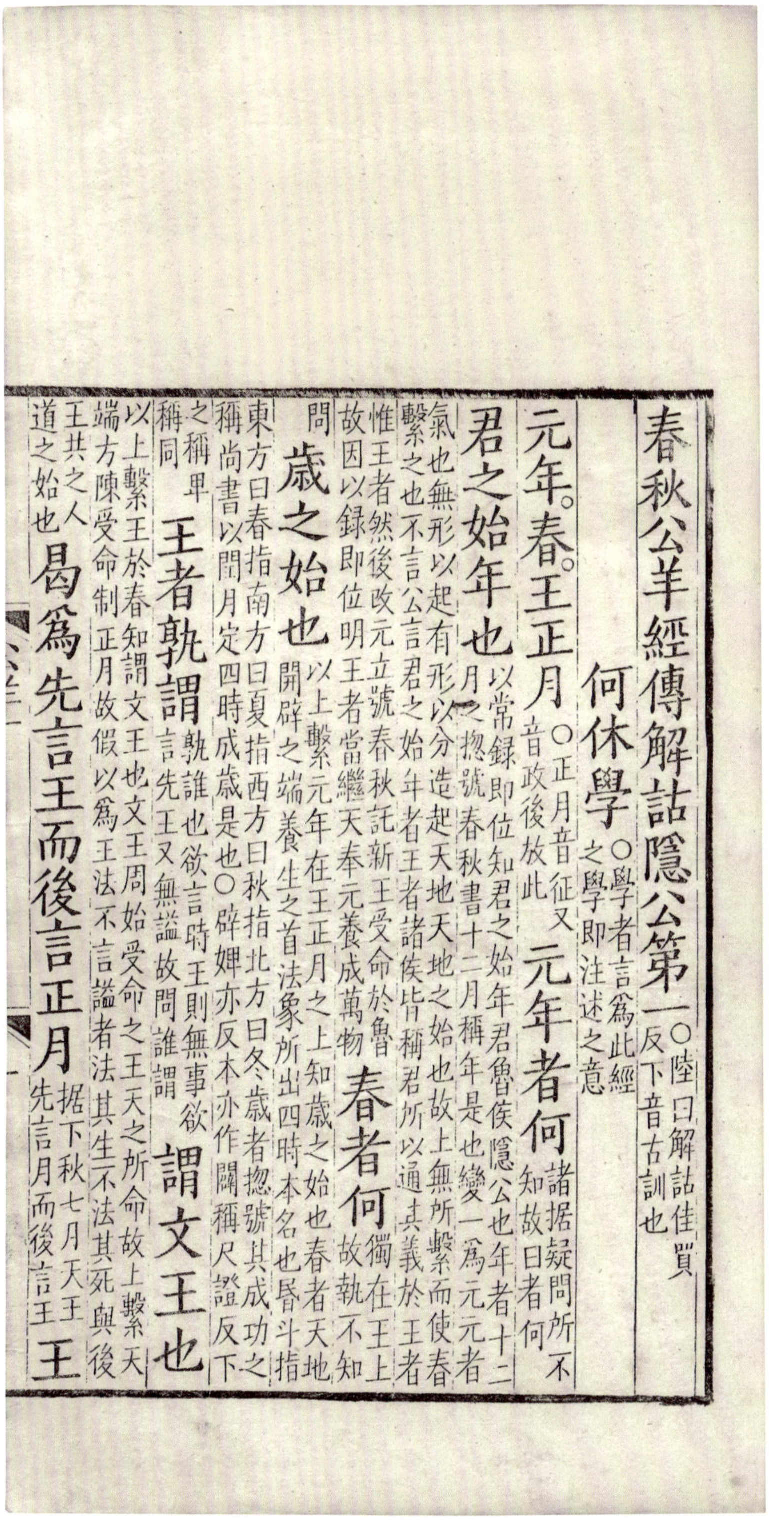
春秋公羊經傳解詁隱公第一 ○陸曰解詁佳買反下音古訓也
何休學 ○學者言爲此經之學即注述之意
元年。春。王正月 ○正月音征又音政後放此 元年者何 諸据疑問所不知故曰者何
君之始年也 以常録即位知君之始年君魯侯隱公也年者十二月之揔號春秋書十二月稱年是也變一爲元元者氣也無形以起有形以分造起天地天地之始也故上無所繫而使春繫之也不言公言君之始年者王者諸侯皆稱君所以通其義於王者惟王者然後改元立號春秋託新王受命於魯故因以録即位明王者當繼天奉元養成萬物 春者何 獨在王上故執不知問
歲之始也 以上繫元年在王正月之上知歲之始也春者天地開辟之端養生之首法象所出四時本名也昬斗指東方曰春指南方曰夏指西方曰秋指北方曰冬歲者揔號其成功之稱尚書以閏月定四時成歲是也○辟婢亦反本亦作闢稱尺證反下之稱畢稱同
王者孰謂 孰誰也欲言時王則無事欲言先王又無謚故問誰謂 謂文王也 以上繫王於春知謂文王也文王周始受命之王天之所命故上繫天端方陳受命制正月故假以爲王法不言謚者法其生不法其死與後王共之人道之始也 曷爲先言王而後言正月 据下秋七月天王先言月而後言王 王

春秋公羊經傳解詁十二卷　（漢）何休注　清道光四年（1824）揚州汪氏問禮堂影宋刻本

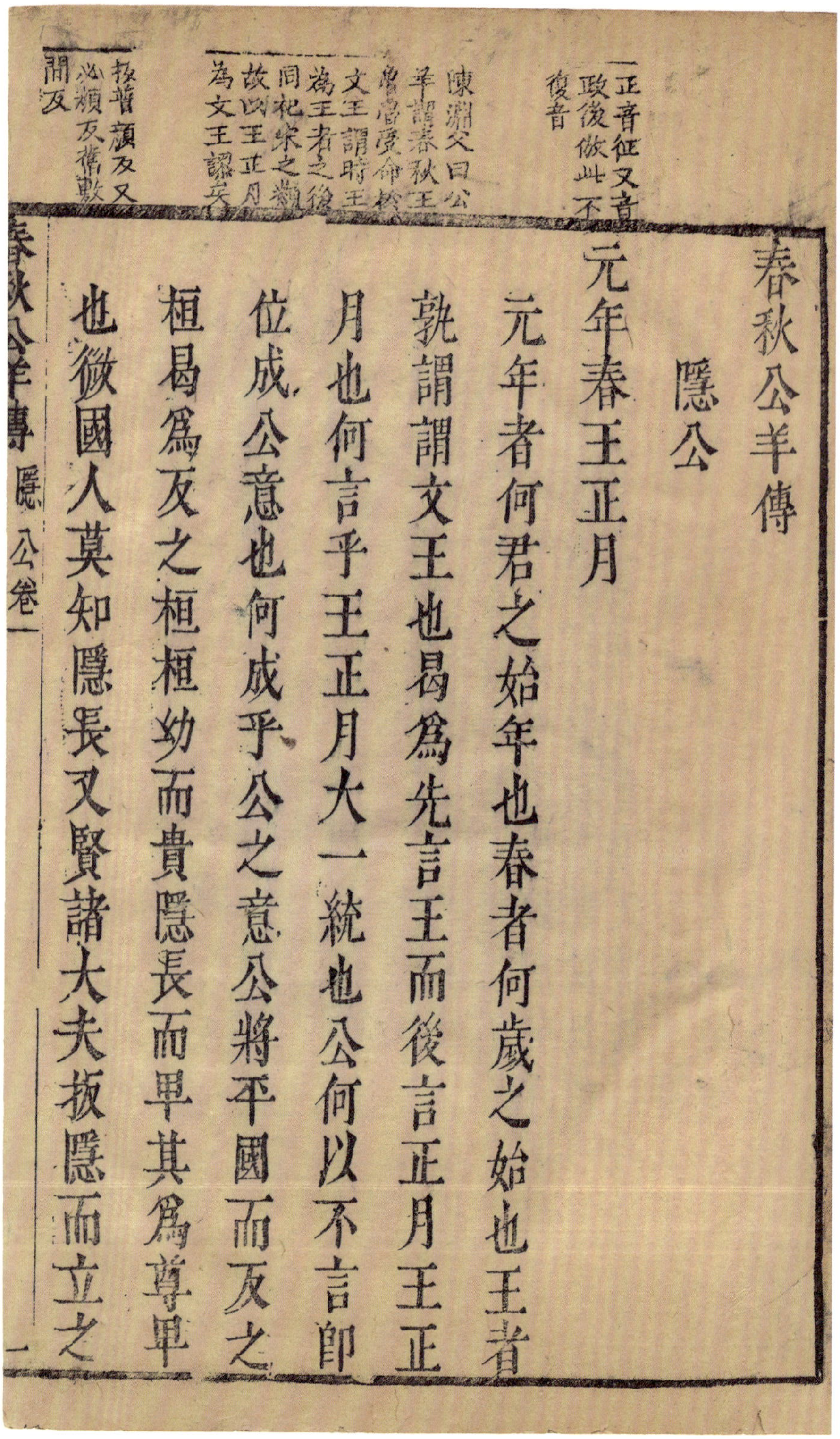

一正音征又音政後倣此不復音

陳淵父曰公羊謂春秋王魯魯受命於文王謂時王為王者之後同杞宋之類故以王正月為文王謬矣

扳普顔反又必頻反舊數間反

春秋公羊傳

隱公

元年春王正月

元年者何君之始年也春者何歲之始也王者孰謂謂文王也曷爲先言王而後言正月王正月也何言乎王正月大一統也公何以不言即位成公意也何成乎公之意公將平國而反之桓曷爲反之桓桓幼而貴隱長而卑其爲尊卑也微國人莫知隱長又賢諸大夫扳隱而立之

春秋公羊傳　隱公卷一　一

春秋公羊傳十二卷考一卷　（明）閔齊伋裁注　明天啓元年（1621）烏程閔齊伋刻本

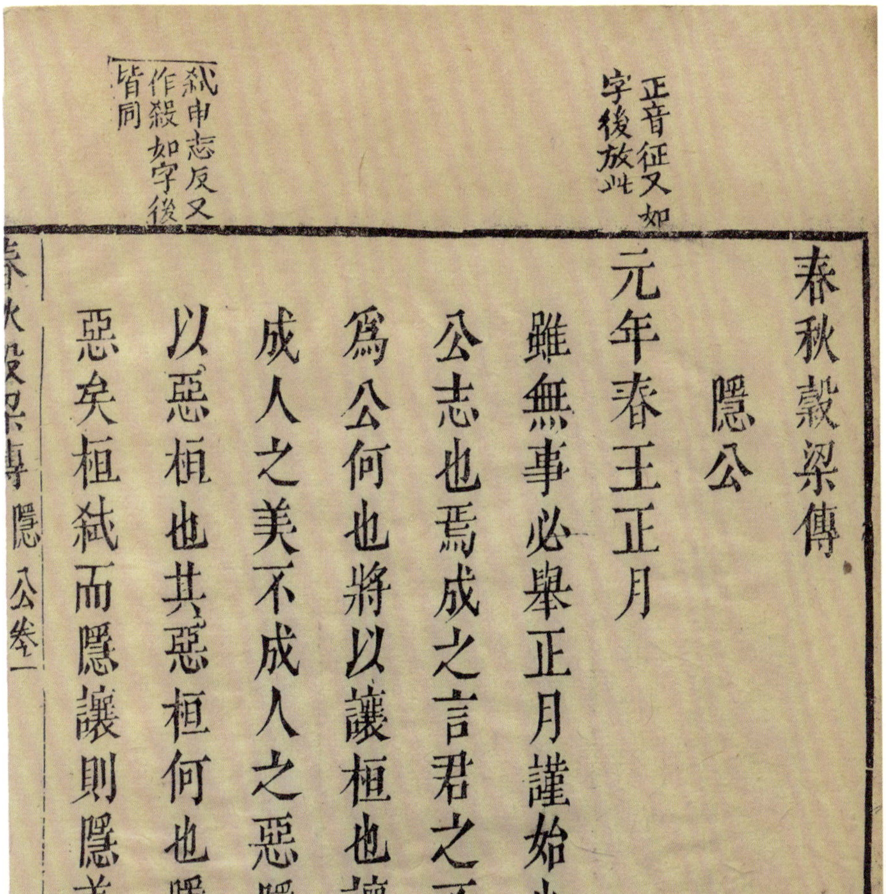
正音征又如字後放此
弒申志反又作殺如字後皆同

春秋穀梁傳

隱公

元年春王正月

雖無事必舉正月謹始也公何以不言即位成公志也焉成之言君之不取爲公也君之不取爲公何也將以讓桓也讓桓正乎曰不正春秋成人之美不成人之惡隱不正而成之何也將以惡桓也其惡桓何也隱將讓而桓弒之則桓惡矣桓弒而隱讓則隱善矣善則其不正焉何

春秋穀梁傳　隱公卷一　一

春秋穀梁傳十二卷考一卷　（明）閔齊伋裁註　明天啓元年 (1621) 烏程閔齊伋刻本

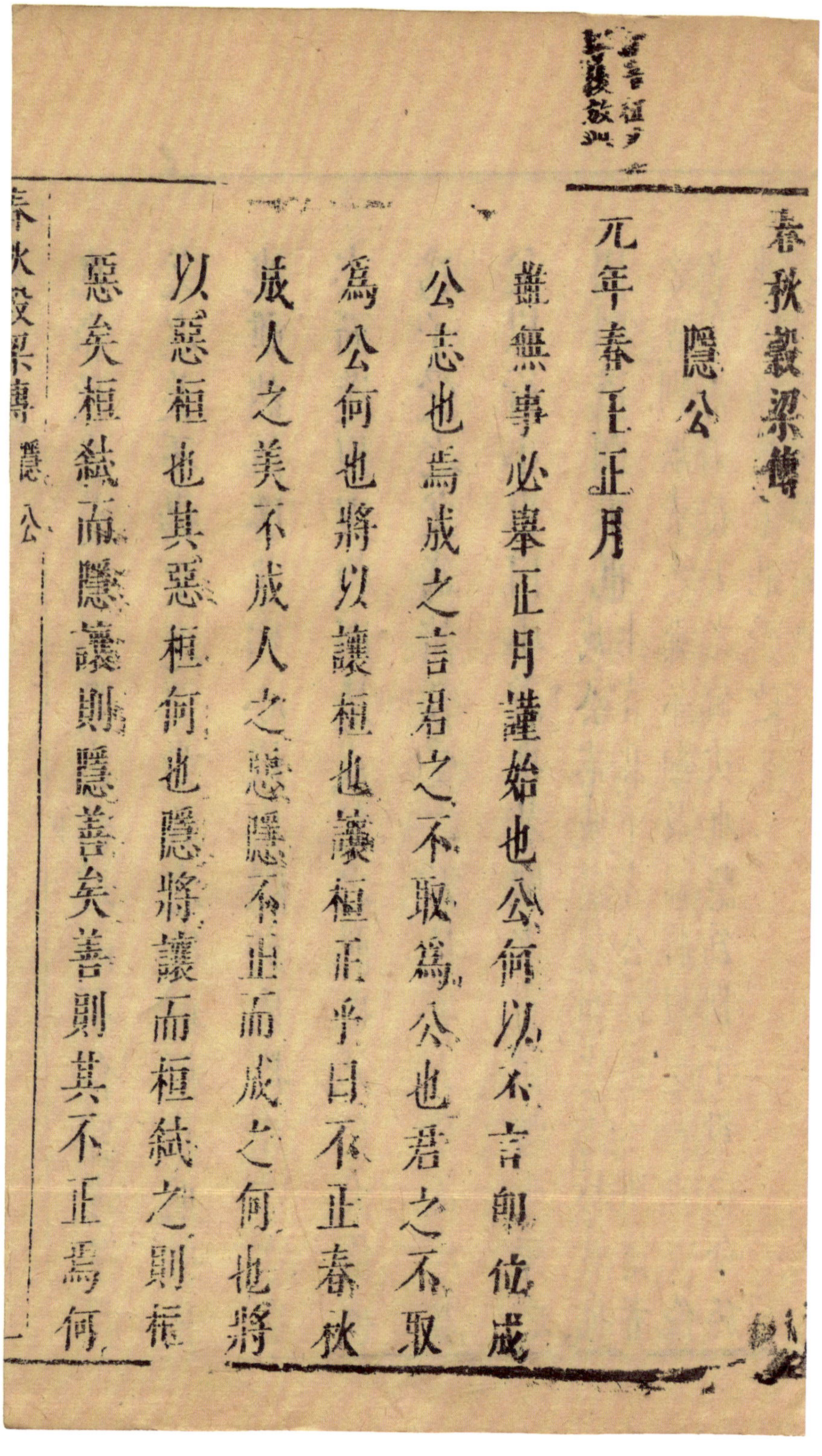

春秋穀梁傳

隱公

元年春王正月

雖無事必舉正月謹始也公何以不言即位成公志也焉成之言君之不取爲公也君之不取爲公何也將以讓桓也讓桓正乎曰不正春秋成人之美不成人之惡隱不正而成之何也將以惡桓也其惡桓何也隱將讓而桓弒之則桓惡矣桓弒而隱讓則隱善矣善則其不正焉何

春秋穀梁傳　隱公　一

春秋穀梁傳十二卷考一卷　（明）閔齊伋裁注　明天啓元年（1621）敦化堂刻本

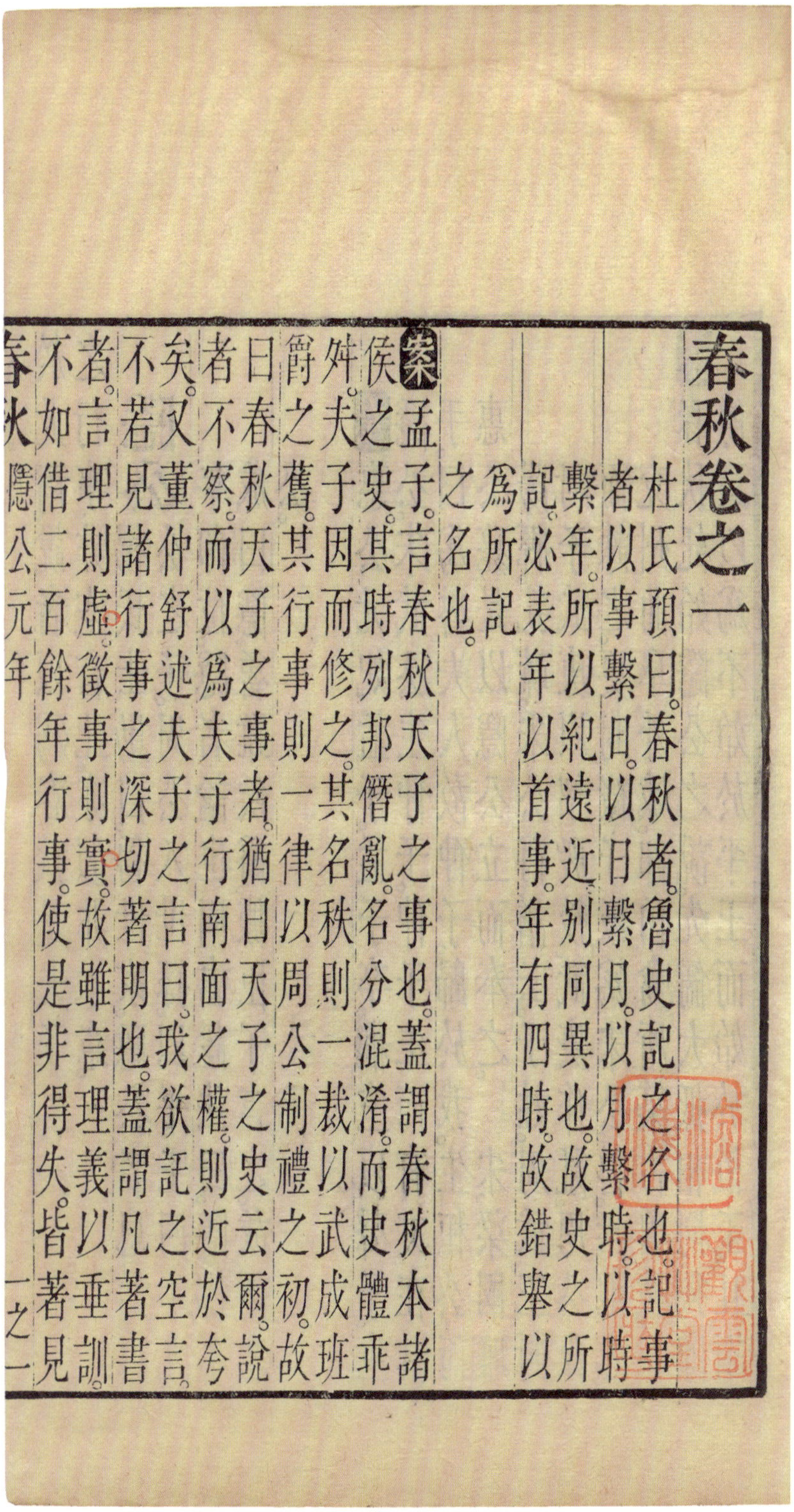

春秋卷之一

杜氏預曰春秋者魯史記之名也記事者以事繫日以日繫月以月繫時以時繫年所以紀遠近別同異也故史之所記必表年以首事年有四時故錯舉以爲所記之名也

案孟子言春秋天子之事也蓋謂春秋本諸侯之史其時列邦僭亂名分混淆而史體乖舛夫子因而修之其名秩則一裁以武成班爵之舊其行事則一律以周公制禮之初故曰春秋天子之事者猶曰天子之史云爾說者不察而以爲夫子行南面之權則近於夸矣又董仲舒述夫子之言曰我欲託之空言不若見諸行事之深切著明也蓋謂凡著書者言理則虛徵事則實故雖言理義以垂訓不如借二百餘年行事使是非得失皆著見

春秋　隱公元年　一之一

春秋十六卷首一卷　（清）□□輯　附陸氏三傳釋文音義十六卷　（唐）陸德明撰　清嘉慶十年（1805）刻本

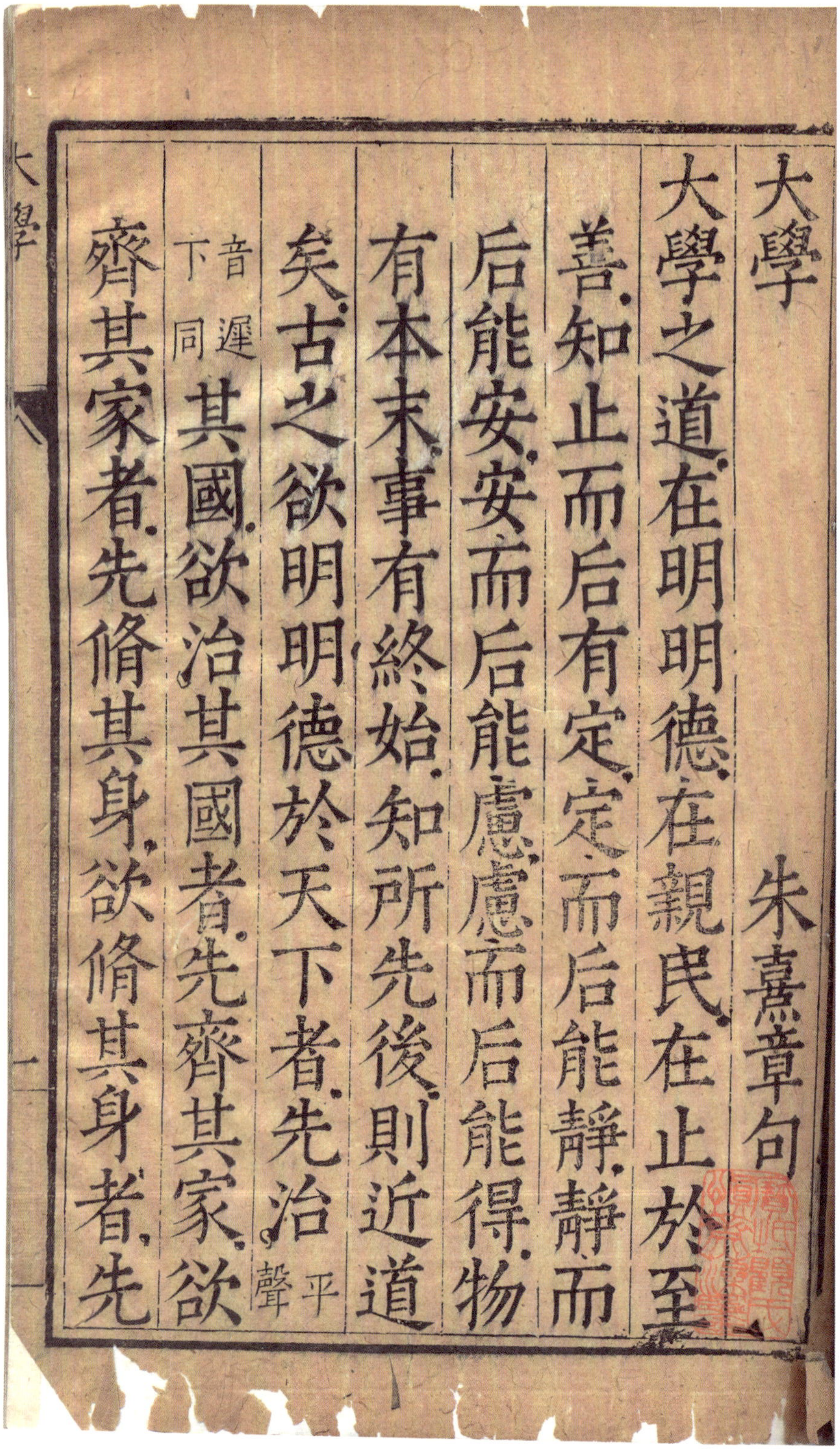

大學　　朱熹章句

大學之道在明明德在親民在止於至善知止而后有定定而后能靜靜而后能安安而后能慮慮而后能得物有本末事有終始知所先後則近道矣古之欲明明德於天下者先治平聲音遲下同其國欲治其國者先齊其家欲齊其家者先脩其身欲脩其身者先

大學　一

大學一卷石經大學一卷中庸一卷　（宋）朱熹章句　明萬曆二十四年（1596）清江公署刻六經正義本

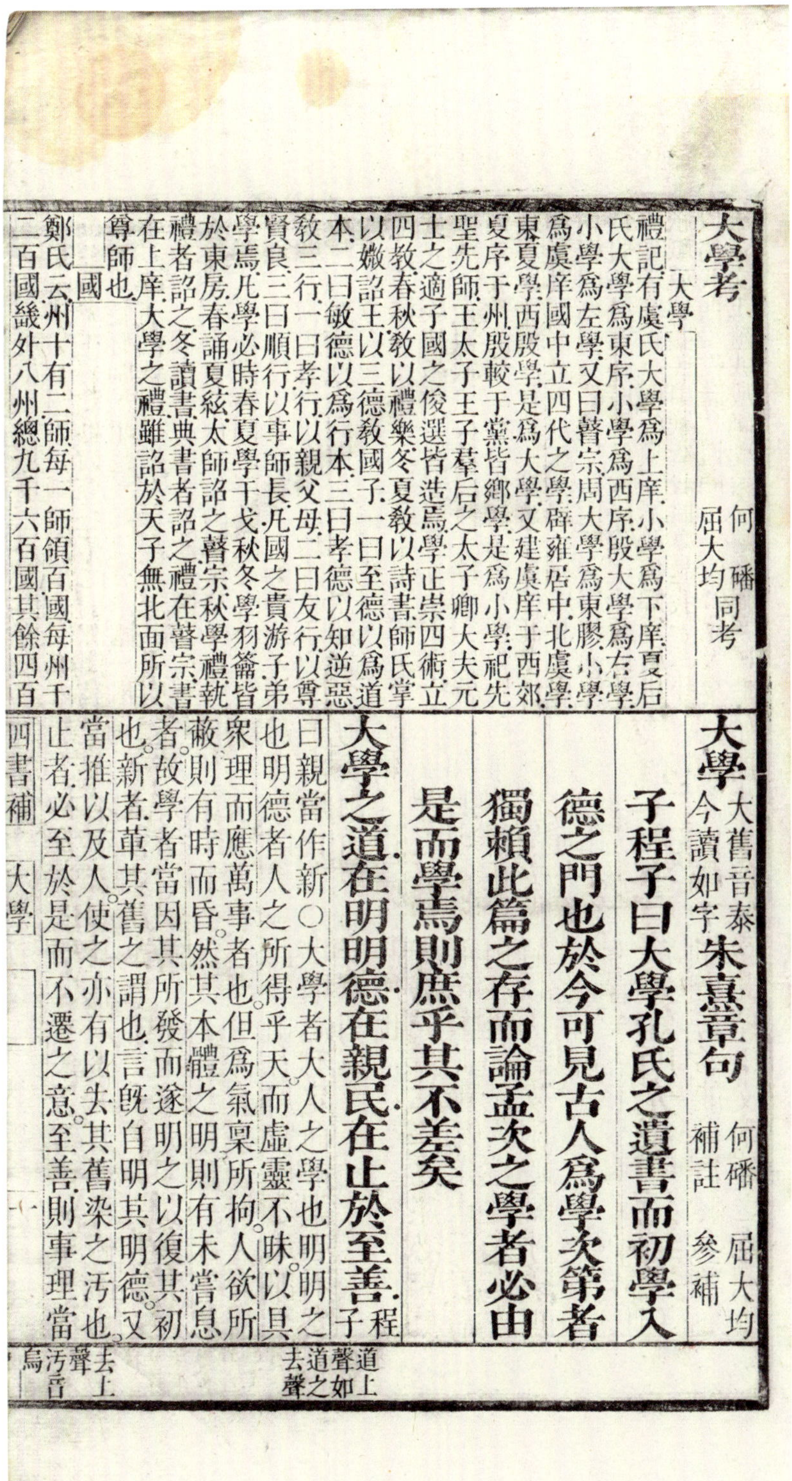

大學考　何磻　屈大均同考

大學

禮記有虞氏大學爲上庠小學爲下庠夏后氏大學爲東序小學爲西序殷大學爲右學小學爲左學又曰瞽宗周大學爲東膠小學爲虞庠國中立四代之學辟雍居中北虞學東夏學西殷學是爲大學又建虞庠于西郊夏序于州殷校于黨皆鄉學是爲小學祀先聖先師王太子王子羣后之太子卿大夫元士之適子國之俊選皆造焉學止崇四術立四教春秋教以禮樂冬夏教以詩書師氏掌以媺詔王以三德教國子一曰至德以爲道本二曰敏德以爲行本三曰孝德以知逆惡教三行一曰孝行以親父母二曰友行以尊賢良三曰順行以事師長凡國之貴游子弟學焉凡學必時春夏學干戈秋冬學羽籥皆於東序春誦夏絃太師詔之瞽宗秋學禮執禮者詔之冬讀書典書者詔之禮在瞽宗書在上庠大學之禮雖詔於天子無北面所以尊師也

國

鄭氏云州十有二師每一師領百國每州千二百國畿外八州總九千六百國其餘四百

大學　大舊音泰今讀如字　朱熹章句　何磻補註　屈大均參補

子程子曰大學孔氏之遺書而初學入德之門也於今可見古人爲學次第者獨賴此篇之存而論孟次之學者必由是而學焉則庶乎其不差矣

大學之道在明明德在親民在止於至善　程子曰親當作新○大學者大人之學也明明之也明德者人之所得乎天而虛靈不昧以具衆理而應萬事者也但爲氣稟所拘人欲所蔽則有時而昏然其本體之明則有未嘗息者故學者當因其所發而遂明之以復其初也新者革其舊之謂也言旣自明其明德又當推以及人使之亦有以去其舊染之汙也止者必至於是而不遷之意至善則事理當

道上聲　道如去聲　去上聲　汙音烏

四書補　大學　一

四書補註兼考十九卷　（清）何磻補註　（清）屈大均參補　清刻本

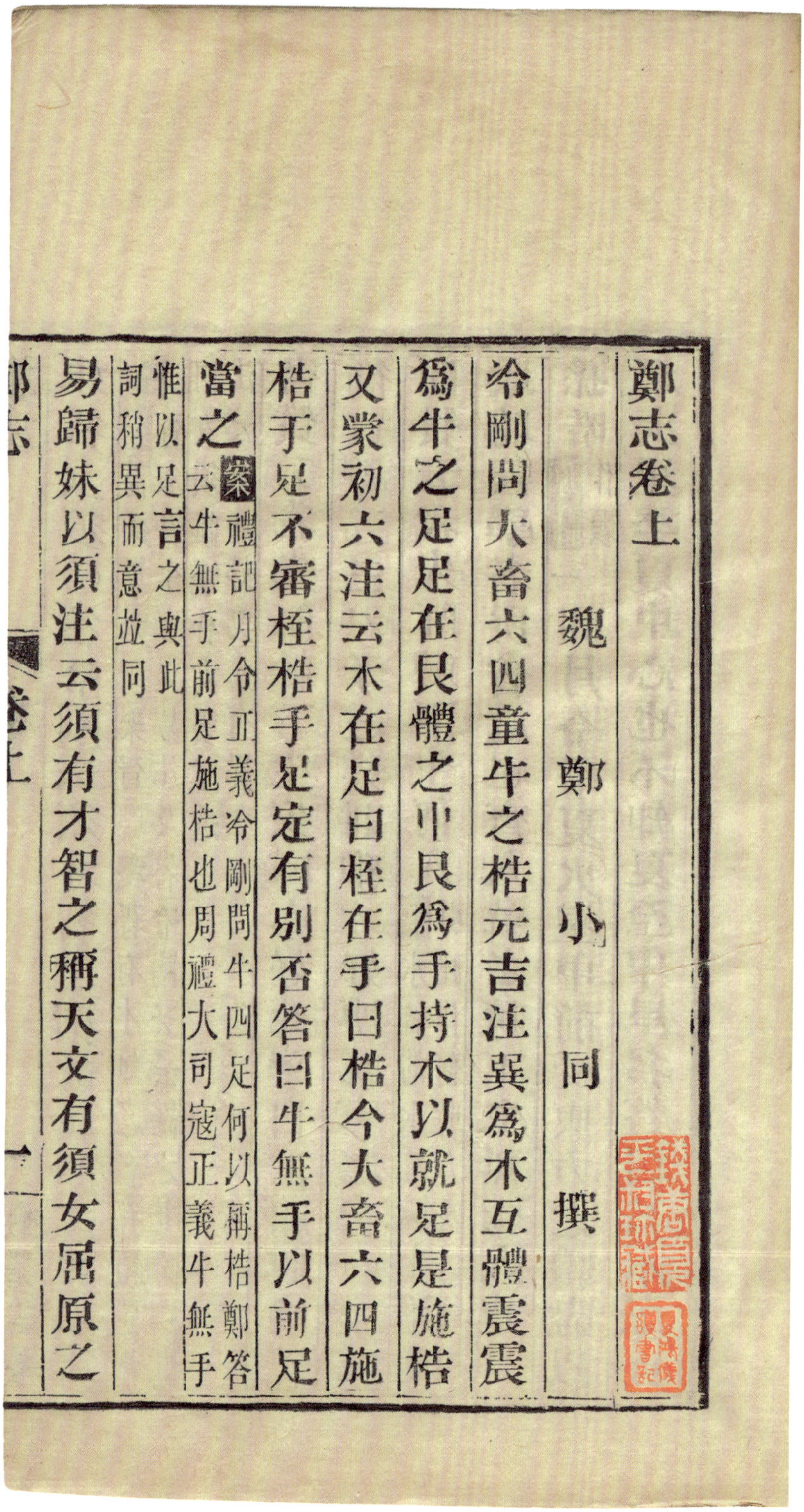
鄭志卷上
魏　鄭小同　撰
泠剛問大畜六四童牛之梏元吉注巽爲木互體震震
爲牛之足足在艮體之中艮爲手持木以就足是施梏
又蒙初六注云木在足曰桎在手曰梏今大畜六四施
梏于足不審桎梏手足定有別否答曰牛無手以前足
當之案禮記月令正義泠剛問牛四足何以稱梏鄭答云牛無手前足施梏也周禮大司寇正義牛無手
惟以足言之與此詞稍異而意竝同
易歸妹以須注云須有才智之稱天文有須女屈原之
鄭志　卷上　一

鄭志三卷　（漢）鄭玄撰　（三國魏）鄭小同編　清乾隆武英殿聚珍版

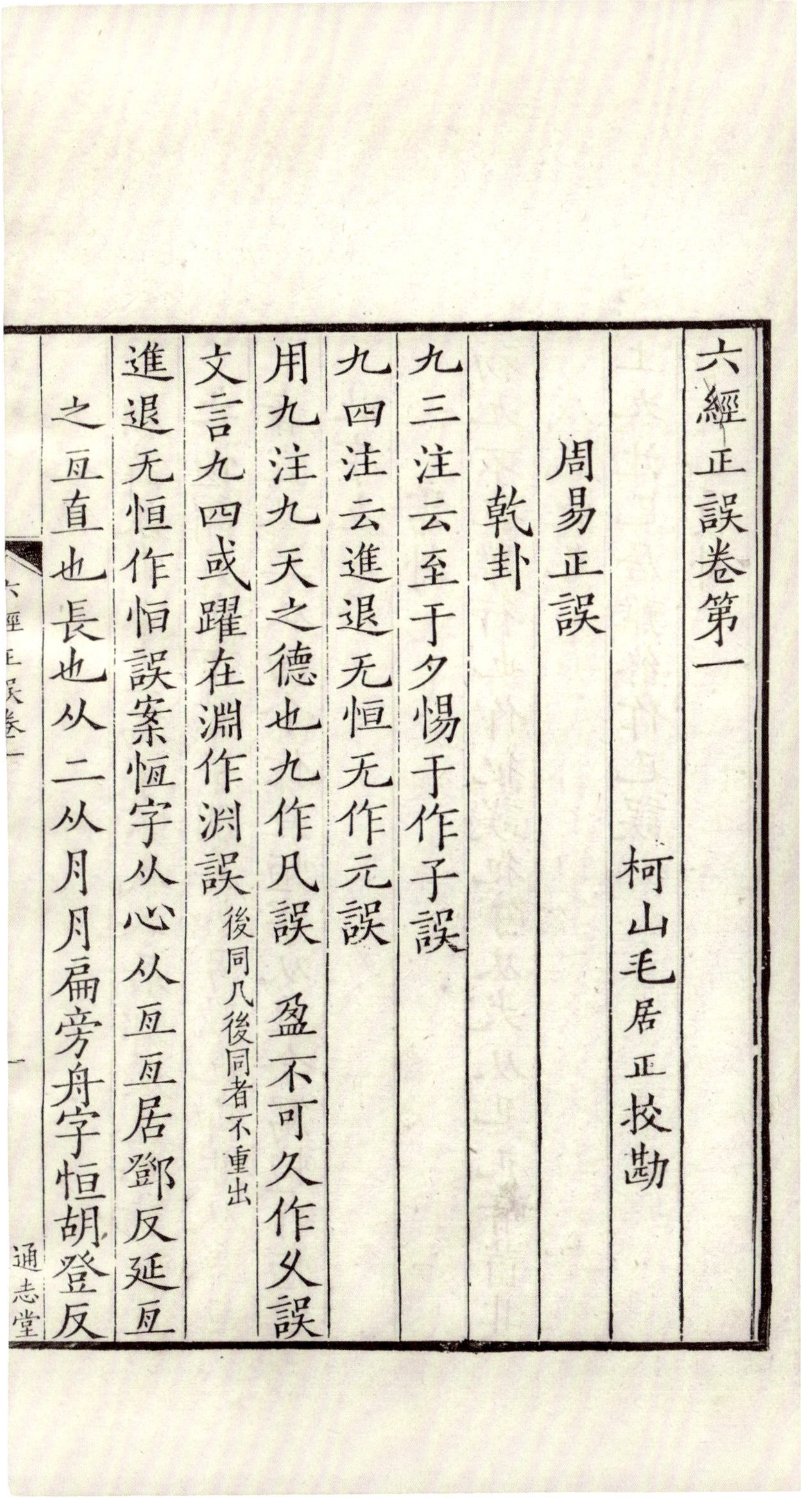

六經正誤卷第一

柯山毛居正校勘

周易正誤

乾卦

九三注云至于夕惕于作子誤

九四注云進退无恒无作元誤

用九注九天之德也九作凡誤　盈不可久作夂誤

文言九四或躍在淵作渕誤後同凡後同者不重出

進退无恒作恒誤案恒字从心从亙亙居鄧反延亙之亙直也長也从二从月月扁旁舟字恒胡登反

六經正誤卷一　一　通志堂

六經正誤六卷　（宋）毛居正校勘　清康熙十九年（1680）成德刻通志堂經解本

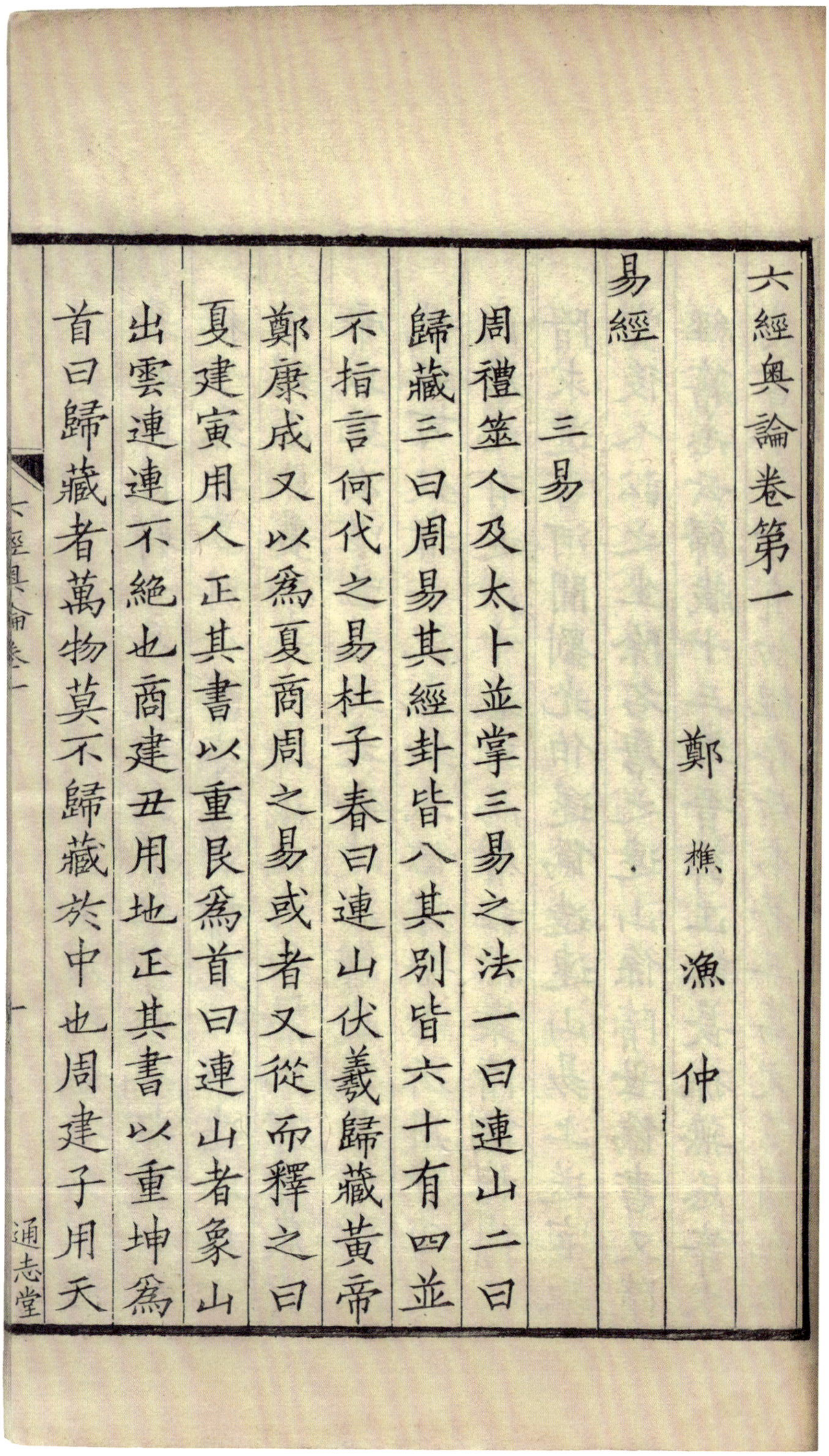
六經奥論卷第一

鄭樵漁仲

易經

三易

周禮筮人及太卜並掌三易之法一曰連山二曰歸藏三曰周易其經卦皆八其別皆六十有四並不指言何代之易杜子春曰連山伏羲歸藏黃帝鄭康成又以爲夏商周之易或者又從而釋之曰夏建寅用人正其書以重艮爲首曰連山者象山出雲連連不絶也商建丑用地正其書以重坤爲首曰歸藏者萬物莫不歸藏於中也周建子用天

六經奥論卷一　通志堂

六經奥論六卷首一卷　（宋）鄭樵撰　清康熙十九年（1680）刻通志堂經解本

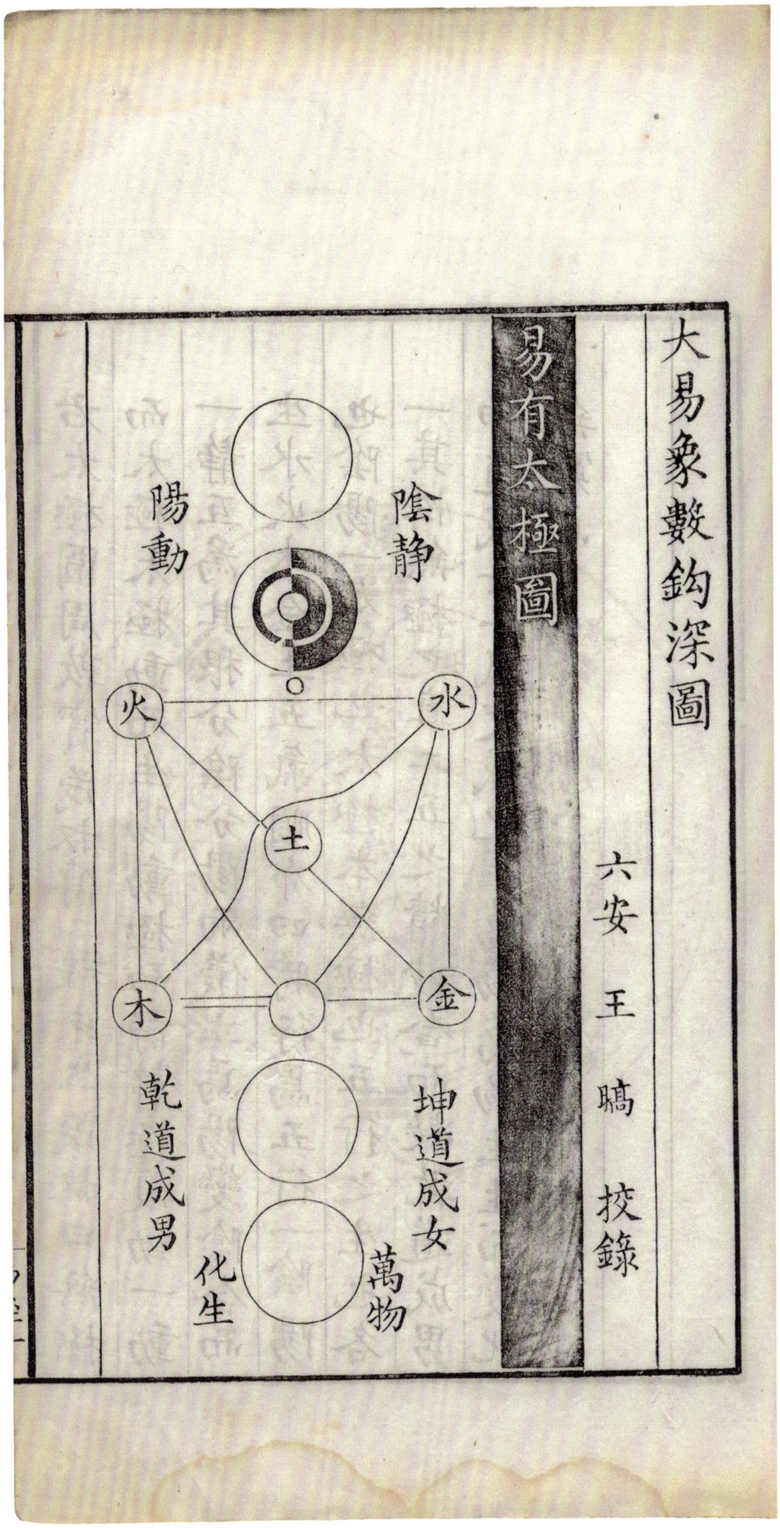

六經圖六卷　（清）王皜校錄　清乾隆五年（1740）向山堂刻本

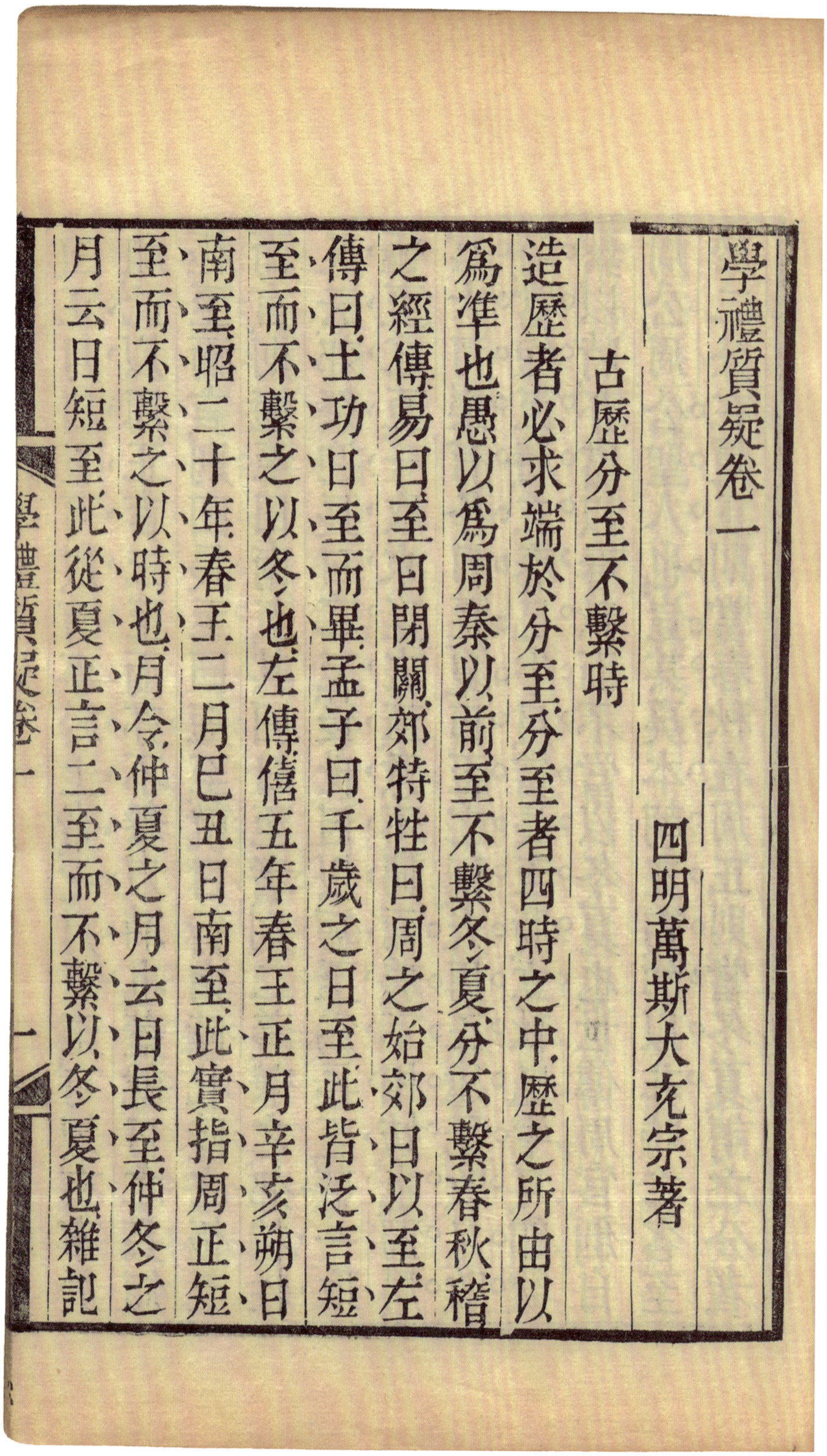

學禮質疑卷一

四明萬斯大充宗著

古歷分至不繫時

造歷者必求端於分至分至者四時之中歷之所由以爲準也愚以爲周秦以前至不繫冬夏分不繫春秋稽之經傳易曰至日閉關郊特牲曰周之始郊日以至左傳曰土功日至而畢孟子曰千歲之日至此皆泛言短至而不繫之以冬也左傳僖五年春王正月辛亥朔日南至昭二十年春王二月巳丑日南至此實指周正短至而不繫之以時也月令仲夏之月云日長至仲冬之月云日短至此從夏正言二至而不繫以冬夏也雜記

學禮質疑卷一　一

萬充宗先生經學五書　（清）萬斯大撰　清嘉慶元年（1796）辨志堂刻本

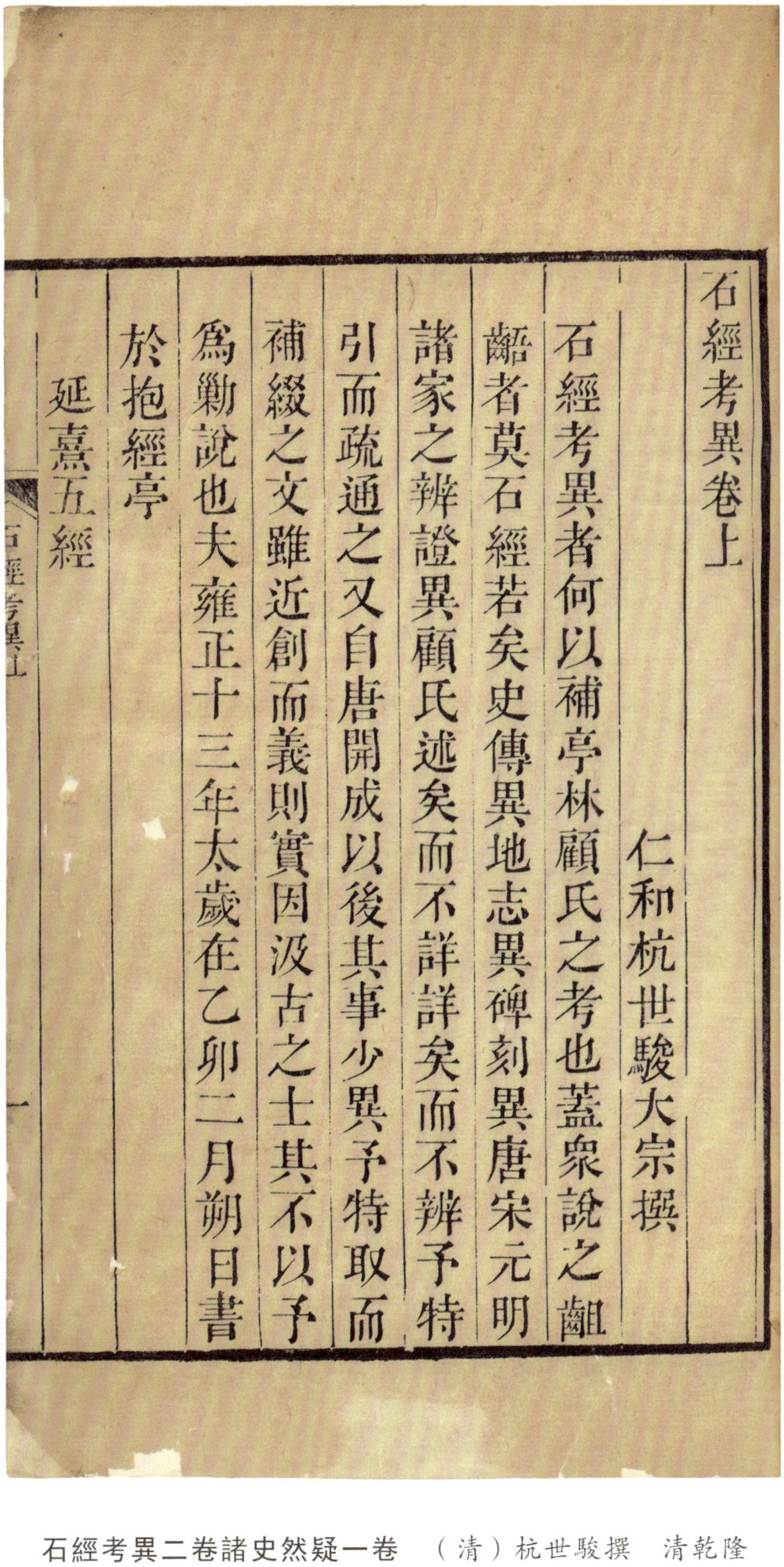

石經考異卷上

仁和杭世駿大宗撰

石經考異者何以補亭林顧氏之考也蓋衆說之齟齬者莫石經若矣史傳異地志異碑刻異唐宋元明諸家之辨證異顧氏述矣而不詳詳矣而不辨予特引而疏通之又自唐開成以後其事少異予特取而補綴之文雖近創而義則實因汲古之士其不以予為勦說也夫雍正十三年太歲在乙卯二月朔日書於抱經亭

延熹五經

石經考異上　一

石經考異二卷諸史然疑一卷　（清）杭世駿撰　清乾隆五十七年（1792）刻杭氏七種本

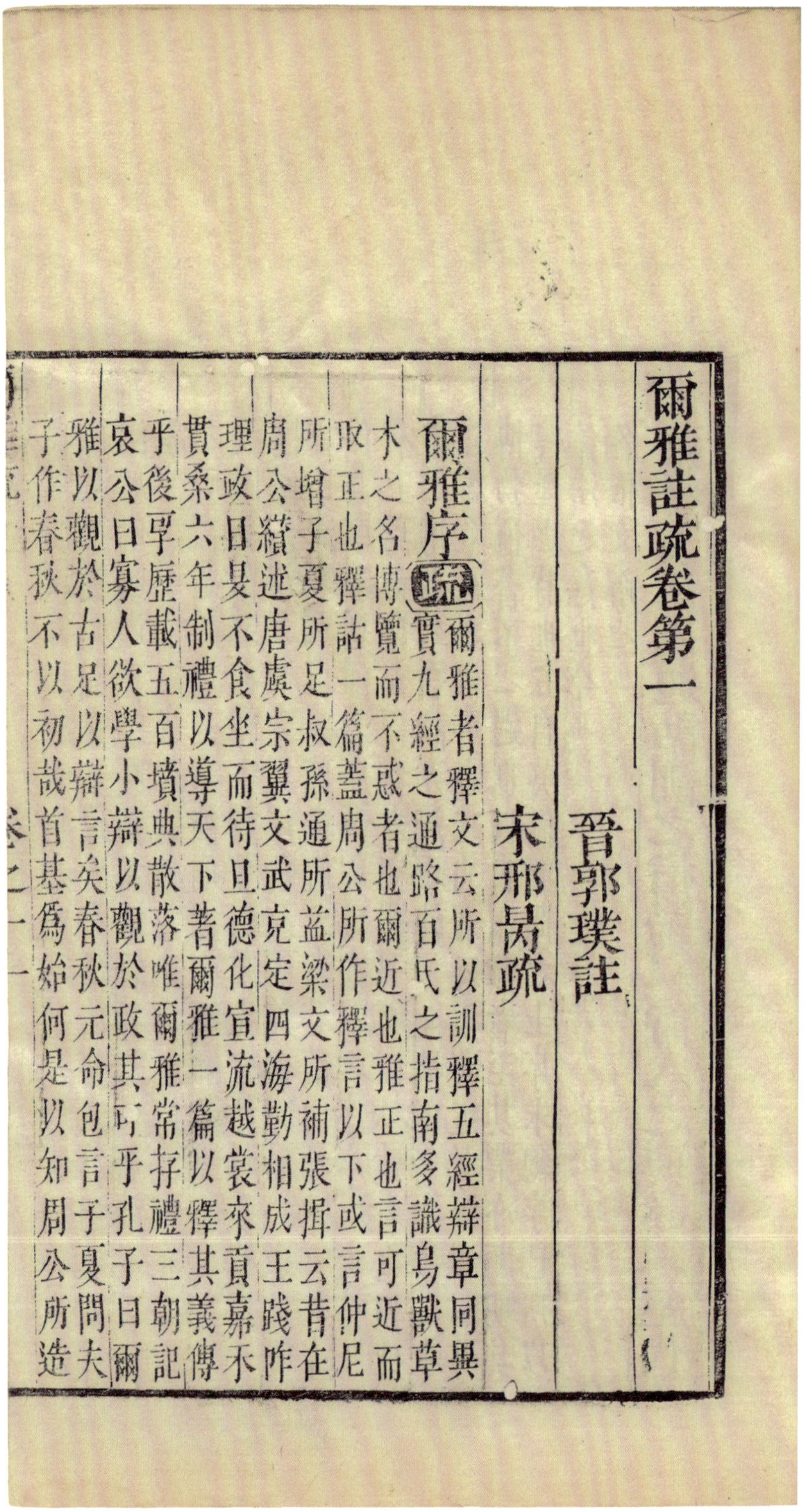

爾雅註疏卷第一

晉郭璞註

宋邢昺疏

爾雅序疏爾雅者釋文云所以訓釋五經辯章同異實九經之通路百氏之指南多識鳥獸草木之名博覽而不惑者也爾近也雅正也言可近而取正也釋詁一篇蓋周公所作釋言以下或言仲尼所增子夏所足叔孫通所益梁文所補張揖云昔在周公纘述唐虞宗翼文武克定四海勤相成王踐阼理政日昃不食坐而待旦德化宜流越裳來貢嘉禾貫桑六年制禮以導天下著爾雅一篇以釋其義傳乎後孚歷載五百墳典散落唯爾雅常存禮三朝記哀公曰寡人欲學小辯以觀於政其可乎孔子曰爾雅以觀於古足以辯言矣春秋元命包言子夏問夫子作春秋不以初哉首基爲始何是以知周公所造

爾雅註疏十一卷　（晉）郭璞註　（宋）邢昺疏　清乾隆十年（1745）三樂齋刻本

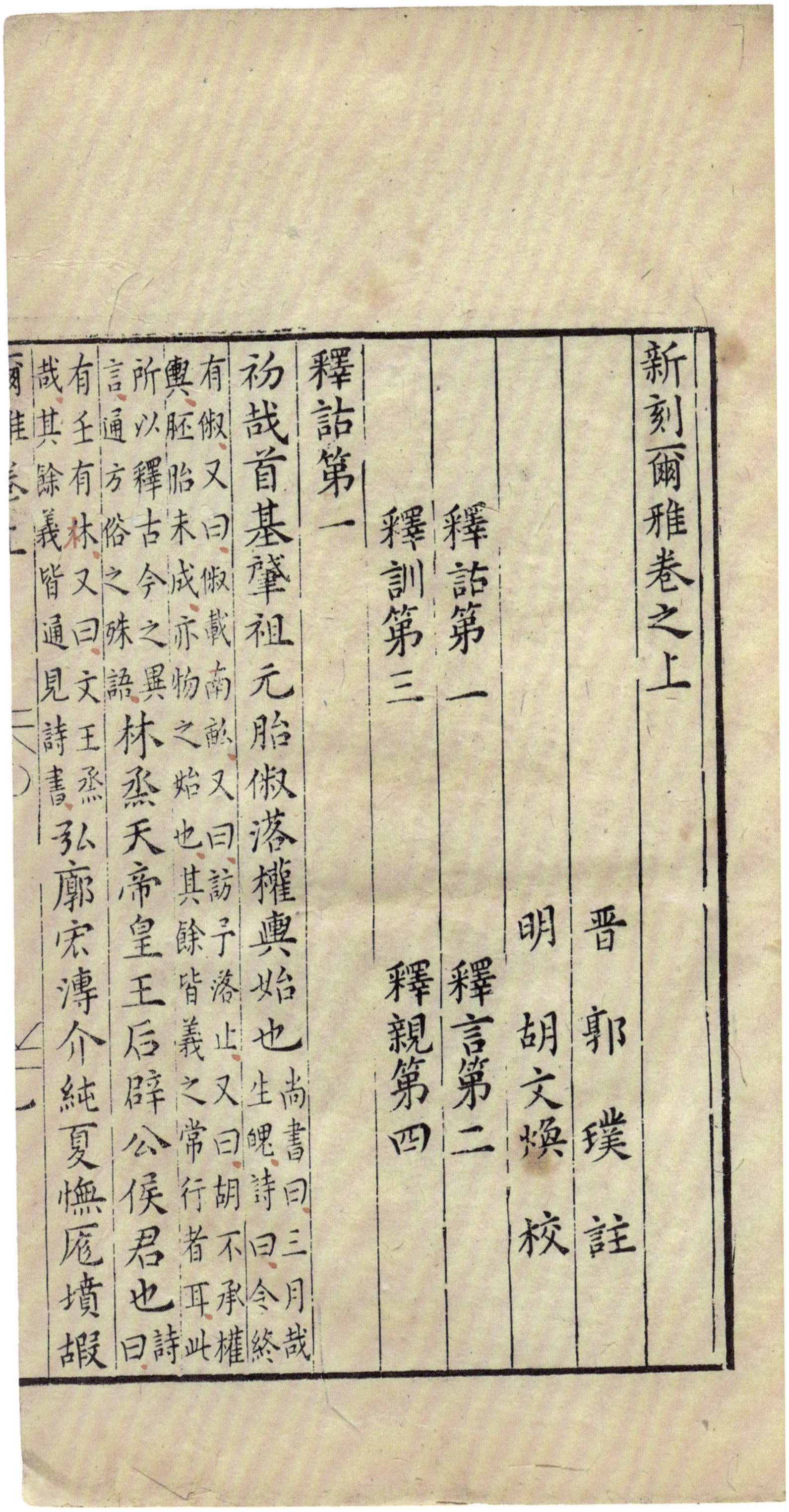

新刻爾雅卷之上

晉　郭璞註

明　胡文煥校

釋詁第一　釋言第二

釋訓第三　釋親第四

釋詁第一

初哉首基肇祖元胎俶落權輿始也尚書曰三月哉生魄詩曰令終有俶又曰俶載南畝又曰訪予落止又曰胡不承權輿胚胎未成亦物之始也其餘皆義之常行者耳此所以釋古今之異言通方俗之殊語

林烝天帝皇王后辟公侯君也詩曰有壬有林又曰文王烝哉其餘義皆通見詩書

弘廓宏溥介純夏幠厖墳嘏

新刻爾雅三卷音釋三卷　（晉）郭璞註　（明）胡文煥校

明萬曆三十一年（1603）胡氏刻格致叢書本

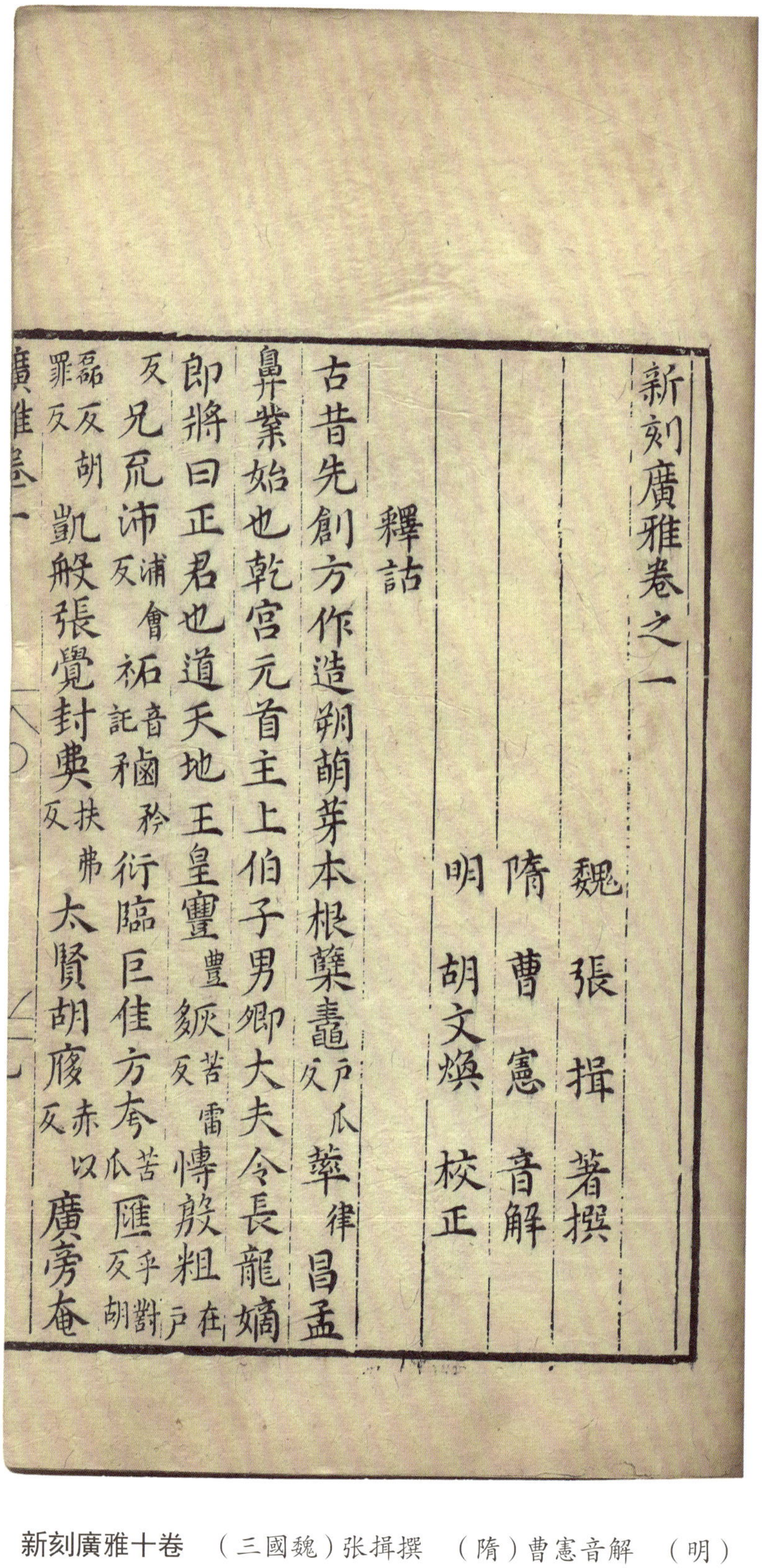
新刻廣雅卷之一
魏　張揖　著撰
隋　曹憲　音解
明　胡文焕　校正
釋詁
古昔先創方作造朔萌芽本根蘖鼃（戶瓜反）𦬼（律）昌孟
鼻業始也乾官元首主上伯子男卿大夫令長龍嫡
即將曰正君也道天地王皇𡔷（豐）𢾕（苦雷反）𢜶般粗（在戶
反）兄冗沛（浦會反）祏（音託）䄡矜　衍臨巨佳方夸（苦瓜反）匯（乎對反胡
磊反胡罪反）凱般張覺封典（扶弗反）太賢胡𤸫（赤以反）廣旁奄
廣雅卷一

新刻廣雅十卷　（三國魏）张揖撰　（隋）曹憲音解　（明）胡文煥校　明萬曆三十一年（1603）胡氏刻格致叢書本

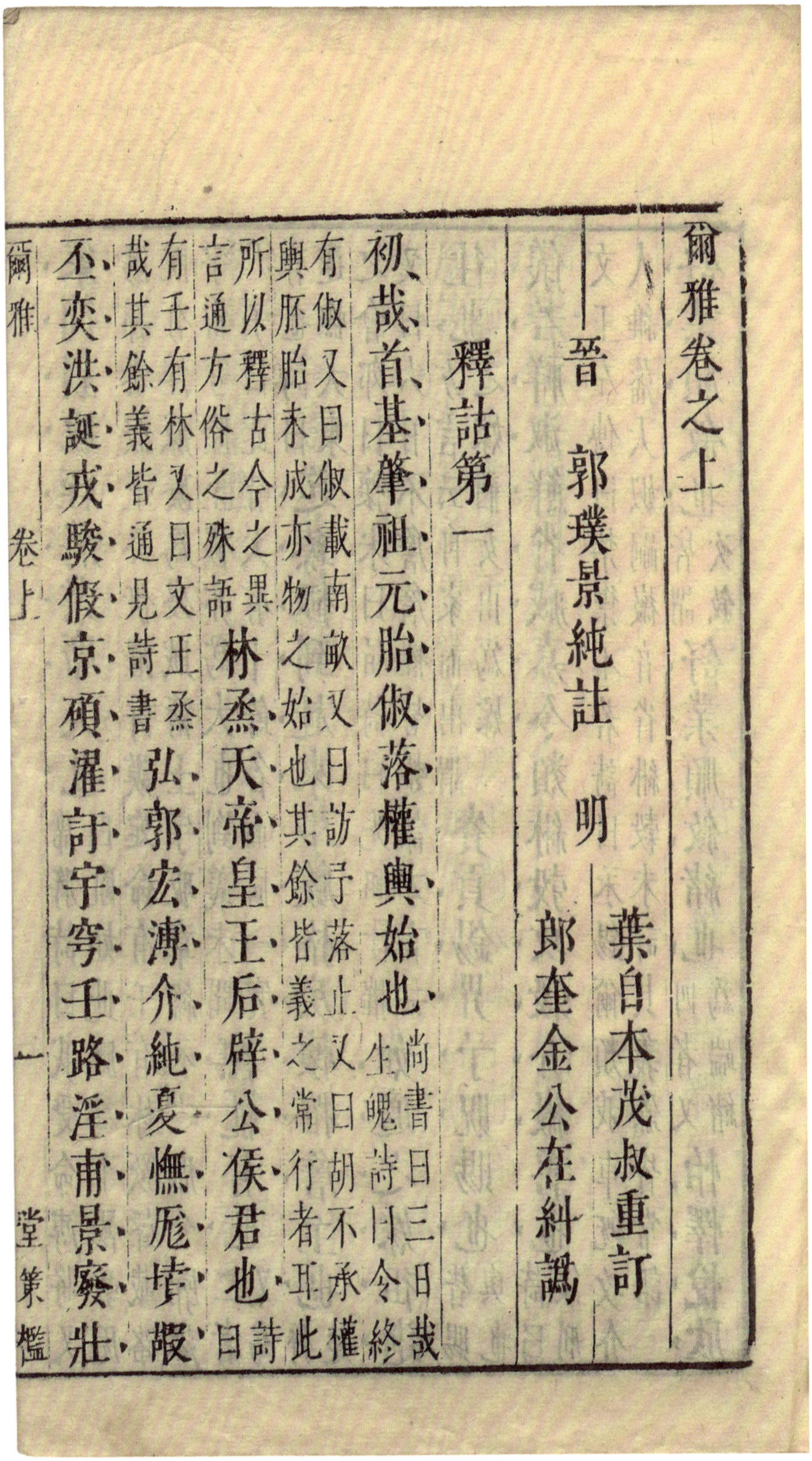

爾雅卷之上

晉　郭璞景純註　明　葉自本茂叔重訂

郎奎金公在糾譌

釋詁第一

初、哉、首、基、肇、祖、元、胎、俶、落、權、輿、始也、尚書曰三日哉生魄詩曰令終有俶又曰俶載南畝又曰訪予落止又曰胡不承權輿胚胎未成亦物之始也其餘皆義之常行者耳此所以釋古今之異言通方俗之殊語林、烝、天、帝、皇、王、后、辟、公、侯、君也、詩曰有壬有林又曰文王烝哉其餘義皆通見詩書弘、郭、宏、溥、介、純、夏、憮、厖、墳、嘏、丕、奕、洪、誕、戎、駿、假、京、碩、濯、訏、宇、穹、壬、路、淫、甫、景、廢、壯、

爾雅　卷上　一　堂策檻

五雅全書　（明）郎奎金編　明天啓六年（1626）武林郎氏堂策檻刻本

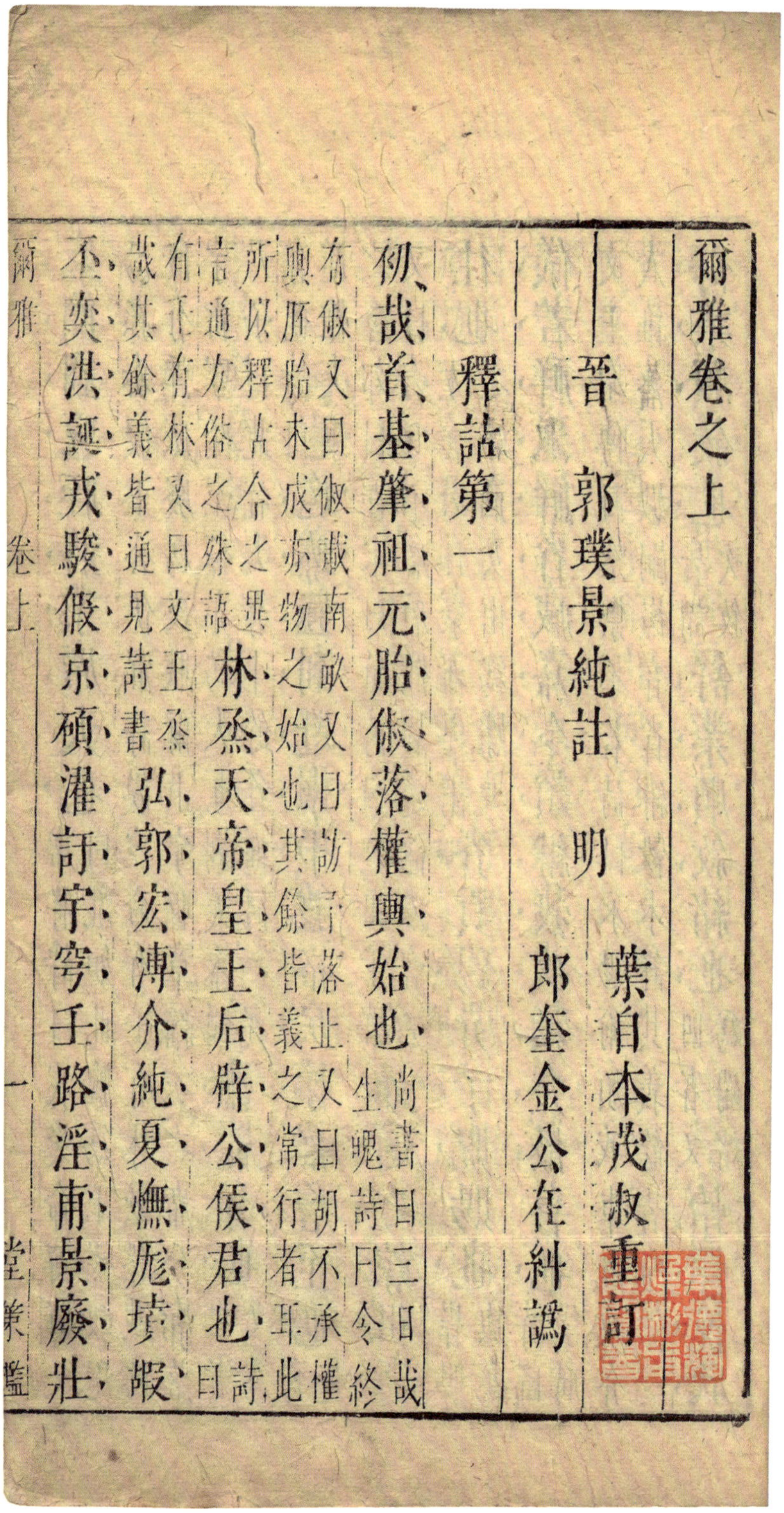

五雅全書　（明）郎奎金編　明天啓六年（1626）武林郎氏堂策檻刻本

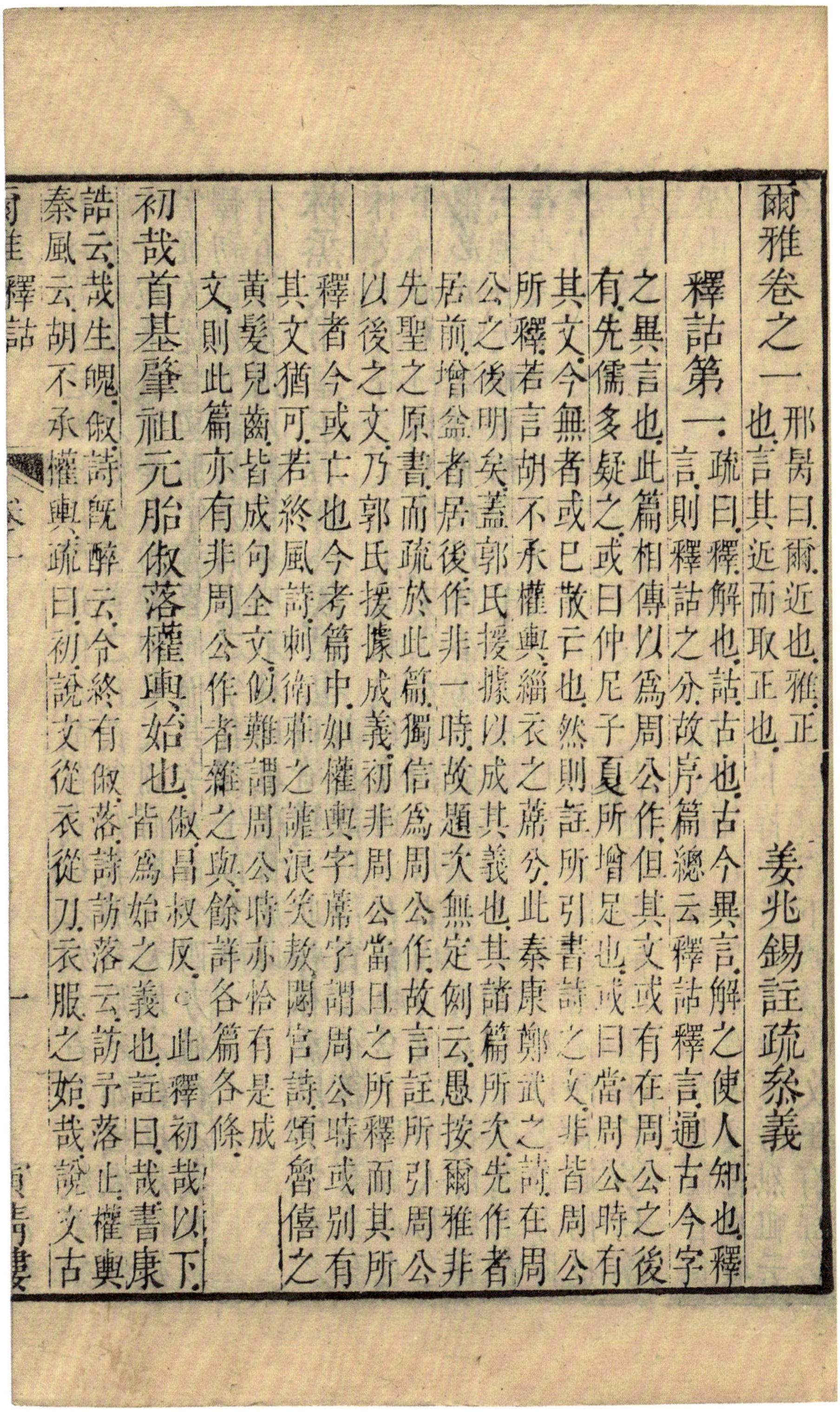

爾雅卷之一　邢昺曰爾近也雅正也言其近而取正也

姜兆錫註疏叅義

釋詁第一　疏曰釋解也詁古也古今異言解之使人知也釋言則釋詁之分故序篇總云釋詁釋言通古今字之異言也此篇相傳以為周公作但其文或有在周公之後有先儒多疑之或曰仲尼子夏所增足也或曰當周公時有其文今無者或已散亡也然則註所引書詩之文非皆周公所釋若言胡不承權輿緇衣之蓆兮此秦康鄭武之詩在周公之後明矣蓋郭氏援據以成其義也其諸篇所次先作者居前增益者居後作非一時故題次無定例云愚按爾雅非先聖之原書而疏於此篇獨信為周公作故言註所引周公以後之文乃郭氏援據成義初非周公當日之所釋而其所釋者今或亡也今考篇中如權輿字蓆字謂周公時或別有其文猶可若終風詩刺衛莊之謔浪笑敖閟宮詩頌魯僖之黃髮兒齒皆成句全文似難謂周公時亦恰有是成文則此篇亦有非周公作者雜之與餘詳各篇各條

初哉首基肇祖元胎俶落權輿始也　俶昌叔反○此釋初哉以下皆為始之義也註曰哉書康誥云哉生魄俶詩既醉云令終有俶落詩訪落云訪予落止權輿秦風云胡不承權輿疏曰初說文從衣從刀衣服之始哉說文古

爾雅釋詁　卷一　一　寅清樓

爾雅六卷　（清）姜兆錫註疏　清雍正十年（1732）寅清樓刻本

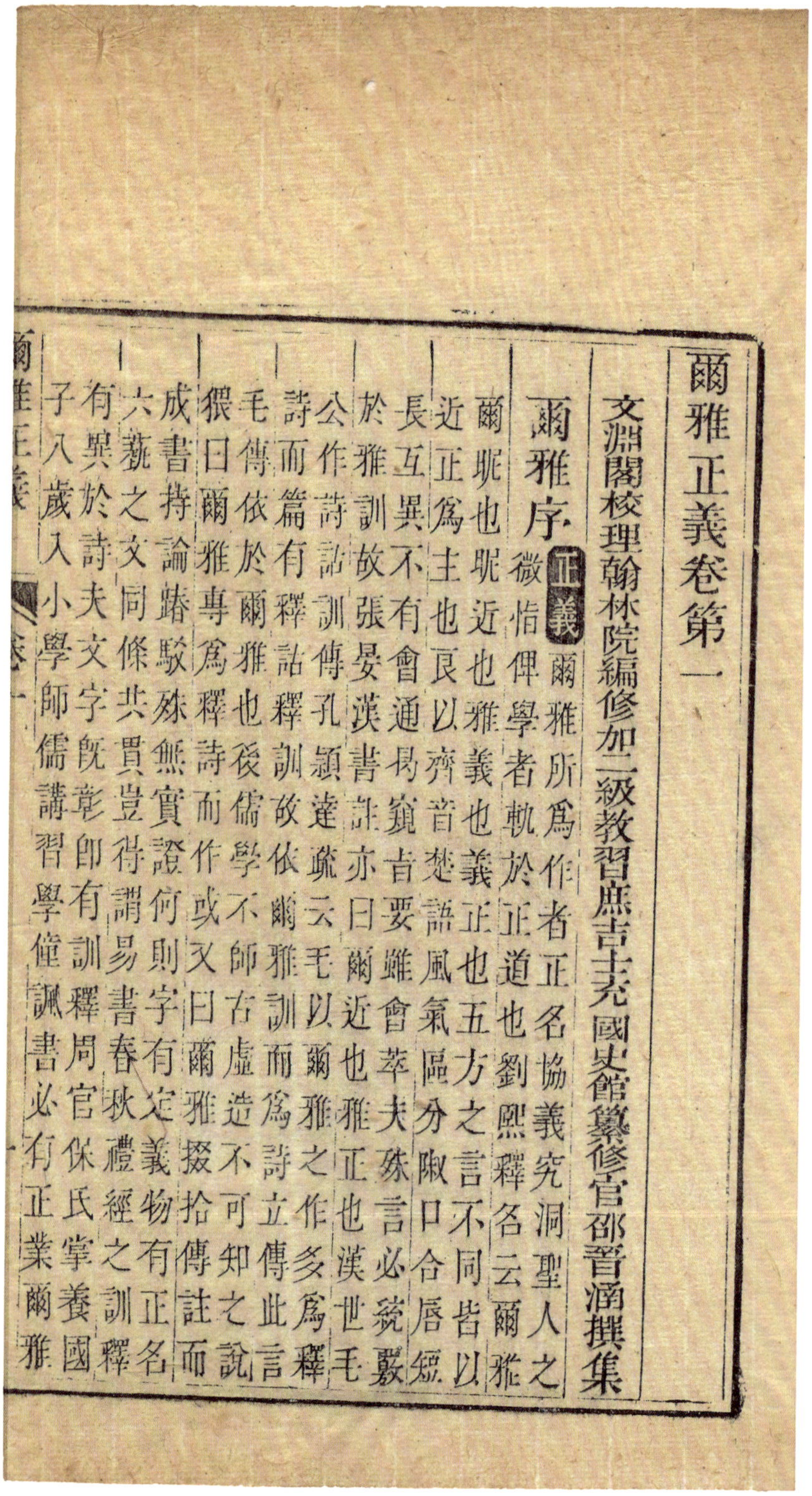
爾雅正義卷第一
文淵閣校理翰林院編修加二級教習庶吉士充國史館纂修官邵晉涵撰集
爾雅序 正義 爾雅所爲作者正名協義究洞聖人之微恉俾學者軌於正道也劉熙釋名云爾雅
爾昵也昵近也雅義也義正也五方之言不同皆以
近正爲主也良以齊音楚語風氣區分喉口合唇緩
長互異不有會通曷窺旨要雖會萃夫殊言必綜覈
於雅訓故張晏漢書注亦曰爾近也雅正也漢世毛
公作詩詁訓傳孔穎達疏云毛以爾雅之作多爲釋
詩而篇有釋詁釋訓故依爾雅訓而爲詩立傳此言
毛傳依於爾雅也後儒學不師古虛造不可知之說
猥曰爾雅專爲釋詩而作或又曰爾雅掇拾傳注而
成書持論踳駮殊無實證何則字有定義物有正名
六藝之文同條共貫豈得謂易書春秋禮經之訓釋
有異於詩夫文字既彰即有訓釋周官保氏掌養國
子八歲入小學師儒講習學僮諷書必有正業爾雅
爾雅正義　卷一　一

爾雅正義二十卷釋文三卷　（清）邵晋涵撰　清乾隆五十三年（1788）餘姚邵氏家塾刻本

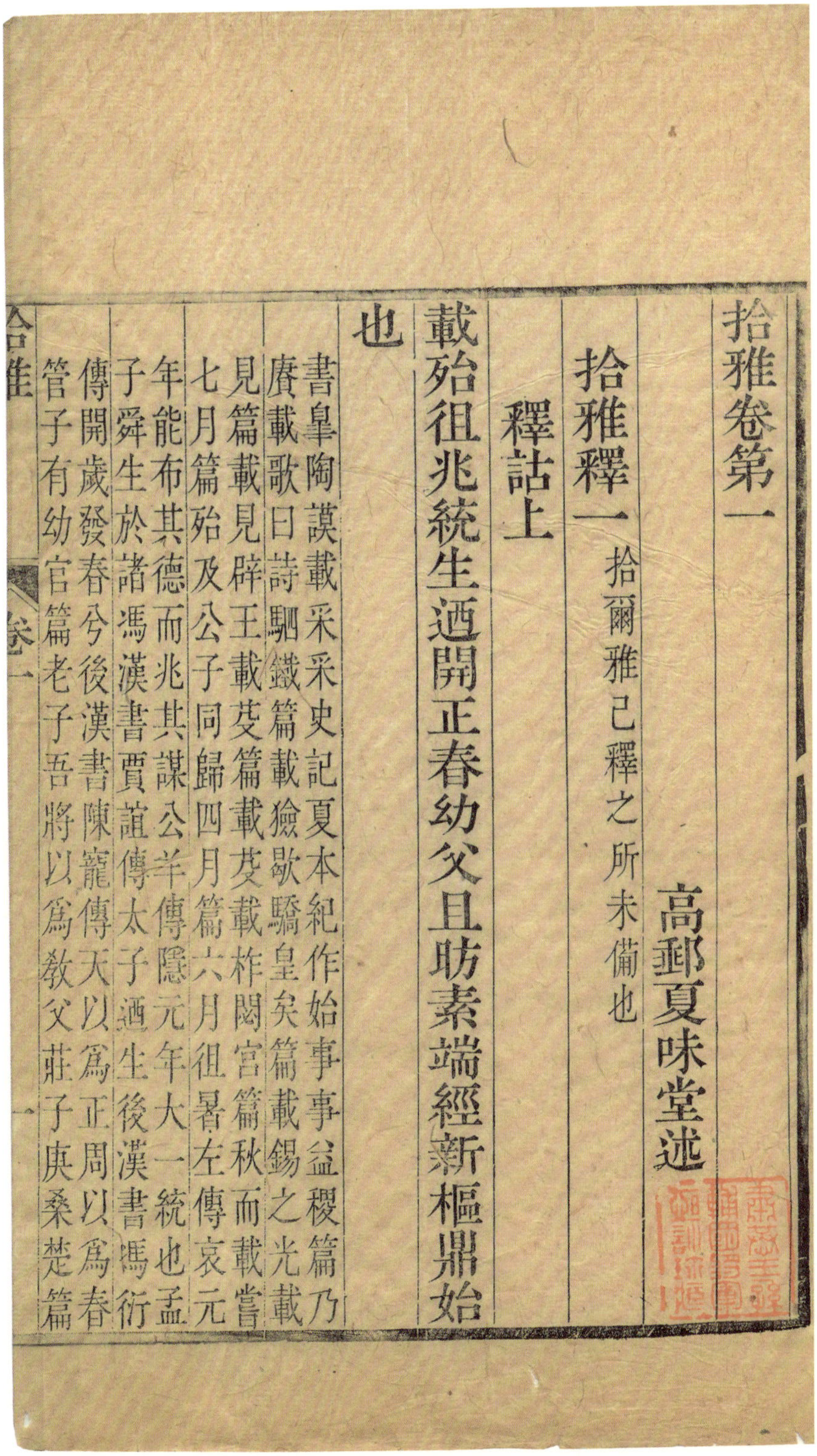
拾雅卷第一　　高郵夏味堂述

拾雅釋一　拾爾雅已釋之所未備也

釋詁上

載殆徂兆統生迺開正春幼父且昉素端經新樞鼎始也

書臯陶謨載采采史記夏本紀作始事事益稷篇乃賡載歌曰詩駟鐵篇載獫歇驕皇矣篇載錫之光載見篇載見辟王載芟篇載芟載柞閟宮篇秋而載嘗七月篇殆及公子同歸四月篇六月徂暑左傳哀元年能布其德而兆其謀公羊傳隱元年大一統也孟子舜生於諸馮漢書賈誼傳太子迺生後漢書馮衍傳開歲發春兮後漢書陳寵傳天以爲正周以爲春管子有幼官篇老子吾將以爲教父莊子庚桑楚篇

拾雅　卷一　一

拾雅二十卷　（清）夏味堂撰　清道光二年（1822）高郵夏氏遂園刻本

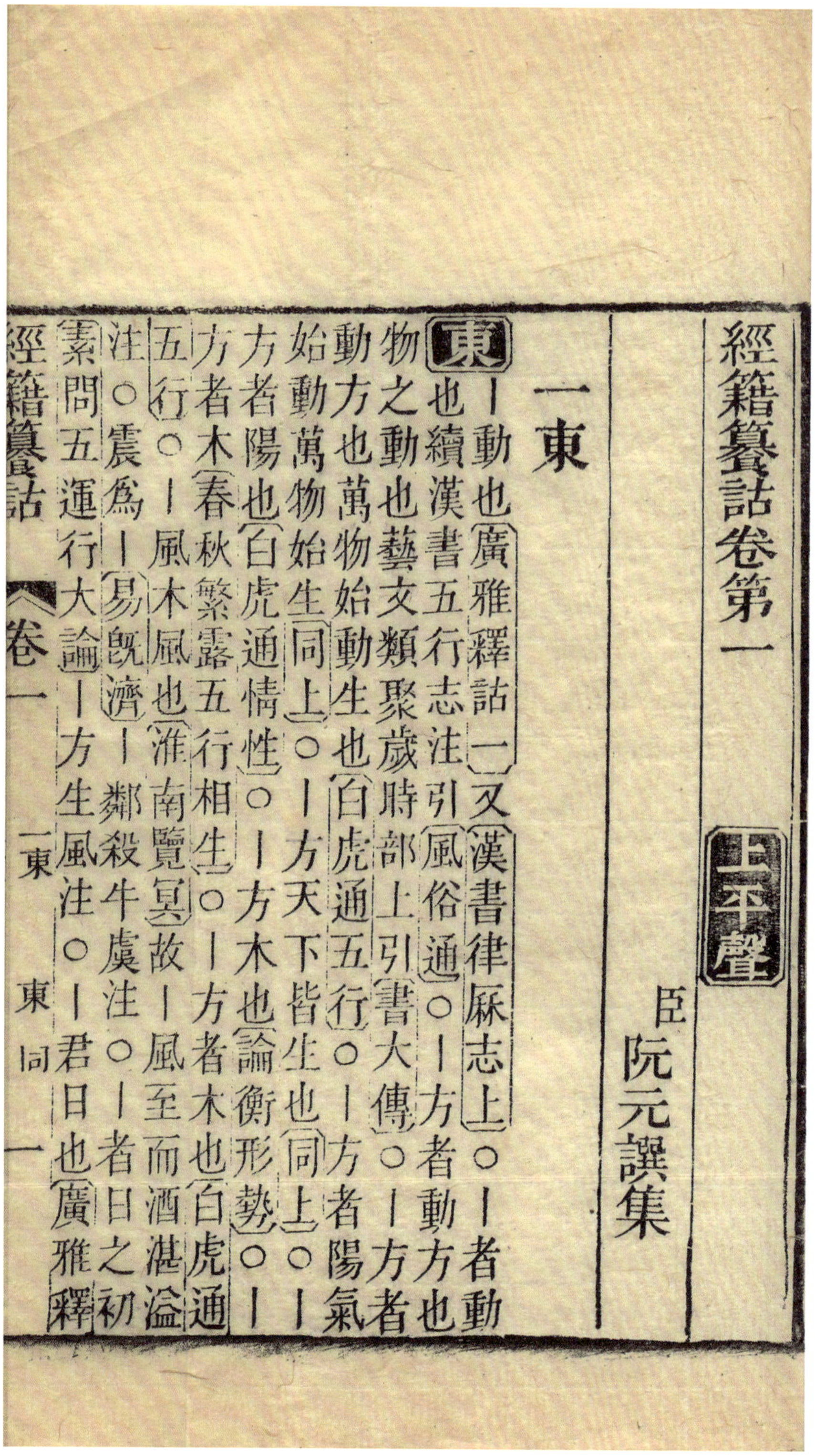

經籍籑詁卷第一
上平聲　　臣阮元撰集
一東
東丨動也廣雅釋詁一又漢書律厤志上○丨者動
也續漢書五行志注引風俗通○丨方者動方也
物之動也藝文類聚歲時部上引書大傳○丨方者
動方也萬物始動生也白虎通五行○丨方者陽氣
始動萬物始生同上○丨方天下皆生也同上○丨
方者陽也白虎通情性○丨方木也論衡形勢○丨
方者木春秋繁露五行相生○丨方者木也白虎通
五行○丨風木風也淮南覽冥故丨風至而酒湛溢
注○震爲丨易既濟丨鄰殺牛虞注○丨者日之初
素問五運行大論丨方生風注○丨君日也廣雅釋
經籍籑詁　卷一　一東　東同　一

經籍纂詁一百六卷附補遺　（清）阮元撰　清嘉慶四年（1799）揚州阮氏琅嬛僊館刻本

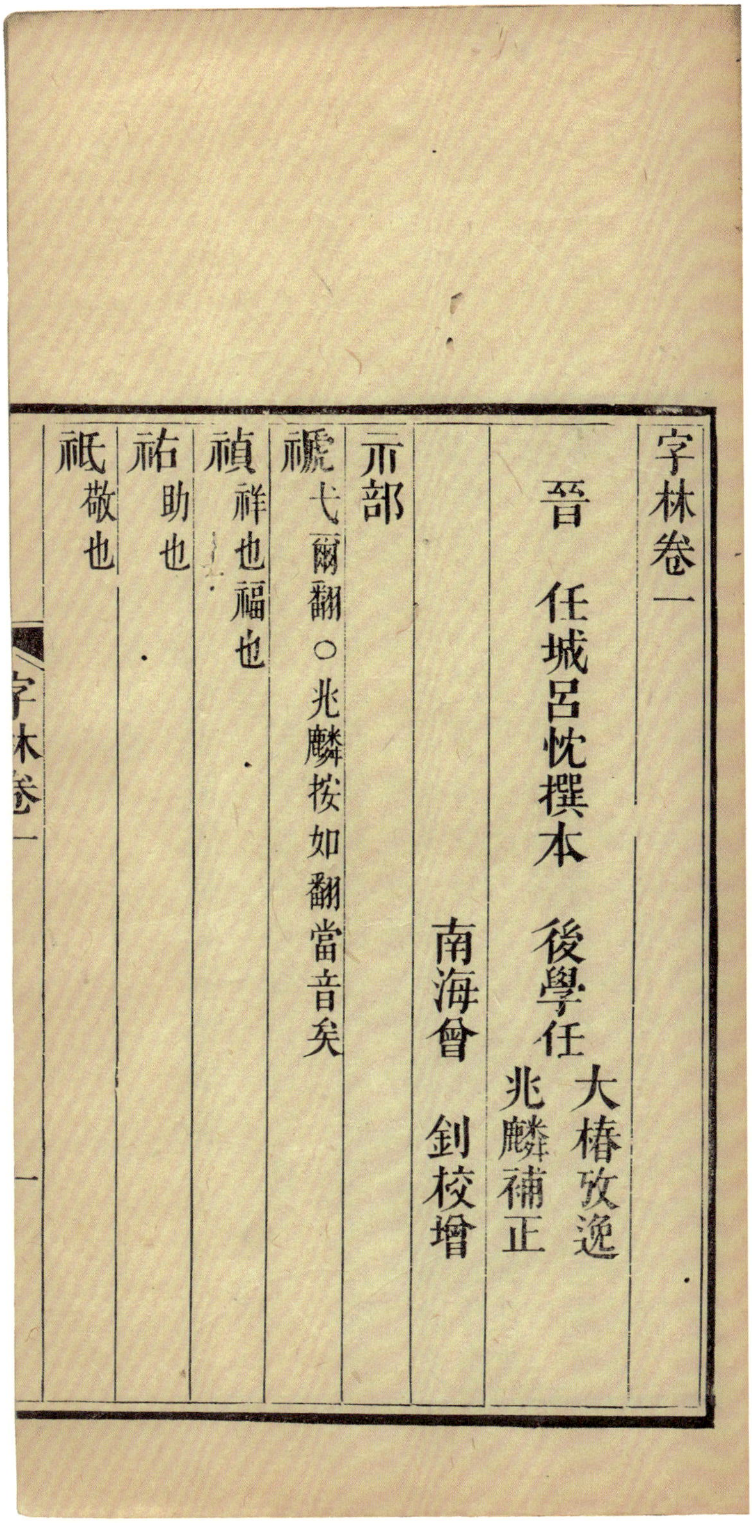
字林卷一
晉　任城呂忱撰本　後學任大椿攷逸
兆麟補正
南海曾　釗校增
示部
禠弋爾翻○兆麟按如翻當音矣
禎祥也福也
祐助也
祗敬也

字林七卷首一卷　（晉）呂忱撰　（清）任大椿攷逸　（清）任兆麟補正　（清）曾釗校　清嘉慶二十四年（1819）曾氏面城樓刻本

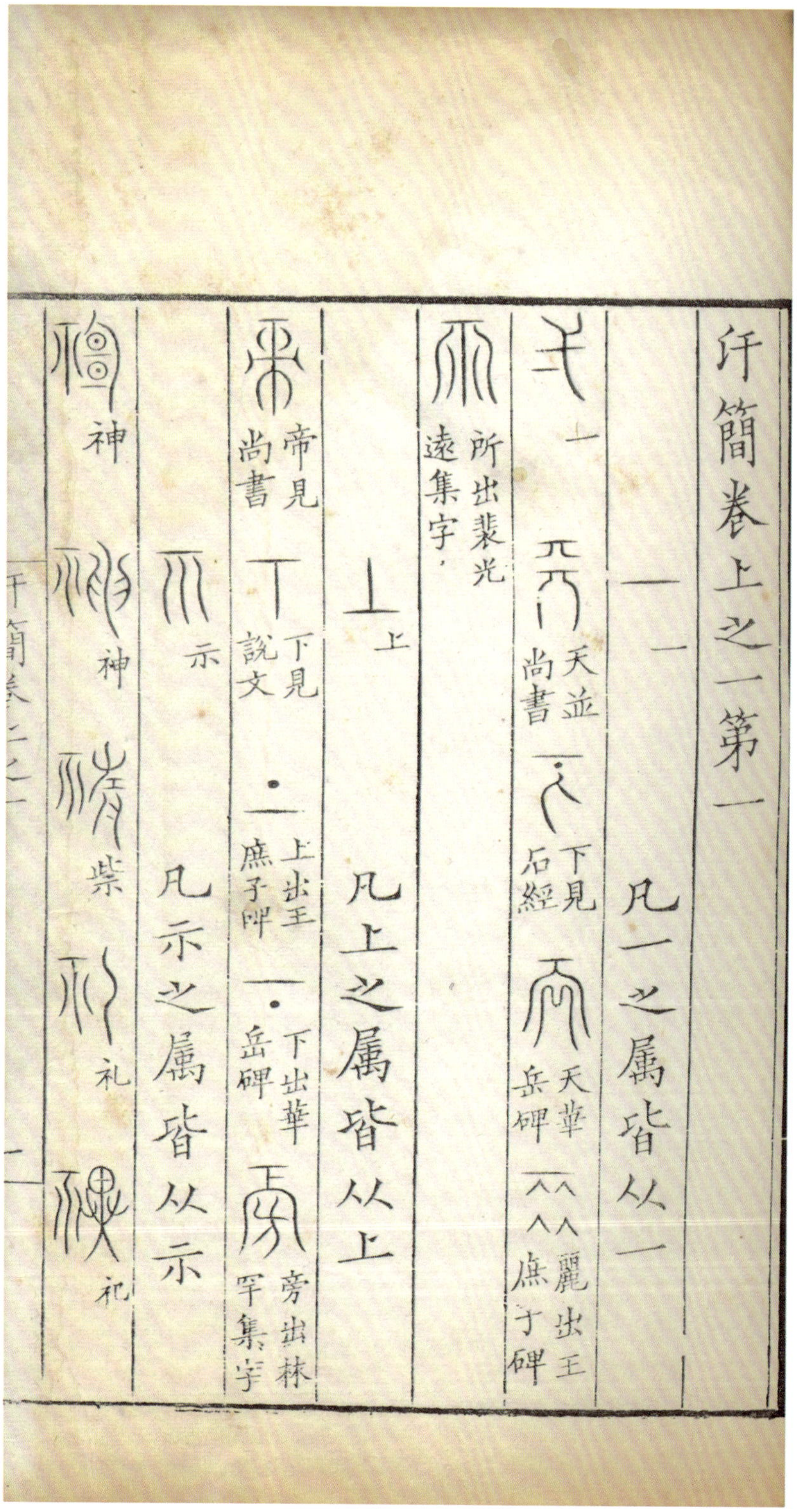
汗簡卷上之一第一
凡一之屬皆从一
一 天並尚書 下見石經 天華岳碑 麗出王庶子碑
所出裴光遠集字
上 凡上之屬皆从上
帝見尚書 下見說文 上出王庶子碑 下出華岳碑 旁出林罕集字
示 凡示之屬皆从示
神 神 祡 礼 祀

汗簡三卷目錄敘略一卷　（宋）郭忠恕撰　清康熙四十二年（1703）汪氏一隅草堂影宋刻本

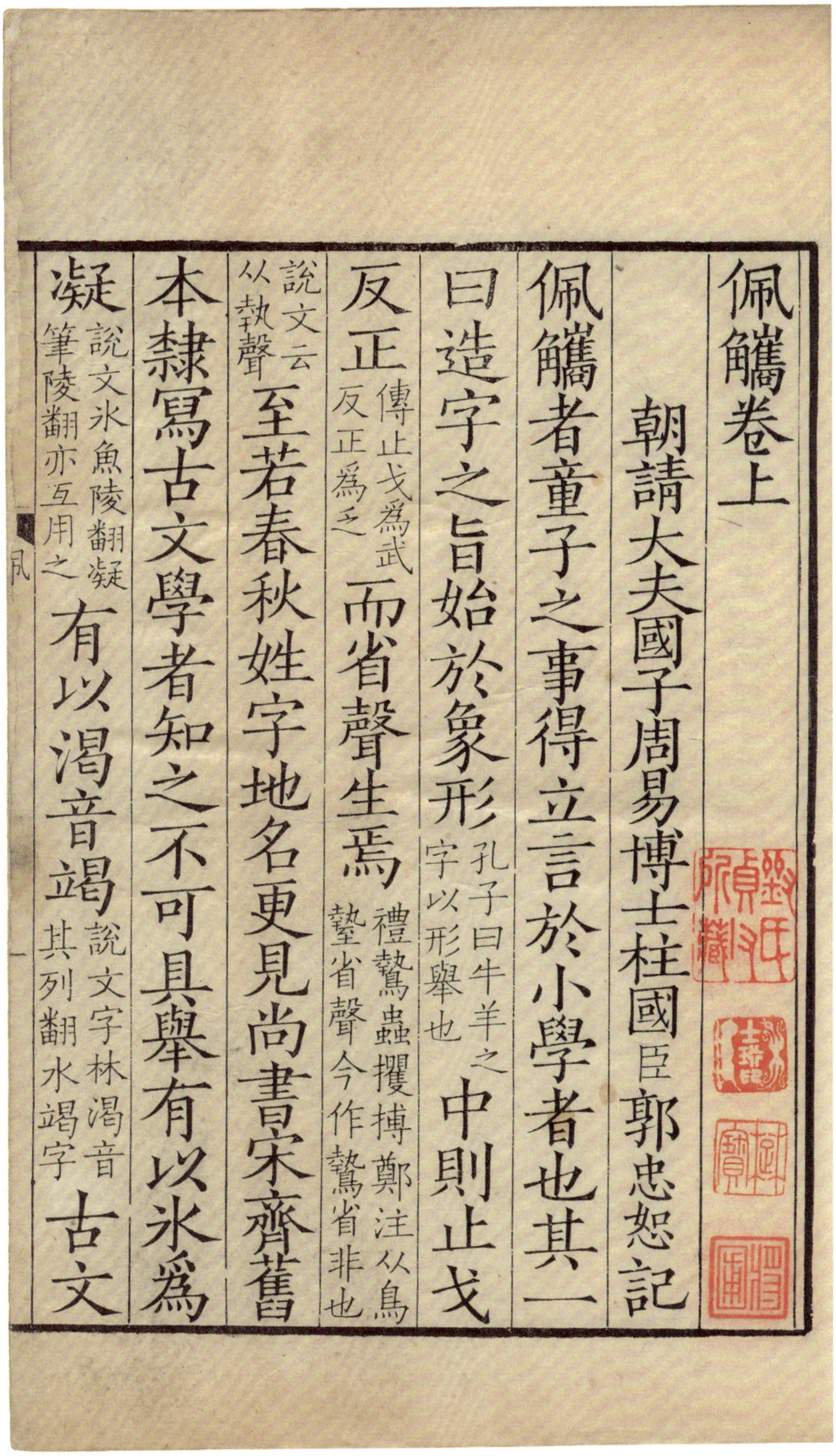
佩觿卷上
朝請大夫國子周易博士柱國臣郭忠恕記
佩觿者童子之事得立言於小學者也其一
曰造字之旨始於象形孔子曰牛羊之字以形舉也中則止戈
反正傳止戈爲武反正爲乏而省聲生焉禮鷙蟲攫搏鄭注从鳥摯省聲今作鷙省非也
說文云从執聲至若春秋姓字地名更見尚書宋齊舊
本隸寫古文學者知之不可具舉有以冰爲
凝說文冰魚陵翻凝筆陵翻亦互用之有以渴音竭說文字林渴音其列翻水竭字古文

佩觿三卷　（宋）郭忠恕撰　清海寧許氏影宋刻本

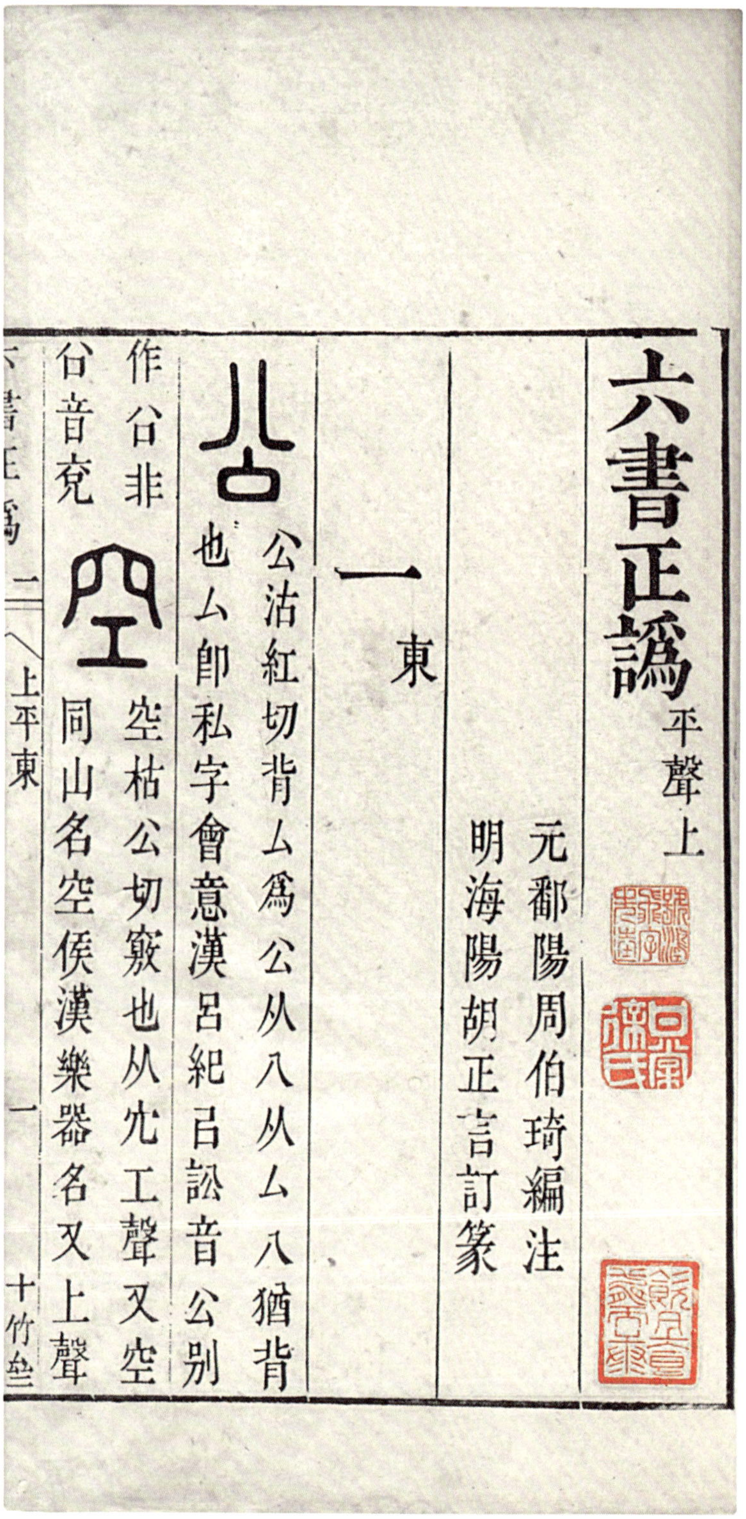

六書正譌 平聲上

元鄱陽周伯琦編注

明海陽胡正言訂篆

一東

公沽紅切背厶爲公从八从厶八猶背也厶即私字會意漢呂紀呂詠音公別作谷非

空枯公切竅也从穴工聲又空谷音充同山名空侯漢樂器名又上聲

六書正譌 二 上平東 一 十竹齋

六書正譌五卷　（元）周伯琦編注　（明）胡正言訂篆
明崇禎七年（1634）海岳胡氏十竹齋刻本

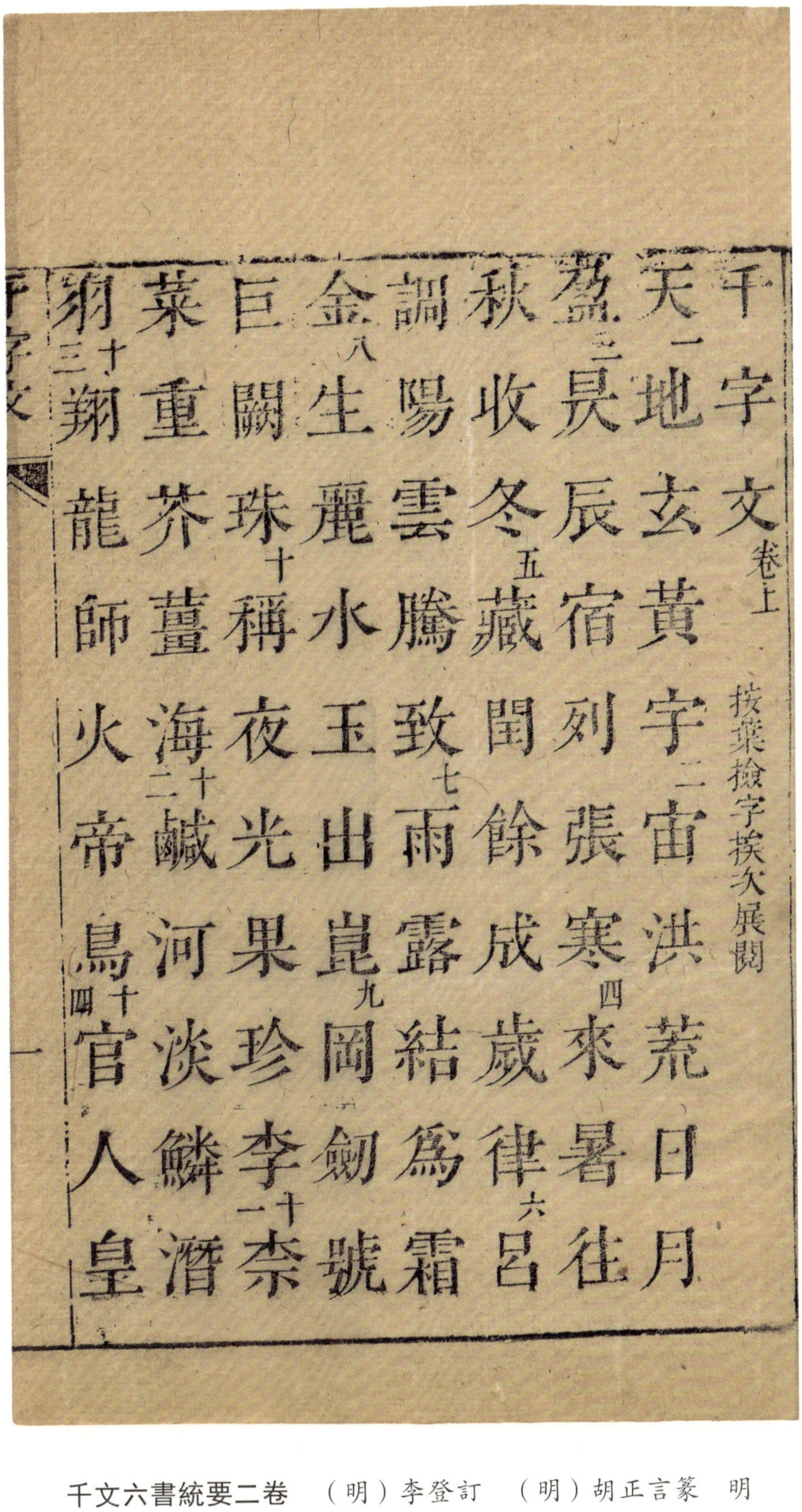

千字文卷上　按葉撿字挨次展閱

天一地玄黃宇二宙洪荒日月

盈三昃辰宿列張寒四來暑往

秋收冬藏五閏餘成歲律六呂

調陽雲騰致七雨露結爲霜

金八生麗水玉出崑九岡劍號

巨闕珠十稱夜光果珍李十一柰

菜重芥薑海十二鹹河淡鱗潛

羽十三翔龍師火帝鳥十四官人皇

千字文　一

千文六書統要二卷　（明）李登訂　（明）胡正言纂　明崇禎胡正言十竹齋刻本

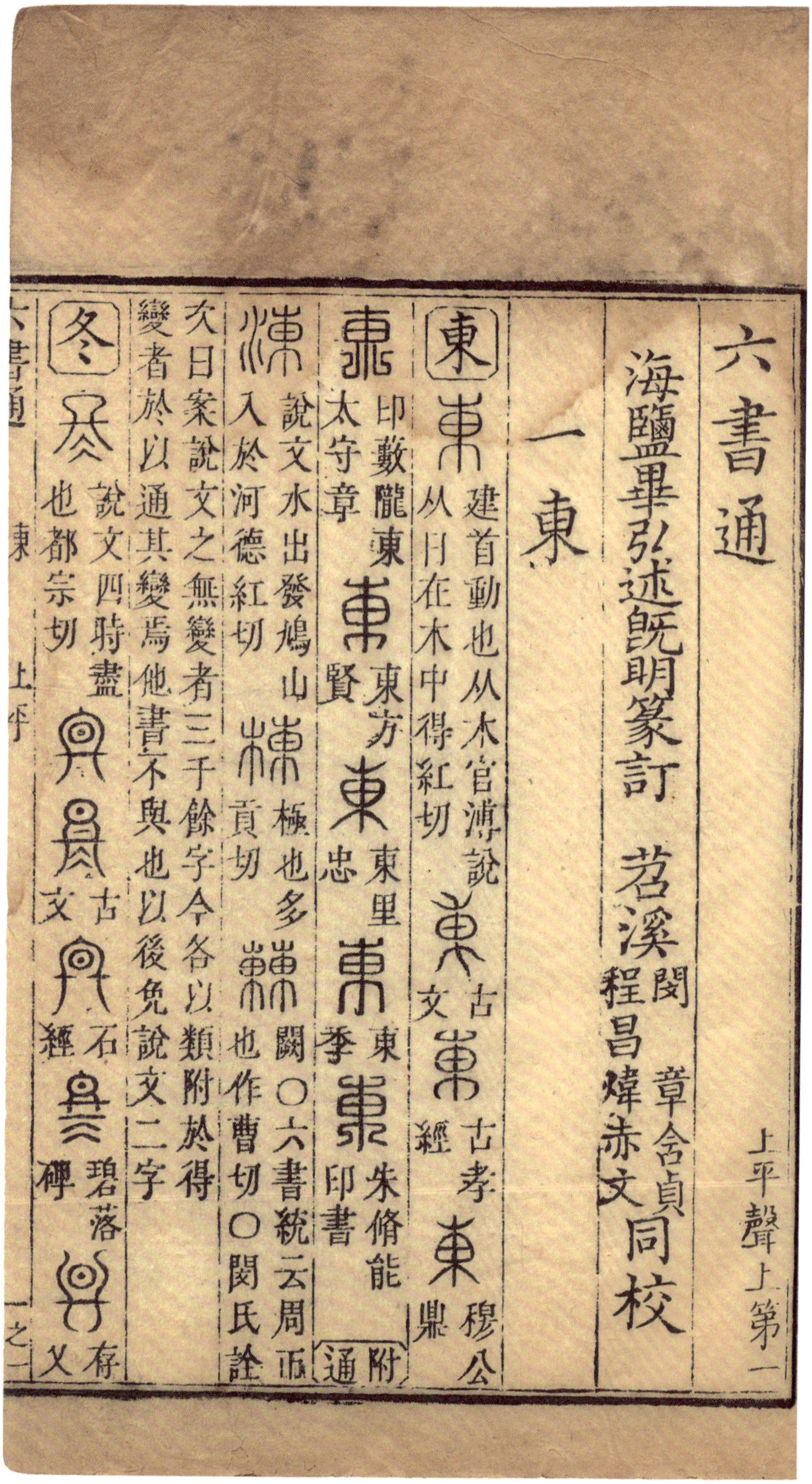

六書通十卷 （明）閔齊伋撰 （清）畢弘述篆訂 （清）閔章 （清）程昌煒校 清康熙五十九年（1720）閔齊伋刻本

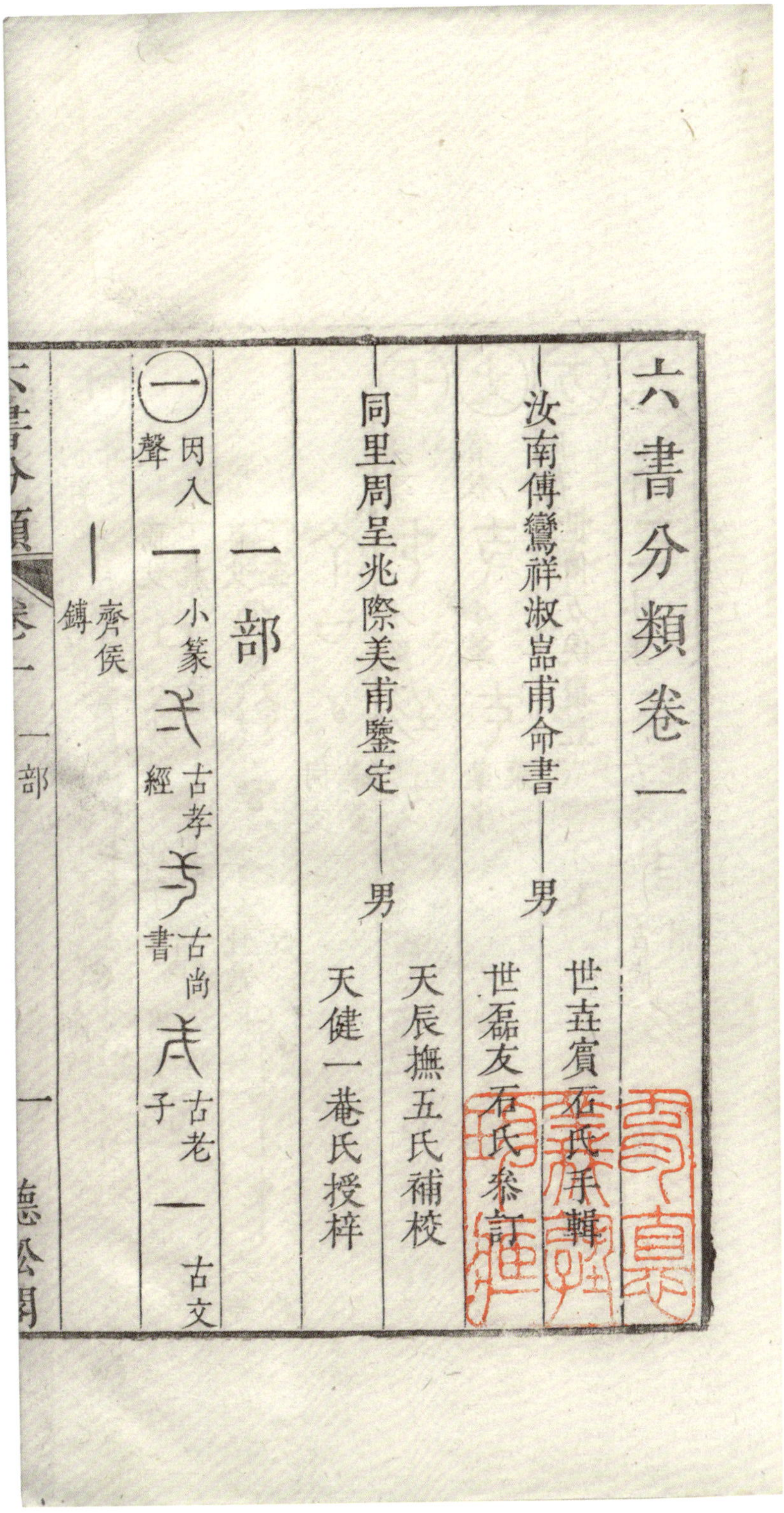

六書分類十二卷首一卷　（清）傅世垚輯　清康熙四十四年（1705）聽松閣刻本

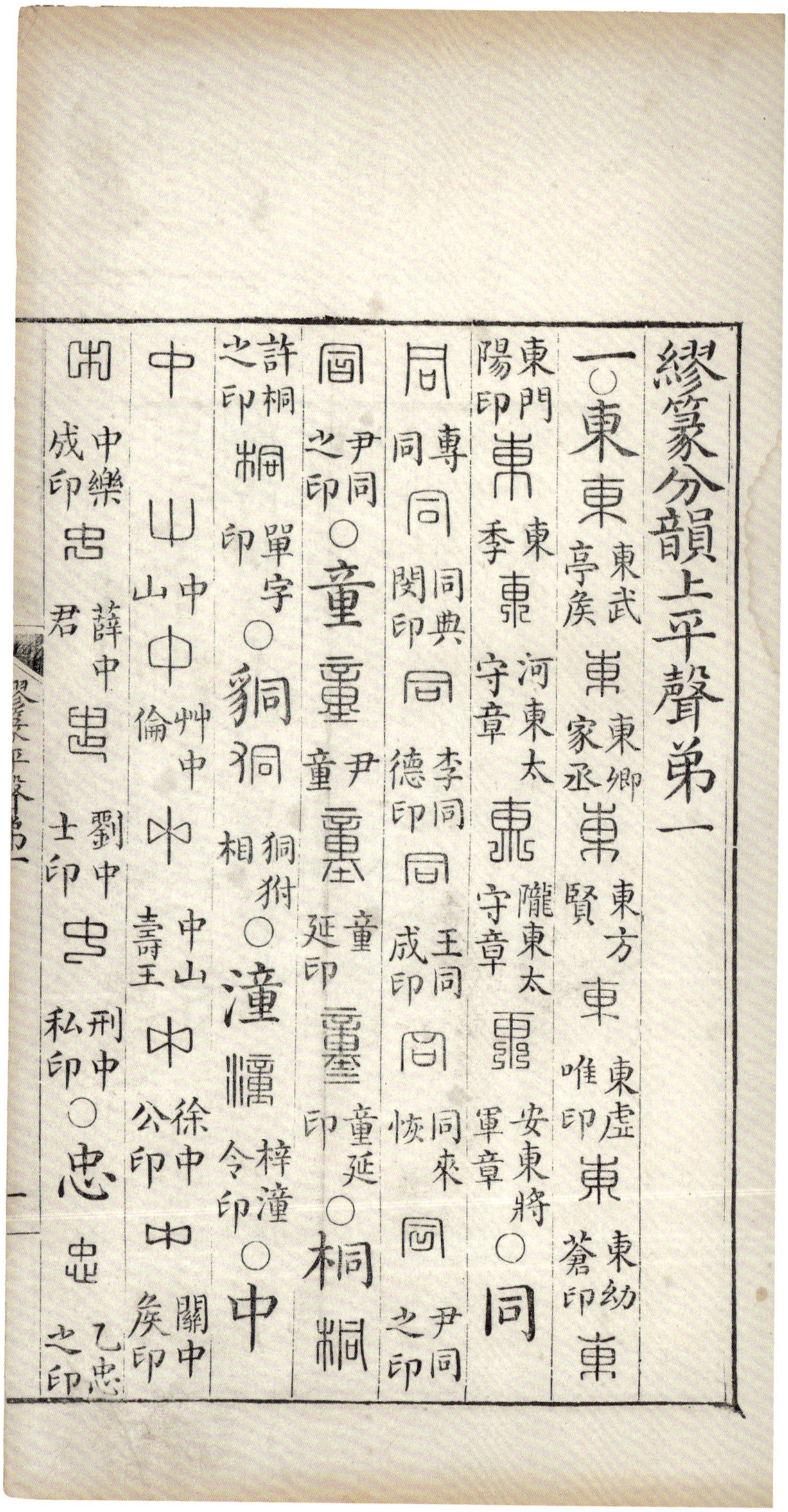

繆篆分韻五卷　（清）桂馥撰　清嘉慶元年（1796）刻本

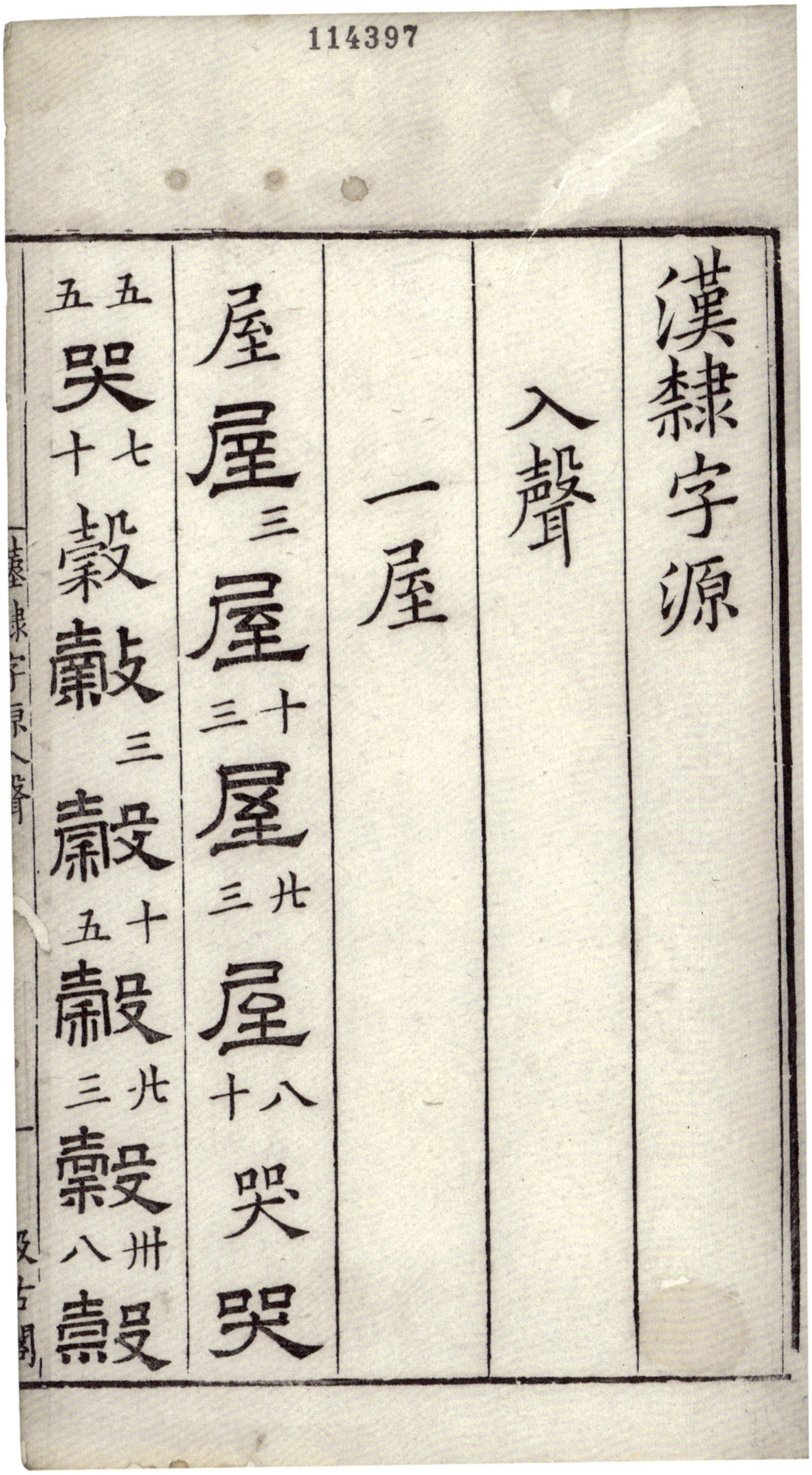

漢隸字源六卷　（宋）婁機撰　明崇禎毛氏汲古閣影宋刻本

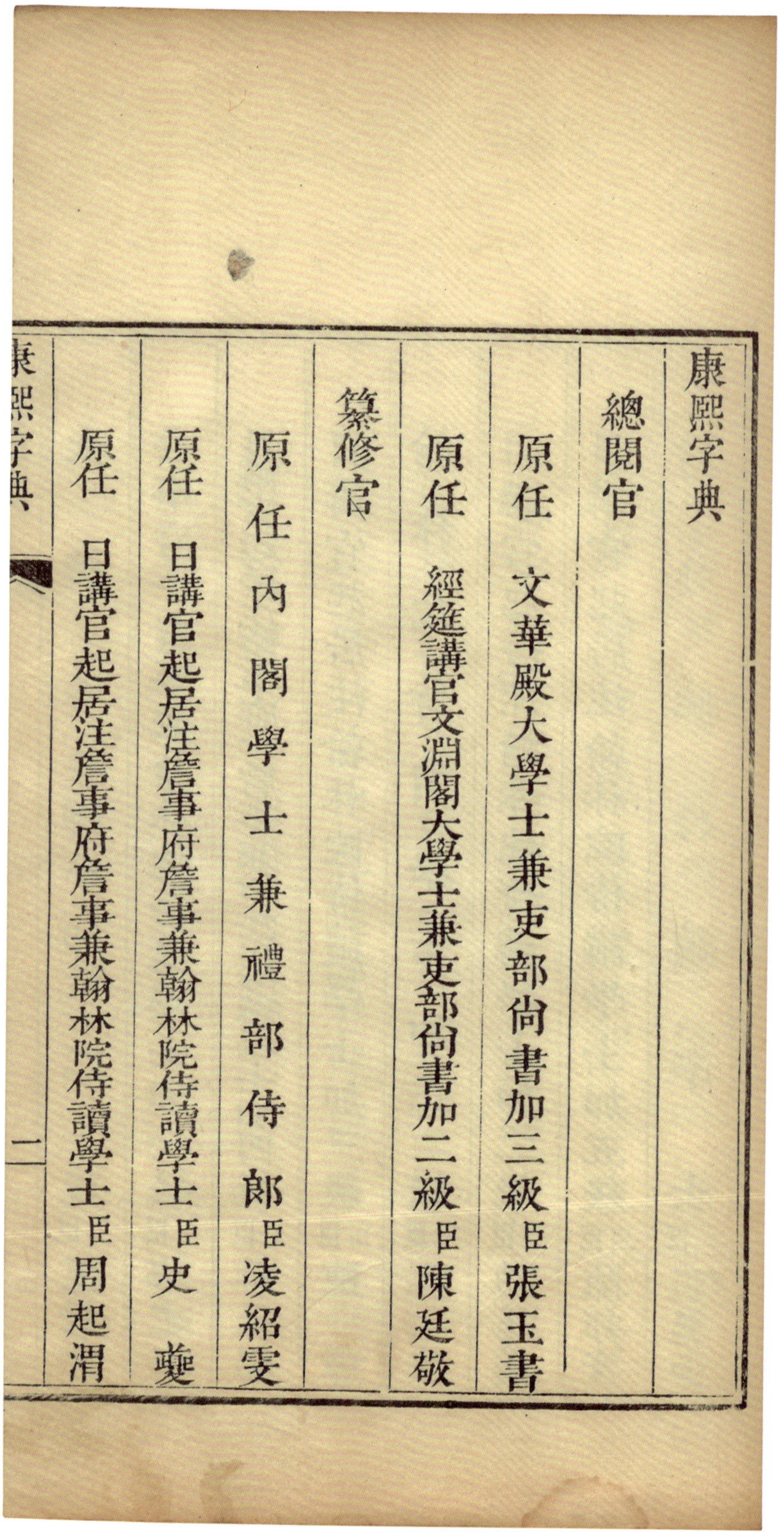
康熙字典

總閱官

原任文華殿大學士兼吏部尚書加三級臣張玉書

原任經筵講官文淵閣大學士兼吏部尚書加二級臣陳廷敬

纂修官

原任內閣學士兼禮部侍郎臣凌紹雯

原任日講官起居注詹事府詹事兼翰林院侍讀學士臣史夔

原任日講官起居注詹事府詹事兼翰林院侍讀學士臣周起渭

康熙字典　一

康熙字典三十六卷總目一卷檢字一卷辯似一卷等韻一卷補遺一卷備考一卷　（清）張玉書　（清）陳廷敬編　（清）凌紹雯纂修　清康熙五十五年（1716）内府刻本

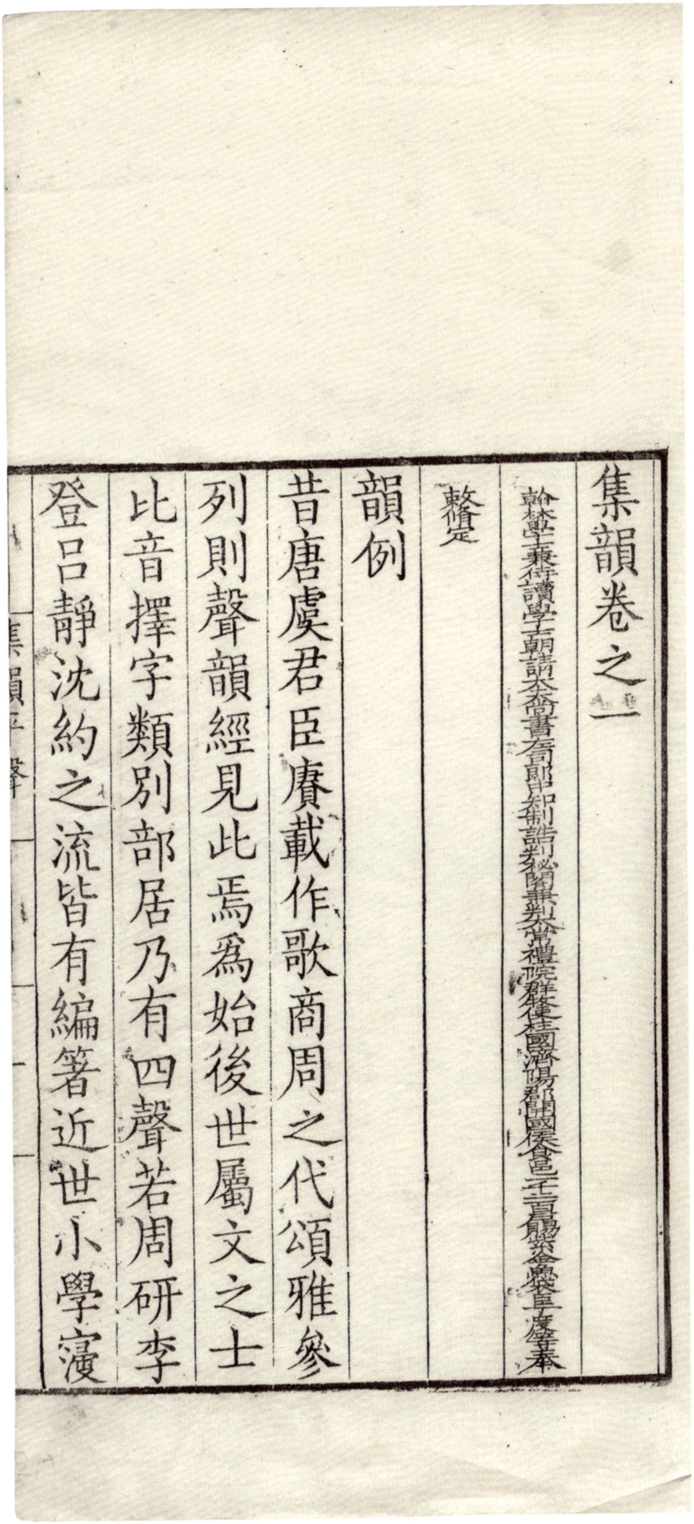
集韻卷之一

翰林學士兼侍讀學士朝請大夫尚書右司郎中知制誥判秘閣兼判太常禮院群牧使上柱國濟陽郡開國侯食邑二千二百戶賜紫金魚袋臣丁度等奉

敕修定

韻例

昔唐虞君臣賡載作歌商周之代頌雅參

列則聲韻經見此焉爲始後世屬文之士

比音擇字類別部居乃有四聲若周研李

登呂靜沈約之流皆有編著近世小學寖

集韻平聲一

集韻十卷　（宋）丁度等撰　清康熙四十五年（1706）曹寅揚州使院刻嘉慶十九年（1814）重修本

潛研堂金石文跋尾卷第一

三代　　　　　　嘉定錢大昕

岣嶁山銘

右岣嶁山銘韓退之賦詩云道人獨上偶見之又云千搜萬索何所有文人寓意不過子虛亾是之流非眞有見之者也宋嘉定壬申何子一自言親至碑所模其文于嶽麓書院然當時好古之家皆疑其僞故歷元至明初罕聞于世自楊用脩楊時喬安如山輩展轉翻刻流布海內眞以爲古文復出矣予嘗見嘯堂集古錄模漢滕公石室銘文與此絕相似皆宋人僞作

比干墓銅盤銘

史部

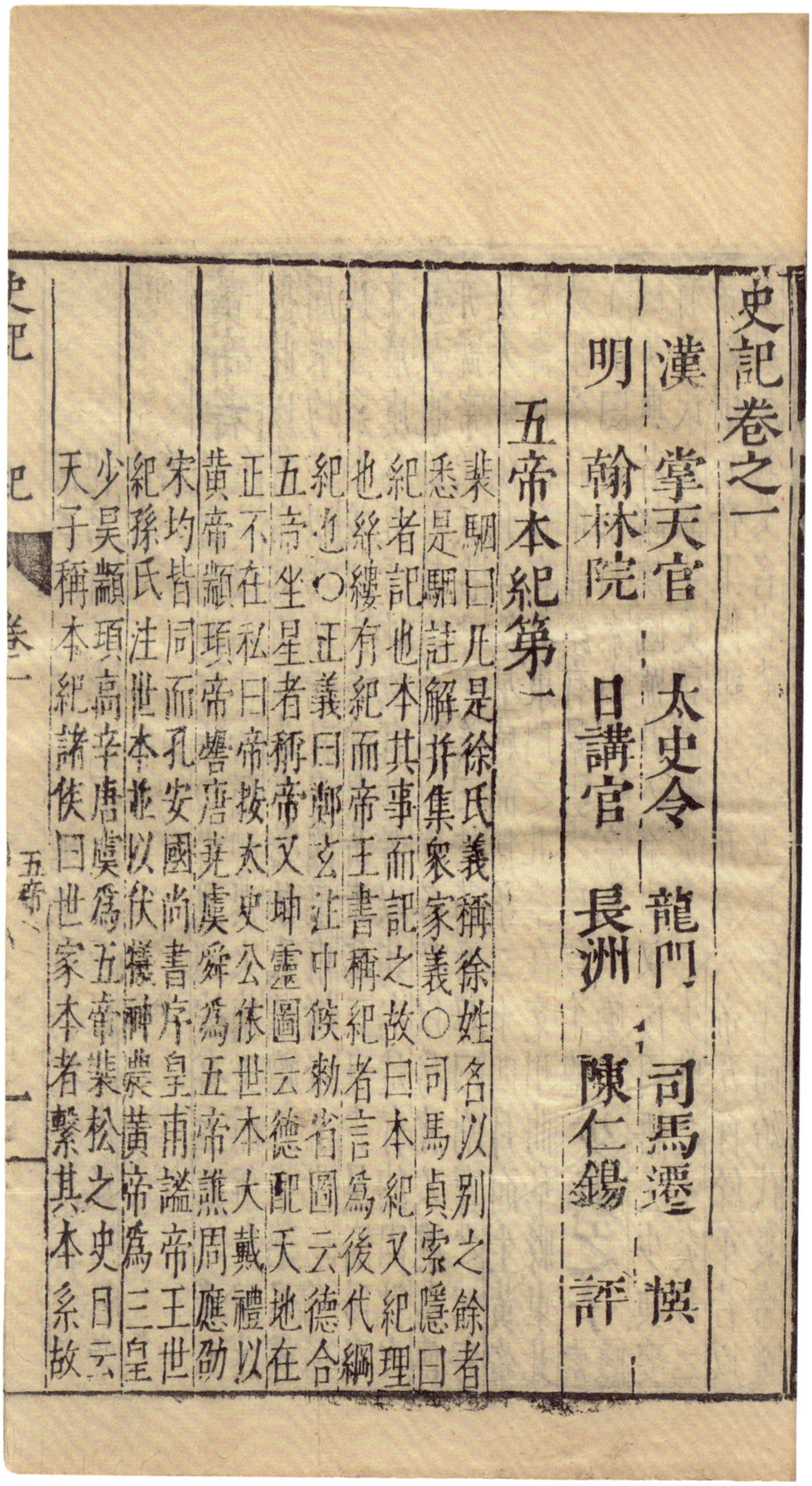

史記一百三十卷附司馬貞補史記一卷 （漢）司馬遷撰 （明）陳仁錫評 明崇禎元年（1628）古吴維新堂刻本

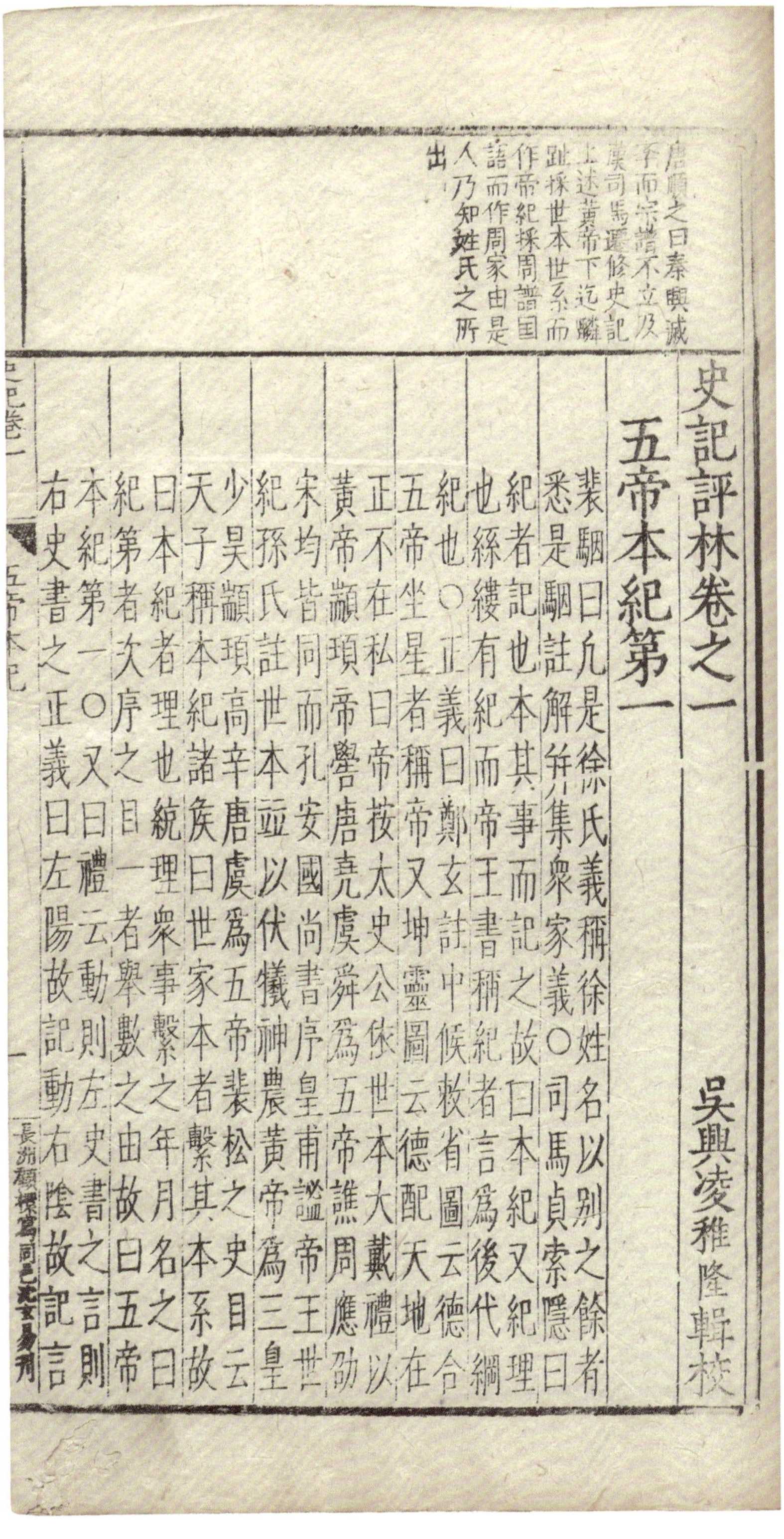
唐顧之曰秦興滅學而宗譜不立及漢司馬遷修史記上述黃帝下迄麟趾採世本世系而作帝紀採周譜國語而作周家由是人乃知姓氏之所出

史記評林卷之一　　吳興凌稚隆輯校

五帝本紀第一

裴駰曰凡是徐氏義稱徐姓名以別之餘者悉是駰註解幷集衆家義○司馬貞索隱曰紀者記也本其事而記之故曰本紀又紀理也絲縷有紀而帝王書稱紀者言爲後代綱紀也○正義曰鄭玄註中候敕省圖云德合五帝坐星者稱帝又坤靈圖云德配天地在正不在私曰帝按太史公依世本大戴禮以黃帝顓頊帝嚳唐堯虞舜爲五帝譙周應劭宋均皆同而孔安國尚書序皇甫謐帝王世紀孫氏註世本並以伏犧神農黃帝爲三皇少昊顓頊高辛唐虞爲五帝裴松之史目云天子稱本紀諸侯曰世家本者繫其本系故曰本紀者理也統理衆事繫之年月名之曰紀第者次序之目一者舉數之由故曰五帝本紀第一○又曰禮云動則左史書之言則右史書之正義曰左陽故記動右陰故記言

史記卷一　五帝本紀　一

史記評林一百三十卷　（明）凌稚隆輯校　明萬曆五年（1577）吳興凌氏刻本

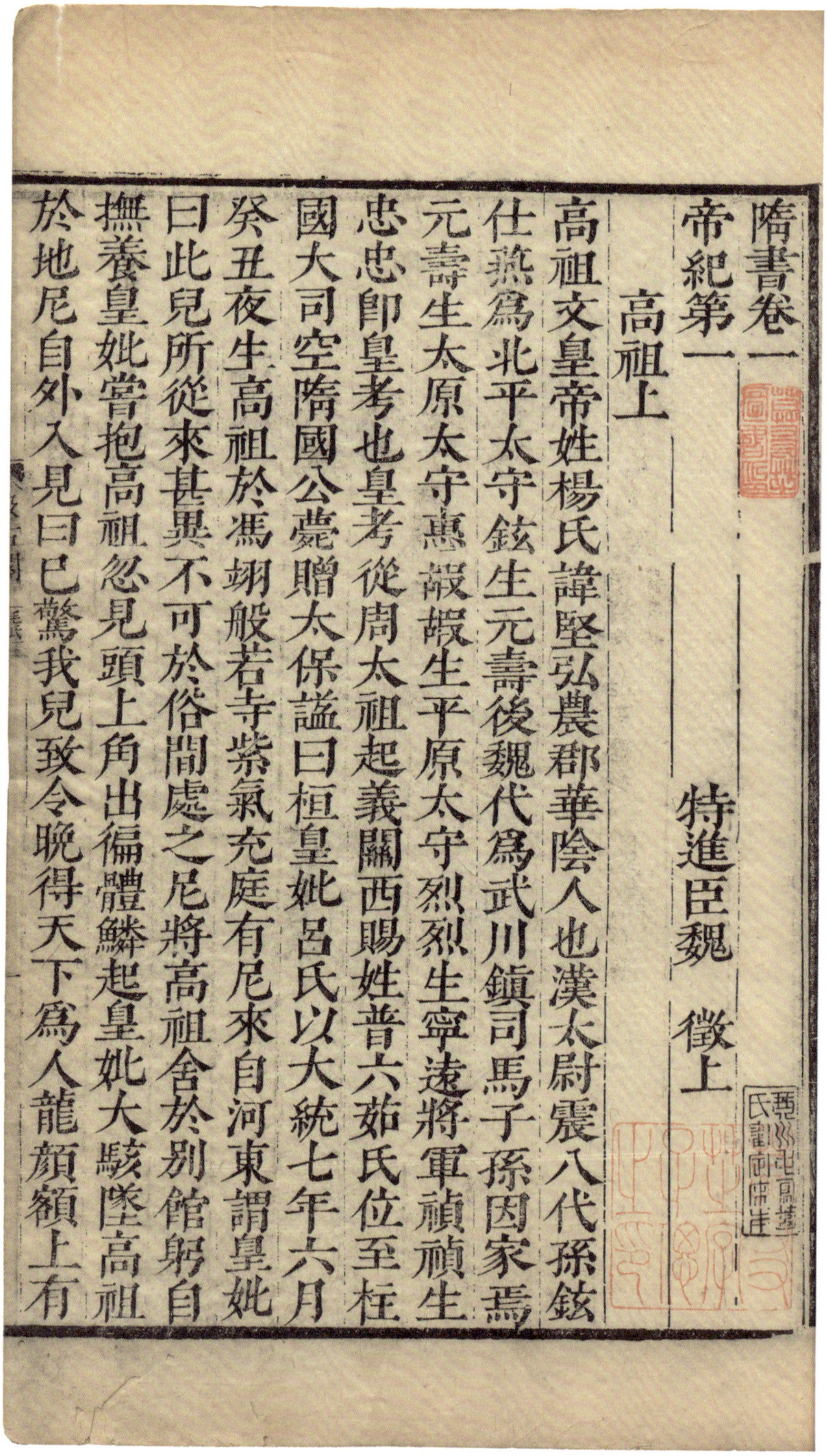
隋書卷一

帝紀第一　　特進臣魏　徵上

高祖上

高祖文皇帝姓楊氏諱堅弘農郡華陰人也漢太尉震八代孫鉉仕燕爲北平太守鉉生元壽後魏代爲武川鎭司馬子孫因家焉元壽生太原太守惠嘏嘏生平原太守烈烈生寧遠將軍禎禎生忠忠即皇考也皇考從周太祖起義關西賜姓普六茹氏位至柱國大司空隋國公薨贈太保謚曰桓皇妣呂氏以大統七年六月癸丑夜生高祖於馮翊般若寺紫氣充庭有尼來自河東謂皇妣曰此兒所從來甚異不可於俗間處之尼將高祖舍於別館躬自撫養皇妣嘗抱高祖忽見頭上角出徧體鱗起皇妣大駭墜高祖於地尼自外入見曰已驚我兒致令晚得天下爲人龍顏額上有

隋書八十五卷　（唐）魏徵撰　明崇禎至清順治琴川毛氏汲古閣刻十七史本

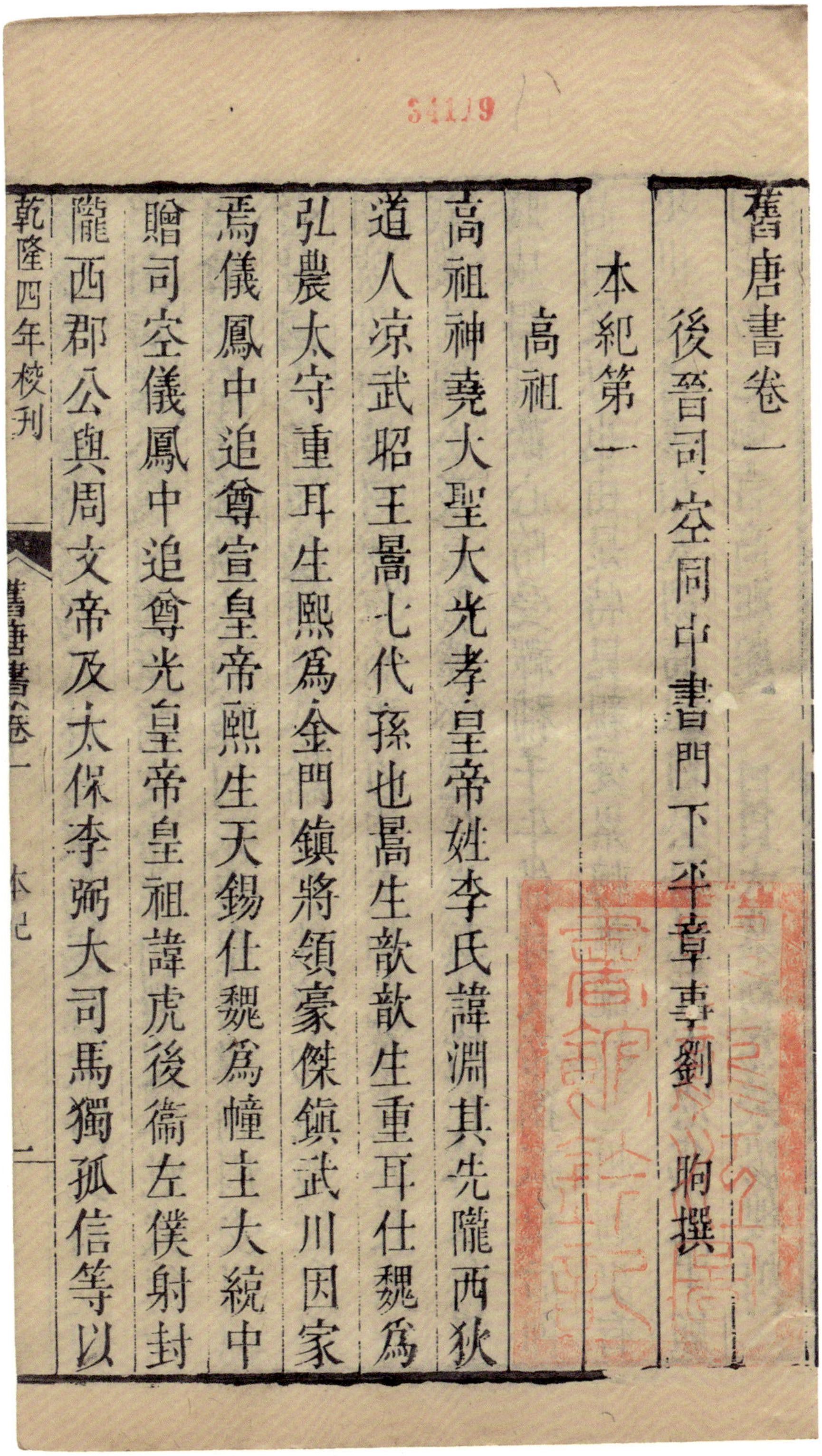

舊唐書卷一
後晉司空同中書門下平章事劉昫撰
本紀第一
高祖
高祖神堯大聖大光孝皇帝姓李氏諱淵其先隴西狄
道人凉武昭王暠七代孫也暠生歆歆生重耳仕魏爲
弘農太守重耳生熙爲金門鎮將領豪傑鎮武川因家
焉儀鳳中追尊宣皇帝熙生天錫仕魏爲幢主大統中
贈司空儀鳳中追尊光皇帝皇祖諱虎後衞左僕射封
隴西郡公與周文帝及太保李弼大司馬獨孤信等以

舊唐書卷一 本紀 一

乾隆四年校刊

舊唐書二百卷附考證 （五代）劉昫撰 清乾隆四年（1739）武英殿刻本

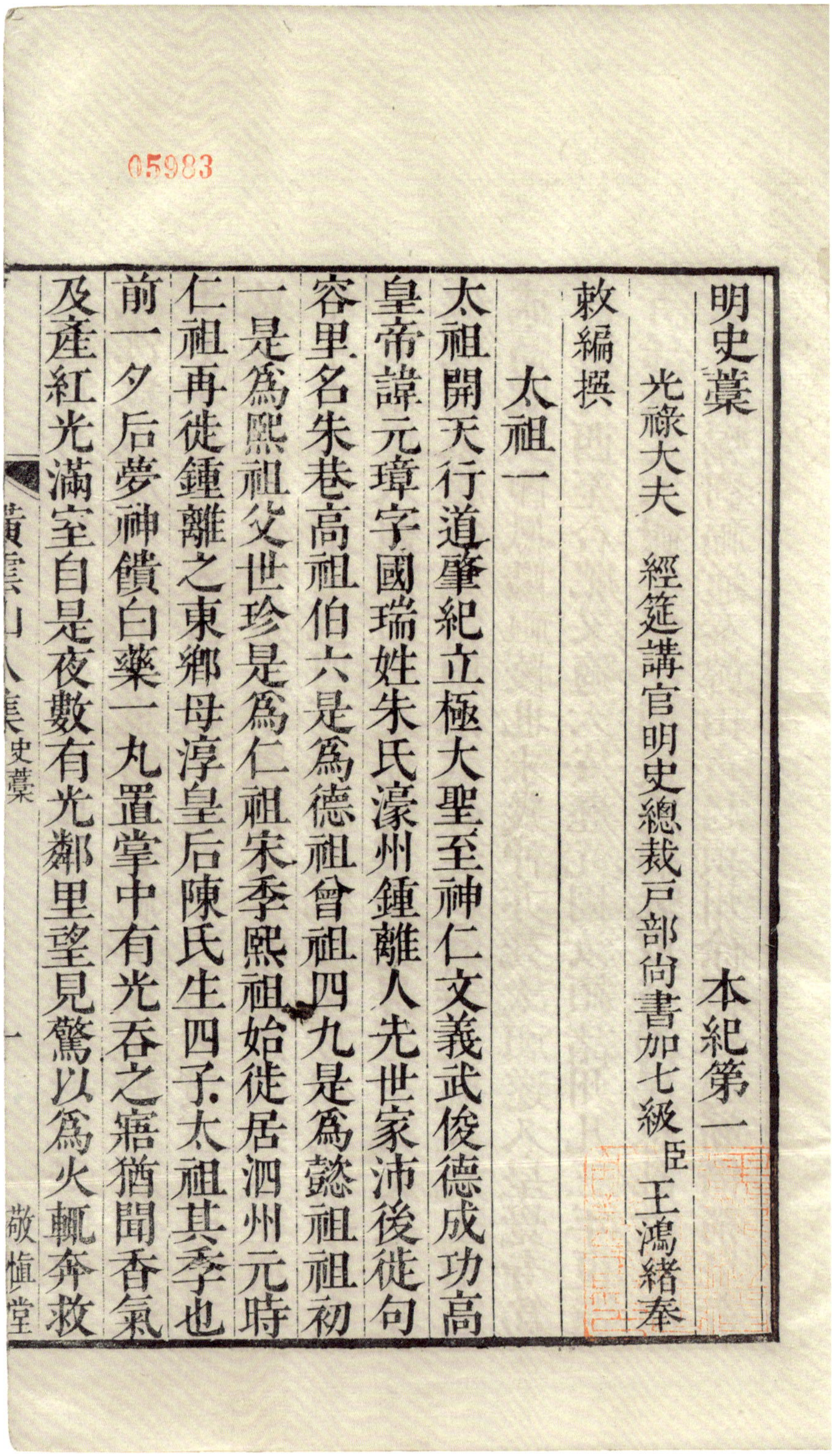

明史藁　本紀第一
光祿大夫　經筵講官明史總裁戶部尚書加七級臣王鴻緒奉
敕編撰
太祖一
太祖開天行道肇紀立極大聖至神仁文義武俊德成功高
皇帝諱元璋字國瑞姓朱氏濠州鍾離人先世家沛後徙句
容里名朱巷高祖伯六是爲德祖曾祖四九是爲懿祖祖初
一是爲熙祖父世珍是爲仁祖宋季熙祖始徙居泗州元時
仁祖再徙鍾離之東鄉母淳皇后陳氏生四子太祖其季也
前一夕后夢神饋白藥一丸置掌中有光吞之寤猶聞香氣
及產紅光滿室自是夜數有光鄰里望見驚以爲火輒奔救
橫雲山人集　史藁　一　敬慎堂

明史藁三百十卷目録三卷　（清）王鴻緒編撰　清雍正元年（1723）敬慎堂刻本

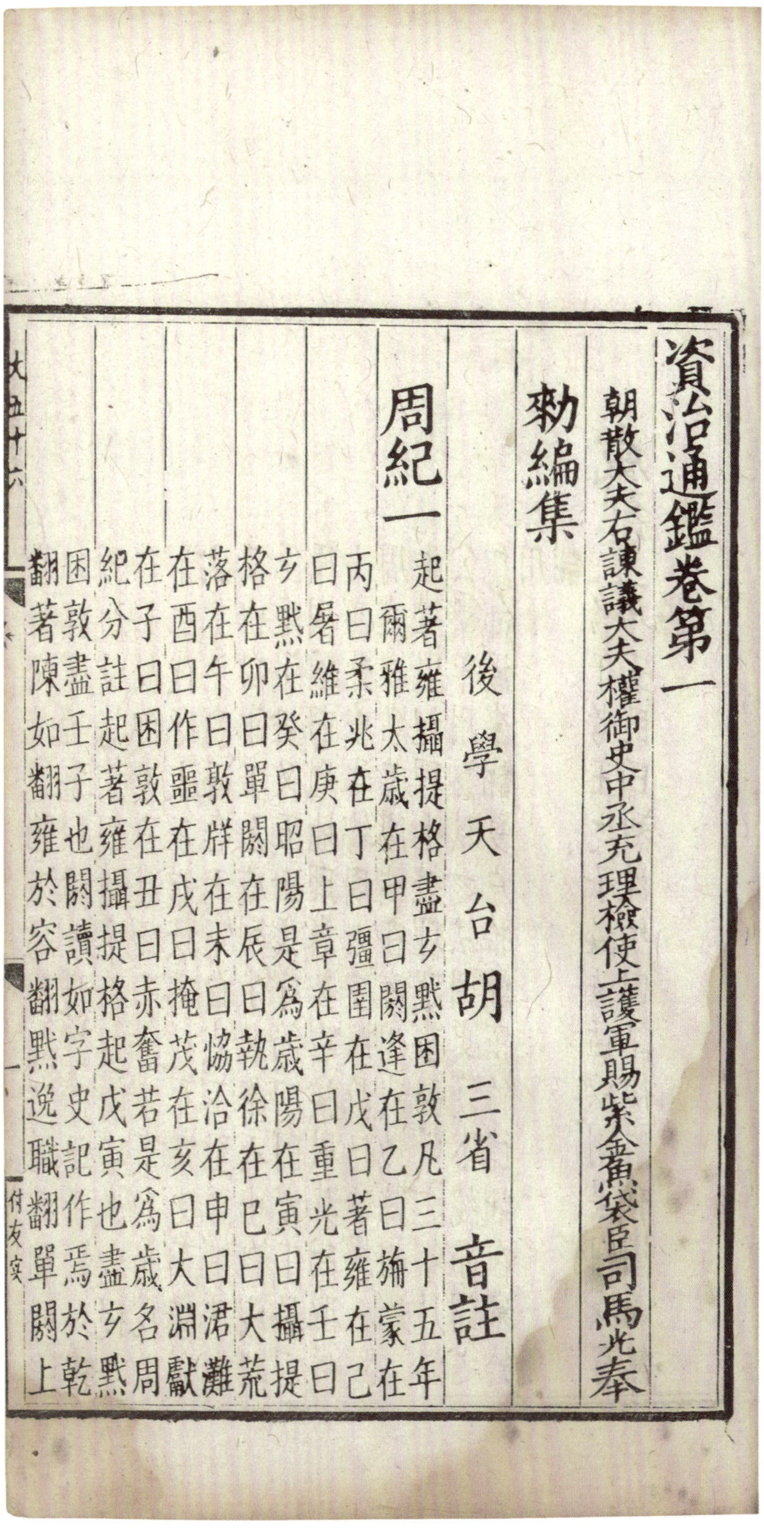

資治通鑑卷第一

朝散大夫右諫議大夫權御史中丞充理檢使上護軍賜紫金魚袋臣司馬光奉

勅編集

後學天台胡三省音註

周紀一 起著雍攝提格盡玄黓困敦凡三十五年

爾雅太歲在甲曰閼逢在乙曰旃蒙在丙曰柔兆在丁曰彊圉在戊曰著雍在己曰屠維在庚曰上章在辛曰重光在壬曰玄黓在癸曰昭陽是爲歲陽在寅曰攝提格在卯曰單閼在辰曰執徐在巳曰大荒落在午曰敦牂在未曰協洽在申曰涒灘在酉曰作噩在戌曰掩茂在亥曰大淵獻在子曰困敦在丑曰赤奮若是爲歲名周紀分註起著雍攝提格起戊寅也盡玄黓困敦壬子也閼讀如字史記作焉於乾翻著陳如翻雍於容翻黓逸職翻單閼上

資治通鑑二百九十四卷釋文辨誤十二卷 （宋）司馬光撰（元）胡三省音註 清嘉慶二十一年（1816）鄱陽胡克家影元刻本

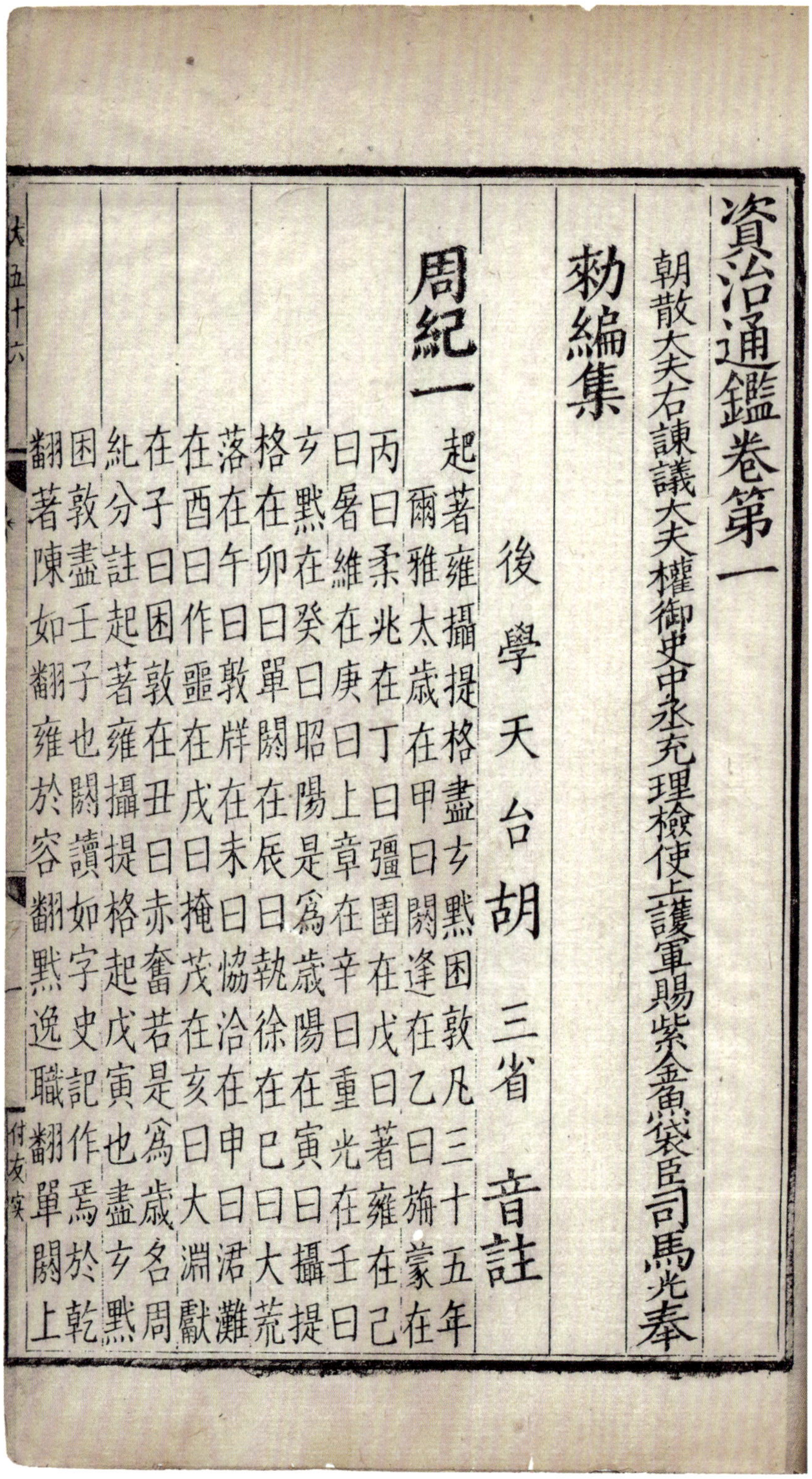
資治通鑑卷第一
朝散大夫右諫議大夫權御史中丞充理檢使上護軍賜紫金魚袋臣司馬光奉
勑編集
後學天台胡三省音註
周紀一
起著雍攝提格盡玄黓困敦凡三十五年
爾雅太歲在甲曰閼逢在乙曰旃蒙在
丙曰柔兆在丁曰彊圉在戊曰著雍在己
曰屠維在庚曰上章在辛曰重光在壬曰
玄黓在癸曰昭陽是爲歲陽在寅曰攝提
格在卯曰單閼在辰曰執徐在巳曰大荒
落在午曰敦牂在未曰協洽在申曰涒灘
在酉曰作噩在戌曰掩茂在亥曰大淵獻
在子曰困敦在丑曰赤奮若是爲歲名周
紀分註起著雍攝提格起戊寅也盡玄黓
困敦盡壬子也閼讀如字史記作焉於乾
翻著陳如翻雍於容翻黓逸職翻單閼上

資治通鑑二百九十四卷釋文辨誤十二卷　（宋）司馬光撰（元）胡三省音註　清嘉慶二十一年（1816）鄱陽胡克家影元刻本

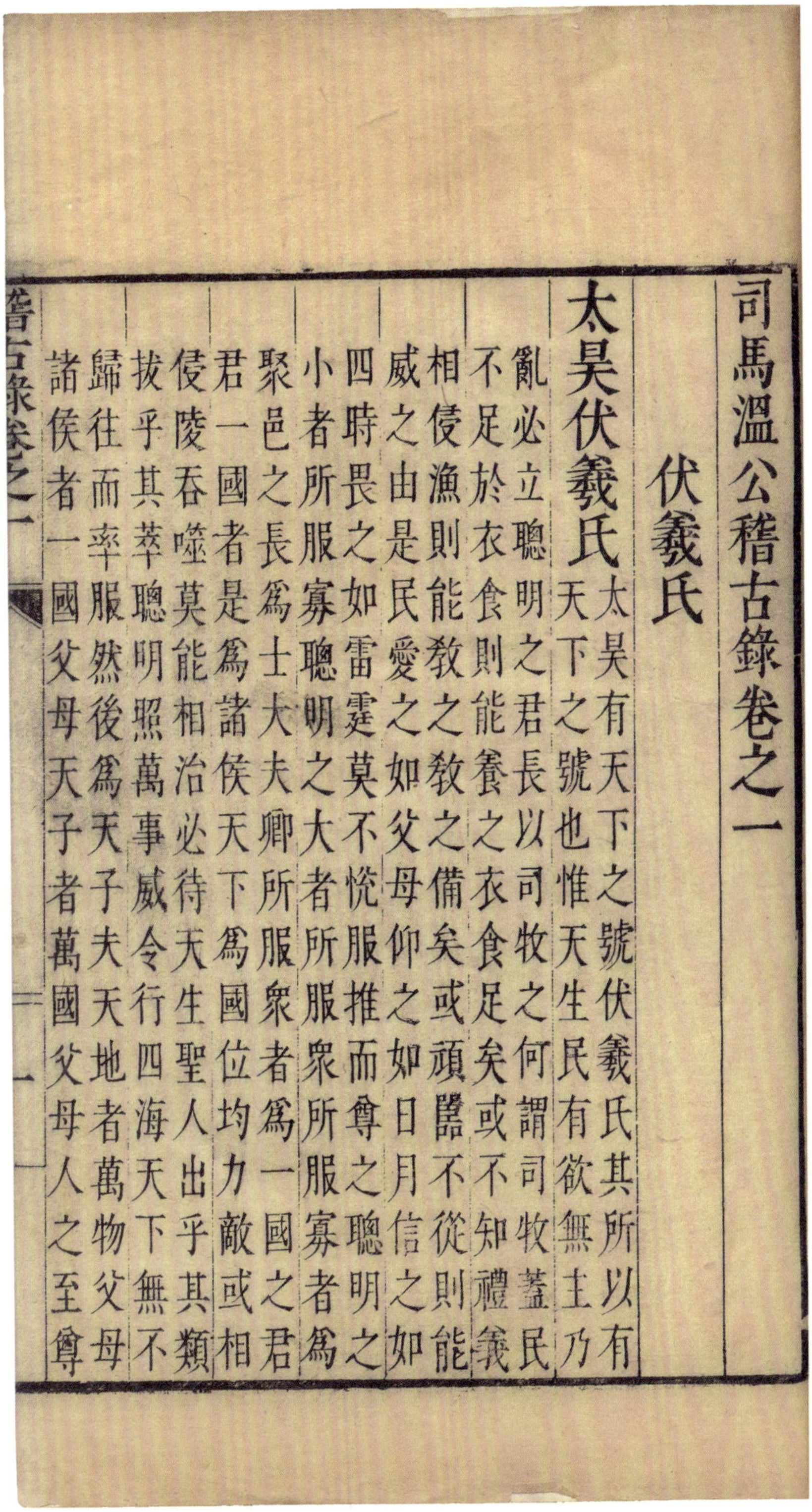

司馬溫公稽古錄卷之一

伏羲氏

太昊伏羲氏 太昊有天下之號伏羲氏其所以有天下之號也惟天生民有欲無主乃亂必立聰明之君長以司牧之何謂司牧蓋民不足於衣食則能養之衣食足矣或不知禮義相侵漁則能教之教之備矣或頑嚚不從則能威之由是民愛之如父母仰之如日月信之如四時畏之如雷霆莫不悅服推而尊之聰明之小者所服寡聰明之大者所服衆所服寡者爲聚邑之長爲士大夫卿所服衆者爲一國之君君一國者是爲諸侯天下爲國位均力敵或相侵陵吞噬莫能相治必待天生聖人出乎其類拔乎其萃聰明照萬事威令行四海天下無不歸往而率服然後爲天子夫天地者萬物父母諸侯者一國父母天子者萬國父母人之至尊

稽古錄卷之一　一

司馬溫公稽古錄二十卷　（宋）司馬光撰　明崇禎陳鳳梧刻本

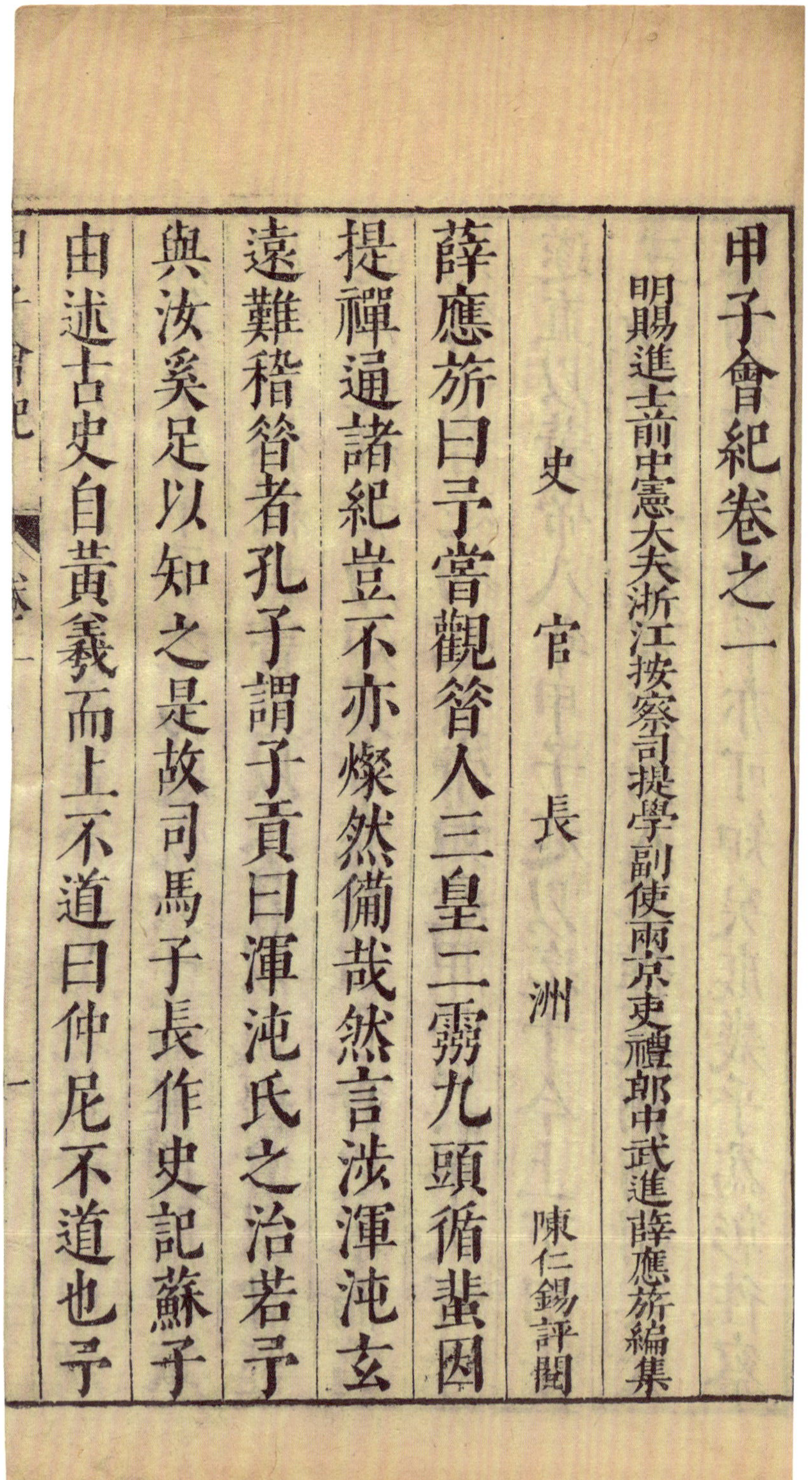
甲子會紀卷之一
明賜進士前中憲大夫浙江按察司提學副使兩京吏禮郎中武進薛應旂編集
史官長洲　陳仁錫評閱
薛應旂曰予嘗觀昔人三皇二霸九頭循蜚因
提禪通諸紀豈不亦燦然備哉然言洪渾沌玄
遠難稽昔者孔子謂子貢曰渾沌氏之治若予
與汝奚足以知之是故司馬子長作史記蘇子
由述古史自黃羲而上不道曰仲尼不道也予
甲子會紀　卷一　一

甲子會紀五卷　（明）薛應旂編集　（明）陳仁錫評閱
明刻本

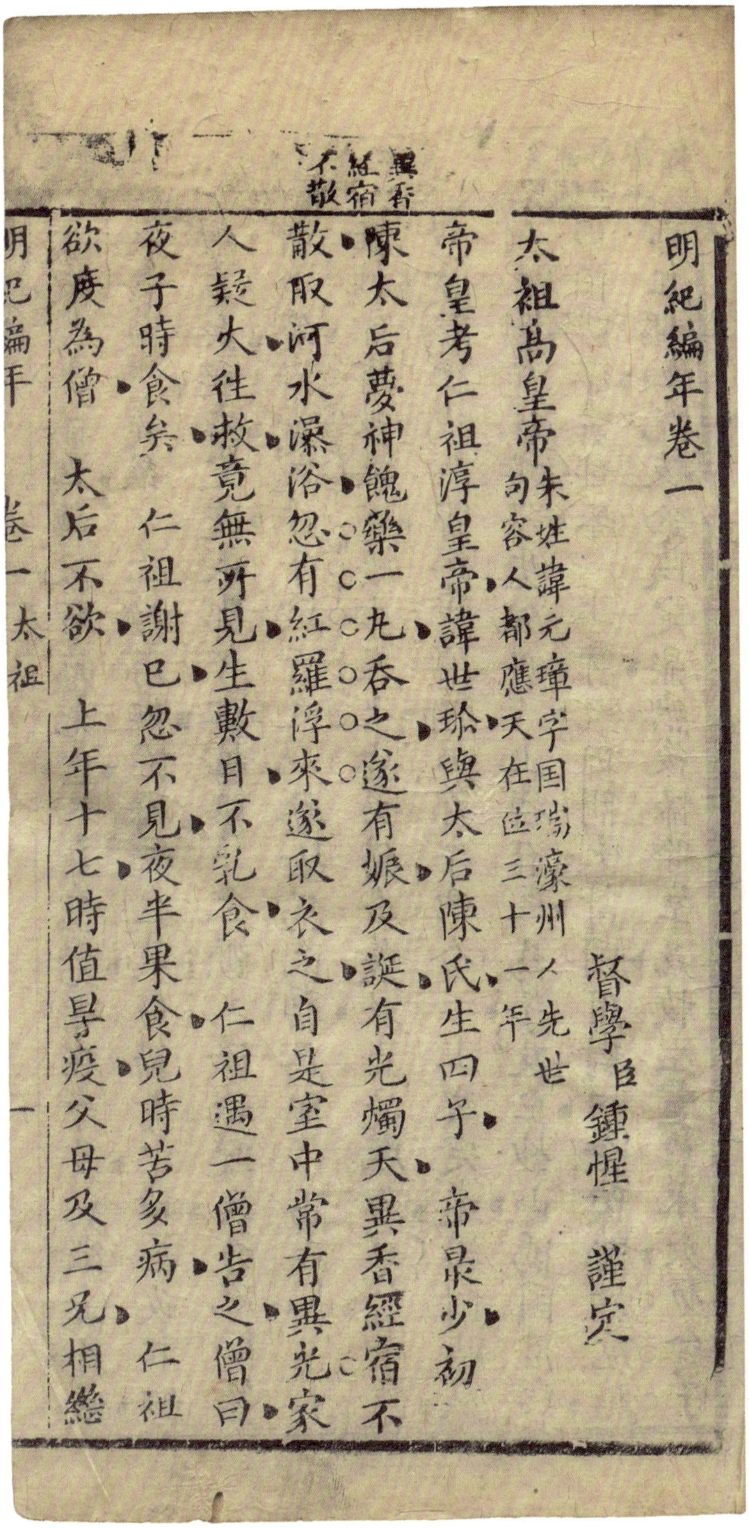

異香經宿不散
明紀編年卷一
督學臣鍾惺　謹定
太祖高皇帝朱姓諱元璋字国瑞濠州人先世句容人都應天在位三十一年
帝皇考仁祖淳皇帝諱世珍與太后陳氏生四子帝最少初
陳太后夢神餽藥一丸吞之遂有娠及誕有光燭天異香經宿不
散取河水澡浴忽有紅羅浮來遂取衣之自是室中常有異光家
人疑火往救竟無所見生數日不乳食仁祖遇一僧告之僧曰
夜子時食矣仁祖謝已忽不見夜半果食見時苦多病仁祖
欲度為僧太后不欲上年十七時值旱疫父母及三兄相繼
明紀編年　卷一　太祖　一

明紀編年十二卷　（明）鍾惺撰　（清）王汝南補定　清順治十七年（1660）尚德堂刻本

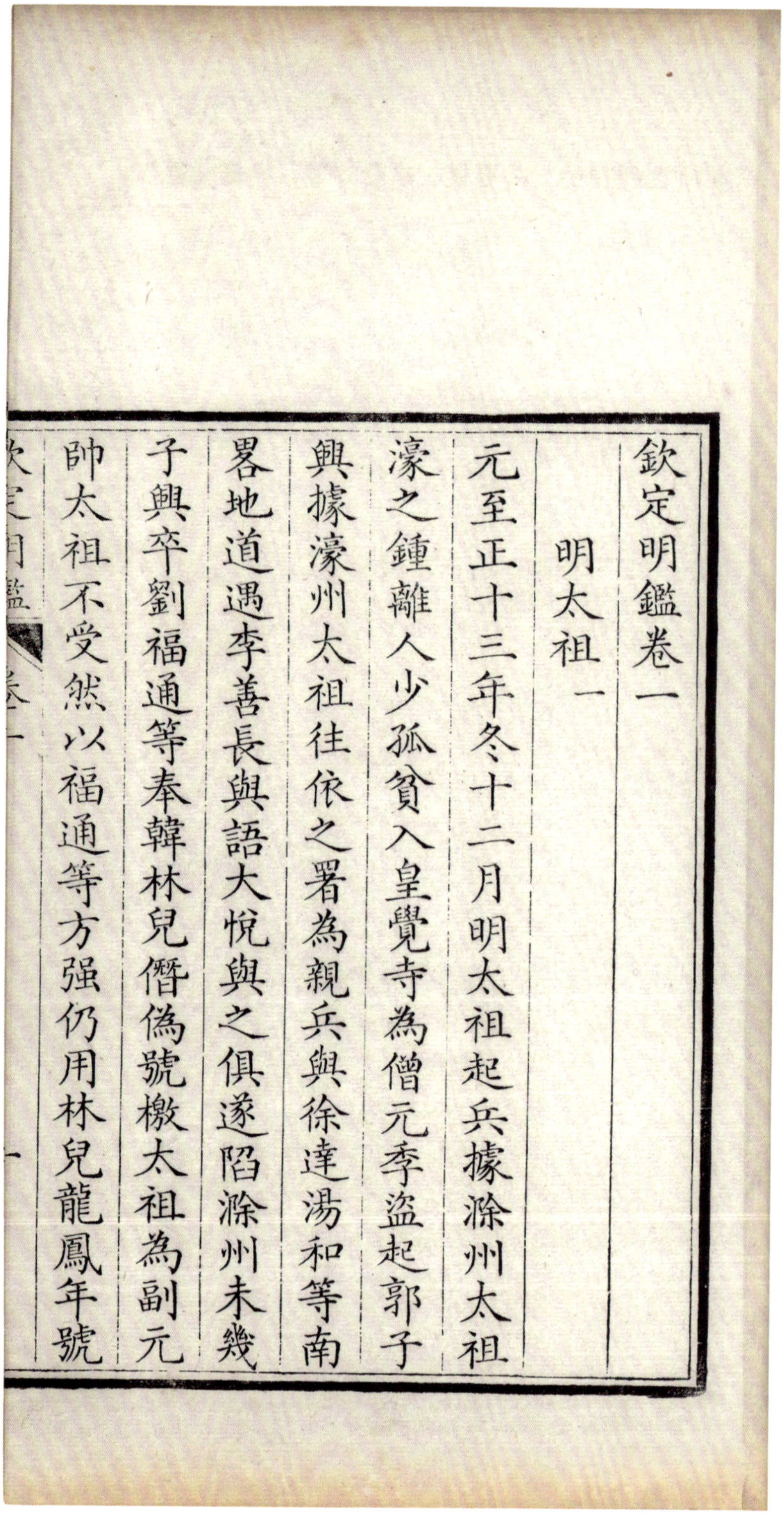

欽定明鑑卷一
明太祖一
元至正十三年冬十二月明太祖起兵據滁州太祖
濠之鍾離人少孤貧入皇覺寺為僧元季盜起郭子
興據濠州太祖往依之署為親兵與徐達湯和等南
畧地道遇李善長與語大悦與之俱遂陷滁州未幾
子興卒劉福通等奉韓林兒僭偽號檄太祖為副元
帥太祖不受然以福通等方强仍用林兒龍鳳年號
欽定明鑑　卷一　一

欽定明鑑二十四卷首一卷　（清）托津撰　清嘉慶二十三年（1818）内府刻本

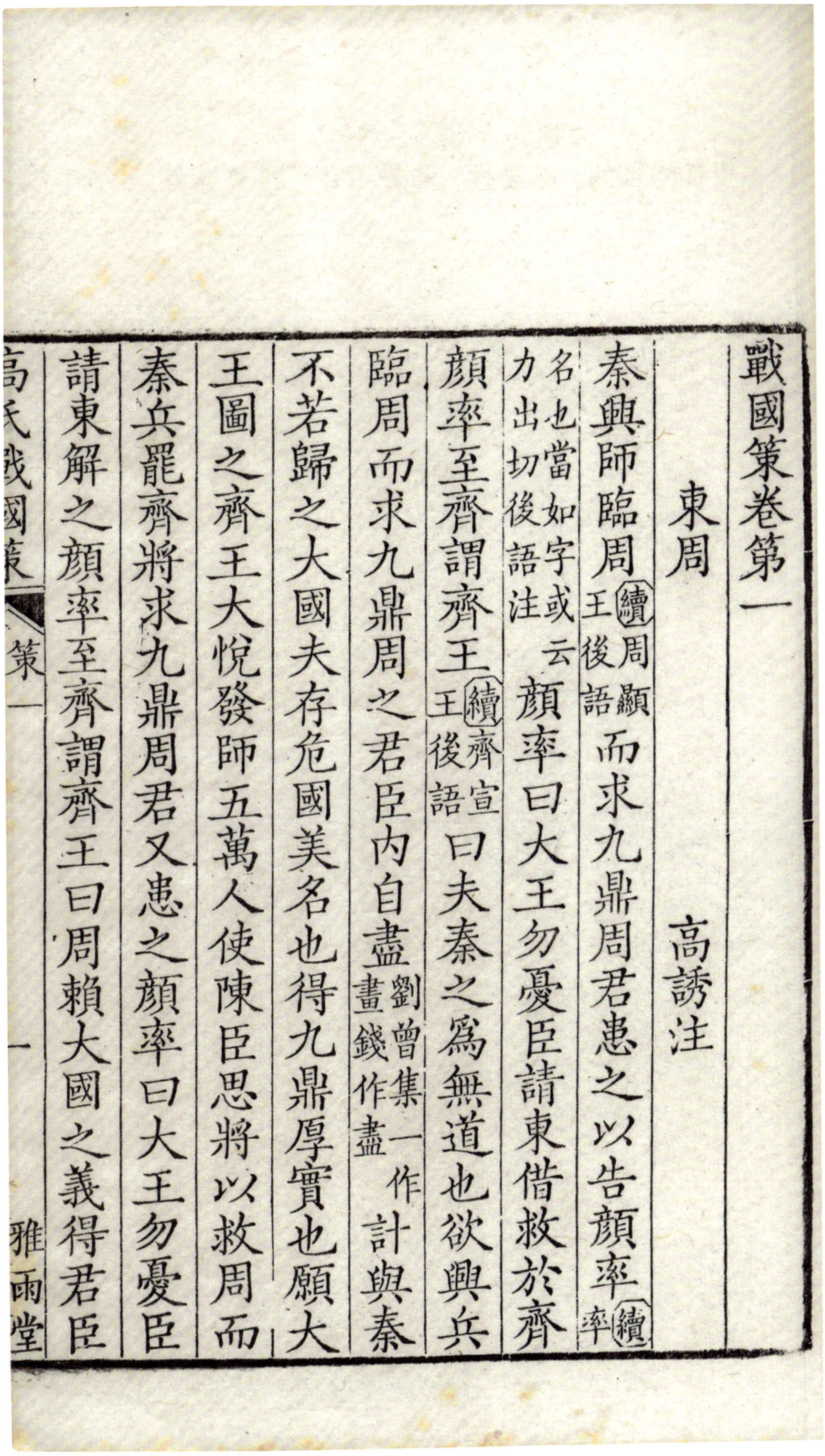

戰國策卷第一

東周　　高誘注

秦興師臨周（續）周顯王後語而求九鼎周君患之以告顏率（續）率名也當如字或云力出切後語注顏率曰大王勿憂臣請東借救於齊

顏率至齊謂齊王（續）齊宣王後語曰夫秦之爲無道也欲興兵臨周而求九鼎周之君臣內自盡劉曾集一作畫錢作盡計與秦不若歸之大國夫存危國美名也得九鼎厚實也願大王圖之齊王大悅發師五萬人使陳臣思將以救周而秦兵罷齊將求九鼎周君又患之顏率曰大王勿憂臣請東解之顏率至齊謂齊王曰周賴大國之義得君臣

高氏戰國策　卷第一　一　雅雨堂

戰國策三十三卷　（漢）高誘注　（宋）姚宏校補　清乾隆二十一年（1756）雅雨堂叢書本

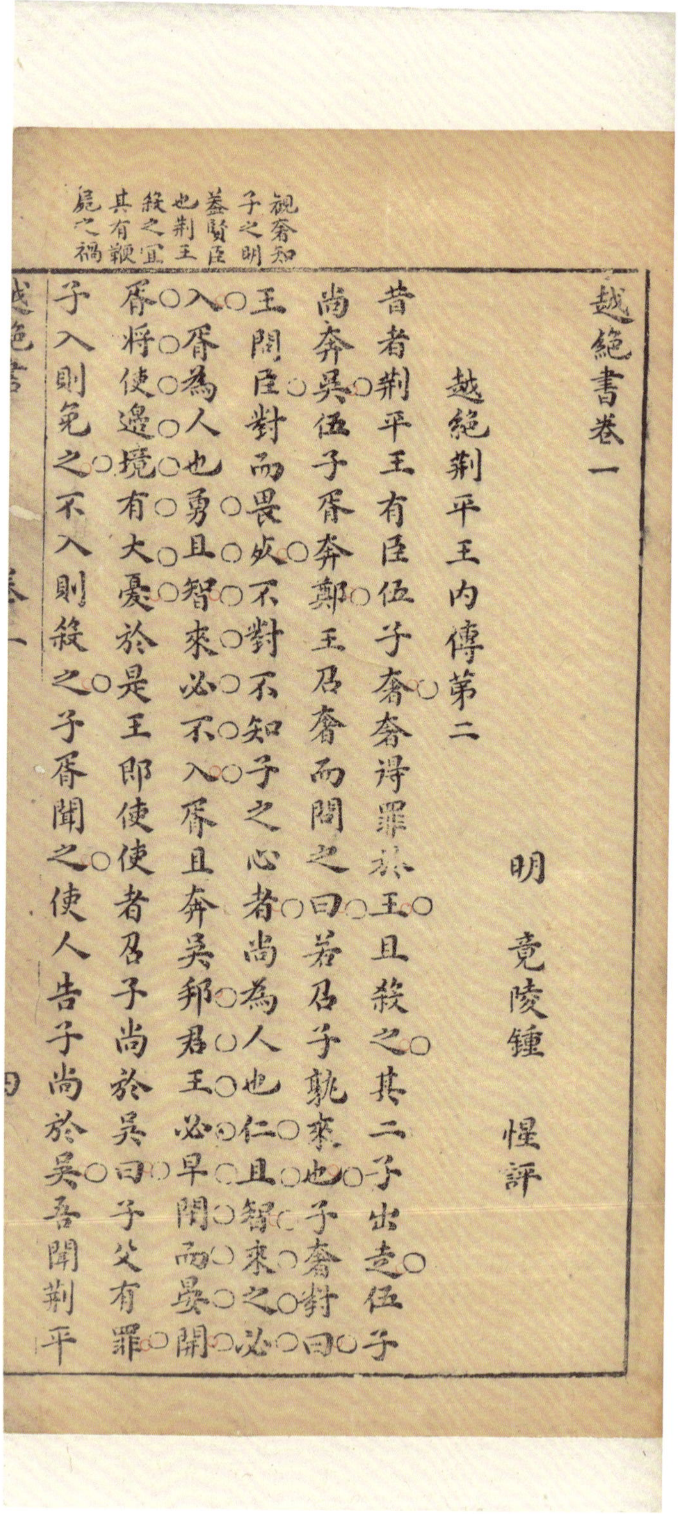

視奢知子之明益賢臣也荆王殺之宜其有鞭屍之禍

越絶書卷一

明　竟陵鍾　惺評

越絶荆平王内傳第二

昔者荆平王有臣伍子奢奢得罪於王且殺之其二子出走伍子尚奔吳伍子胥奔鄭王召奢而問之曰若召子孰來也子奢對曰王問臣對而畏死不對不知子之心者尚為人也仁且智來之必入胥為人也勇且智來必不入胥且奔吳邪君王必早閉而晏開胥將使邊境有大憂於是王即使使者召子尚於吳曰子父有罪子入則免之不入則殺之子胥聞之使人告子尚於吳吾聞荆平

越絶書　卷一　四

越絶書十五卷　（漢）袁康撰　（明）鍾惺評　明刻本

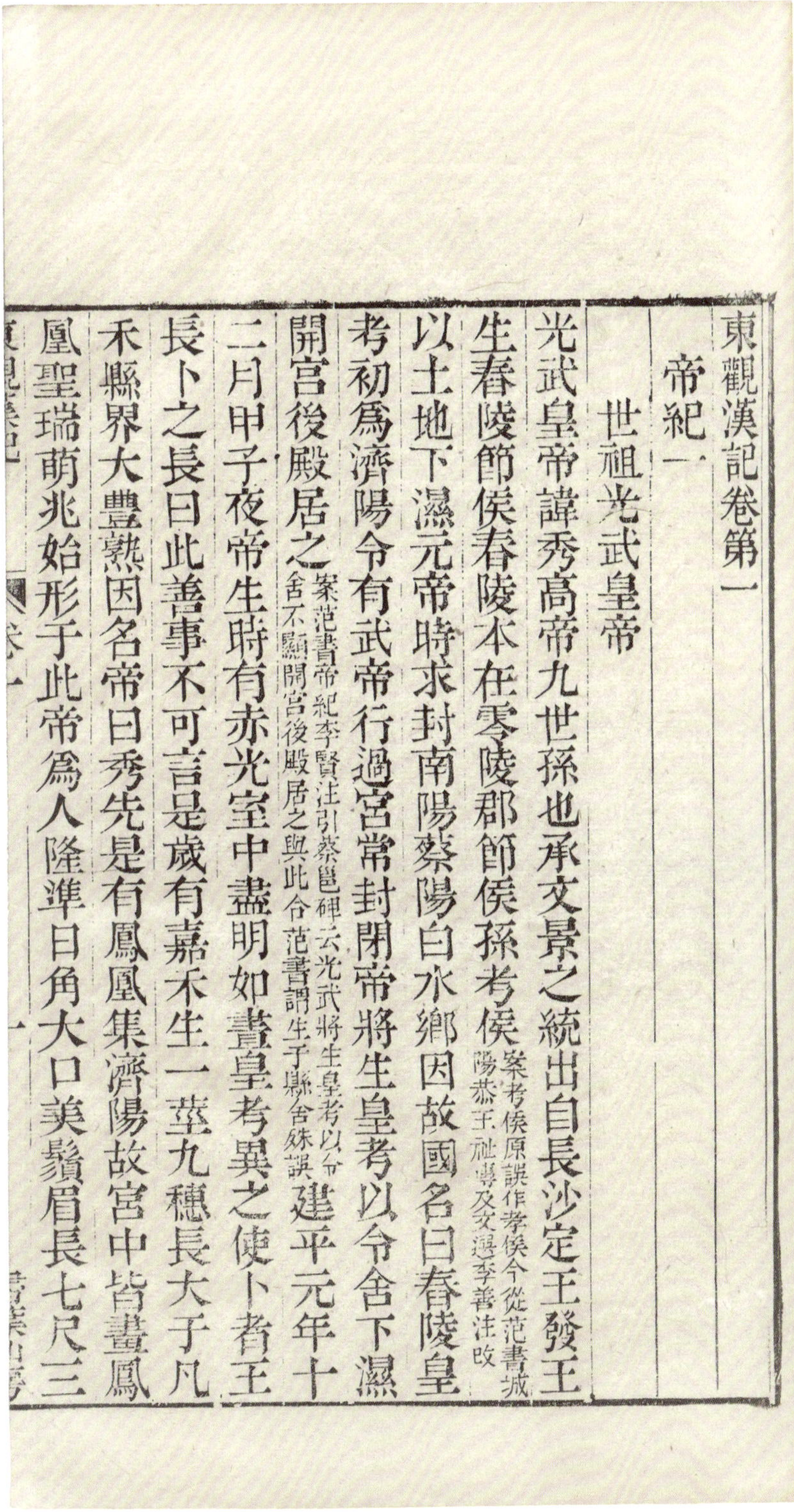

東觀漢記卷第一

帝紀一

世祖光武皇帝

光武皇帝諱秀高帝九世孫也承文景之統出自長沙定王發王生舂陵節侯舂陵本在零陵郡節侯孫考侯（案考侯原誤作孝侯今從范書城陽恭王祉傳及文選李善注改）以土地下濕元帝時求封南陽蔡陽白水鄉因故國名曰舂陵皇考初爲濟陽令有武帝行過宮常封閉帝將生皇考以令舍下濕開宮後殿居之（案范書帝紀李賢注引蔡邕碑云光武將生皇考以令舍不顯開宮後殿居之與此合范書謂生于縣舍殊誤）建平元年十二月甲子夜帝生時有赤光室中盡明如晝皇考異之使卜者王長卜之長曰此善事不可言是歲有嘉禾生一莖九穗長大于凡禾縣界大豐熟因名帝曰秀先是有鳳凰集濟陽故宮中皆畫鳳凰聖瑞萌兆始形于此帝爲人隆準日角大口美鬚眉長七尺三

東觀漢記　卷一　一　掃葉山房

東觀漢記二十四卷　（漢）劉珍撰　清乾隆六十年（1795）掃葉山房刻本

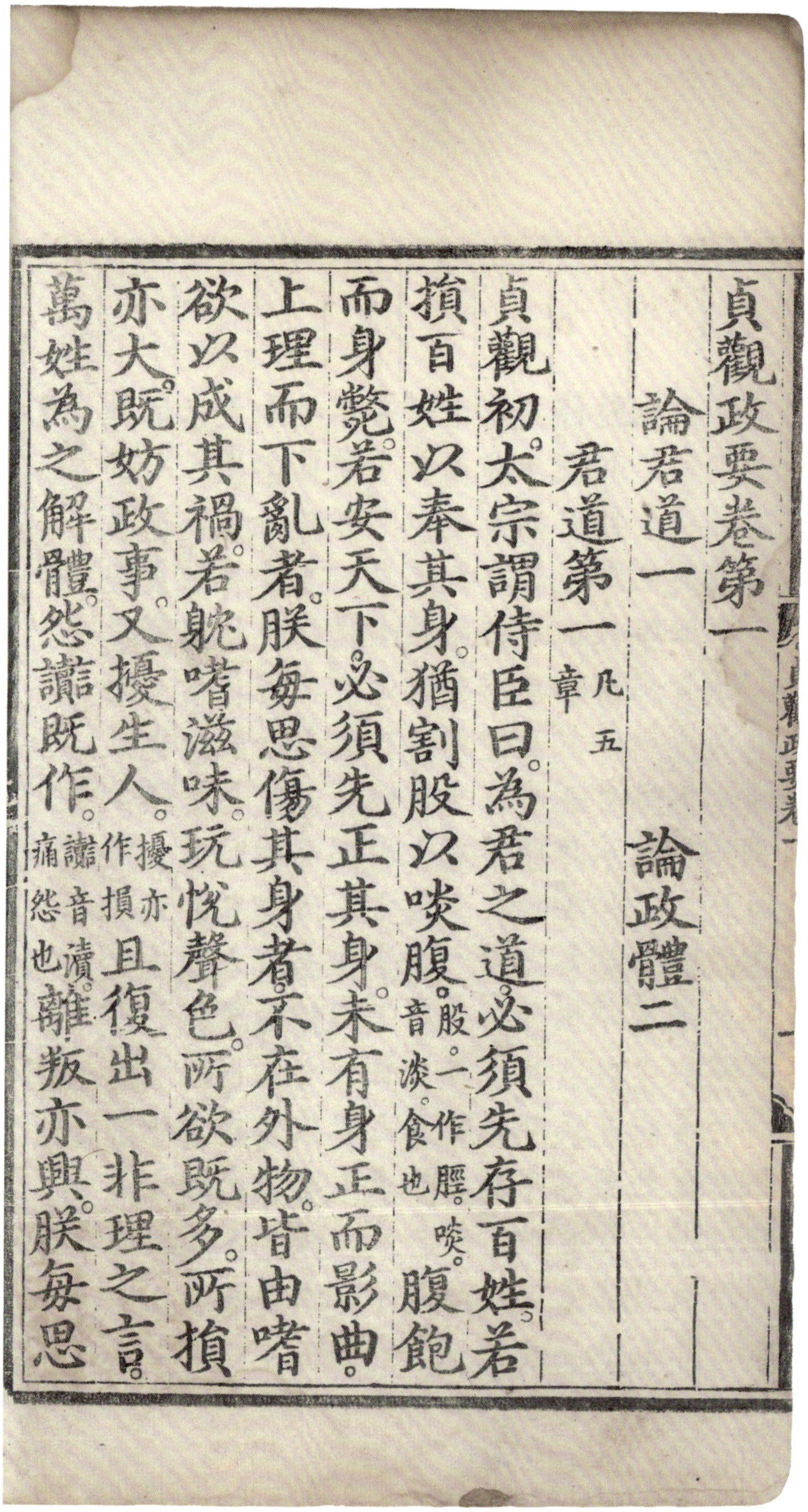

貞觀政要卷第一

論君道一　論政體二

君道第一 凡五章

貞觀初太宗謂侍臣曰為君之道必須先存百姓若損百姓以奉其身猶割股以啖腹股一作脛啖音淡食也腹飽而身斃若安天下必須先正其身未有身正而影曲上理而下亂者朕每思傷其身者不在外物皆由嗜欲以成其禍若躭嗜滋味玩悅聲色所欲既多所損亦大既妨政事又擾生人擾亦作損且復出一非理之言萬姓為之解體怨讟既作讟音讀痛怨也離叛亦興朕每思

貞觀政要十卷　（唐）吴兢撰　明成化元年（1465）内府刻本

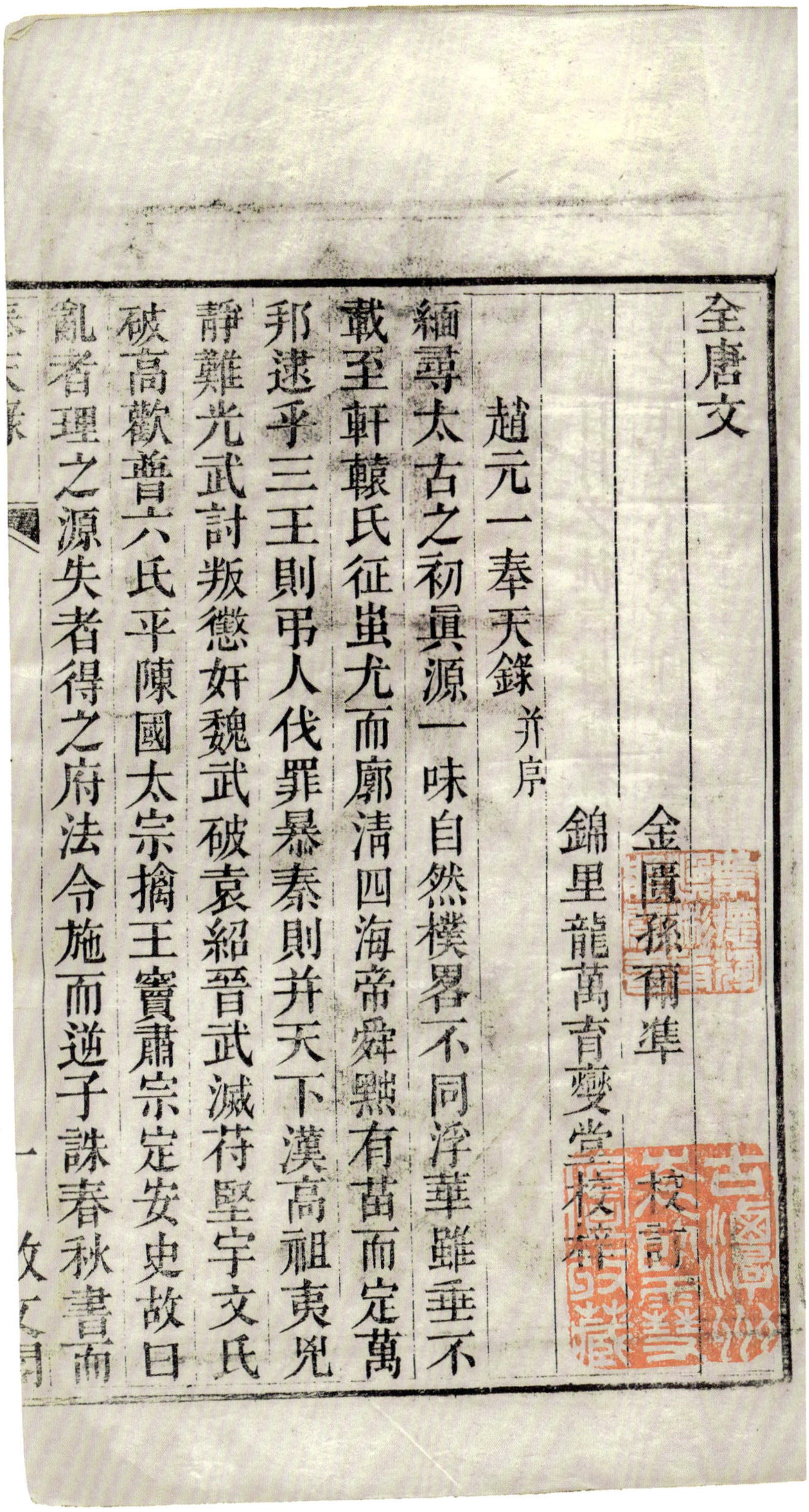
全唐文
金匱孫爾準 校訂
錦里龍萬育燮堂 校梓
趙元一奉天錄并序
緬尋太古之初眞源一味自然樸畧不同浮華雖垂不
載至軒轅氏征蚩尤而廓清四海帝舜黜有苗而定萬
邦逮乎三王則弔人伐罪暴秦則并天下漢高祖夷兇
靜難光武討叛懲奸魏武破袁紹晉武滅苻堅宇文氏
破高歡普六氏平陳國太宗擒王竇肅宗定安史故曰
亂者理之源失者得之府法令施而逆子誅春秋書而
奉天錄 一 敷文閣

奉天録一卷 （唐）趙元一撰 （清）孫爾準校訂 （清）龍萬育校梓 清敷文閣刻本

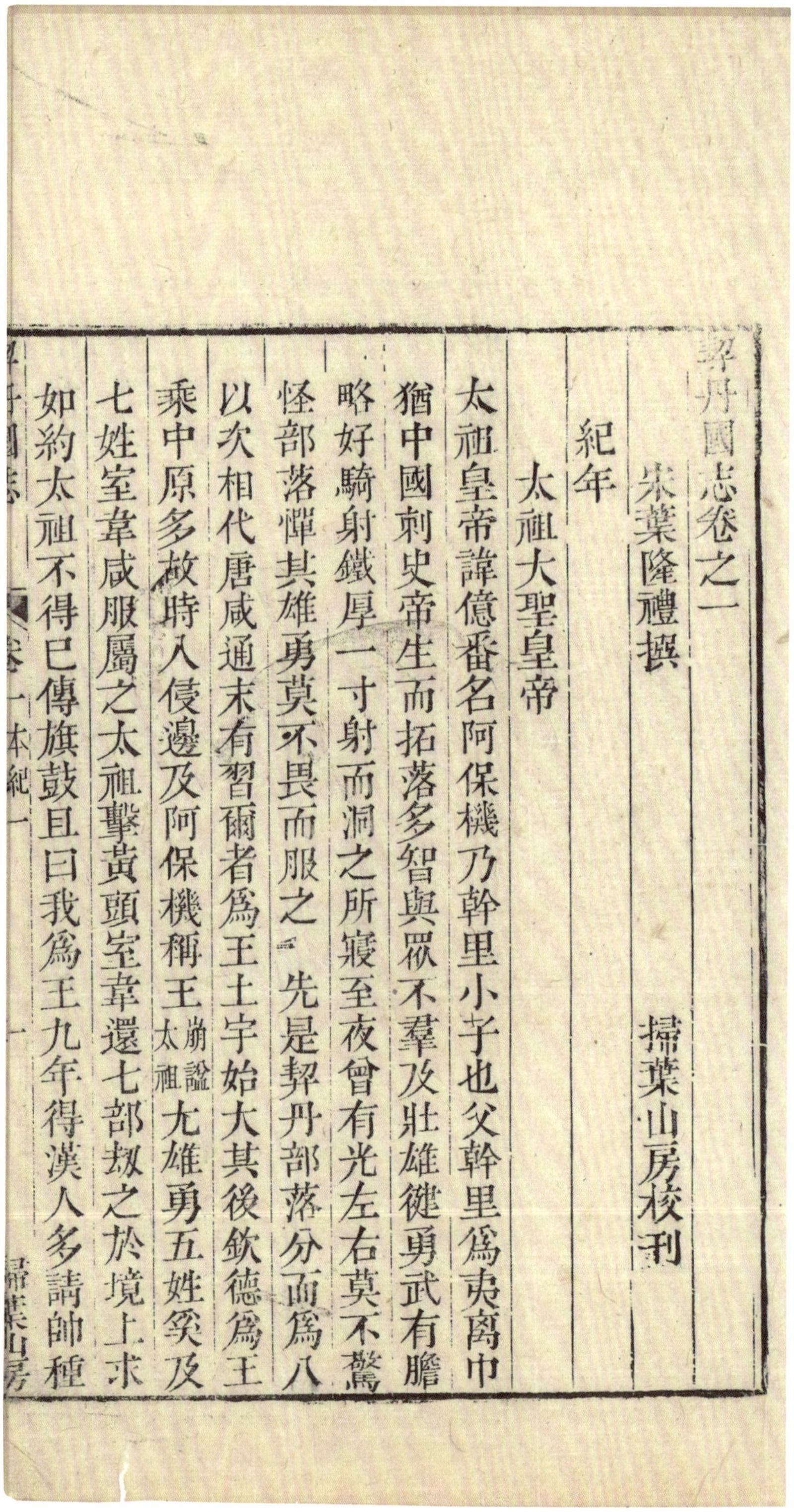

契丹國志卷之一

宋葉隆禮撰　　掃葉山房校刊

紀年

太祖大聖皇帝

太祖皇帝諱億番名阿保機乃斡里小子也父斡里爲夷离巾猶中國刺史帝生而拓落多智與衆不羣及壯雄健勇武有膽略好騎射鐵厚一寸射而洞之所寢至夜嘗有光左右莫不驚怪部落憚其雄勇莫不畏而服之〻先是契丹部落分而爲八以次相代唐咸通末有習爾者爲王土宇始大其後欽德爲王乘中原多故時入侵邊及阿保機稱王（崩謚太祖）尤雄勇五姓奚及七姓室韋咸服屬之太祖擊黄頭室韋還七部刼之於境上求如約太祖不得已傳旗鼓且曰我爲王九年得漢人多請帥種

契丹國志　卷一　本紀一　一　掃葉山房

契丹國志二十七卷　（宋）葉隆禮撰　清掃葉山房刻本

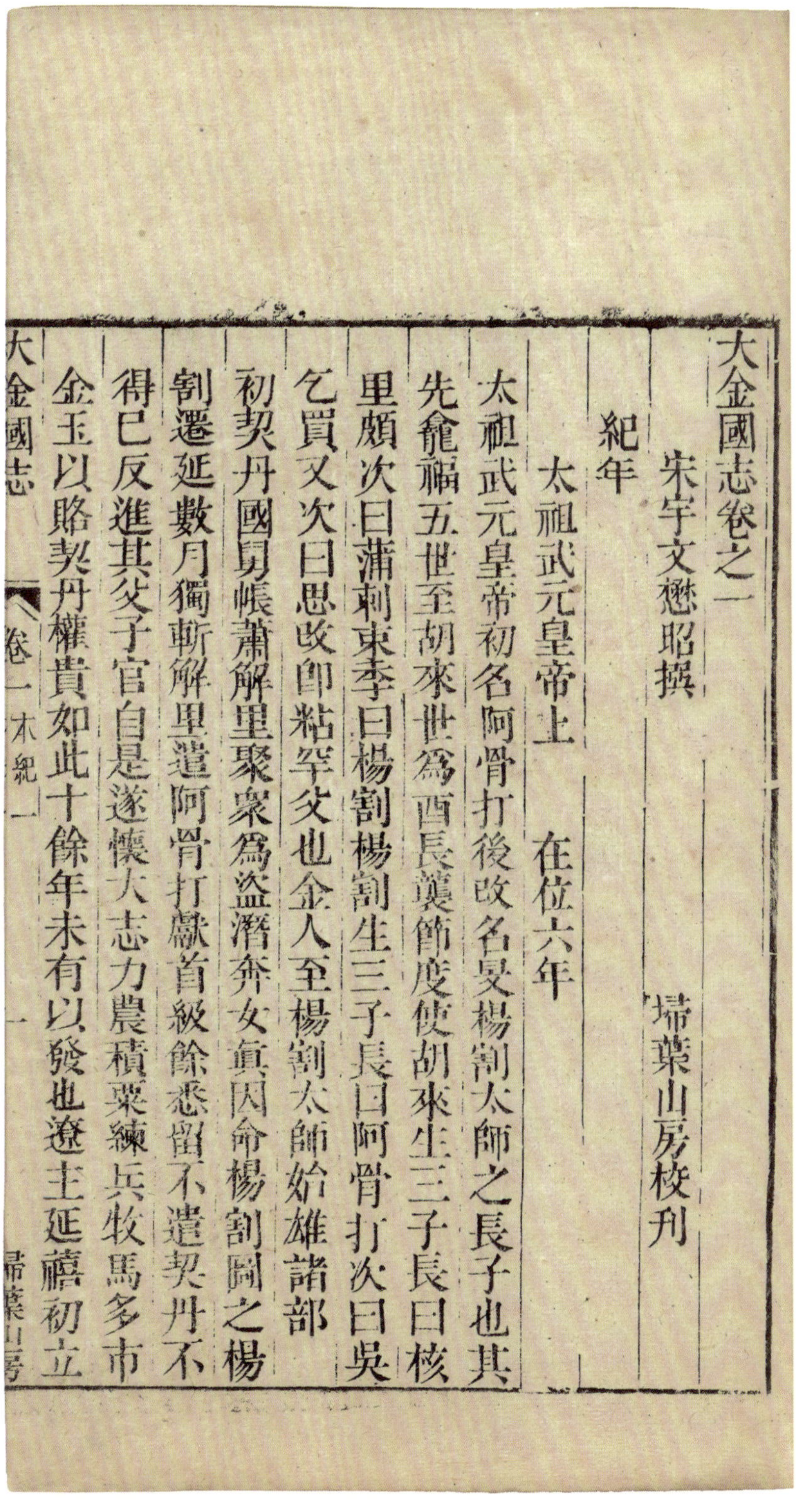

大金國志卷之一

宋宇文懋昭撰　　埽葉山房校刊

紀年

太祖武元皇帝上　在位六年

太祖武元皇帝初名阿骨打後改名旻楊割太師之長子也其先龕福五世至胡來世為酋長襲節度使胡來生三子長曰核里頗次曰蒲剌束季曰楊割楊割生三子長曰阿骨打次曰吳乞買又次曰思畋卽粘罕父也金人至楊割太師始雄諸部

初契丹國舅帳蕭解里聚衆為盜潛奔女眞因命楊割圖之楊割遷延數月獨斬解里遣阿骨打獻首級餘悉留不遣契丹不得已反進其父子官自是遂懷大志力農積粟練兵牧馬多市金玉以賂契丹權貴如此十餘年未有以發也遼主延禧初立

大金國志　卷一　本紀一　一　埽葉山房

大金國志四十卷　（宋）宇文懋昭撰　清掃葉山房校刻本

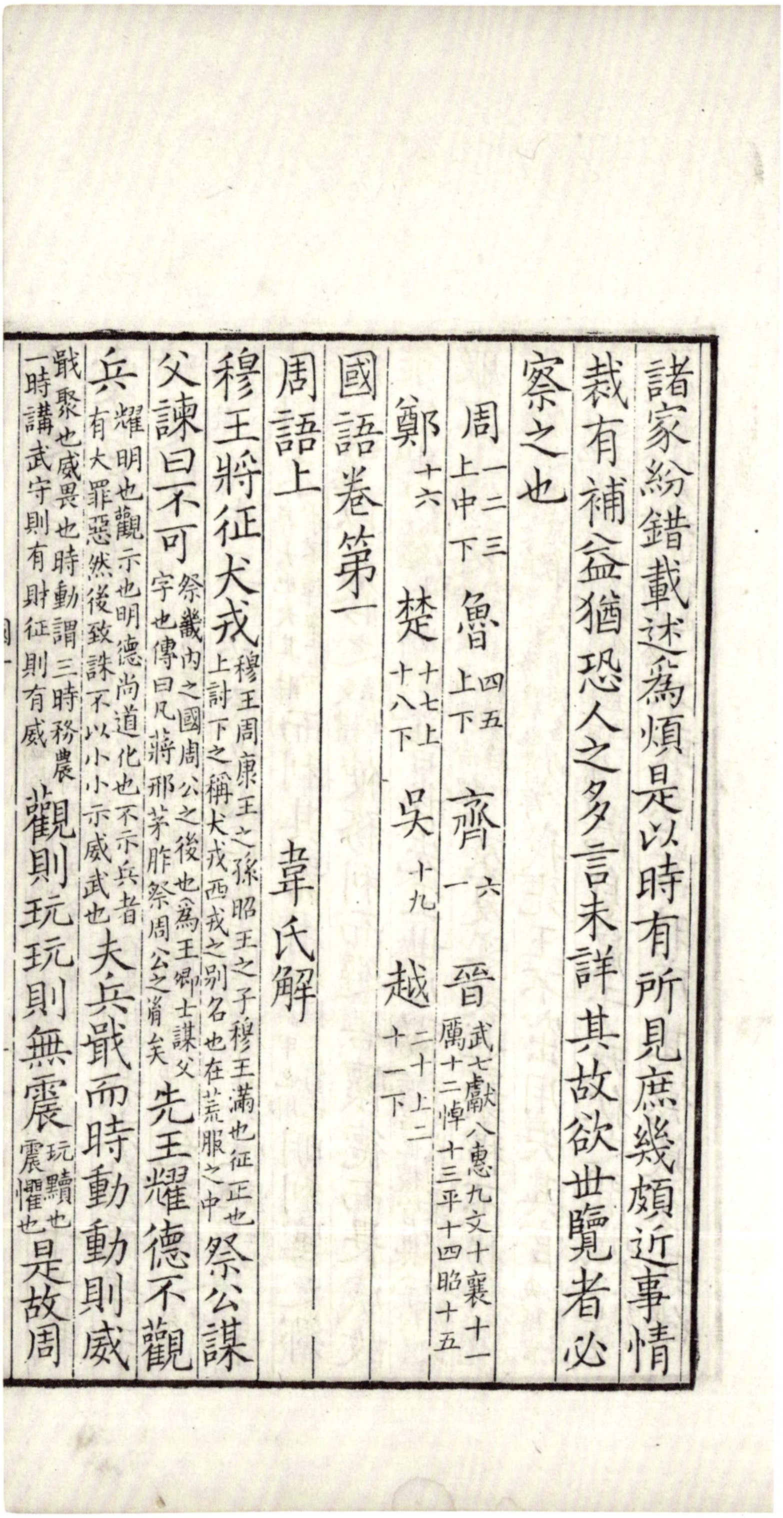
諸家紛錯載述爲煩是以時有所見庶幾頗近事情
裁有補益猶恐人之多言未詳其故欲世覽者必
察之也
周一二三上中下 魯四五上下 齊六一 晉武七獻八惠九文十襄十一厲十二悼十三平十四昭十五
鄭十六 楚十七上十八下 吳十九 越二十上二十一下
國語卷第一
周語上　韋氏解
穆王將征犬戎穆王周康王之孫昭王之子穆王滿也征正也上討下之稱犬戎西戎之別名也在荒服之中祭公謀
父諫曰不可祭畿內之國周公之後也爲王卿士謀父字也傳曰凡蔣邢茅胙祭周公之胤矣先王耀德不觀
兵耀明也觀示也明德尚道化也不示兵者有大罪惡然後致誅不以小小示威武也夫兵戢而時動動則威
戢聚也威畏也時動謂三時務農一時講武守則有財征則有威觀則玩玩則無震玩黷也震懼也是故周

國語二十一卷　（三國吴）韋昭解　**校刊明道本韋氏解**
國語劄記一卷　（清）黄丕烈撰　清嘉慶五年（1800）黄氏讀未見書齋影宋刻本

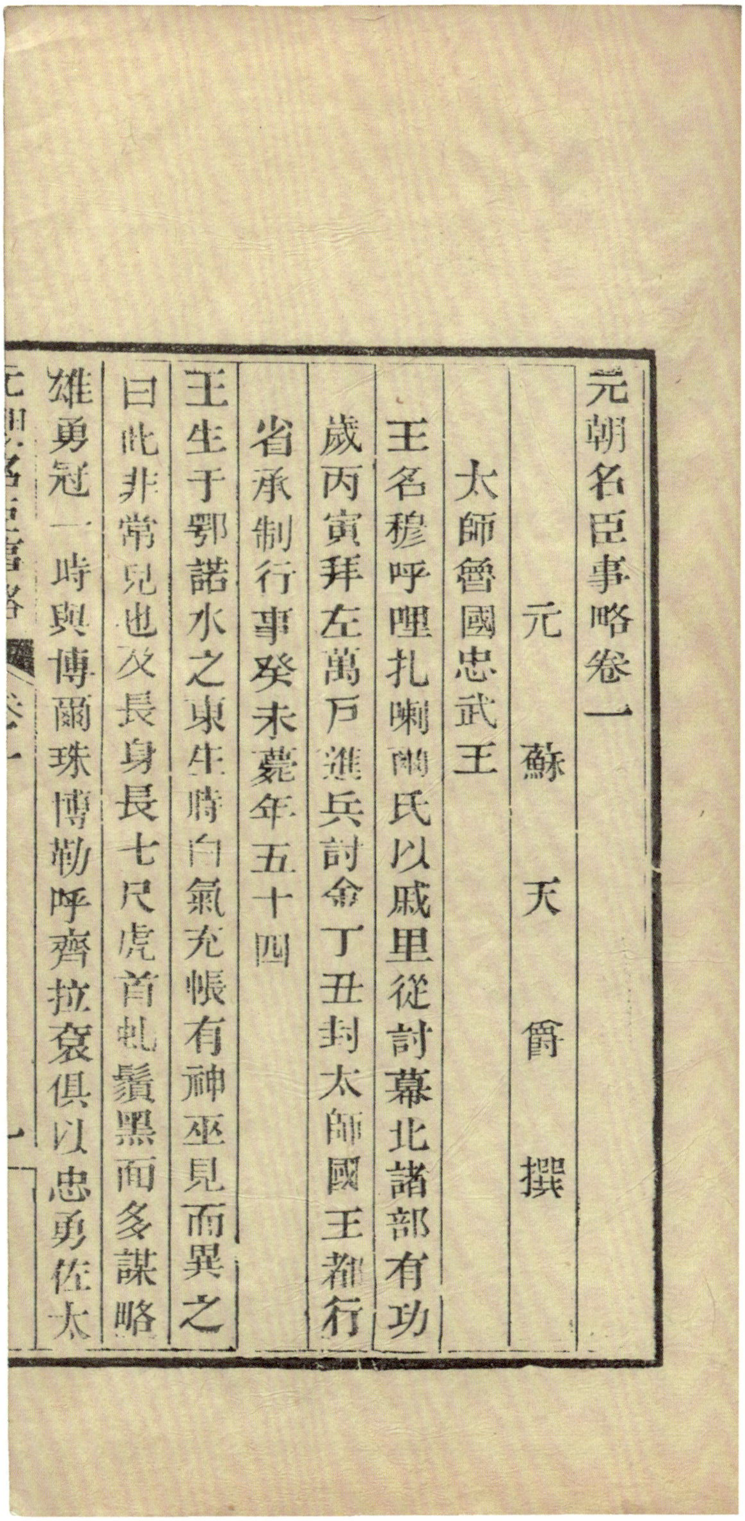

元朝名臣事略卷一

元　蘇天爵　撰

太師魯國忠武王

王名穆呼哩扎喇爾氏以戚里從討幕北諸部有功歲丙寅拜左萬戶進兵討金丁丑封太師國王都行省承制行事癸未薨年五十四

王生于鄂諾水之東生時白氣充帳有神巫見而異之曰此非常兒也及長身長七尺虎首虬鬚黑而多謀略雄勇冠一時與博爾珠博勒呼齊拉袞俱以忠勇佐太

元朝名臣事略十五卷　（元）蘇天爵撰　清乾隆武英殿聚珍版

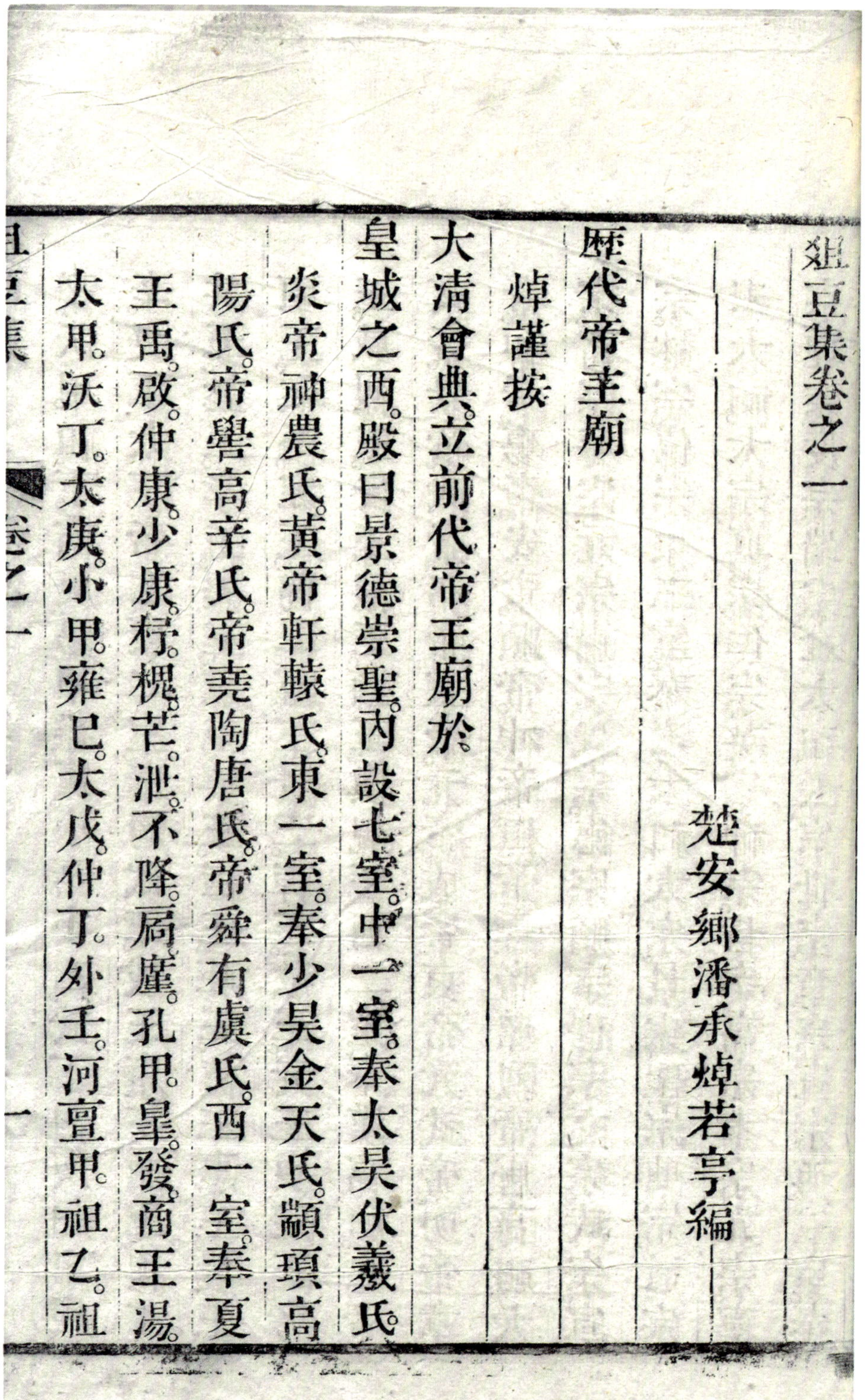

爼豆集卷之一

楚安鄉潘承焯若亭編

歷代帝王廟

焯謹按

大清會典立前代帝王廟於

皇城之西殿曰景德崇聖內設七室中一室奉太昊伏羲氏炎帝神農氏黃帝軒轅氏東一室奉少昊金天氏顓頊高陽氏帝嚳高辛氏帝堯陶唐氏帝舜有虞氏西一室奉夏王禹啟仲康少康杼槐芒泄不降扃廑孔甲皐發商王湯太甲沃丁太庚小甲雍巳太戊仲丁外壬河亶甲祖乙祖

爼豆集　卷之一　一

爼豆集三十卷　（清）潘承焯編　清乾隆四十三年（1778）汲古閣刻本

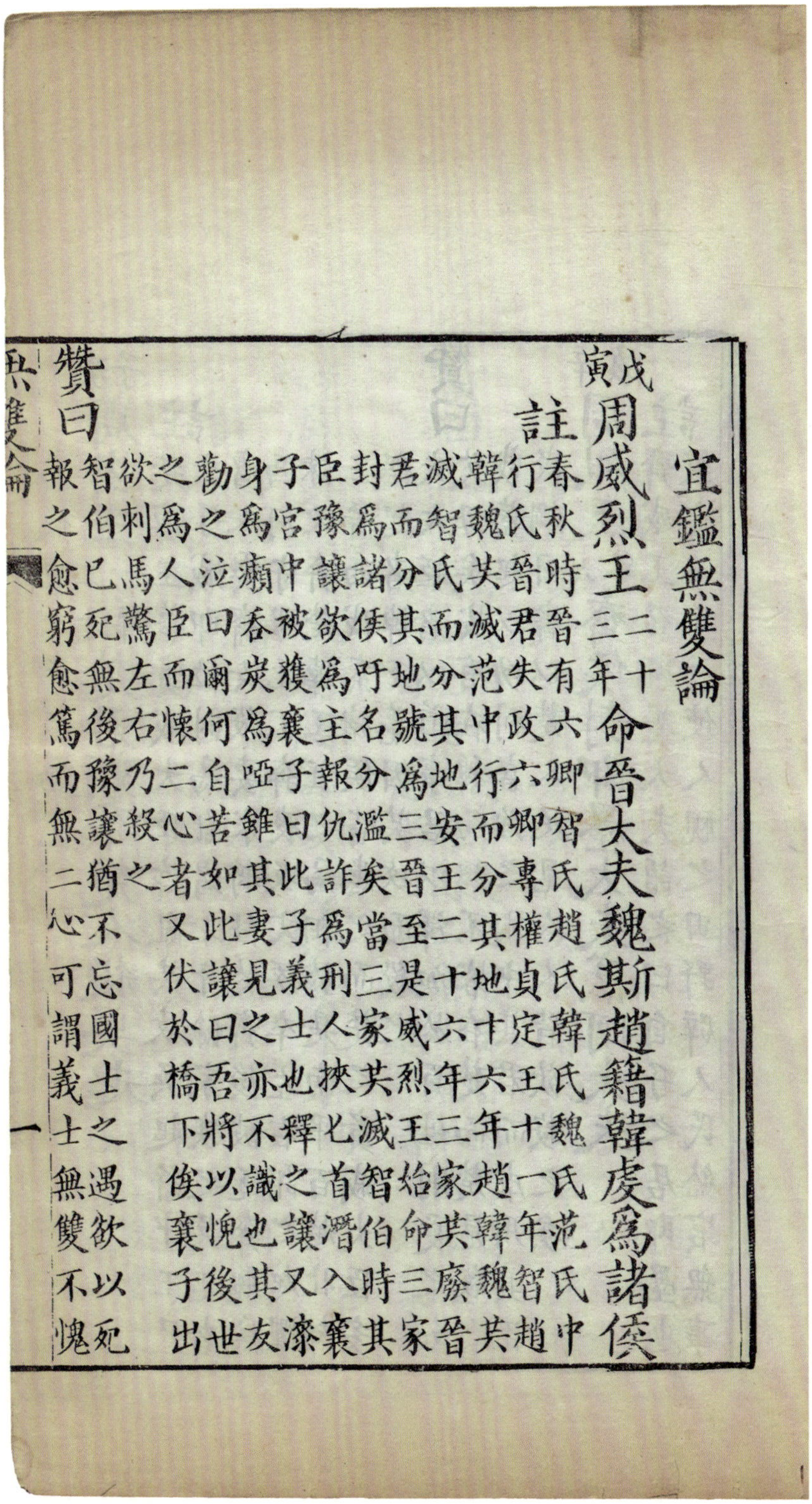

宜鑑無雙論

戊寅 周威烈王二十三年命晉大夫魏斯趙籍韓虔爲諸侯

註 春秋時晉有六卿智氏趙氏韓氏魏氏范氏中行氏晉君失政六卿專權貞定王十一年智趙韓魏共滅范中行而分其地十六年趙韓魏共滅智氏而分其地安王二十六年三家共廢晉君而分其地號爲三晉至是威烈王始命三家封爲諸侯吁名分濫矣當三家共滅智伯時其臣豫讓欲爲主報仇詐爲刑人挾匕首潛入襄子宮中被獲襄子曰此子義士也釋之讓又漆身爲癘吞炭爲啞雖其妻子見之亦不識也其友勸之泣曰爾何自苦如此讓曰吾將以愧後世之爲人臣而懷二心者又伏於橋下俟襄子出欲刺馬驚左右乃殺之

贊曰 智伯已死無後豫讓猶不忘國士之遇欲以死報之愈窮愈篤而無二心可謂義士之無雙不愧

無雙論 一

宜鑑無雙論不分卷　（清）朱雲龍撰　清嘉慶元年（1796）朱氏二南軒刻本

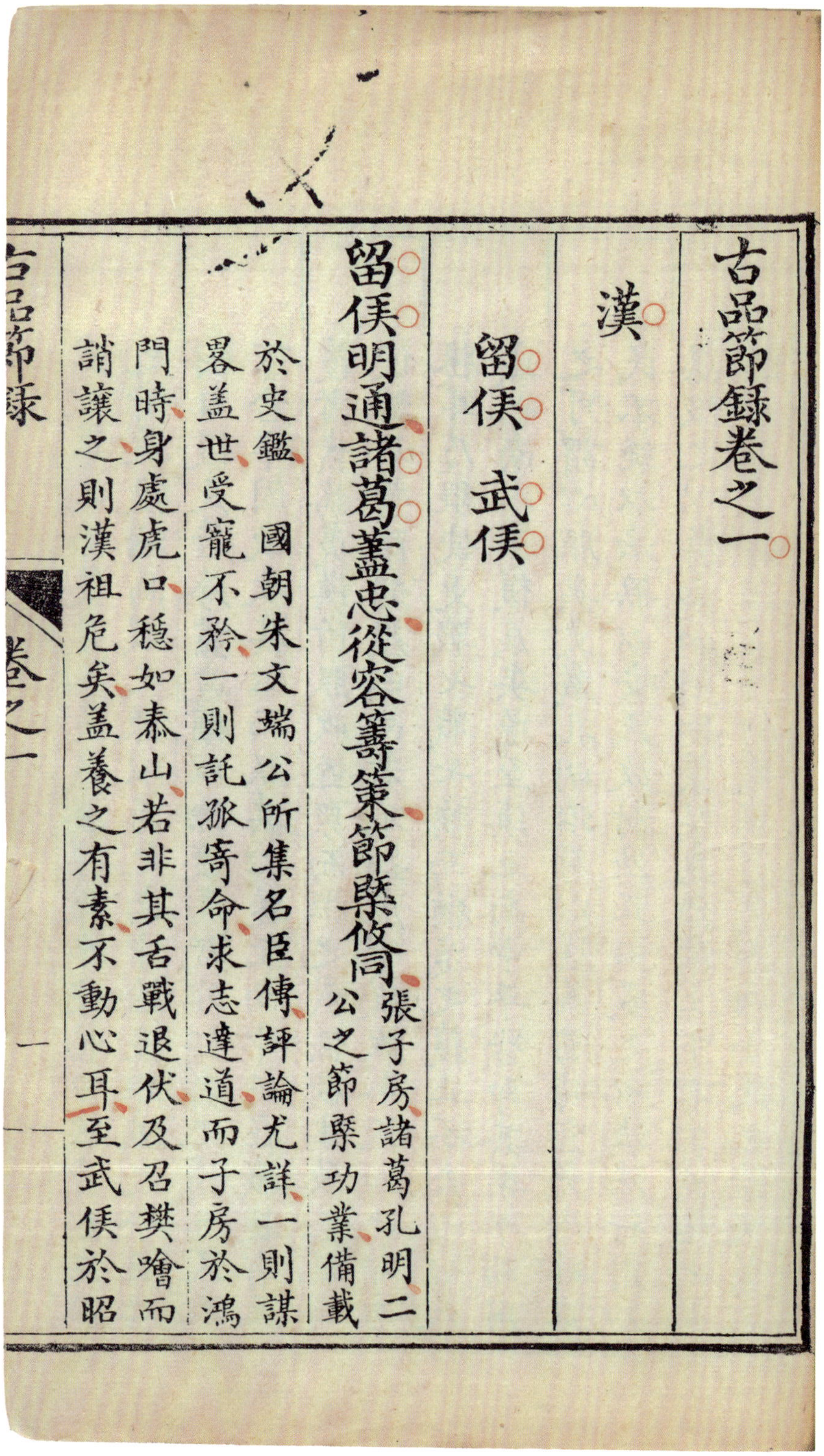

古品節錄卷之一

漢

留侯　武侯

留侯明通諸葛蓋忠從容籌策節槩攸同張子房諸葛孔明二公之節槩功業備載於史鑑　國朝朱文端公所集名臣傳評論尤詳一則謀畧蓋世受寵不矜一則託孤寄命求志達道而子房於鴻門時身處虎口穩如泰山若非其舌戰退伏及召樊噲而誚讓之則漢祖危矣蓋養之有素不動心耳至武侯於昭

古品節錄　卷之一　一

古品節録六卷　（清）朱軾撰　清嘉慶四年（1799）關中書院刻本

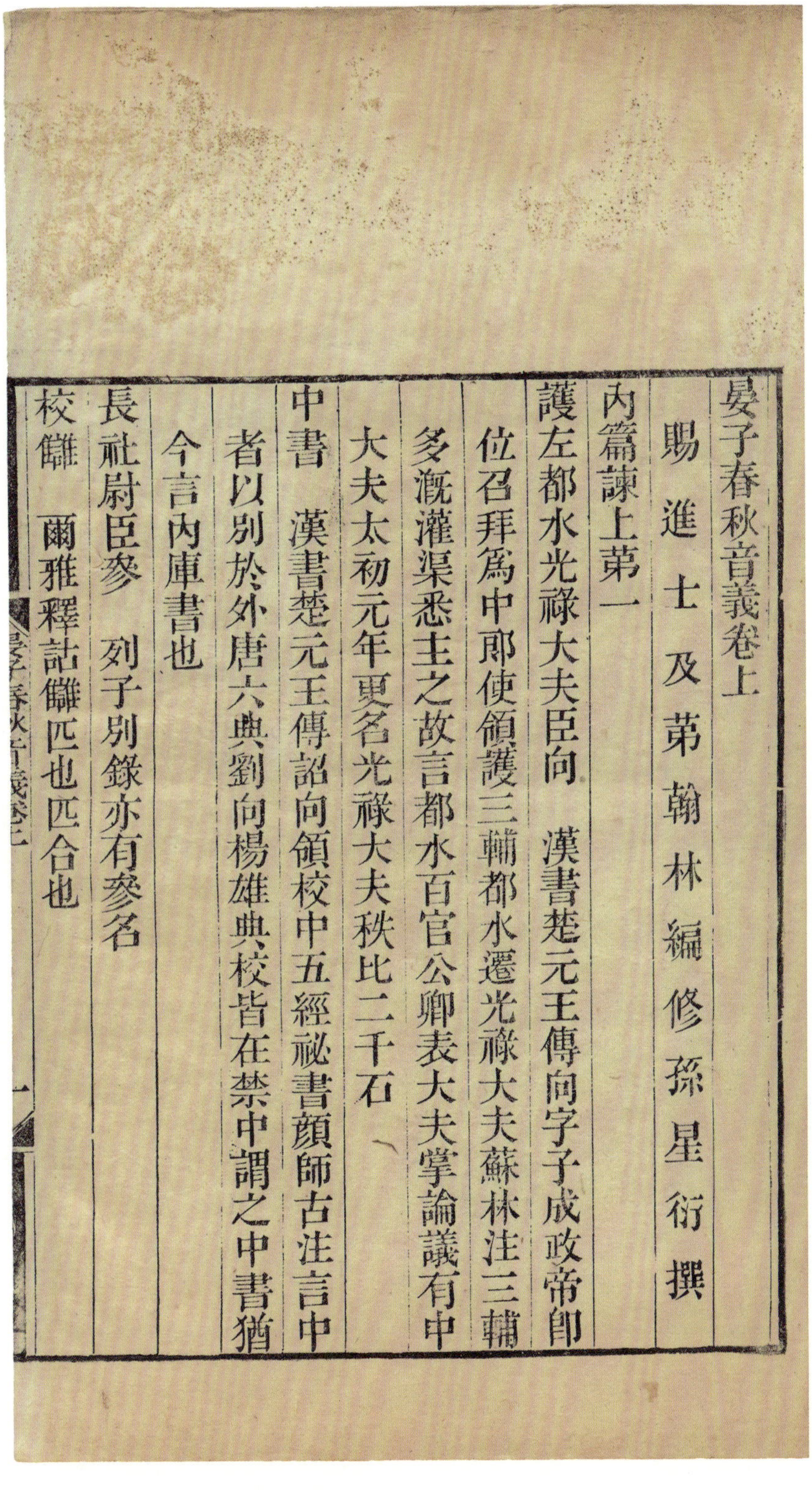
晏子春秋音義卷上
賜進士及第翰林編修孫星衍撰
內篇諫上第一
護左都水光祿大夫臣向　漢書楚元王傳向字子政帝即位召拜爲中郎使領護三輔都水遷光祿大夫蘇林注三輔多溉灌渠悉主之故言都水百官公卿表大夫掌論議有中大夫太初元年更名光祿大夫秩比二千石
中書　漢書楚元王傳詔向領校中五經祕書顏師古注言中者以別於外唐六典劉向楊雄典校皆在禁中謂之中書猶今言內庫書也
長社尉臣參　列子別錄亦有參名
校讎　爾雅釋詁讎匹也匹合也

晏子春秋七卷音義二卷　（清）孫星衍校　清乾隆五十三年（1788）孫星衍校刻本

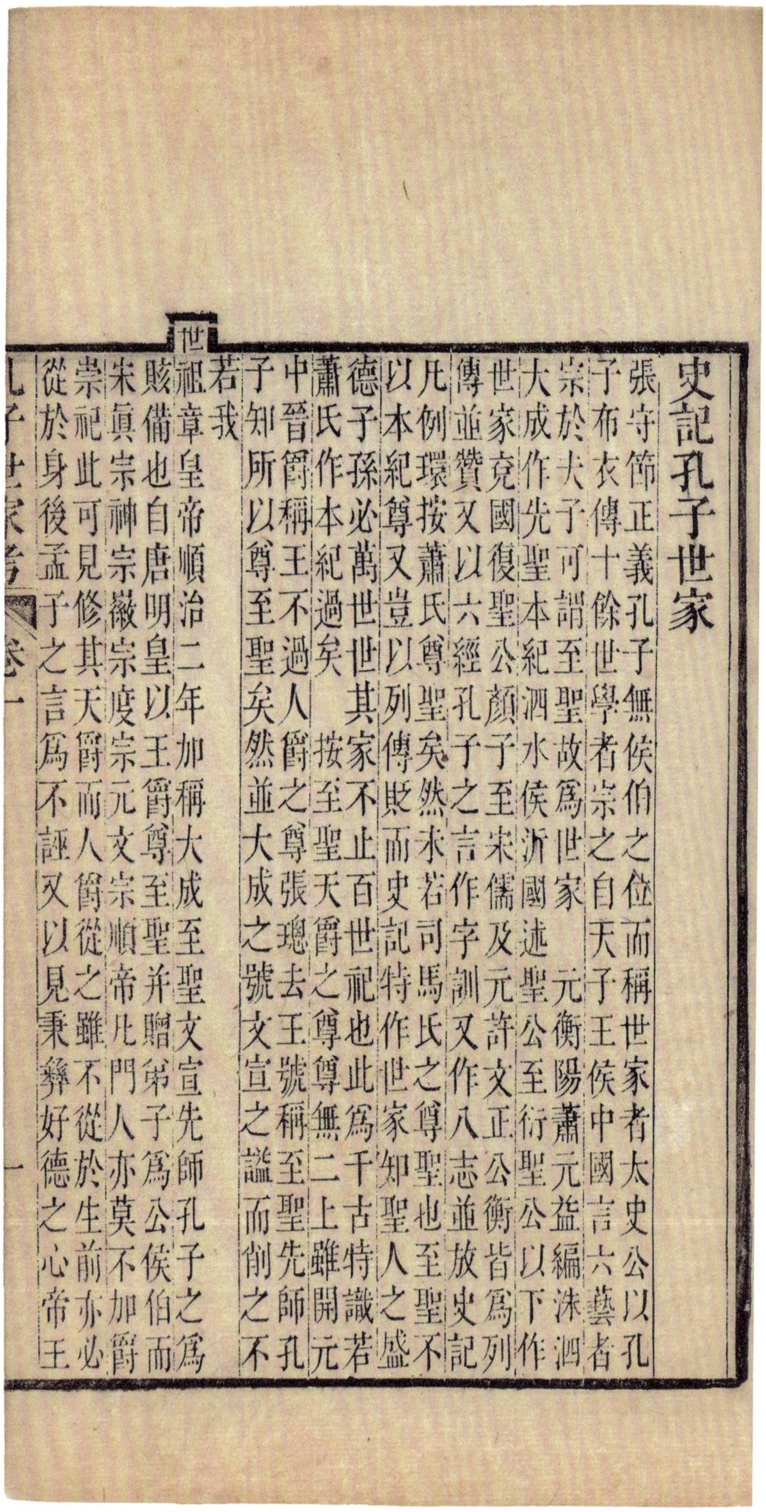

史記孔子世家

張守節正義孔子無侯伯之位而稱世家者太史公以孔子布衣傳十餘世學者宗之自天子王侯中國言六藝者宗於夫子可謂至聖故爲世家　元衡陽蕭元益編洙泗大成作先聖本紀泗水侯沂國述聖公至衍聖公以下作世家兗國復聖公顔子至宋儒及元許文正公衡皆爲列傳並贊又以六經孔子之言作字訓又作八志並放史記凡例環按蕭氏尊聖矣然不若司馬氏之尊聖也至聖不以本紀尊又豈以列傳貶而史記特作世家知聖人之盛德子孫必萬世世其家不止百世祀也此爲千古特識若蕭氏作本紀過矣　按至聖天爵之尊尊無二上雖開元中晉爵稱王不過人爵之尊張璁去王號稱至聖先師孔子知所以尊至聖矣然並大成之號文宣之謚而削之不若我

世祖章皇帝順治二年加稱大成至聖文宣先師孔子之爲賅備也自唐明皇以王爵尊至聖并贈弟子爲公侯伯而宋眞宗神宗徽宗度宗元文宗順帝凡門人亦莫不加爵崇祀此可見修其天爵而人爵從之雖不從於生前亦必從於身後孟子之言爲不誣又以見秉彝好德之心帝王

孔子世家考　卷一　一

孔子世家考二卷附弟子列傳考一卷歷代典禮考一卷　（清）鄭環撰　清嘉慶八年（1803）刻本

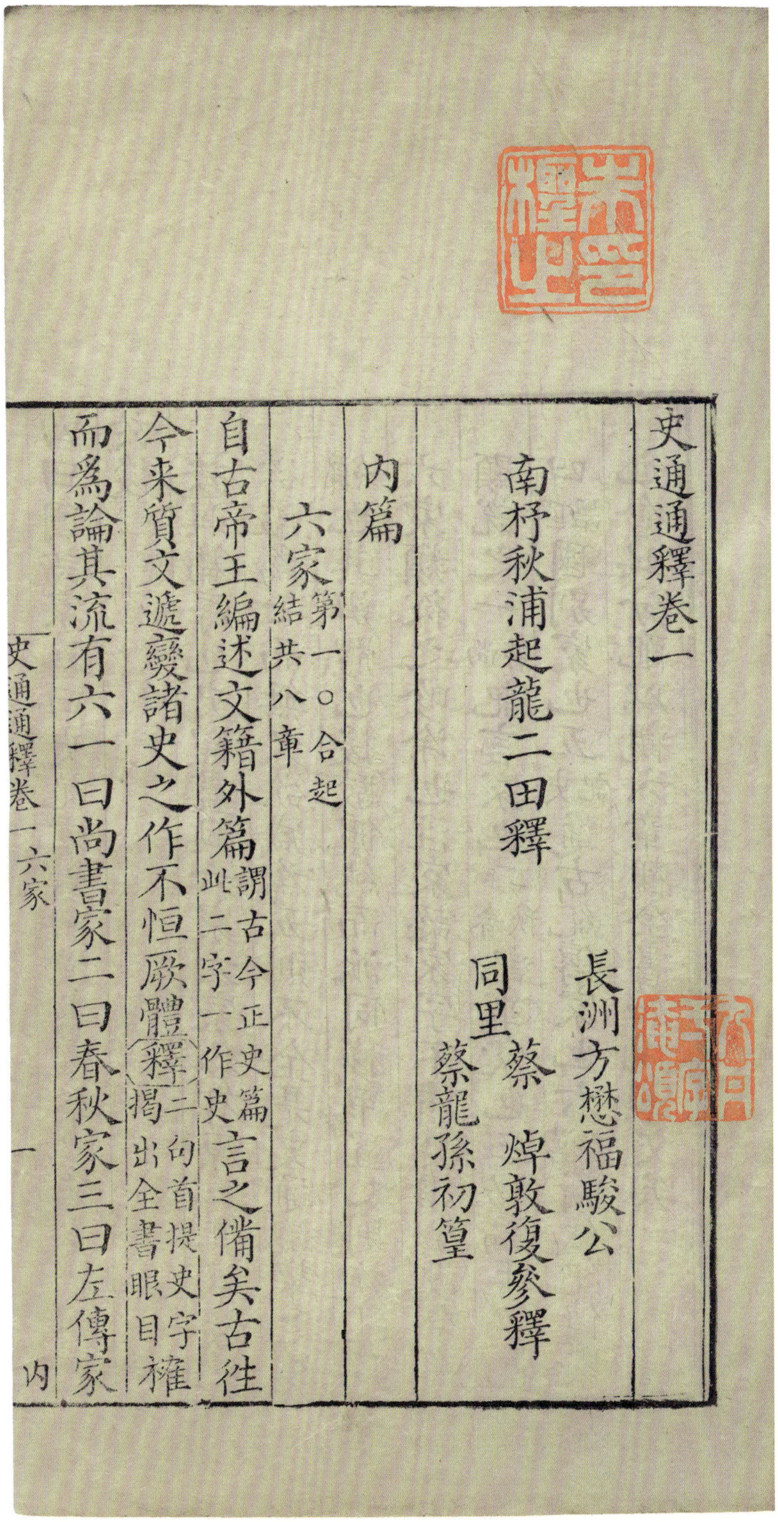

史通通釋卷一

南梓秋浦起龍二田釋

長洲方懋福駿公

同里蔡　焯敦復參釋

蔡龍孫初篁

內篇

六家第一〇合起結共八章

自古帝王編述文籍外篇謂古今正史篇此二字一作史言之備矣古往今來質文遞變諸史之作不恒厥體【釋】二句首提史字權揭出全書眼目而為論其流有六一曰尚書家二曰春秋家三曰左傳家

史通通釋卷一六家　一　內

史通通釋二十卷附舉例附録一卷　（清）浦起龍撰　清乾隆十七年（1752）浦氏求放心齋刻本

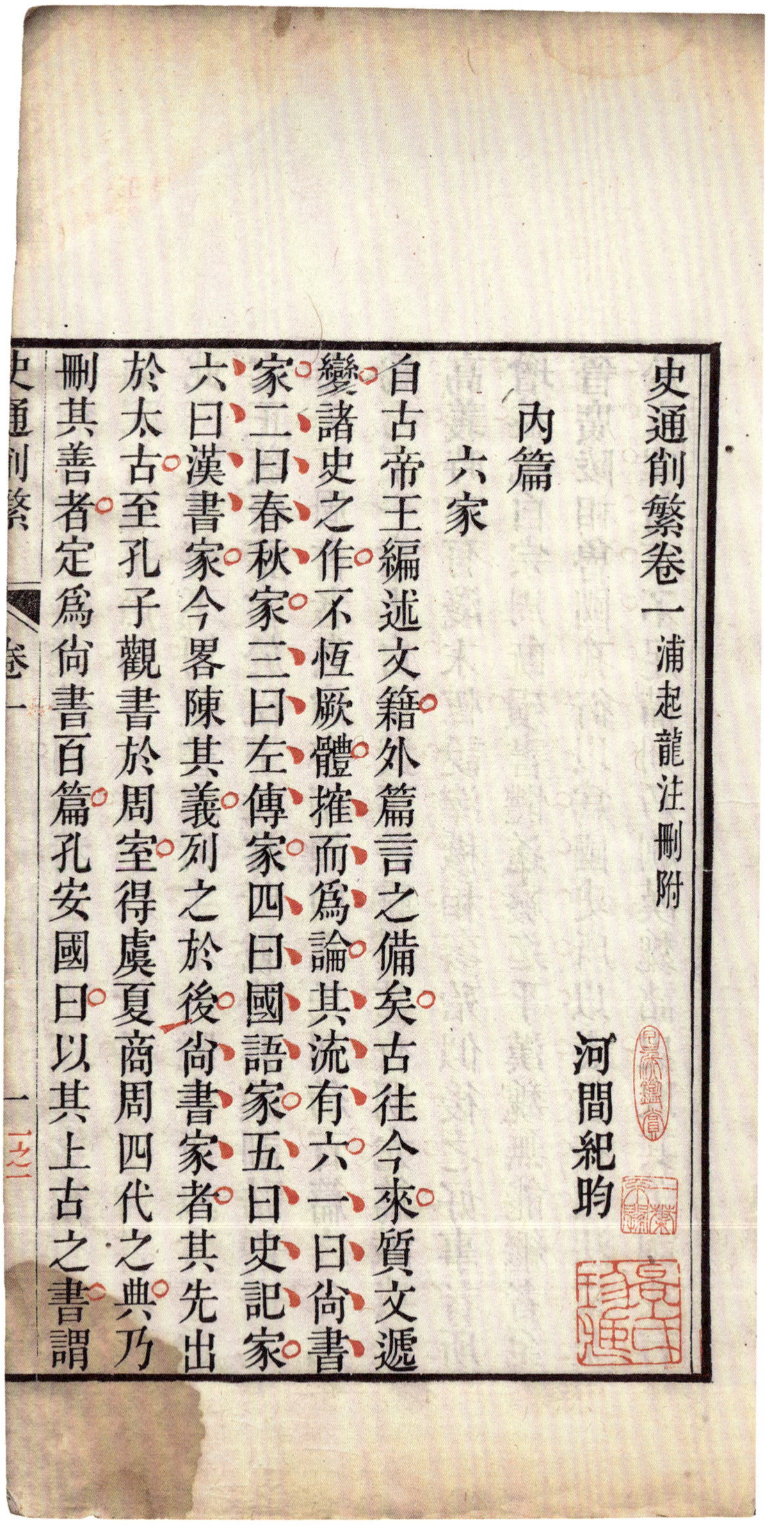

史通削繁卷一 浦起龍注刪附

河間紀昀

內篇

六家

自古帝王編述文籍外篇言之備矣古往今來質文遞變諸史之作不恆厥體搉而爲論其流有六一曰尚書家二曰春秋家三曰左傳家四曰國語家五曰史記家六曰漢書家今畧陳其義列之於後尚書家者其先出於太古至孔子觀書於周室得虞夏商周四代之典乃刪其善者定爲尚書百篇孔安國曰以其上古之書謂

史通削繁 卷一 一

史通削繁四卷 （清）紀昀撰 清道光十三年（1833）兩廣節署刻朱墨套印本

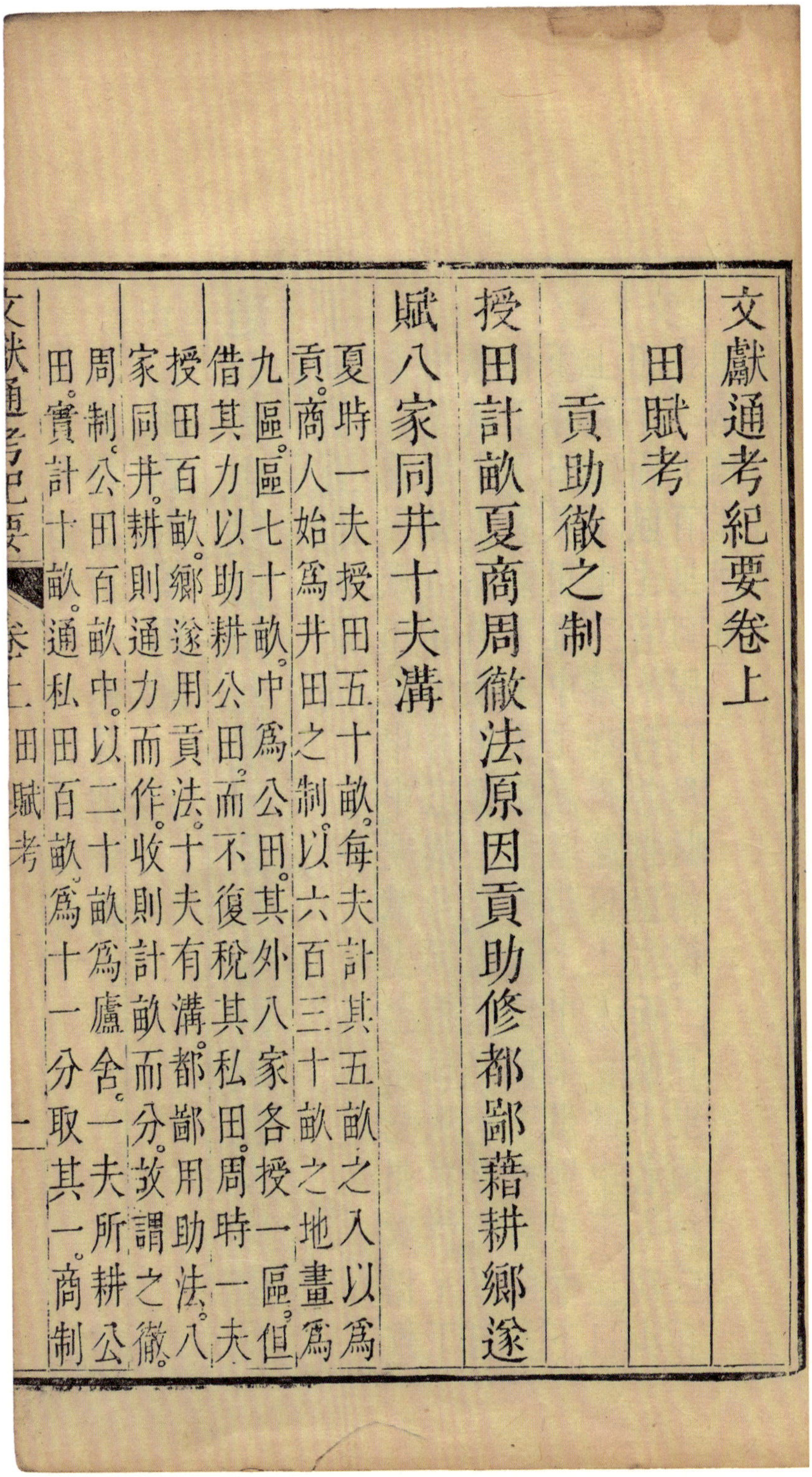

文獻通考紀要卷上

田賦考

貢助徹之制

授田計畝夏商周徹法原因貢助修都鄙藉耕鄉遂賦八家同井十夫溝

夏時一夫授田五十畝。每夫計其五畝之入以爲貢。商人始爲井田之制。以六百三十畝之地畫爲九區。區七十畝。中爲公田。其外八家各授一區。但借其力以助耕公田。而不復稅其私田。周時一夫授田百畝。鄉遂用貢法。十夫有溝。都鄙用助法。八家同井。耕則通力而作。收則計畝而分。故謂之徹。周制。公田百畝中。以二十畝爲廬舍。一夫所耕公田。實計十畝。通私田百畝。爲十一分取其一。商制

文獻通考紀要　卷上　田賦考　二

文獻通考紀要二卷　（清）尹會一撰　清乾隆四年（1739）采潤堂刻本

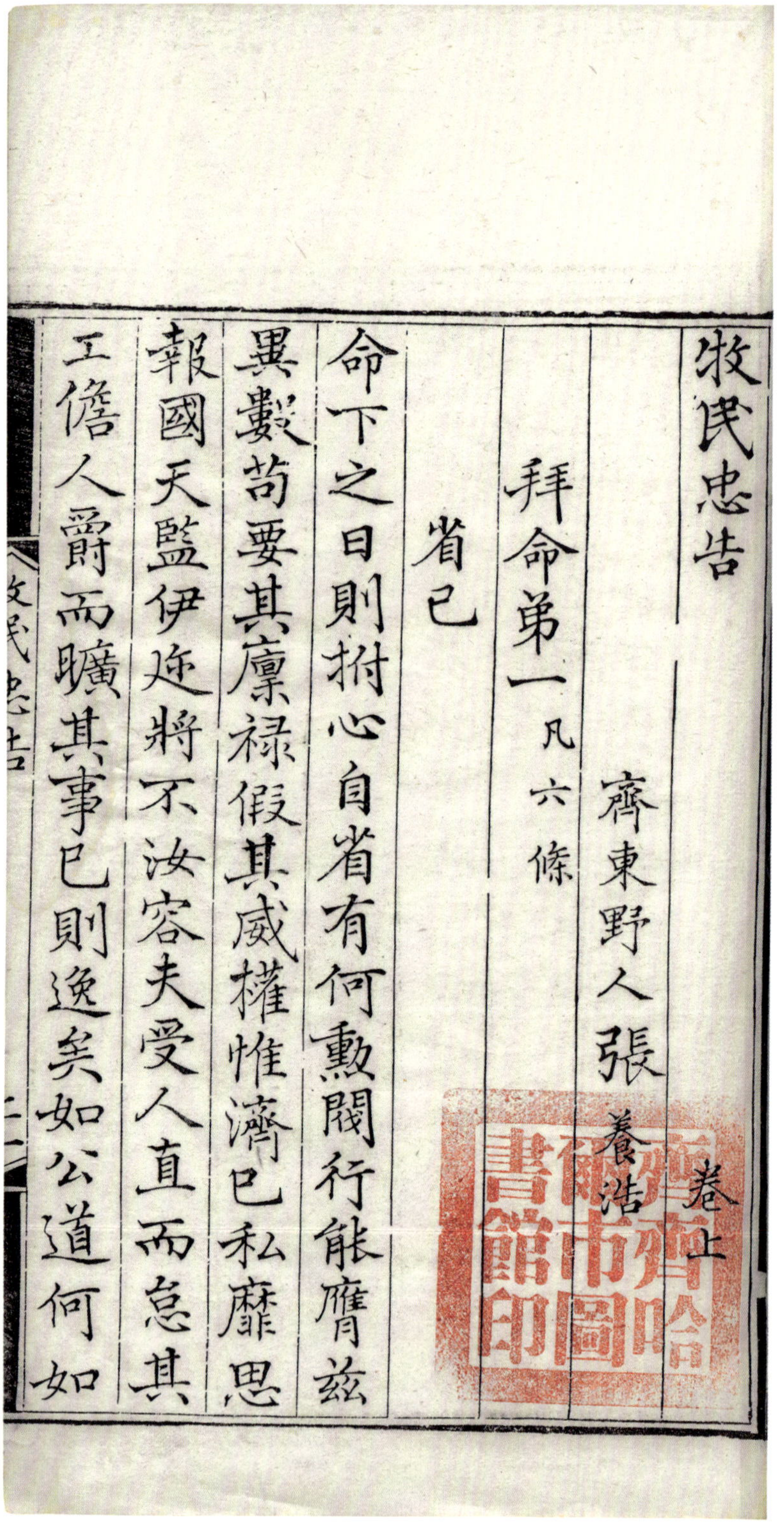

為政忠告（三事忠告）四卷　（元）張養浩撰　清道光十一年（1831）歷城尹濟源碧鮮齋刻本

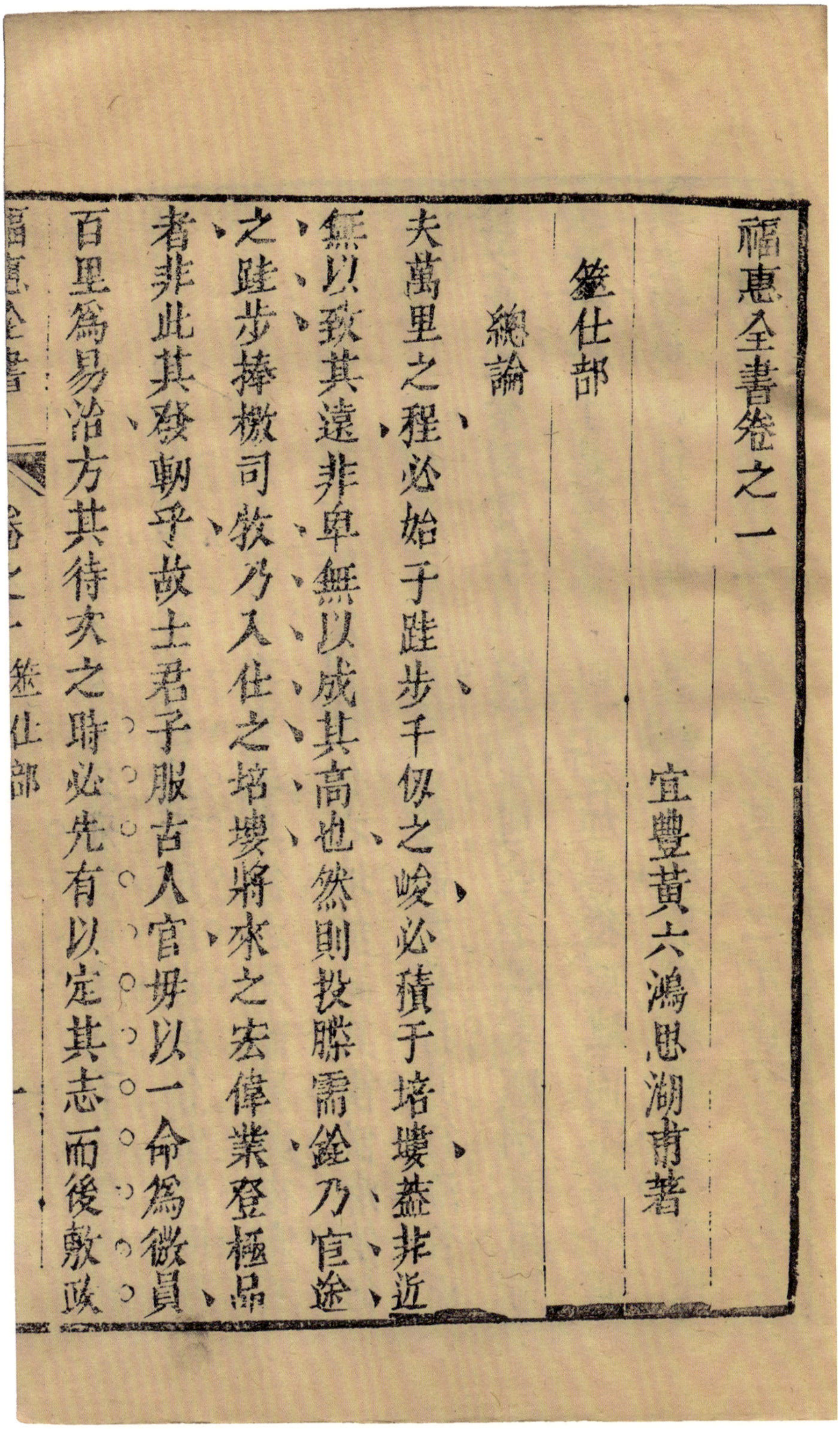
福惠全書卷之一

蒞仕部

宜豐黃六鴻思湖甫著

總論

夫萬里之程、必始于跬步、千仞之峻、必積于培塿、蓋非近無以致其遠、非卑無以成其高也、然則投牒需銓、乃官途之跬步、捧檄司牧、乃入仕之培塿、將來之宏偉業登極品者、非此其發軔乎、故士君子服古人官、毋以一命爲微員百里爲易治、方其待次之時、必先有以定其志、而後敷政

福惠全書　卷之一　蒞仕部　一

福惠全書三十二卷　（清）黃六鴻撰　清康熙三十八年（1699）懷德堂刻本

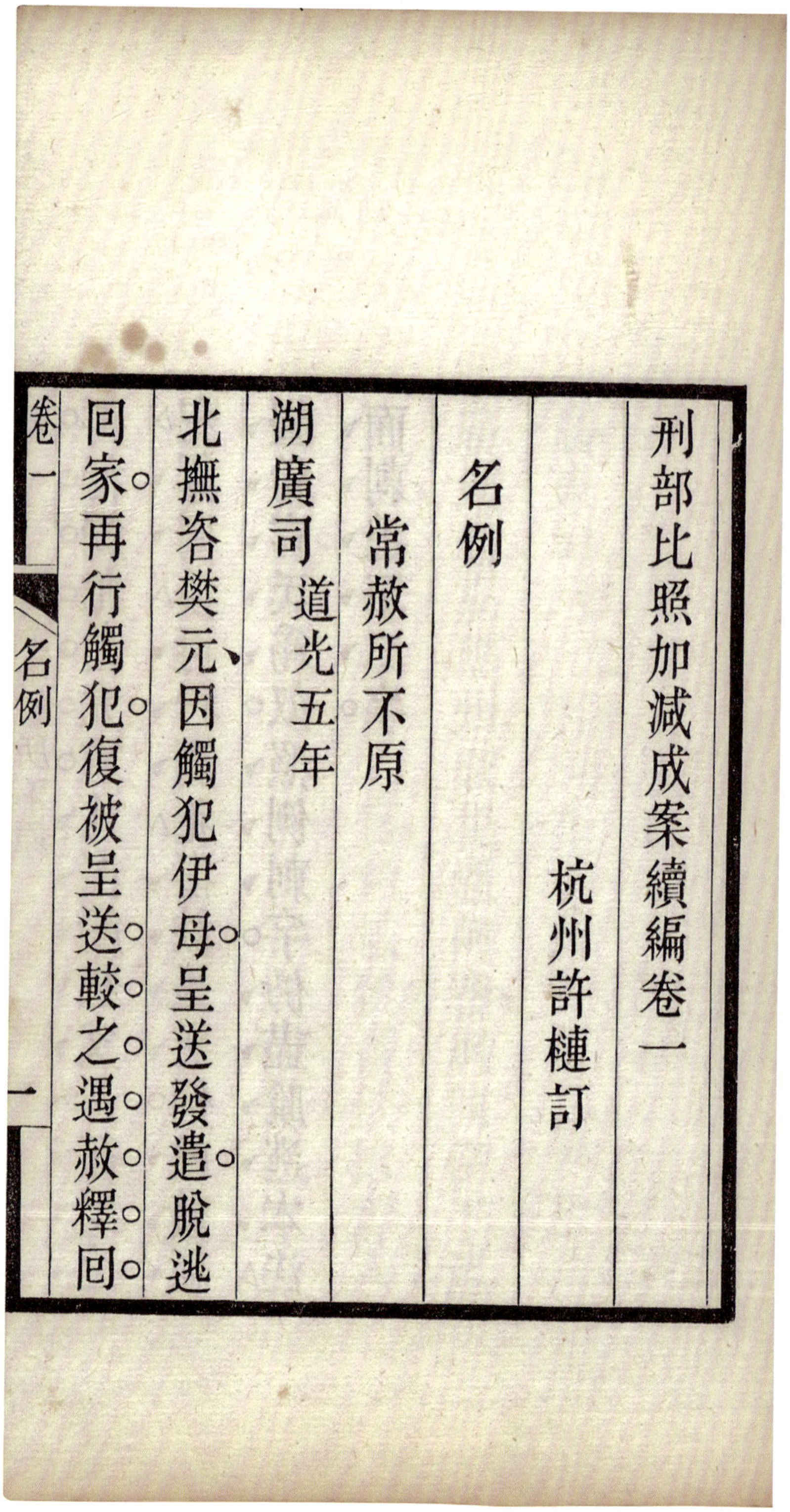

刑部比照加減成案續編卷一

杭州許槤訂

名例

常赦所不原

湖廣司　道光五年

北撫咨樊元因觸犯伊母呈送發遣脫逃

回家再行觸犯復被呈送較之遇赦釋回

卷一　名例　一

刑部比照加減成案續編三十二卷首一卷　（清）許槤訂

清道光二十三年（1843）杭州許槤袖珍本

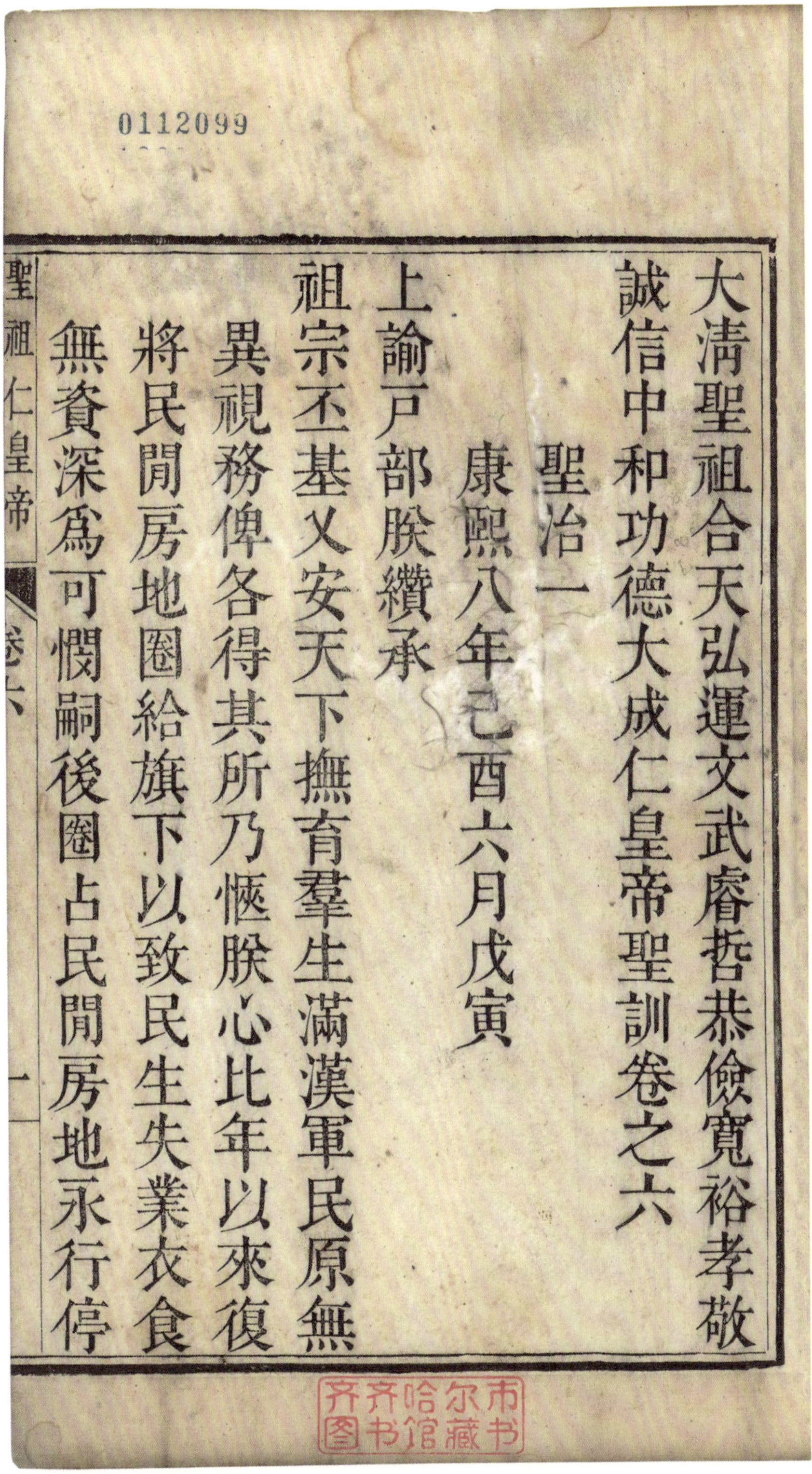

大清聖祖合天弘運文武睿哲恭儉寬裕孝敬
誠信中和功德大成仁皇帝聖訓卷之六
聖治一
康熙八年己酉六月戊寅
上諭戶部朕纘承
祖宗丕基乂安天下撫育羣生滿漢軍民原無
異視務俾各得其所乃愜朕心比年以來復
將民間房地圈給旗下以致民生失業衣食
無資深爲可憫嗣後圈占民間房地永行停
聖祖仁皇帝　卷六　一

大清聖祖仁皇帝聖訓六十卷　（清）聖祖玄燁撰　清雍正九年（1731）敕修乾隆六年（1741）内府刻本

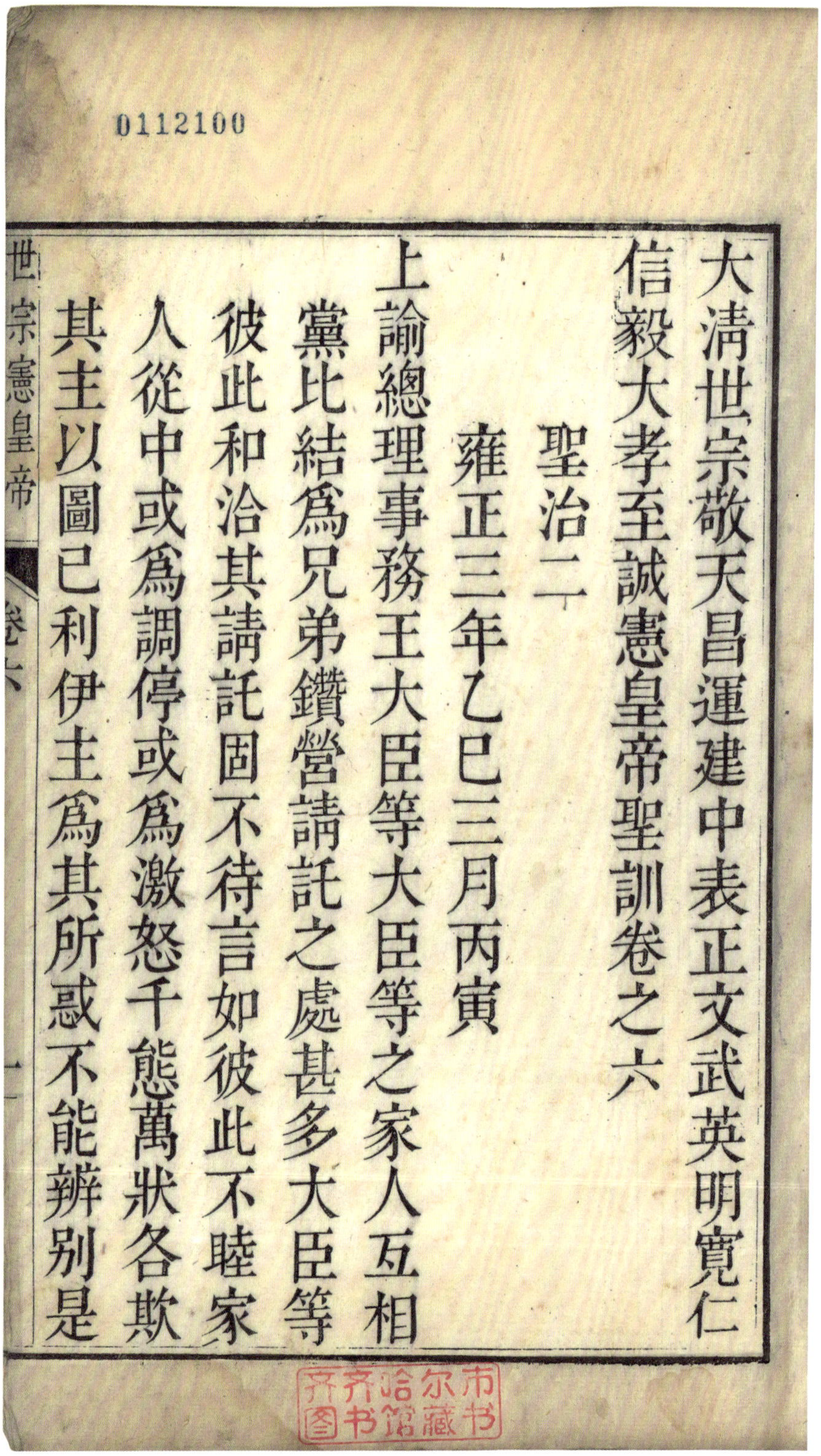

大清世宗敬天昌運建中表正文武英明寬仁
信毅大孝至誠憲皇帝聖訓卷之六
聖治二
雍正三年乙巳三月丙寅
上諭總理事務王大臣等大臣等之家人互相
黨比結爲兄弟鑽營請託之處甚多大臣等
彼此和洽其請託固不待言如彼此不睦家
人從中或爲調停或爲激怒千態萬狀各欺
其主以圖已利伊主爲其所惑不能辨別是

世宗憲皇帝　卷六　一

大清世宗憲皇帝聖訓三十六卷　（清）世宗胤禛撰　清乾隆五年（1740）敕修六年（1741）内府刻本

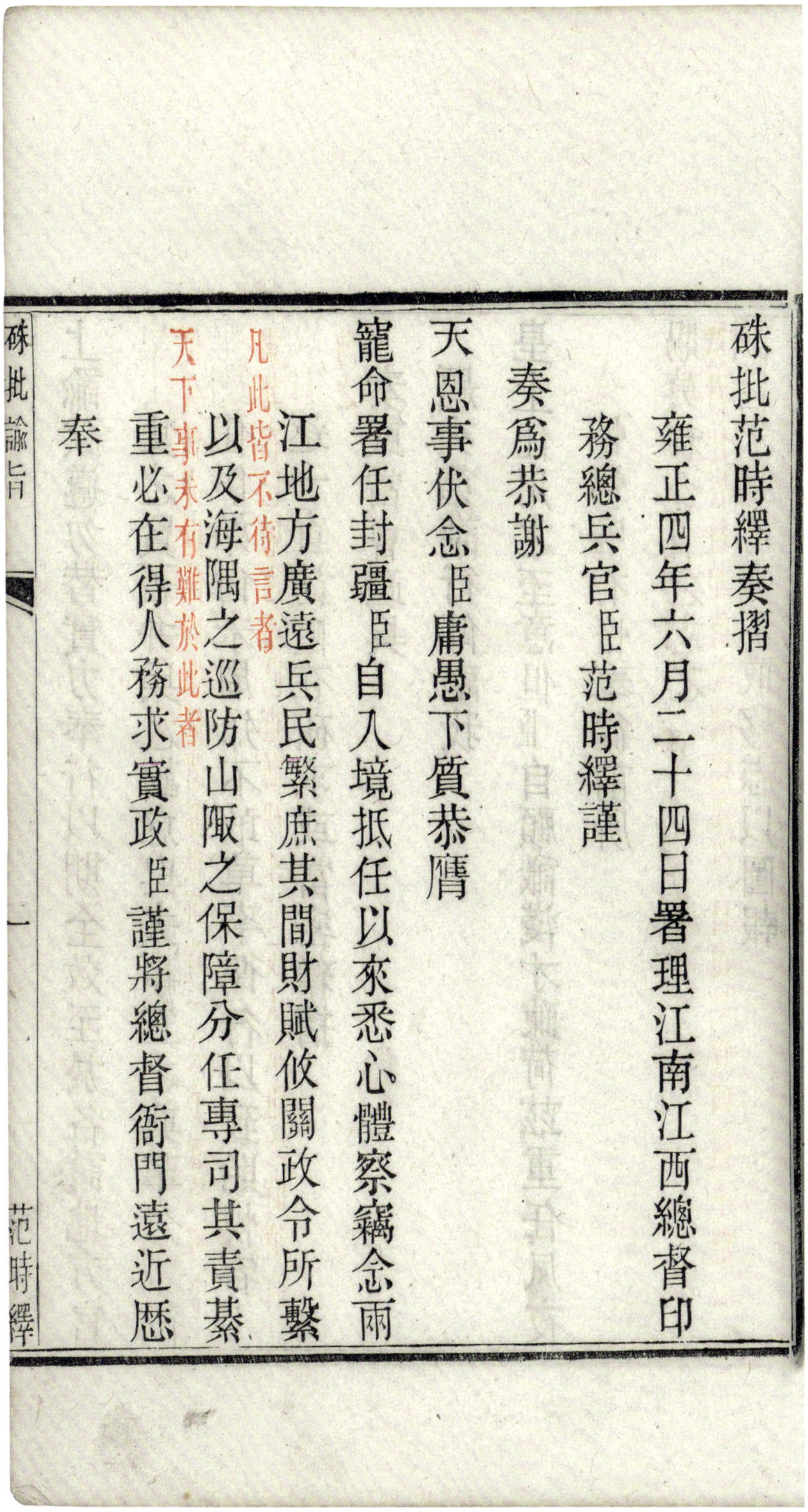

硃批范時繹奏摺

雍正四年六月二十四日署理江南江西總督印

務總兵官臣范時繹謹

奏爲恭謝

天恩事伏念臣庸愚下質恭膺

寵命署任封疆臣自入境抵任以來悉心體察竊念兩

江地方廣遠兵民繁庶其間財賦攸關政令所繫

以及海隅之巡防山陬之保障分任專司其責綦

凡此皆不待言者

天下事未有難於此者

重必在得人務求實政臣謹將總督衙門遠近歷

奏

硃批諭旨 一 范時繹

雍正硃批諭旨不分卷 （清）世宗胤禛批 清雍正十年（1732）内府刻朱墨套印本

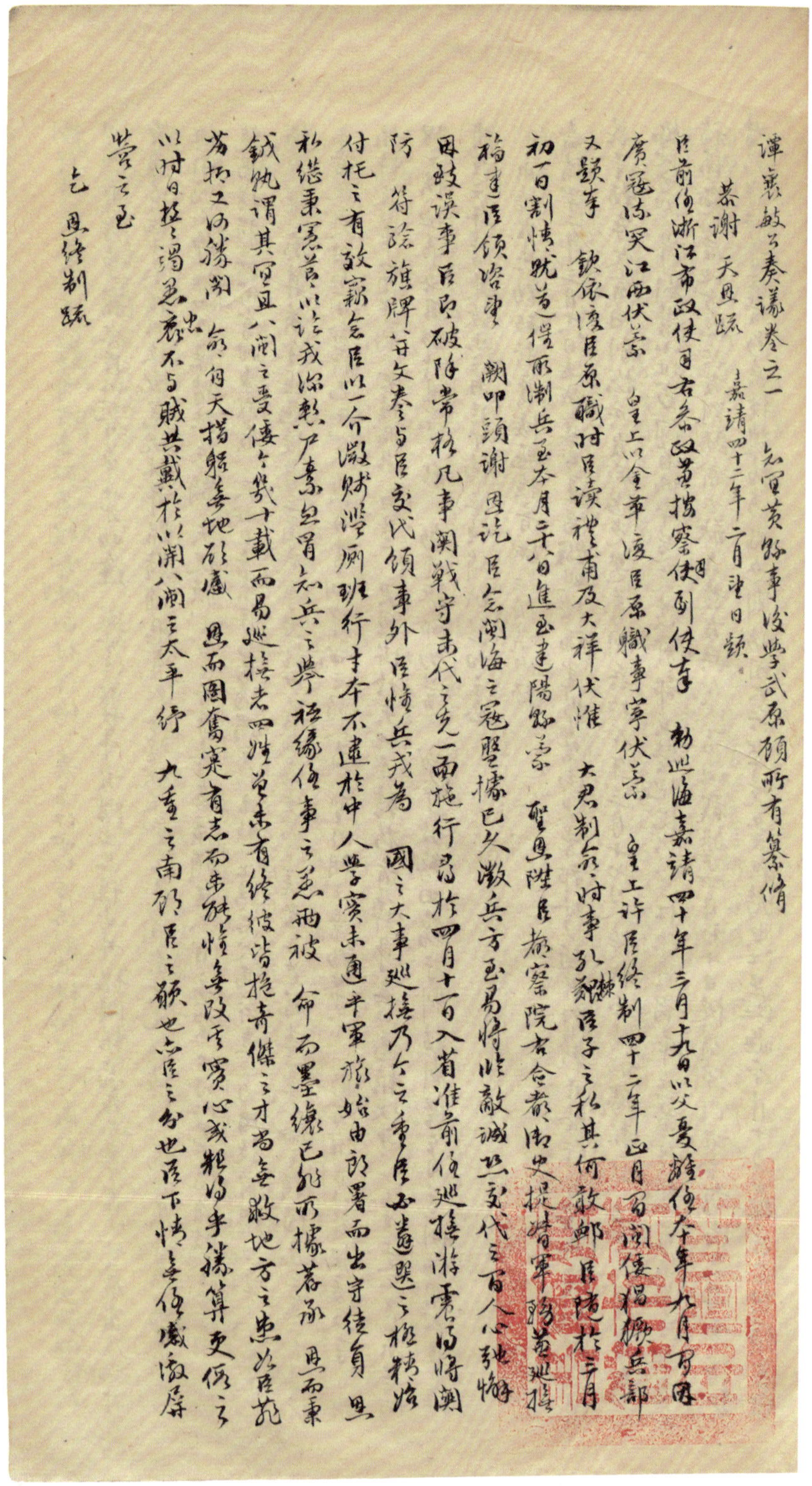

譚襄敏公奏議十卷　（明）譚綸撰　（明）顧所有纂脩

清無格抄本

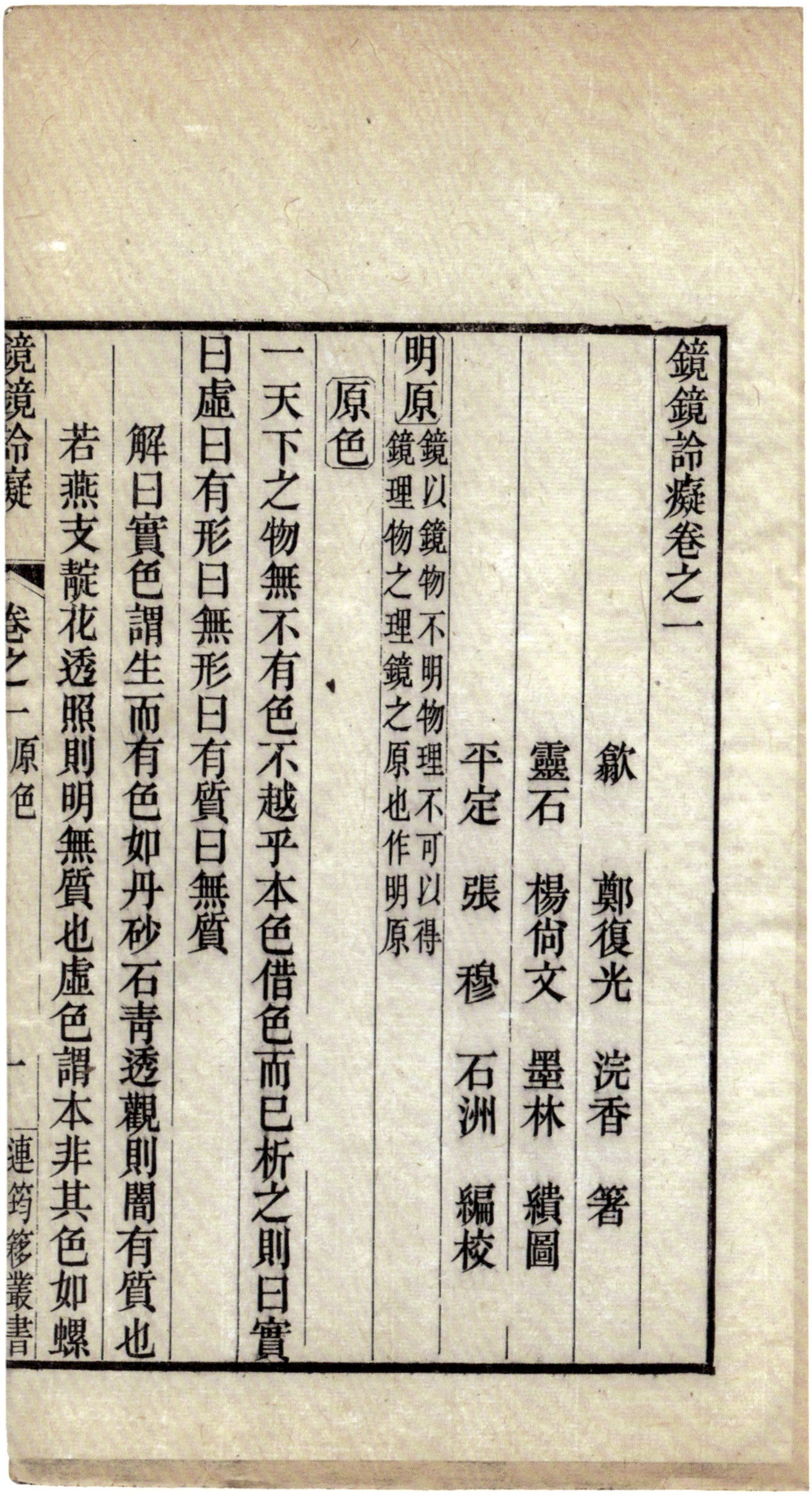

鏡鏡詅癡卷之一

歙　鄭復光　浣香　著

靈石　楊尙文　墨林　繢圖

平定　張　穆　石洲　編校

明原　鏡以鏡物不明物理不可以得鏡理物之理鏡之原也作明原

原色

一天下之物無不有色不越乎本色借色而已析之則曰實曰虛曰有形曰無形曰有質曰無質

解曰實色謂生而有色如丹砂石青透觀則闇有質也若燕支靛花透照則明無質也虛色謂本非其色如螺

鏡鏡詅癡　卷之一　原色　一　連筠簃叢書

鏡鏡詅癡五卷　（清）鄭復光撰　（清）楊尚文繪圖　（清）張穆編校　清道光二十八年（1848）靈石楊尚文校刻連筠簃叢書本

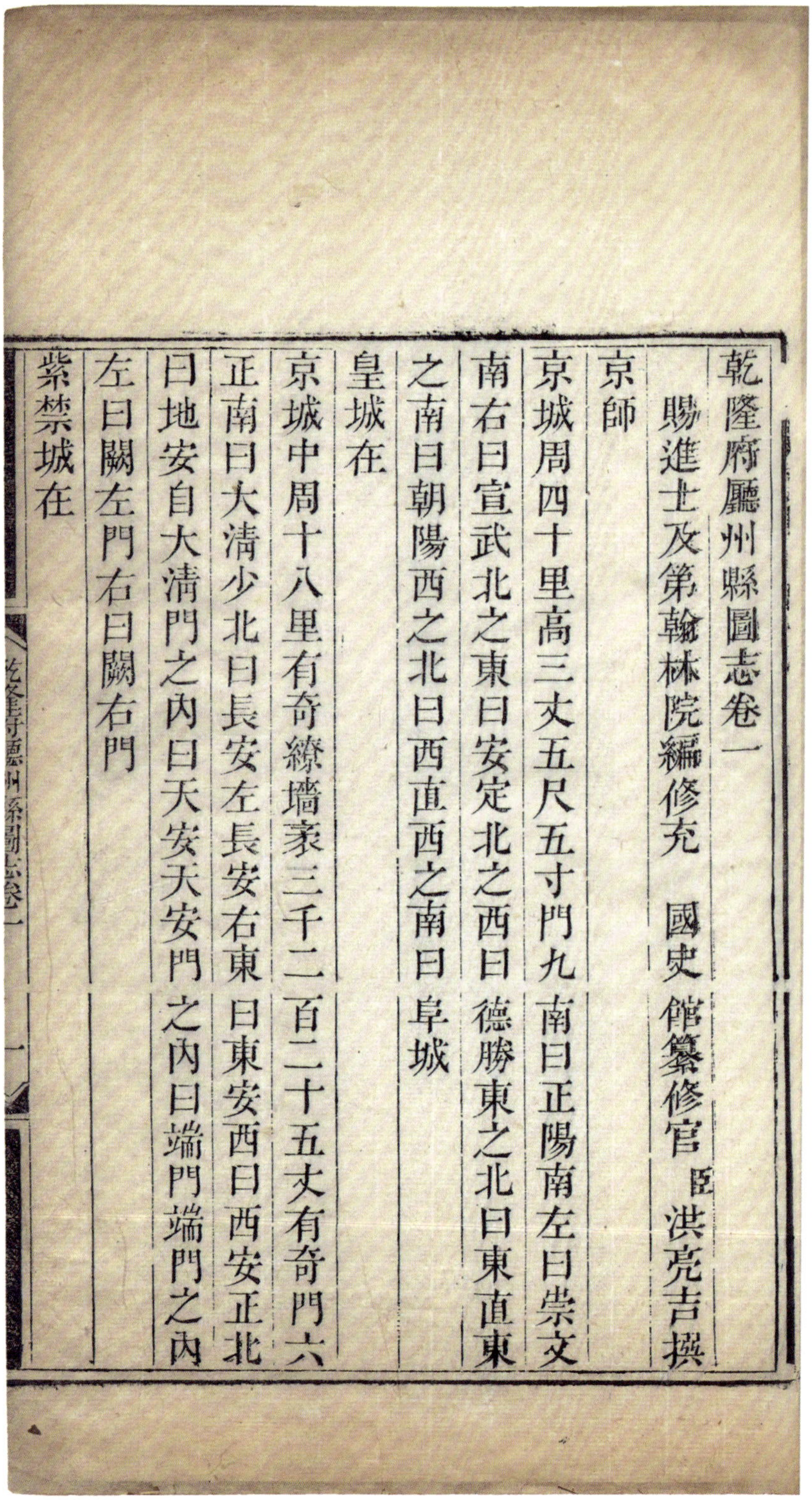

乾隆府廳州縣圖志卷一

賜進士及第翰林院編修充　國史館纂修官臣洪亮吉撰

京師

京城周四十里高三丈五尺五寸門九南曰正陽南左曰崇文南右曰宣武北之東曰安定北之西曰德勝東之北曰東直東之南曰朝陽西之北曰西直西之南曰阜城

皇城在

京城中周十八里有奇繚墻袤三千二百二十五丈有奇門六正南曰大清少北曰長安左長安右東曰東安西曰西安正北曰地安自大清門之內曰天安天安門之內曰端門端門之內左曰闕左門右曰闕右門

紫禁城在

［乾隆］府廳州縣圖志五十卷　（清）洪亮吉撰　清乾隆五十三年（1788）刻本

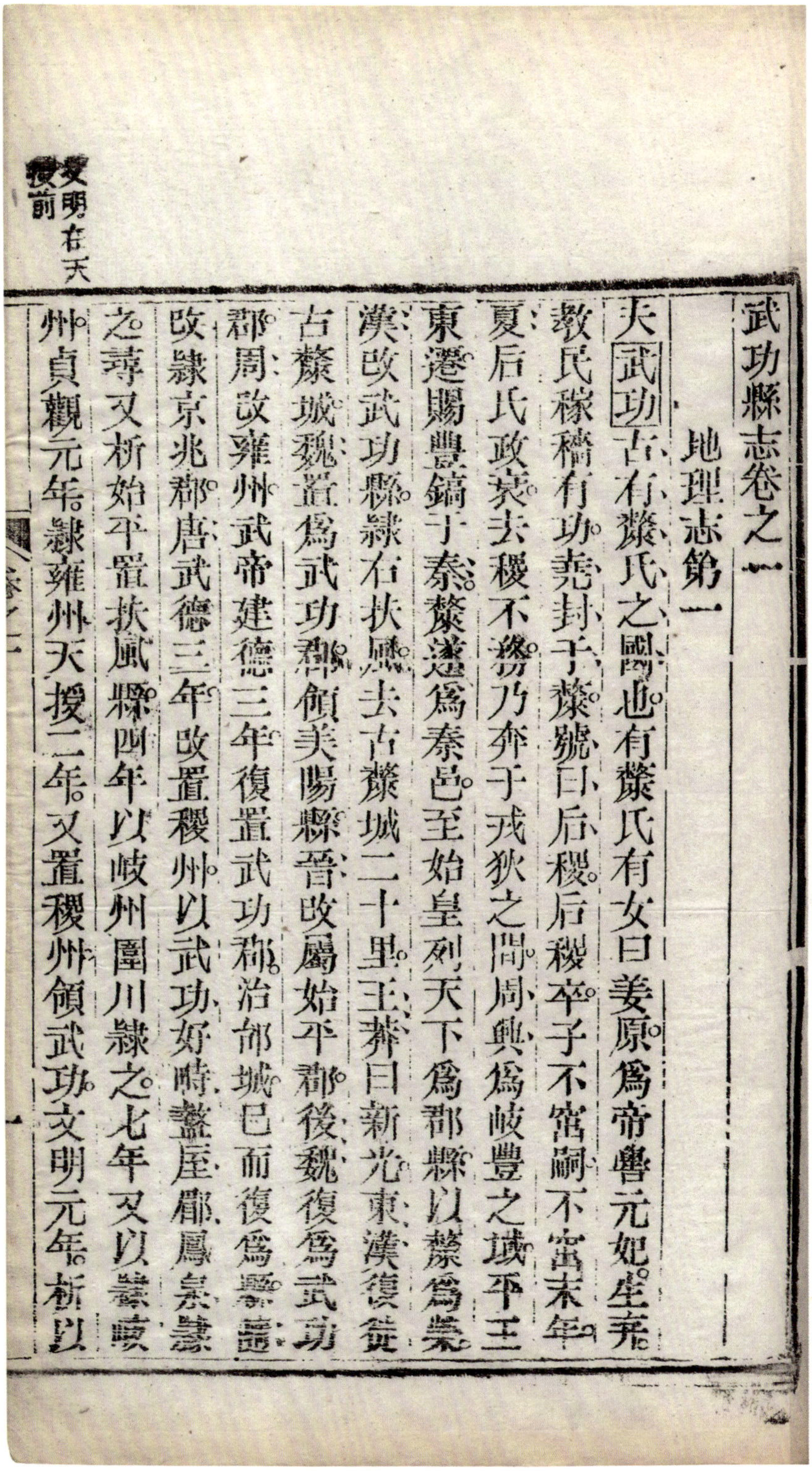

武功縣志卷之一

地理志第一

天武功古有斄氏之國也有斄氏有女曰姜原爲帝嚳元妃生弃敎民稼穡有功堯封于斄號曰后稷后稷卒子不窋嗣不窋末年夏后氏政衰去稷不務乃奔于戎狄之間周與爲岐豐之域平王東遷賜豐鎬于秦斄遂爲秦邑至始皇列天下爲郡縣以斄爲縣漢改武功縣隸右扶風去古斄城二十里王莽曰新光東漢復故古斄城魏置爲武功郡領美陽縣晉改屬始平郡後魏復爲武功郡周改雍州武帝建德三年復置武功稱治郃城已而復爲縣隋改隸京兆郡唐武德三年改置稷州以武功好畤盩厔郿鳳泉隸之詩又析始平置扶風縣四年以岐州圍川隸之七年又以盩厔州貞觀元年隸雍州天授二年又置稷州領武功文明元年析以

卷之一

文明在天授前

［正德］武功縣志三卷首一卷　（明）康海撰　清乾隆二十六年（1761）刻本

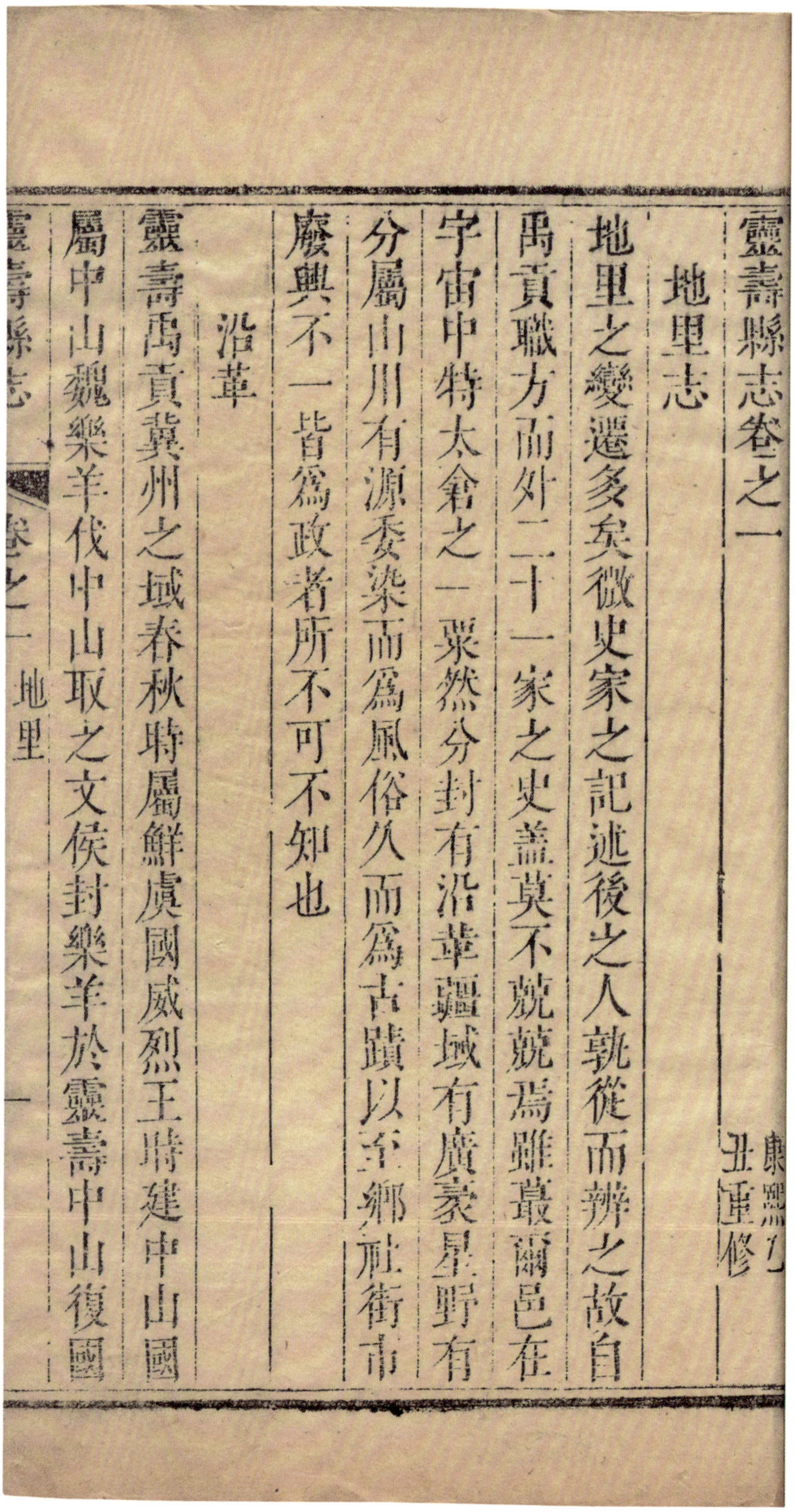
靈壽縣志卷之一　康熙乙丑重修

地里志

地里之變遷多矣微史家之記述後之人孰從而辨之故自禹貢職方而外二十一家之史蓋莫不兢兢焉雖蕞爾邑在宇宙中特太倉之一粟然分封有沿革疆域有廣袤星野有分屬山川有源委染而爲風俗久而爲古蹟以至鄉社街市廢興不一皆爲政者所不可不知也

沿革

靈壽禹貢冀州之域春秋時屬鮮虞國威烈王時建中山國屬中山魏樂羊伐中山取之文侯封樂羊於靈壽中山復國

靈壽縣志　卷之一　地里　一

[康熙]靈壽縣志十卷末一卷　(明)李延璋創修　(清)陸隴其修　(清)傅維檉纂　清康熙二十五年(1686)刻本

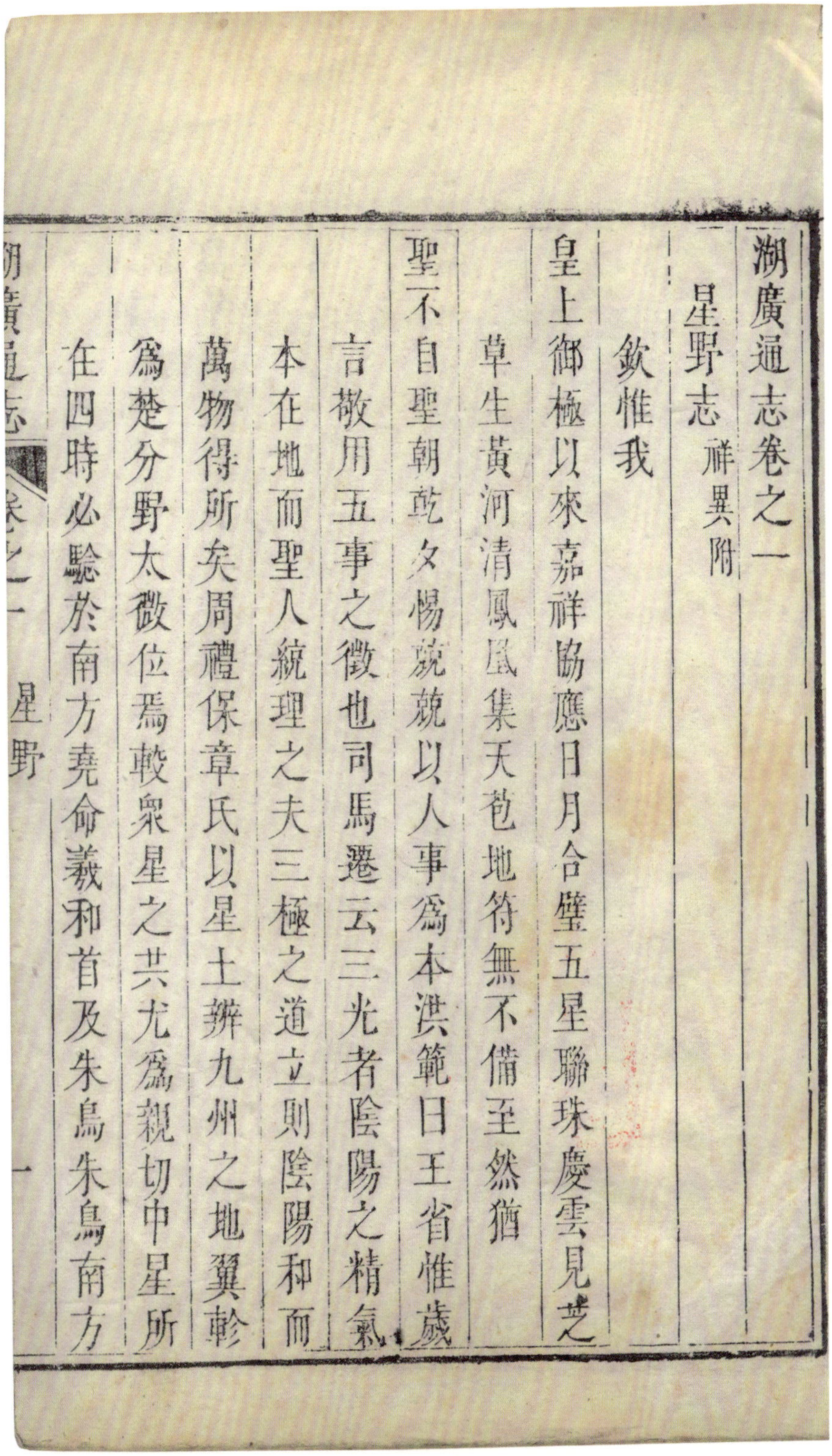
湖廣通志卷之一
星野志 祥異附
欽惟我
皇上御極以來嘉祥協應日月合璧五星聯珠慶雲見芝
草生黃河清鳳凰集天苞地符無不備至然猶
聖不自聖朝乾夕惕兢兢以人事爲本洪範曰王省惟歲
言敬用五事之徵也司馬遷云三光者陰陽之精氣
本在地而聖人統理之夫三極之道立則陰陽和而
萬物得所矣周禮保章氏以星土辨九州之地翼軫
爲楚分野太微位爲軫衆星之共尤爲親切中星所
在四時必驗於南方堯命羲和首及朱鳥朱鳥南方
湖廣通志　卷之一　星野　一

[雍正]湖廣通志一百二十卷首一卷　(清)邁柱等修　(清)夏力恕等撰　清雍正十一年(1733)刻本

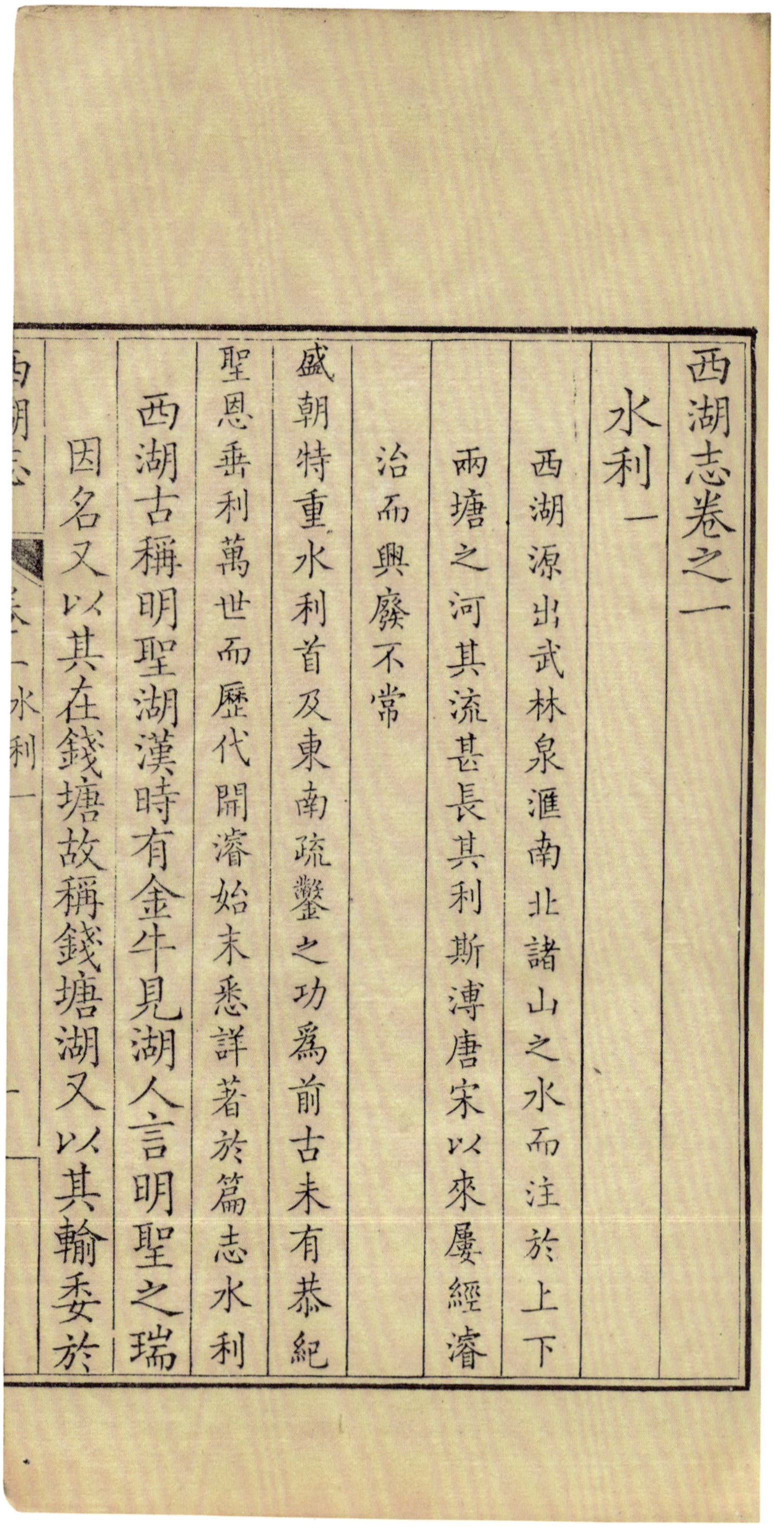

西湖志卷之一

水利一

西湖源出武林泉滙南北諸山之水而注於上下

兩塘之河其流甚長其利斯溥唐宋以來屢經濬

治而興廢不常

盛朝特重水利首及東南疏鑿之功爲前古未有恭紀

聖恩垂利萬世而歷代開濬始末悉詳著於篇志水利

西湖古稱明聖湖漢時有金牛見湖人言明聖之瑞

因名又以其在錢塘故稱錢塘湖又以其輸委於

西湖志　卷一　水利　一

［雍正］西湖志四十八卷　（清）李衛等修　（清）傅玉露等撰　清雍正十三年（1735）兩浙鹽驛道庫刻本

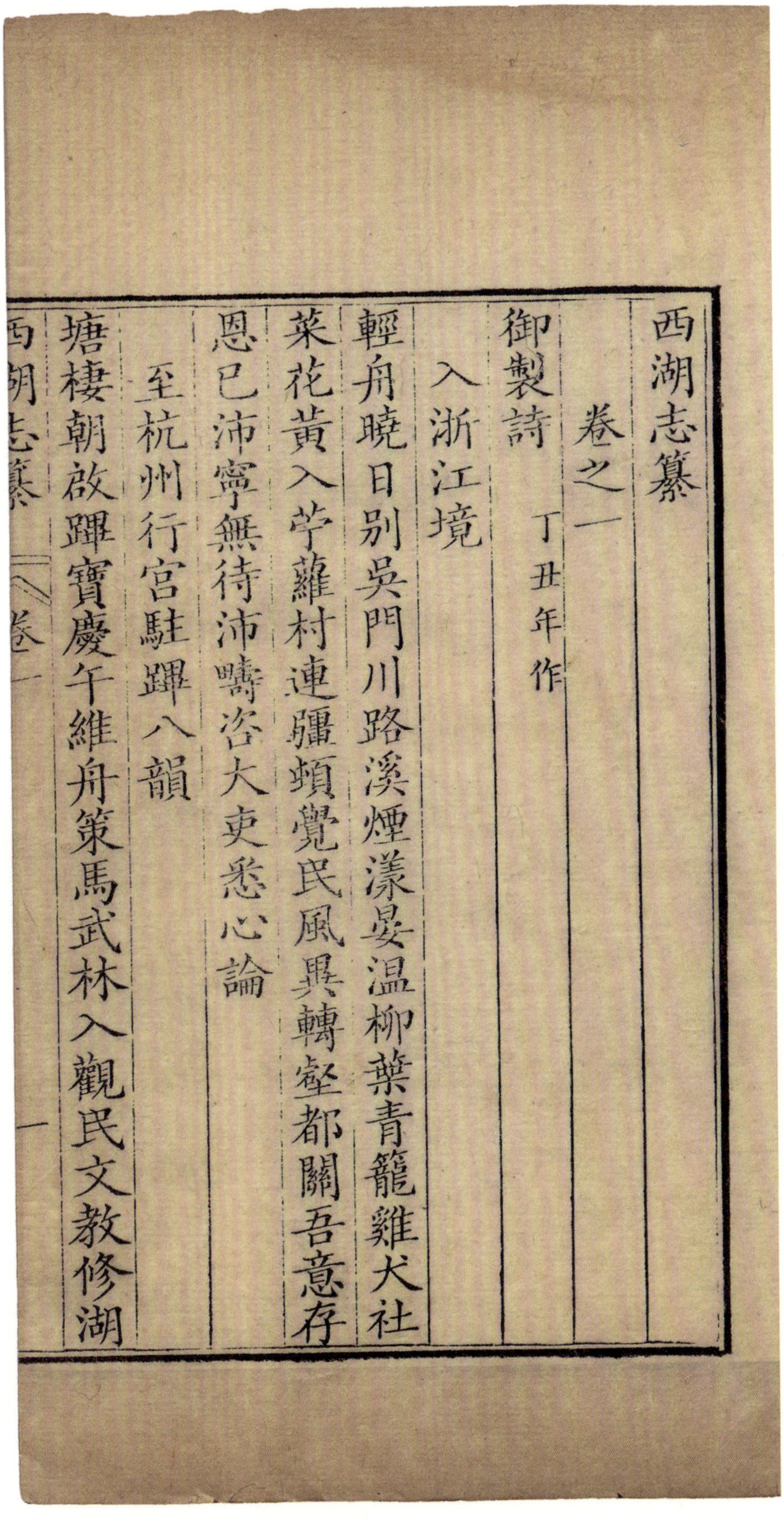
西湖志纂
卷之一
御製詩　丁丑年作
入浙江境
輕舟曉日别吳門川路溪煙漾晏温柳葉青籠雞犬社
菜花黃入苧蘿村連疆頻覺民風異轉壑都關吾意存
恩已沛寧無待沛疇咨大吏悉心論
至杭州行宮駐蹕八韻
塘棲朝啟蹕寶慶午維舟策馬武林入觀民文教修湖
西湖志纂　卷一　一

［乾隆］西湖志纂十五卷首一卷　（清）沈德潛　（清）傅玉露輯　（清）梁詩正等纂　清乾隆二十七年（1762）賜經堂刻本

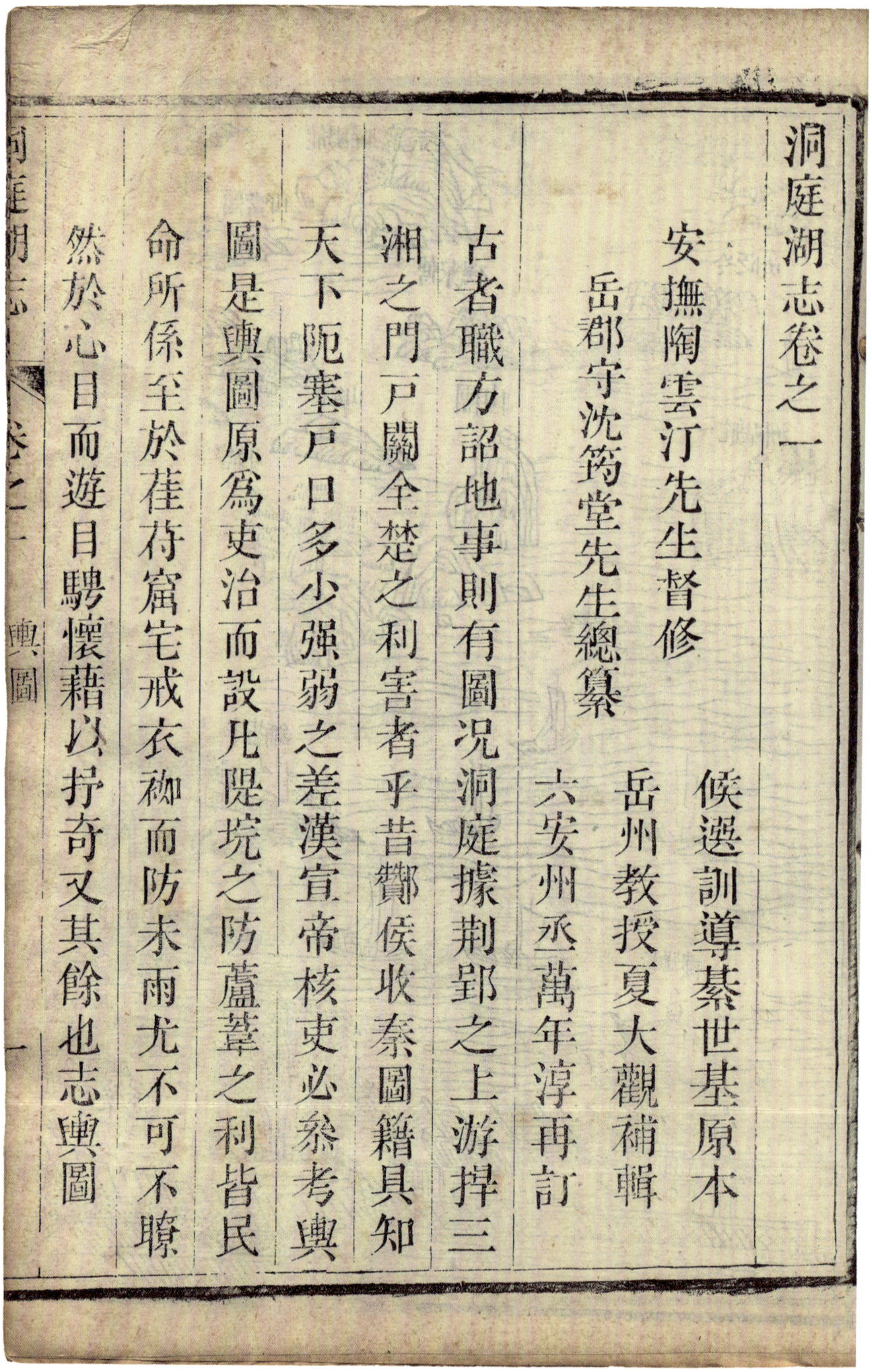

洞庭湖志卷之一

安撫陶雲汀先生督修

岳郡守沈筠堂先生總纂

候選訓導綦世基原本

岳州教授夏大觀補輯

六安州丞萬年淳再訂

古者職方詔地事則有圖況洞庭據荆郢之上游捍三湘之門戶關全楚之利害者乎昔酇侯收秦圖籍具知天下阨塞戶口多少强弱之差漢宣帝核吏必叅考輿圖是輿圖原爲吏治而設凡隄垸之防蘆葦之利皆民命所係至於萑苻竊宅戒衣袽而防未雨尤不可不瞭然於心目而遊目騁懷藉以抒奇又其餘也志輿圖

洞庭湖志 卷之一 輿圖 一

［道光］洞庭湖志十四卷　（清）綦世基原本　（清）夏大觀等輯訂　清道光八年（1828）六安直隸州州丞署刻本

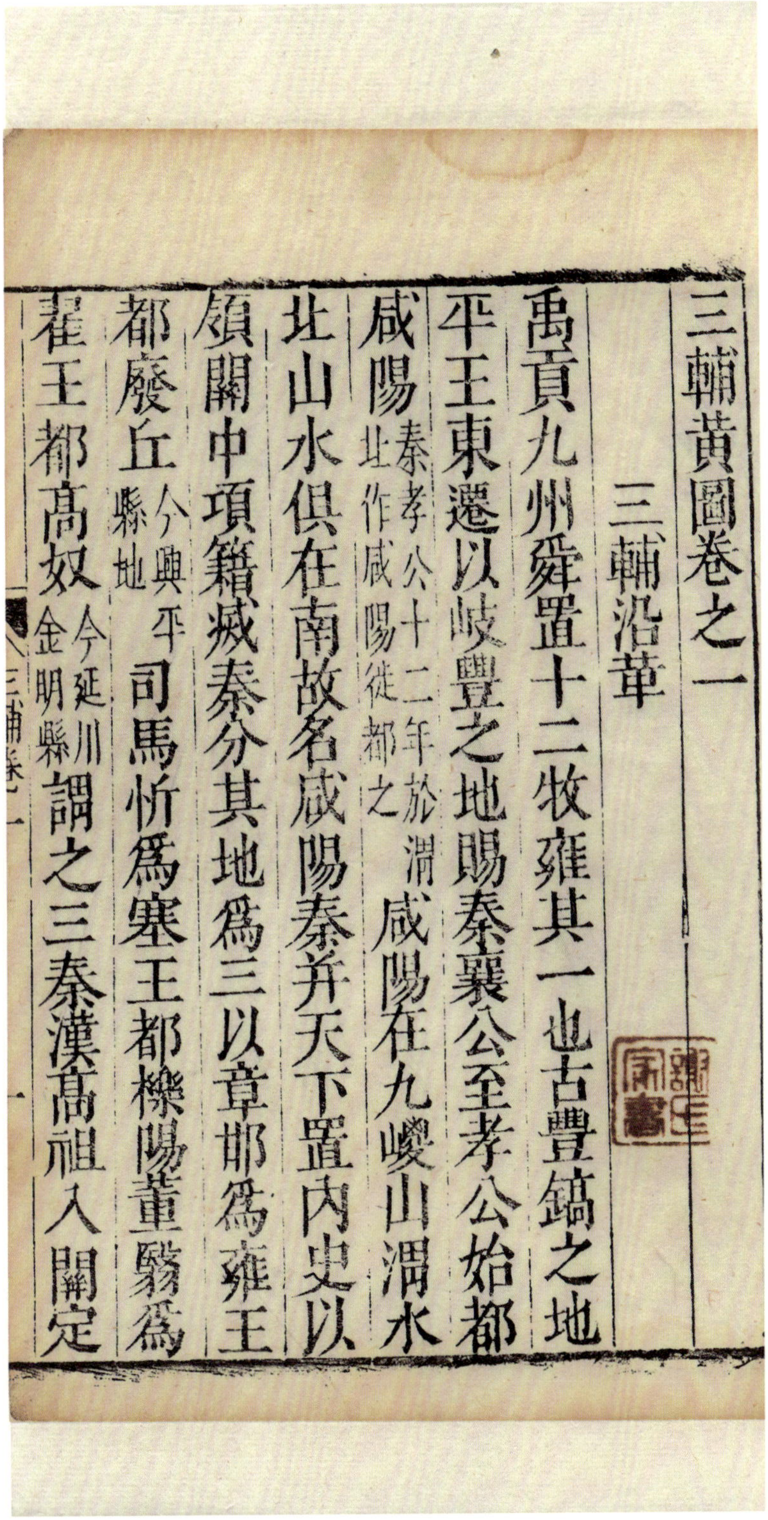

三輔黃圖卷之一

三輔沿革

禹貢九州舜置十二牧雍其一也古豐鎬之地平王東遷以岐豐之地賜秦襄公至孝公始都咸陽（秦孝公十二年於渭北作咸陽徙都之）咸陽在九嵕山渭水北山水俱在南故名咸陽秦并天下置內史以領關中項籍滅秦分其地爲三以章邯爲雍王都廢丘（今興平縣地）司馬欣爲塞王都櫟陽董翳爲翟王都高奴（今延川金明縣）謂之三秦漢高祖入關定

三輔卷之一　一

三輔黃圖六卷　（□）□□撰　清康熙四年（1665）顏敏刻本

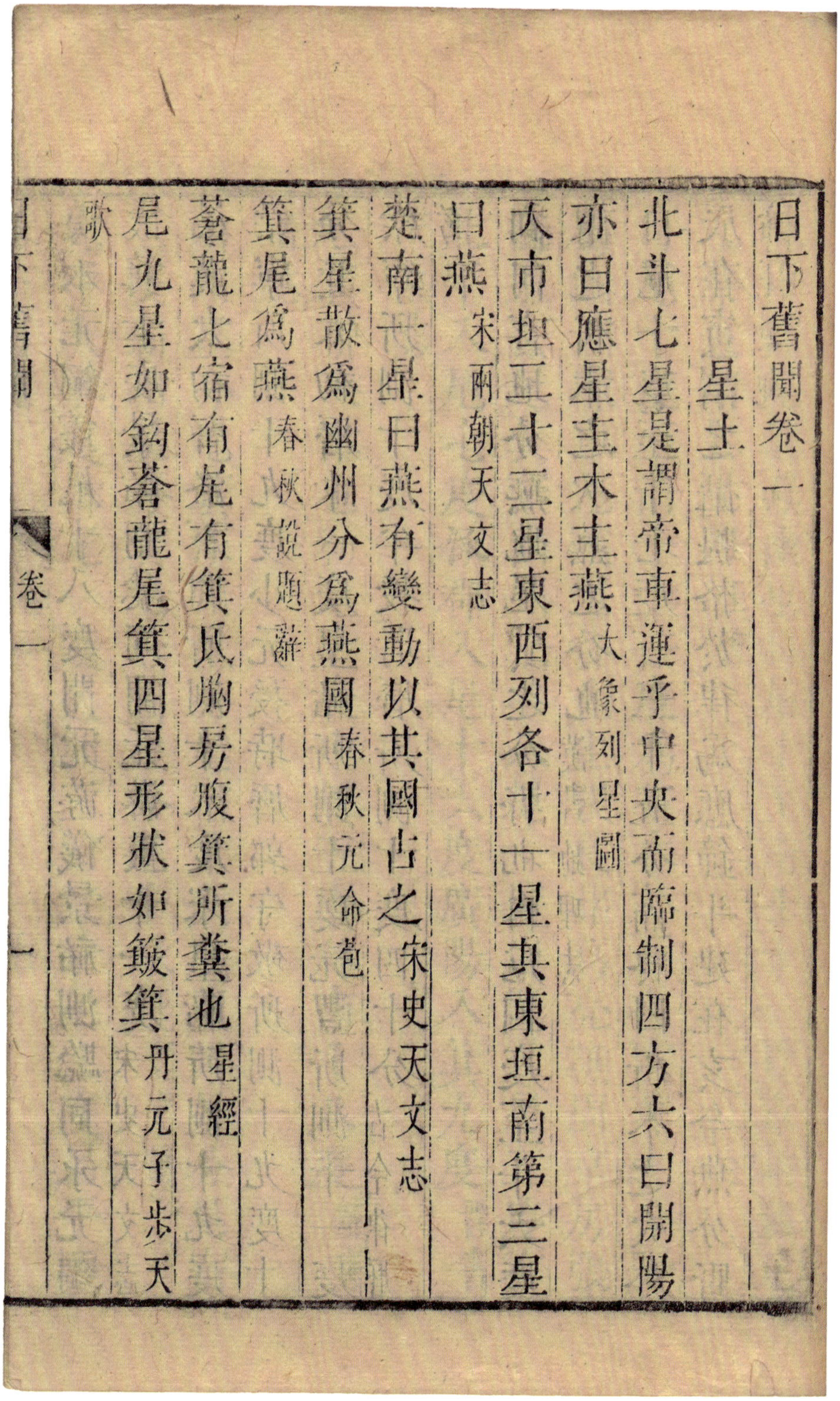

日下舊聞卷一

星土

北斗七星是謂帝車運乎中央而臨制四方六曰開陽亦曰應星主木主燕大象列星圖

天市垣二十二星東西列各十一星其東垣南第三星曰燕宋兩朝天文志

楚南一星曰燕有變動以其國占之宋史天文志

箕星散爲幽州分爲燕國春秋元命苞

箕尾爲燕春秋説題辭

蒼龍七宿有尾有箕氐胸房腹箕所糞也星經

尾九星如鉤蒼龍尾箕四星形狀如簸箕丹元子步天歌

日下舊聞　卷一　一

日下舊聞四十二卷　（清）朱彝尊撰　（清）朱昆田補遺

清康熙二十六年（1687）六峯閣刻本

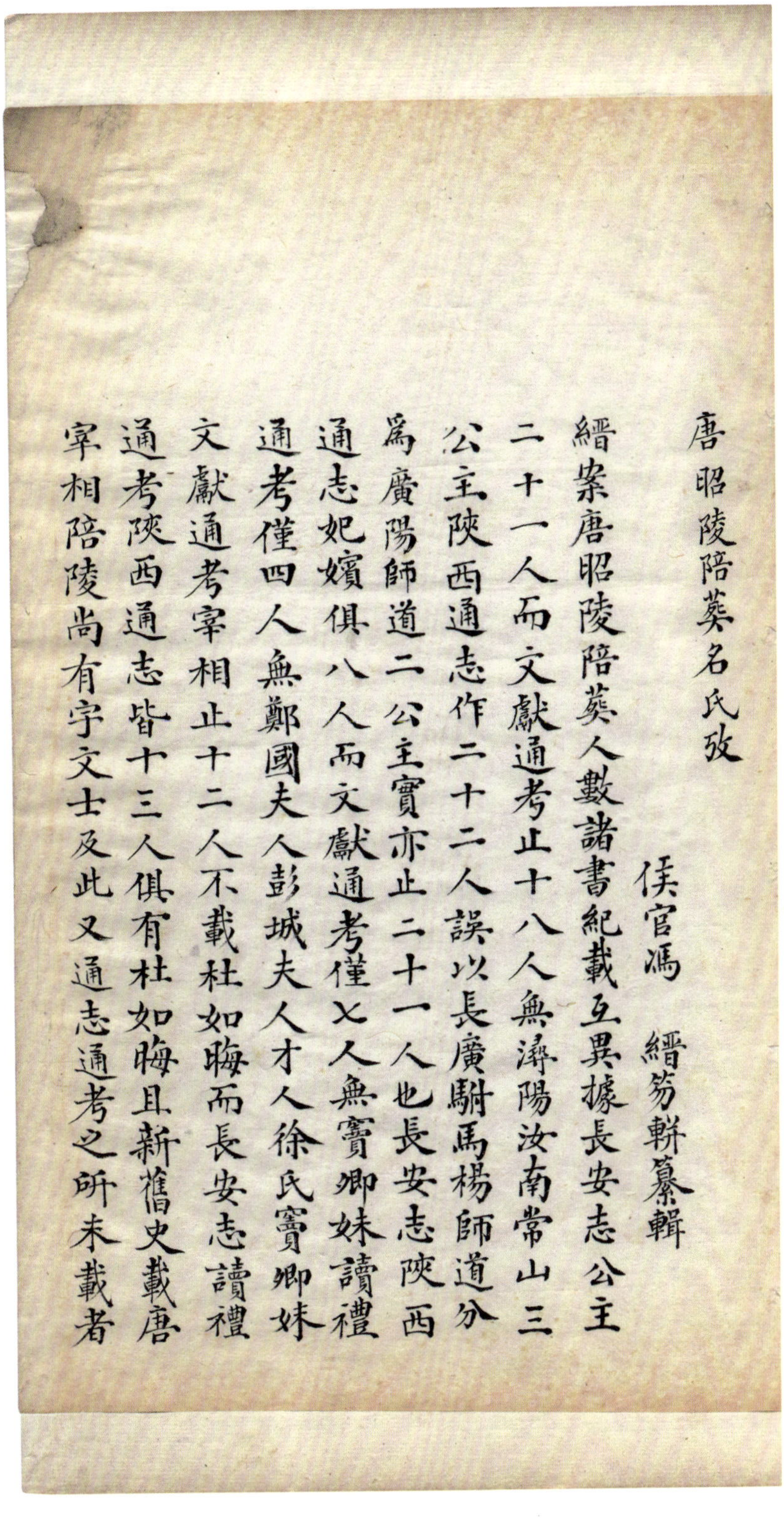

唐昭陵陪葬名氏攷

侯官馮　縉笏軿纂輯

縉案唐昭陵陪葬人數諸書紀載互異據長安志公主二十一人而文獻通考止十八人無潯陽汝南常山三公主陝西通志作二十二人誤以長廣駙馬楊師道分爲廣陽師道二公主實亦止二十一人也長安志陝西通志妃嬪俱八人而文獻通考僅七人無竇卿妹讀禮通考僅四人無鄭國夫人彭城夫人才人徐氏竇卿妹文獻通考宰相止十二人不載杜如晦而長安志讀禮通考陝西通志皆十三人俱有杜如晦且新舊史載唐宰相陪陵尚有宇文士及此又通志通考之所未載者

唐昭陵陪葬名氏攷一卷　（清）馮縉撰　清嘉慶二十四年（1819）無格稿本

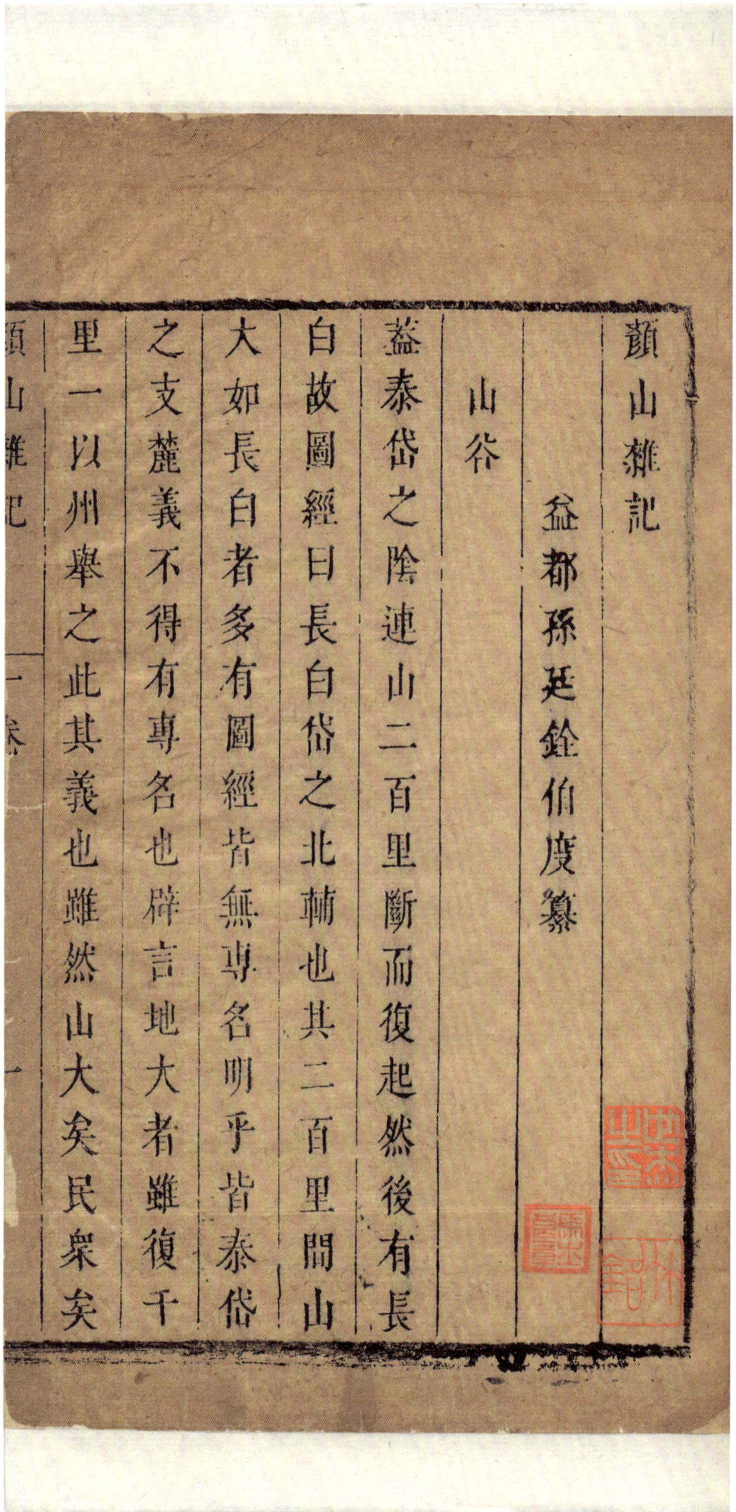
顔山雜記

益都孫廷銓伯度纂

山谷

蓋泰岱之陰連山二百里斷而復起然後有長白故圖經曰長白岱之北輔也其二百里間山大如長白者多有圖經皆無專名明乎皆泰岱之支麓義不得有專名也辟言地大者雖復千里一以州舉之此其義也雖然山大矣民衆矣

顔山雜記　一　卷　一

顔山雜記四卷　（清）孫廷銓撰　清康熙五年（1666）刻本

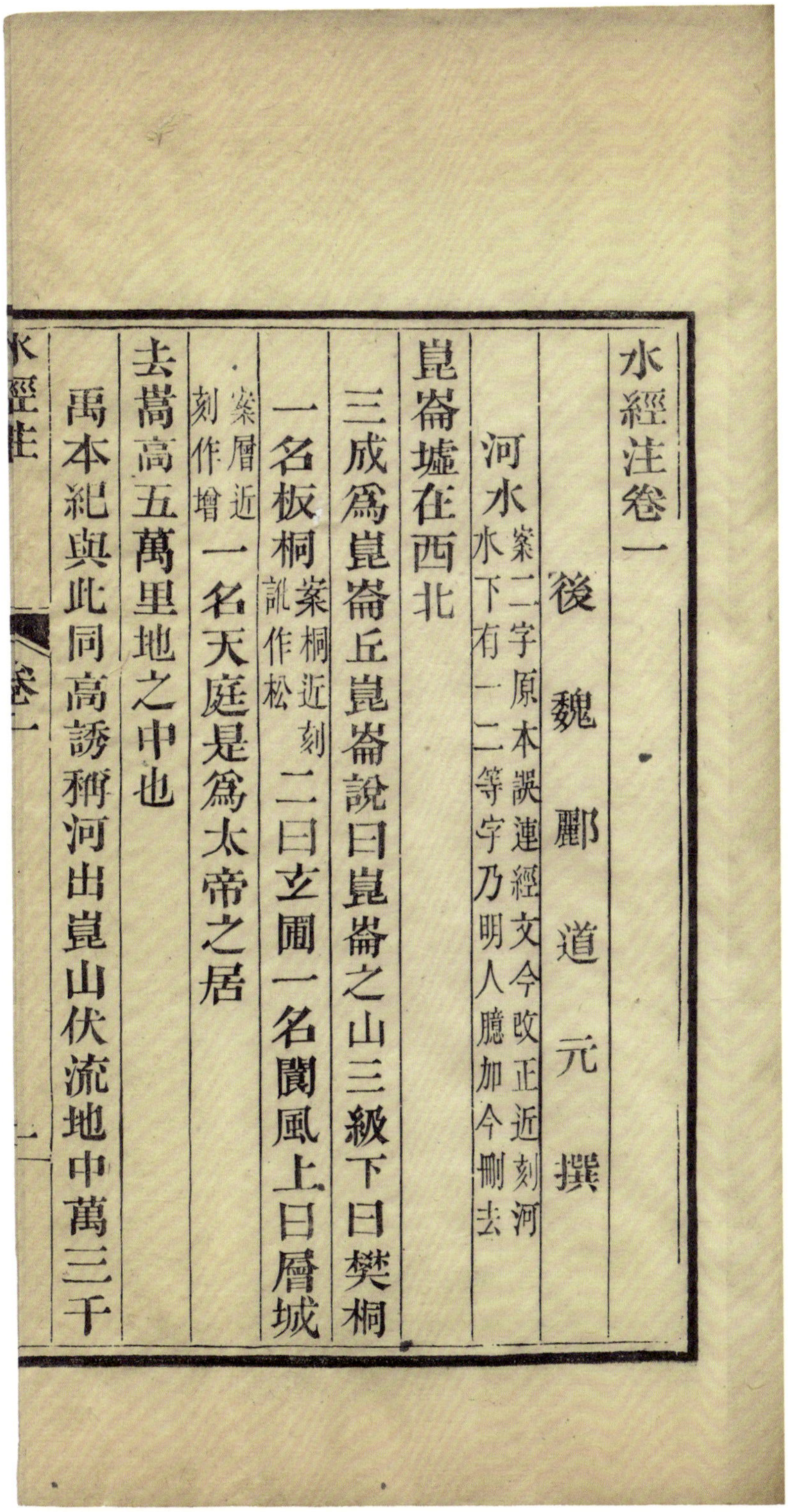

水經注卷一

後魏酈道元撰

河水案二字原本誤連經文今改正近刻河水下有一二等字乃明人臆加今刪去

崑崙墟在西北

三成爲崑崙丘崑崙說曰崑崙之山三級下曰樊桐

一名板桐案桐近刻訛作松二曰玄圃一名閬風上曰層城

案層近刻作增一名天庭是爲太帝之居

去嵩高五萬里地之中也

禹本紀與此同高誘稱河出崑山伏流地中萬三千

水經注　卷一　一

水經注四十卷首一卷　（北魏）酈道元撰　清乾隆武英殿聚珍版

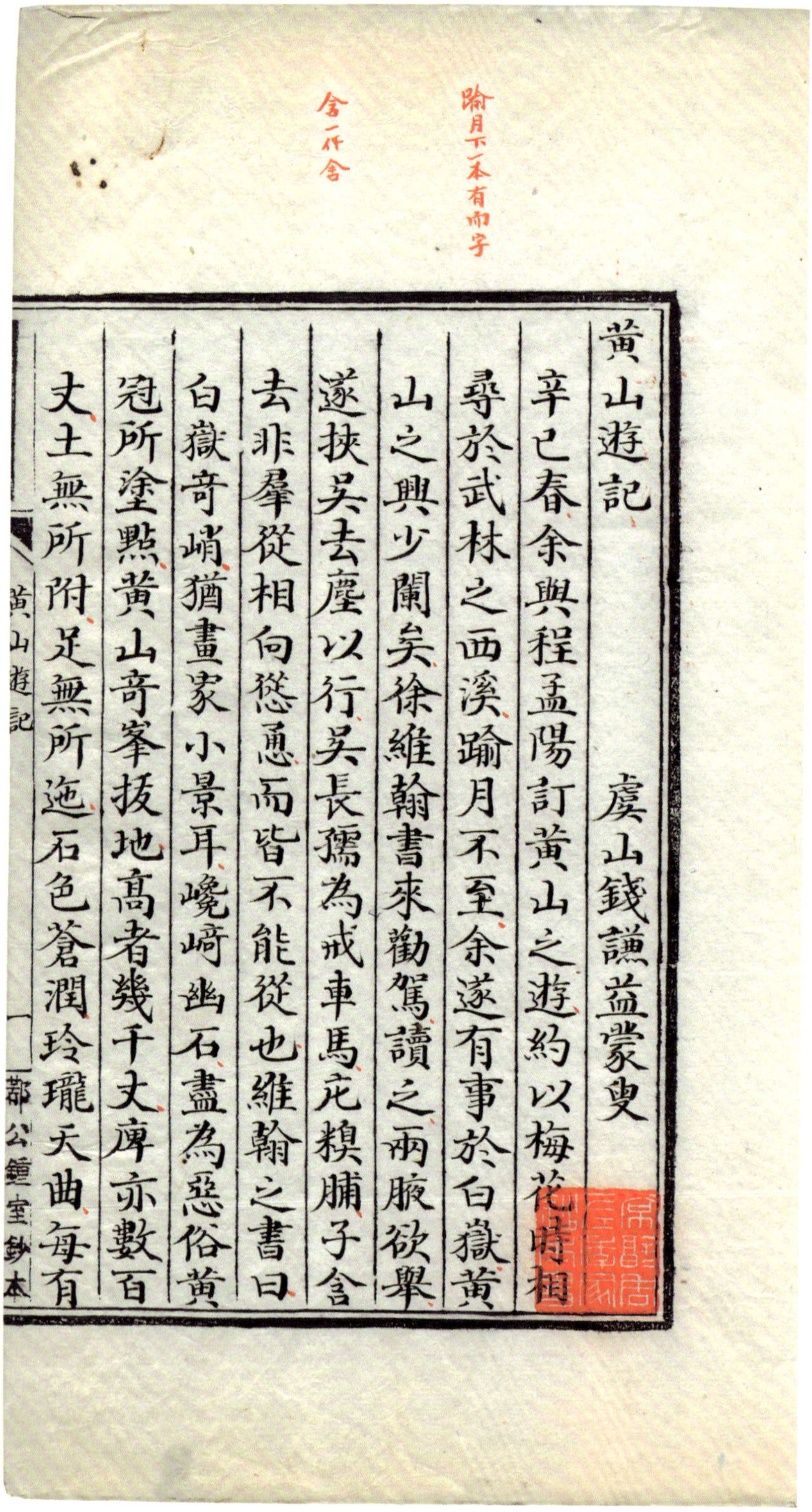
踰月下一本有而字
含一作含

黃山遊記　虞山錢謙益蒙叟
辛巳春余與程孟陽訂黃山之遊約以梅花時相
尋於武林之西溪踰月不至余遂有事於白嶽黃
山之興少闌矣徐維翰書來勸駕讀之兩腋欲舉
遂挾吴去塵以行吴長孺為戒車馬庀糗脯子含
去非羣從相向慫慂而皆不能從也維翰之書曰
白嶽奇峭猶畫家小景耳巉崎幽石盡為惡俗黃
冠所塗點黃山奇峯拔地高者幾千丈庳亦數百
丈土無所附足無所迤石色蒼潤玲瓏夭曲每有

黃山遊記　一　鄀公鍾室鈔本

黄山遊記一卷投筆集一卷　（清）錢謙益撰　清同治二年（1863）庭芬鄀公鍾室黑格抄本

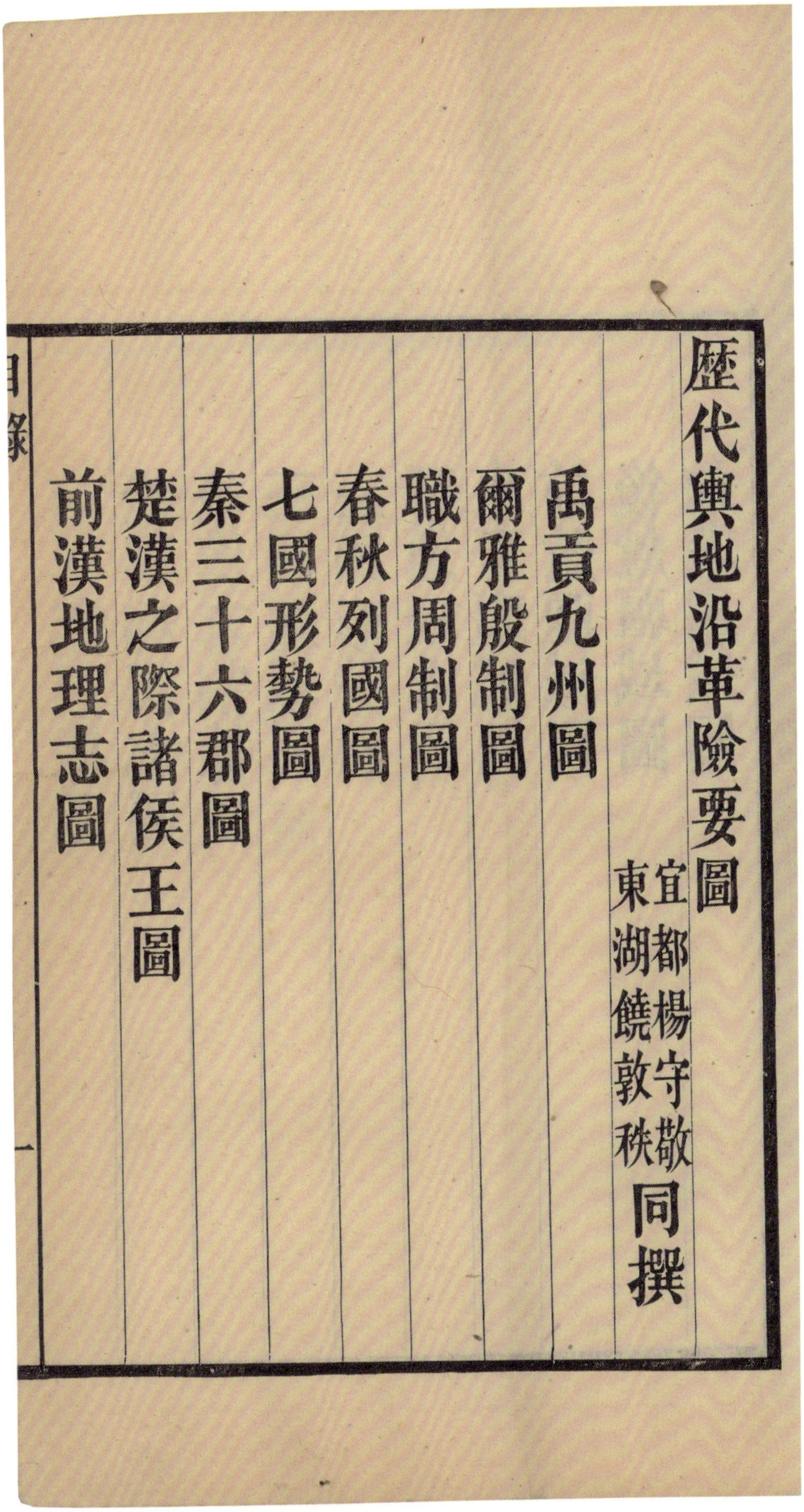

歷代輿地沿革險要圖

宜都楊守敬
東湖饒敦秩 同撰

禹貢九州圖

爾雅殷制圖

職方周制圖

春秋列國圖

七國形勢圖

秦三十六郡圖

楚漢之際諸侯王圖

前漢地理志圖

目録　一

歷代輿地沿革險要圖　（清）楊守敬　（清）饒敦秩撰
清光緒五年（1879）東湖饒氏刻朱墨套印本

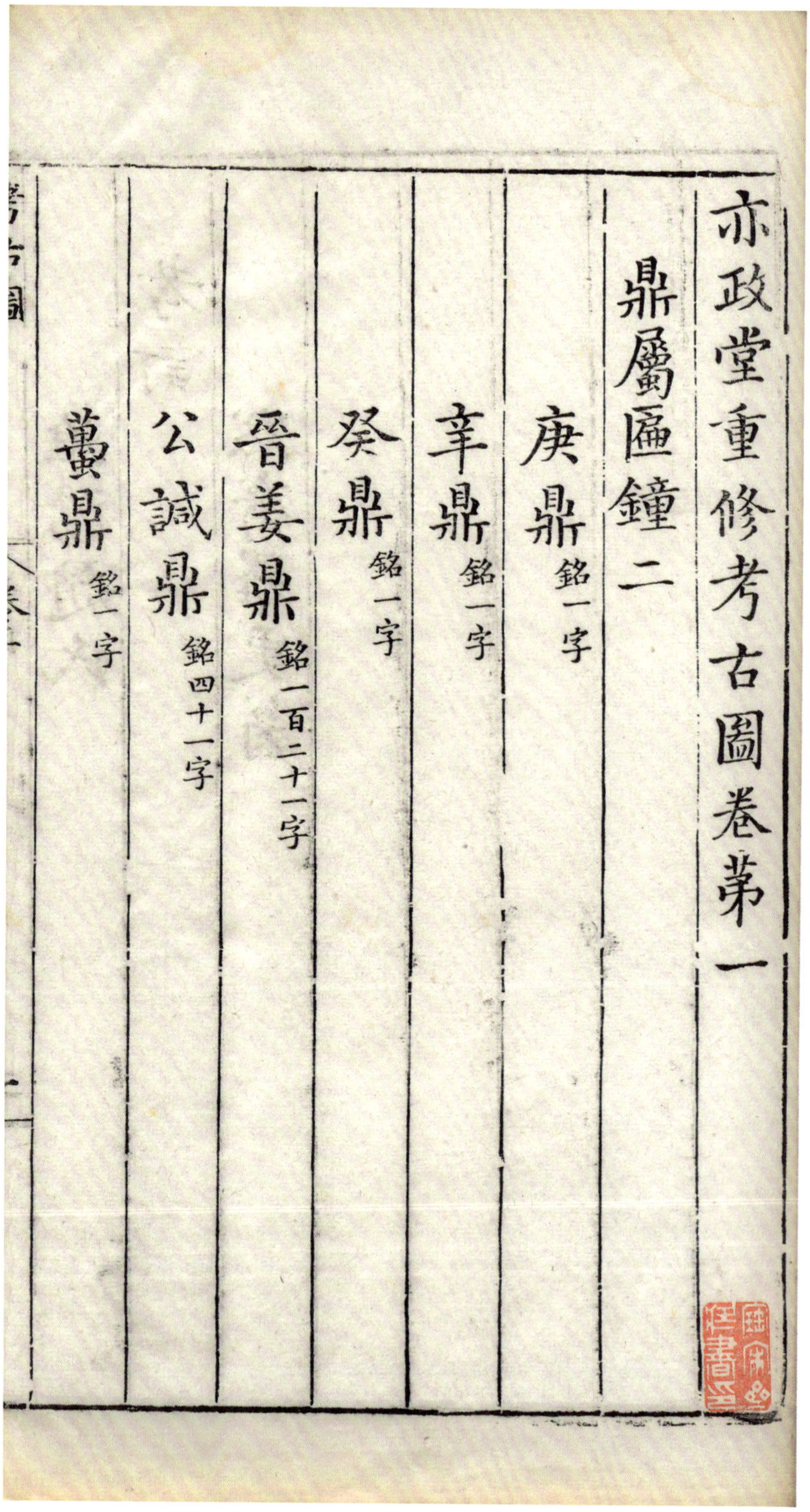
亦政堂重修考古圖卷苐一
鼎屬匜鐘二
庚鼎 銘一字
辛鼎 銘一字
癸鼎 銘一字
晉姜鼎 銘一百二十一字
公諴鼎 銘四十一字
蠆鼎 銘一字

亦政堂重修考古圖十卷 （宋）吕大臨撰 （清）黄晟校
清乾隆十七年（1752）天都黄晟亦政堂刻本

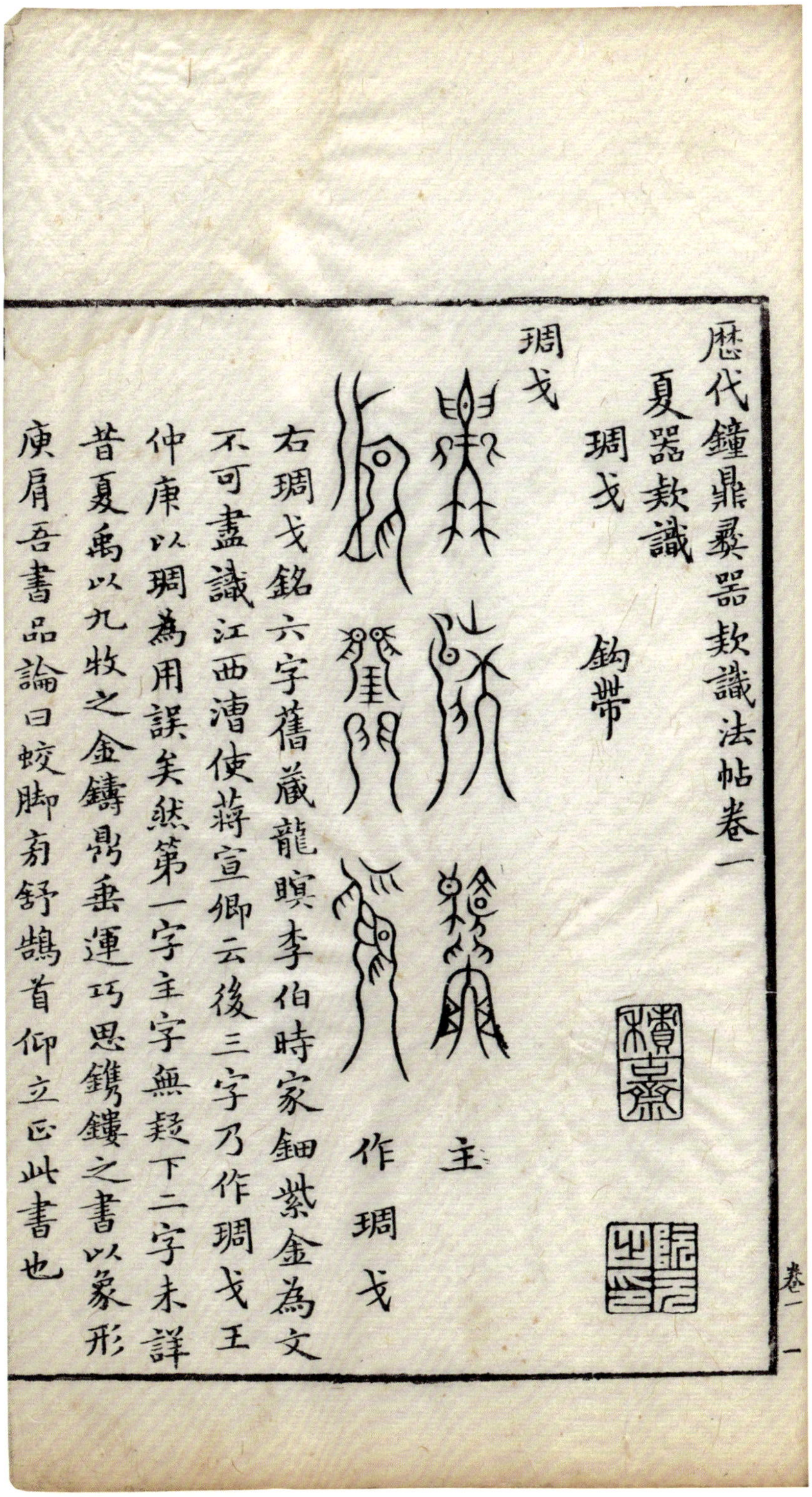

歷代鐘鼎彝器款識法帖卷一

夏器款識

琱戈　鈎帶

主

作琱戈

琱戈

右琱戈銘六字舊藏龍眠李伯時家鈿紫金為文不可盡識江西漕使蔣宣卿云後三字乃作琱戈王仲康以琱為用誤矣然第一字主字無疑下二字未詳昔夏禹以九牧之金鑄鼎垂運巧思鑴鏤之書以象形庚肩吾書品論曰蛟脚旁舒鵠首仰立正此書也

卷一　一

歷代鐘鼎彝器欵識法帖二十卷　（宋）薛尚功撰　清嘉慶二年（1797）阮元刻本

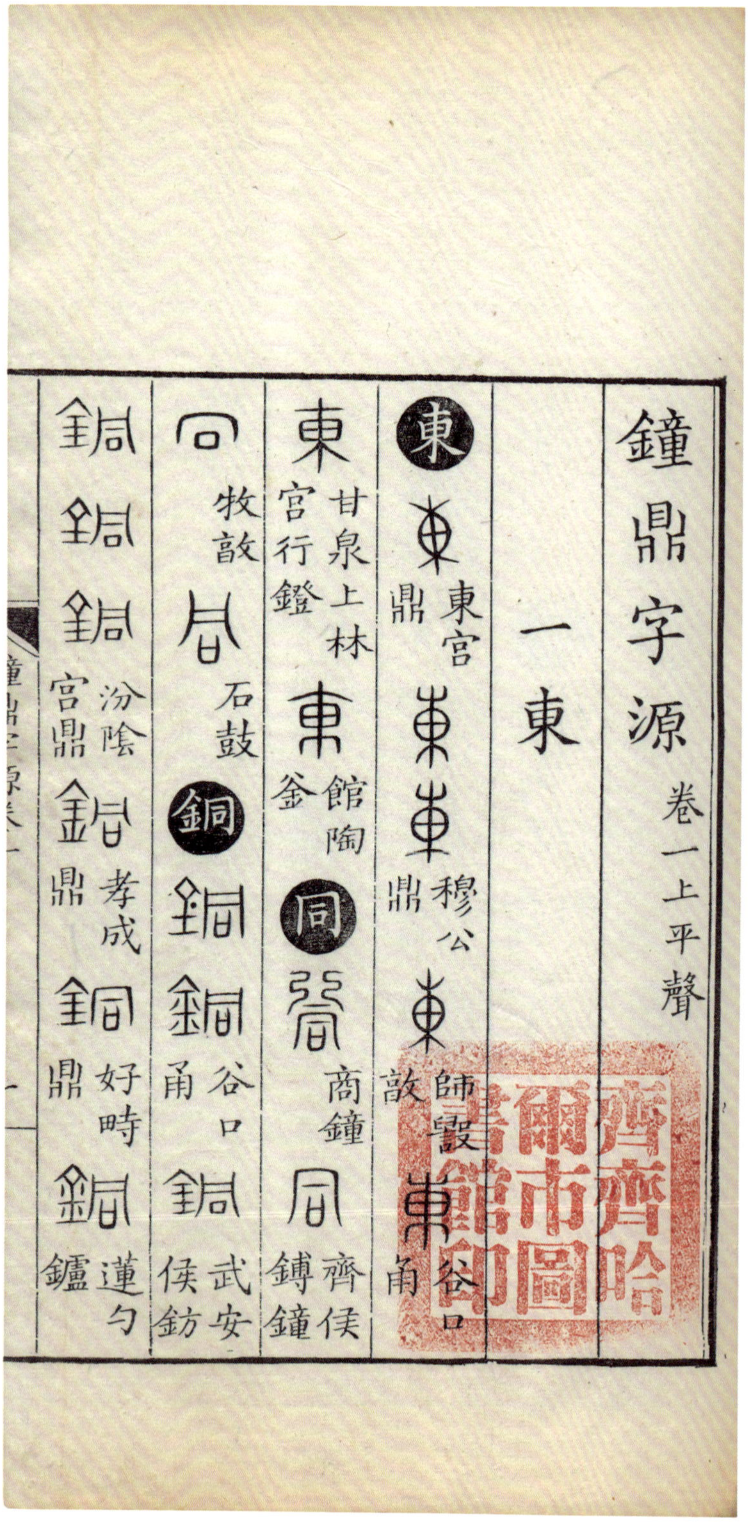

鐘鼎字源五卷　（清）汪立名撰　清康熙五十五年（1716）錢塘汪氏一隅草堂刻本

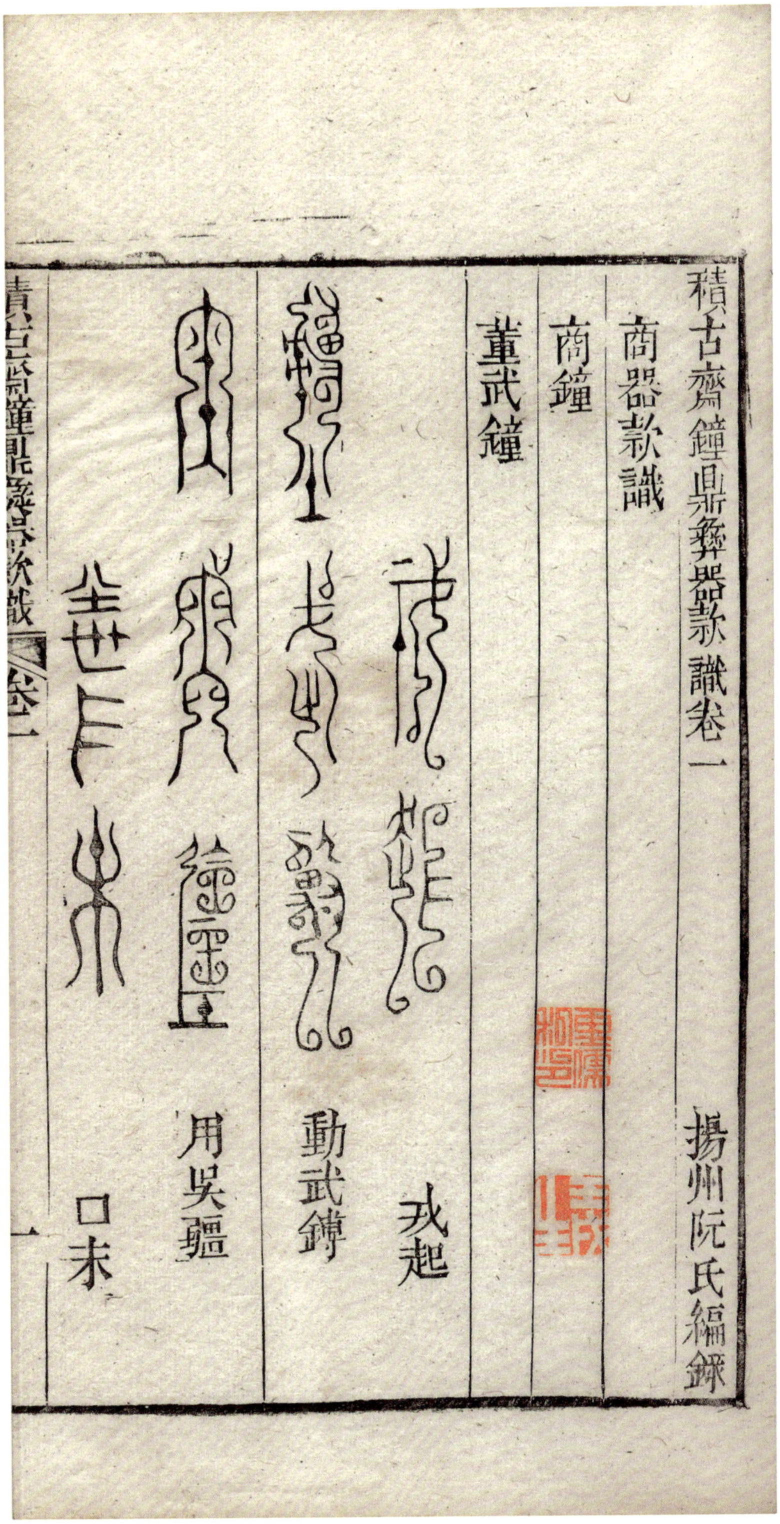

積古齋鐘鼎彝器款識卷一　揚州阮氏編錄

商器款識

商鐘

董武鐘

戎起

動武鏄

用吴鎠

口未

積古齋鐘鼎彝器款識　卷一　一

積古齋鐘鼎彝器款識十卷　（清）阮元編録　清嘉慶九年（1804）阮氏刻本

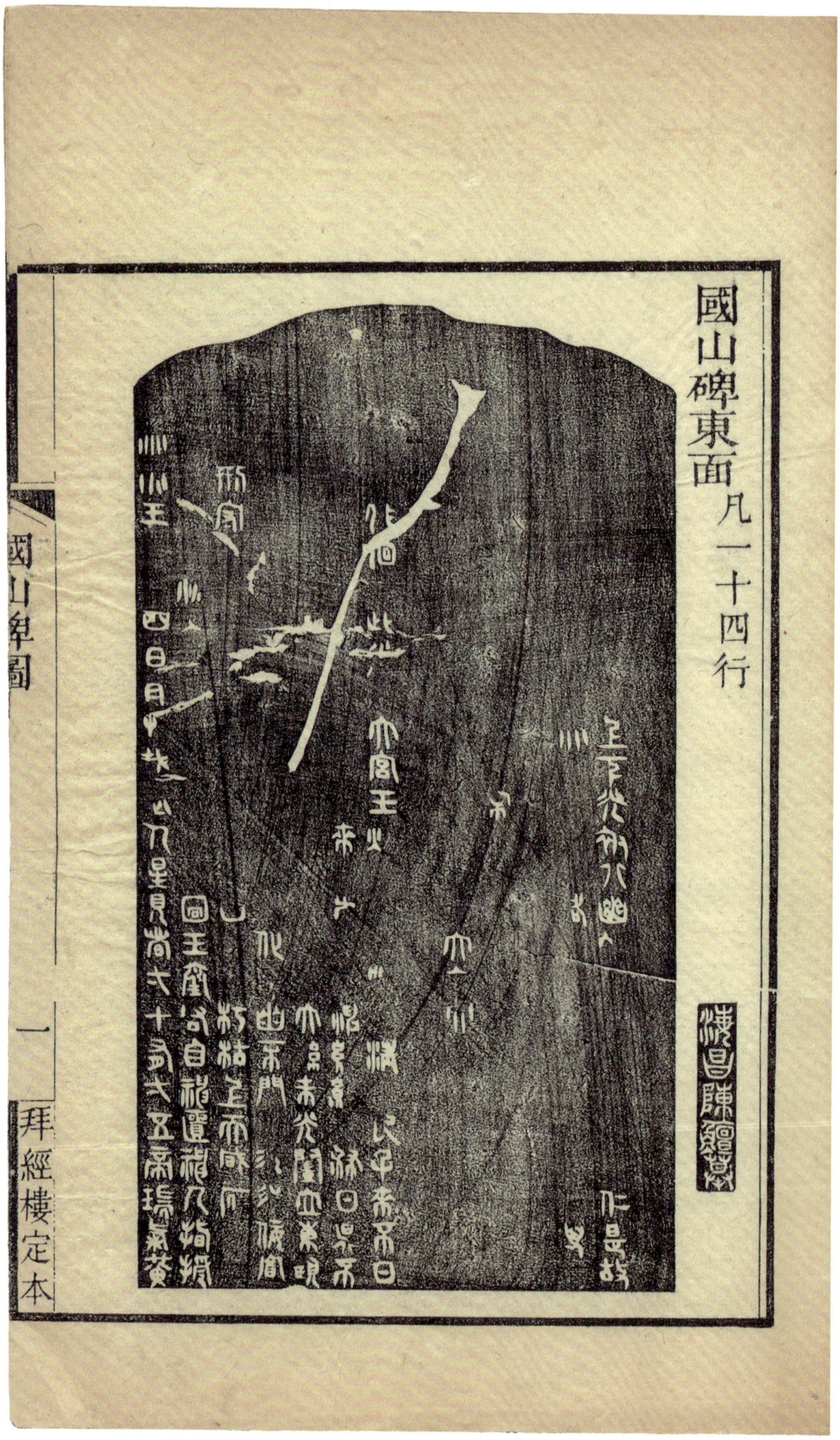

國山碑考一卷 （清）吴騫撰　清乾隆五十一年（1786）
拜經樓叢書本

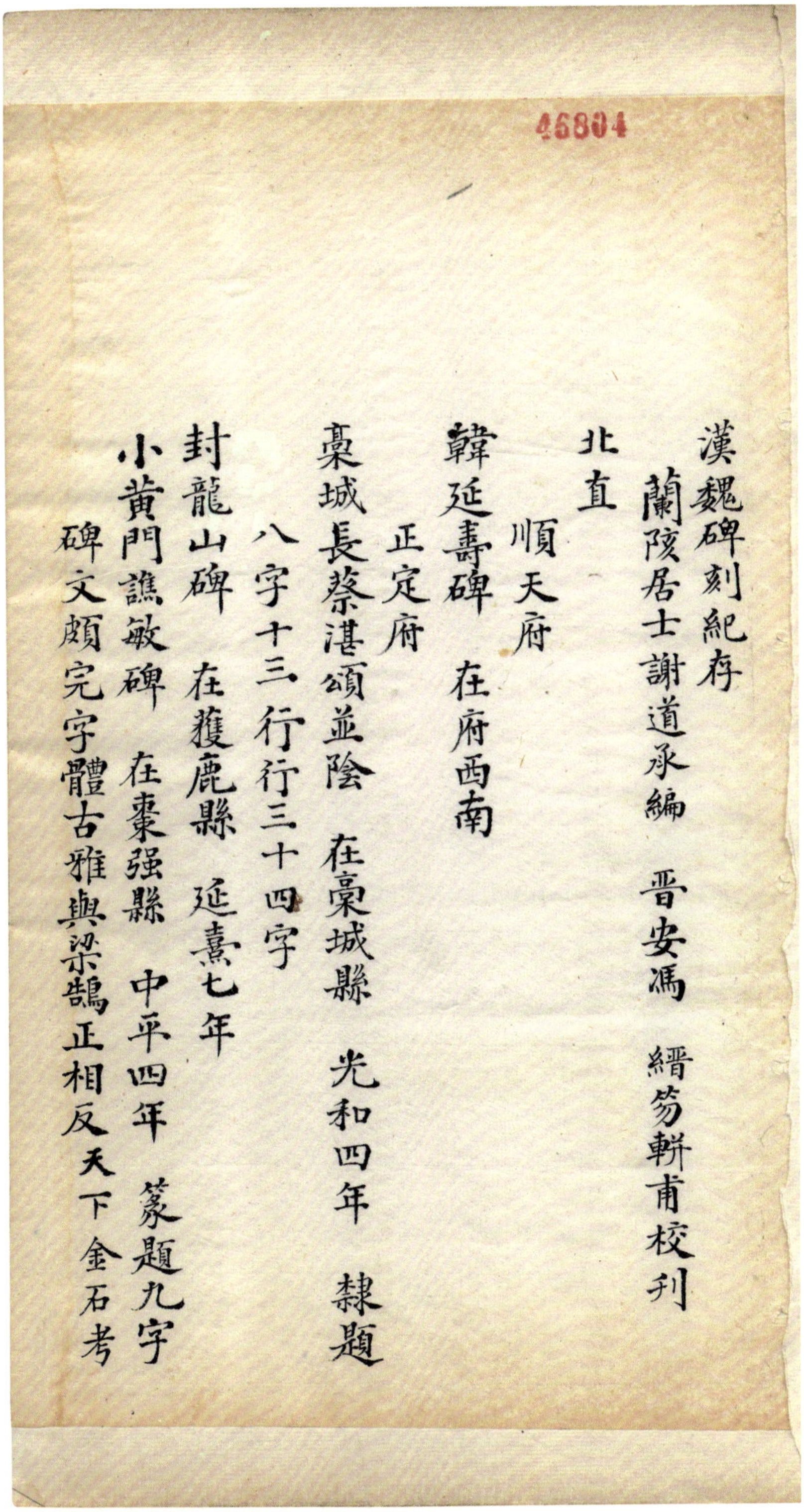

46804

漢魏碑刻紀存

蘭陵居士謝道承編　晉安馮　縉笏軿甫校刊

北直

順天府

韓延壽碑　在府西南

正定府

槀城長蔡湛頌並陰　在槀城縣　光和四年　隸題

八字十三行行三十四字

封龍山碑　在獲鹿縣　延熹七年

小黃門譙敏碑　在槀强縣　中平四年　篆題九字

碑文頗完字體古雅與梁鵠正相反天下金石考

漢魏碑刻紀存一卷　（清）謝道承編　（清）馮縉校　清嘉慶二十四年（1819）無格抄本

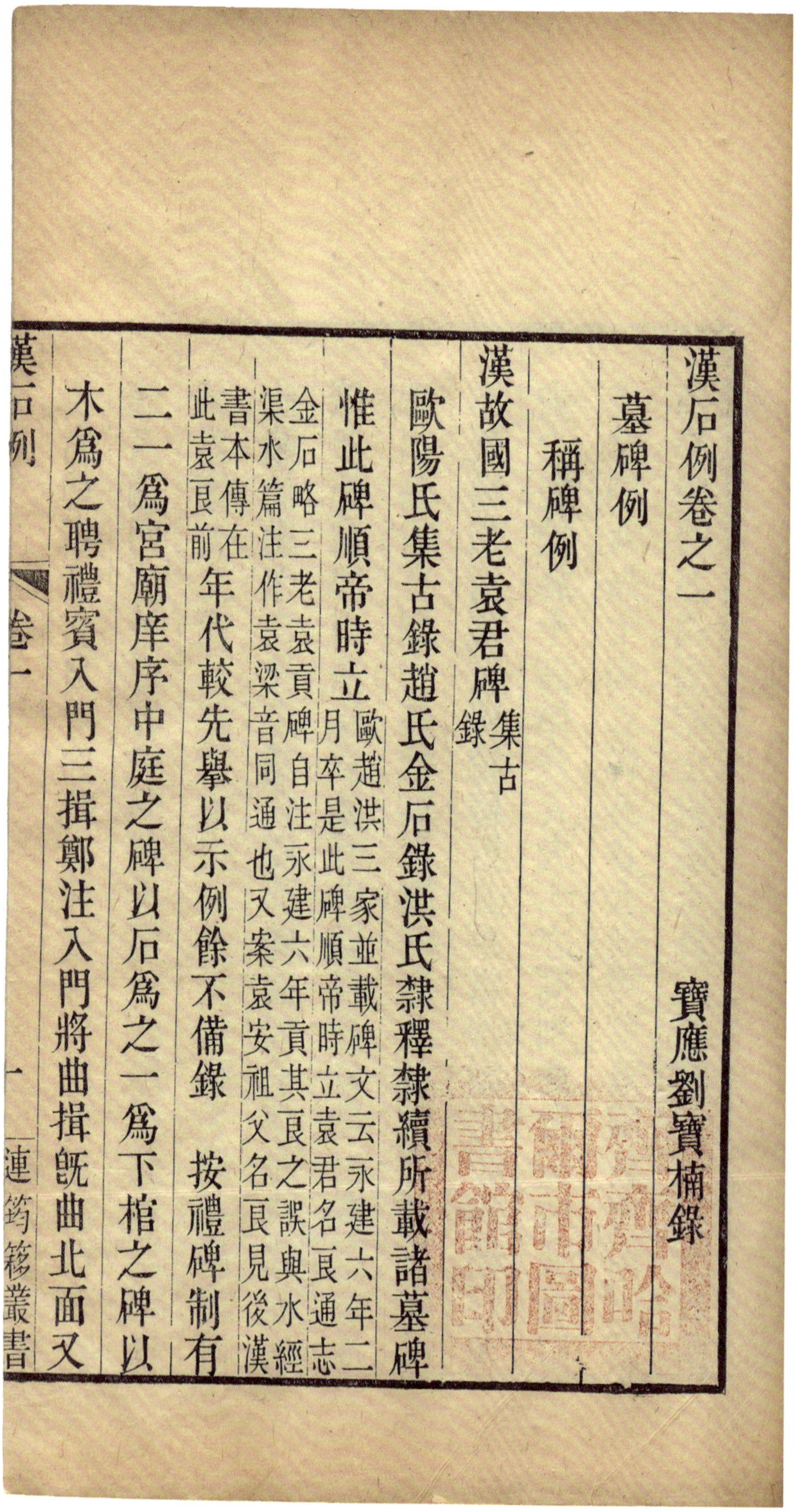
漢石例卷之一　　寶應劉寶楠錄

墓碑例

稱碑例

漢故國三老袁君碑集古錄

歐陽氏集古錄趙氏金石錄洪氏隸釋隸續所載諸墓碑惟此碑順帝時立歐趙洪三家並載碑文云永建六年二月卒是此碑順帝時立袁君名良通志金石略三老袁貢碑自注永建六年貢其良之誤與水經渠水篇注作袁梁音同通也又案袁安祖父名良見後漢書本傳在此袁良前年代較先舉以示例餘不備錄　按禮碑制有二一爲宮廟庠序中庭之碑以石爲之一爲下棺之碑以木爲之聘禮賓入門三揖鄭注入門將曲揖既曲北面又

漢石例　卷一　一　連筠簃叢書

漢石例六卷　（清）劉寶楠錄　清道光二十九年（1849）靈石楊氏刻連筠簃叢書本

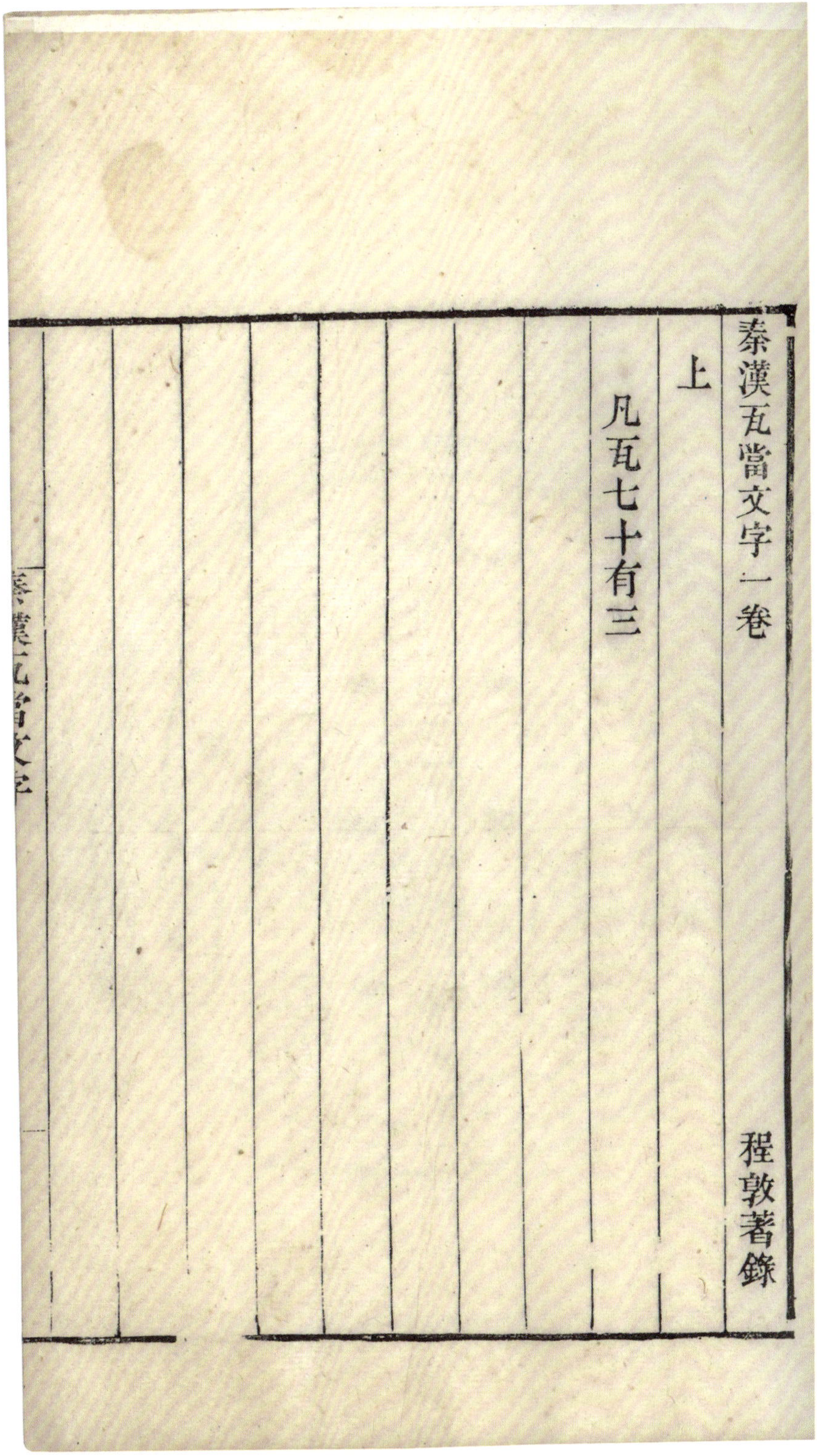
秦漢瓦當文字一卷　程敦著錄
上
凡瓦七十有三

秦漢瓦當文字一卷　（清）程敦撰　清乾隆五十二年（1787）
横渠書院刻本

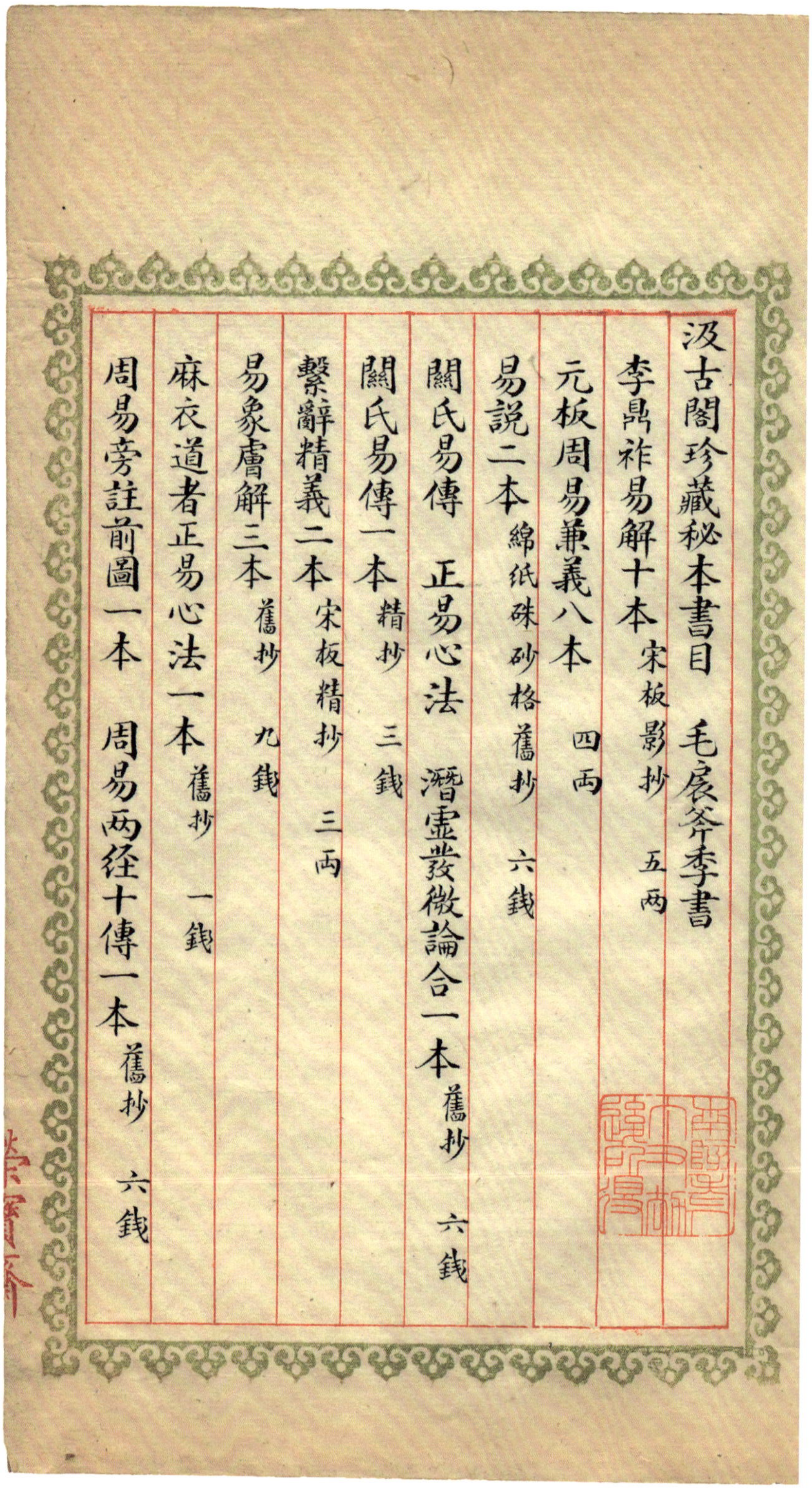

汲古閣珍藏秘本書目　毛扆斧季書
李鼎祚易解十本　宋板影抄　五兩
元板周易兼義八本　四兩
易説二本　綿紙硃砂格舊抄　六錢
關氏易傳　正易心法　潛虛發微論合一本　舊抄　六錢
關氏易傳一本　精抄　三錢
繫辭精義二本　宋板精抄　三兩
易象膚解三本　舊抄　九錢
麻衣道者正易心法一本　舊抄　一錢
周易旁註前圖一本　周易兩经十傳一本　舊抄　六錢
榮寶齋

汲古閣珍藏秘本書目一卷　（清）毛扆書　清榮寶齋紅格抄本

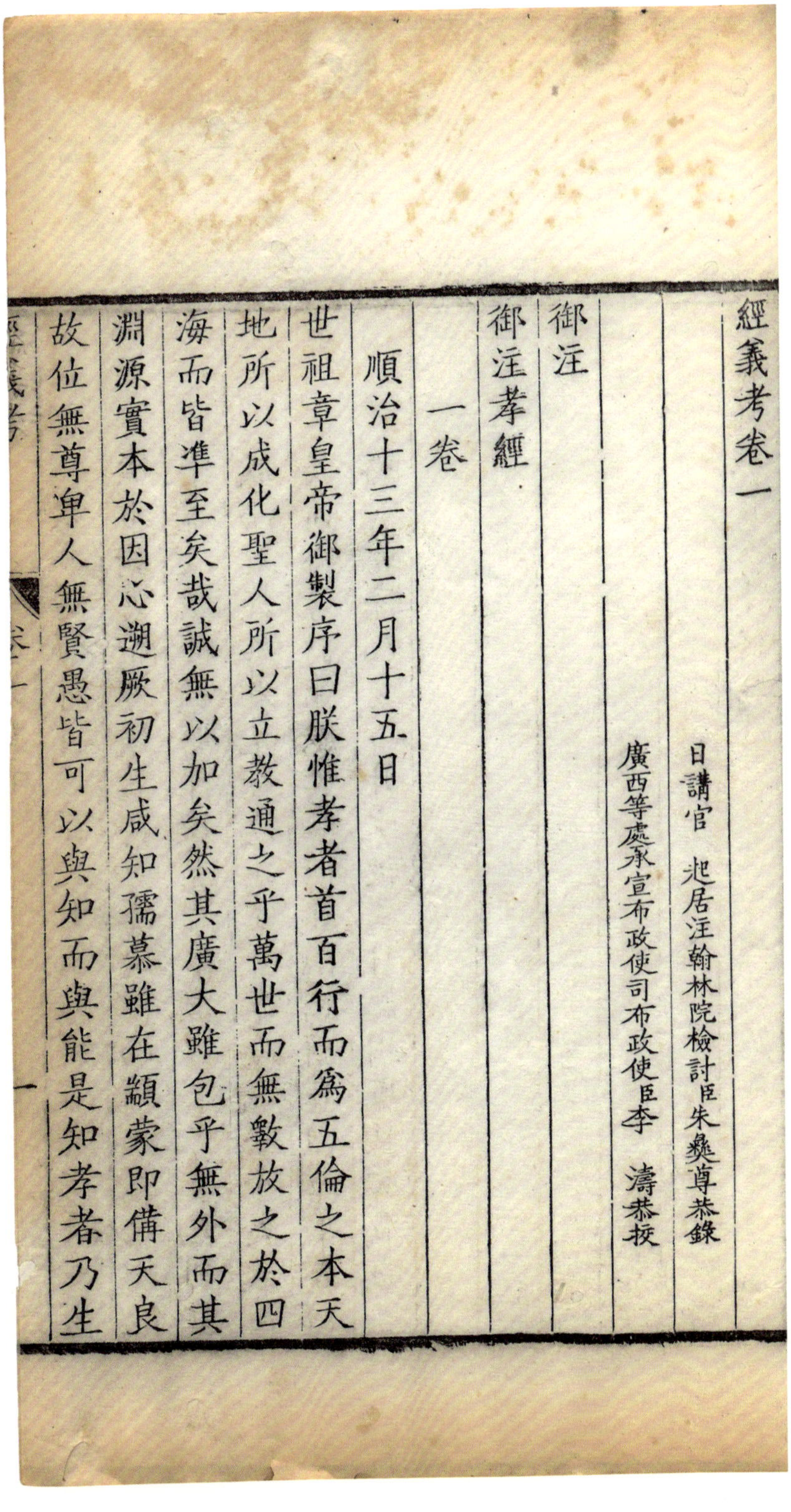

經義考卷一

日講官起居注翰林院檢討臣朱彝尊恭錄

廣西等處承宣布政使司布政使臣李濤恭挍

御注

御注孝經

一卷

順治十三年二月十五日

世祖章皇帝御製序曰朕惟孝者首百行而爲五倫之本天地所以成化聖人所以立教通之乎萬世而無斁放之於四海而皆準至矣哉誠無以加矣然其廣大雖包乎無外而其淵源實本於因心遡厥初生咸知孺慕雖在顓蒙即備天良故位無尊卑人無賢愚皆可以與知而與能是知孝者乃生

經義考 卷一 一

經義考三百卷 （清）朱彝尊撰 **目録二卷** （清）盧見曾編 清乾隆二十年（1755）德州盧氏補刻秀水朱氏本

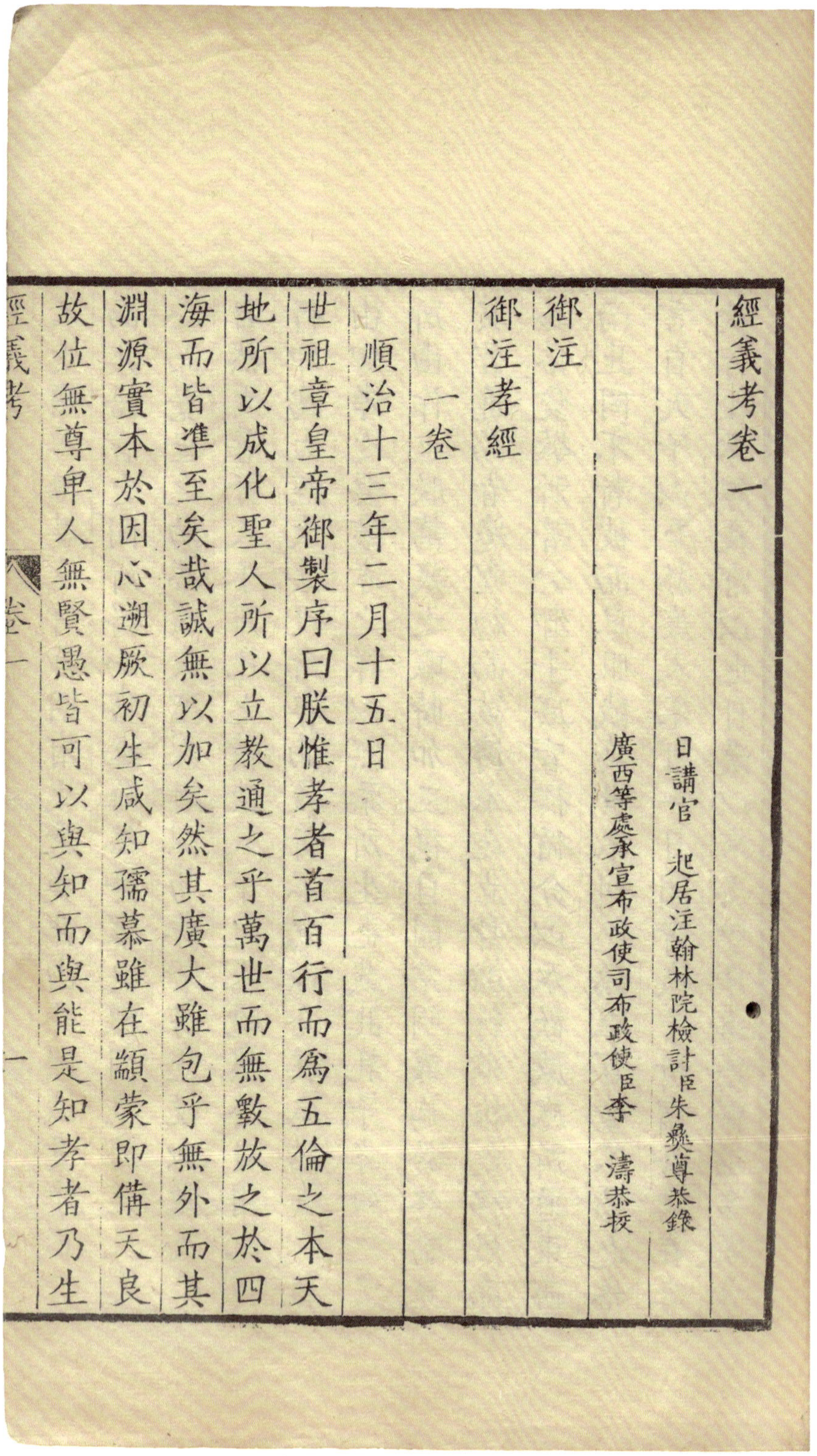

經義考卷一

日講官 起居注翰林院檢討臣朱彝尊恭錄

廣西等處承宣布政使司布政使臣李 濤恭校

御注

御注孝經

一卷

順治十三年二月十五日

世祖章皇帝御製序曰朕惟孝者首百行而爲五倫之本天地所以成化聖人所以立教通之乎萬世而無斁放之於四海而皆準至矣哉誠無以加矣然其廣大雖包乎無外而其淵源實本於因心遡厥初生咸知孺慕雖在顓蒙即備天良故位無尊卑人無賢愚皆可以與知而與能是知孝者乃生

經義考　卷一　一

經義考三百卷目録二卷　（清）朱彝尊撰　清乾隆二十年（1755）盧氏雅雨堂刻本

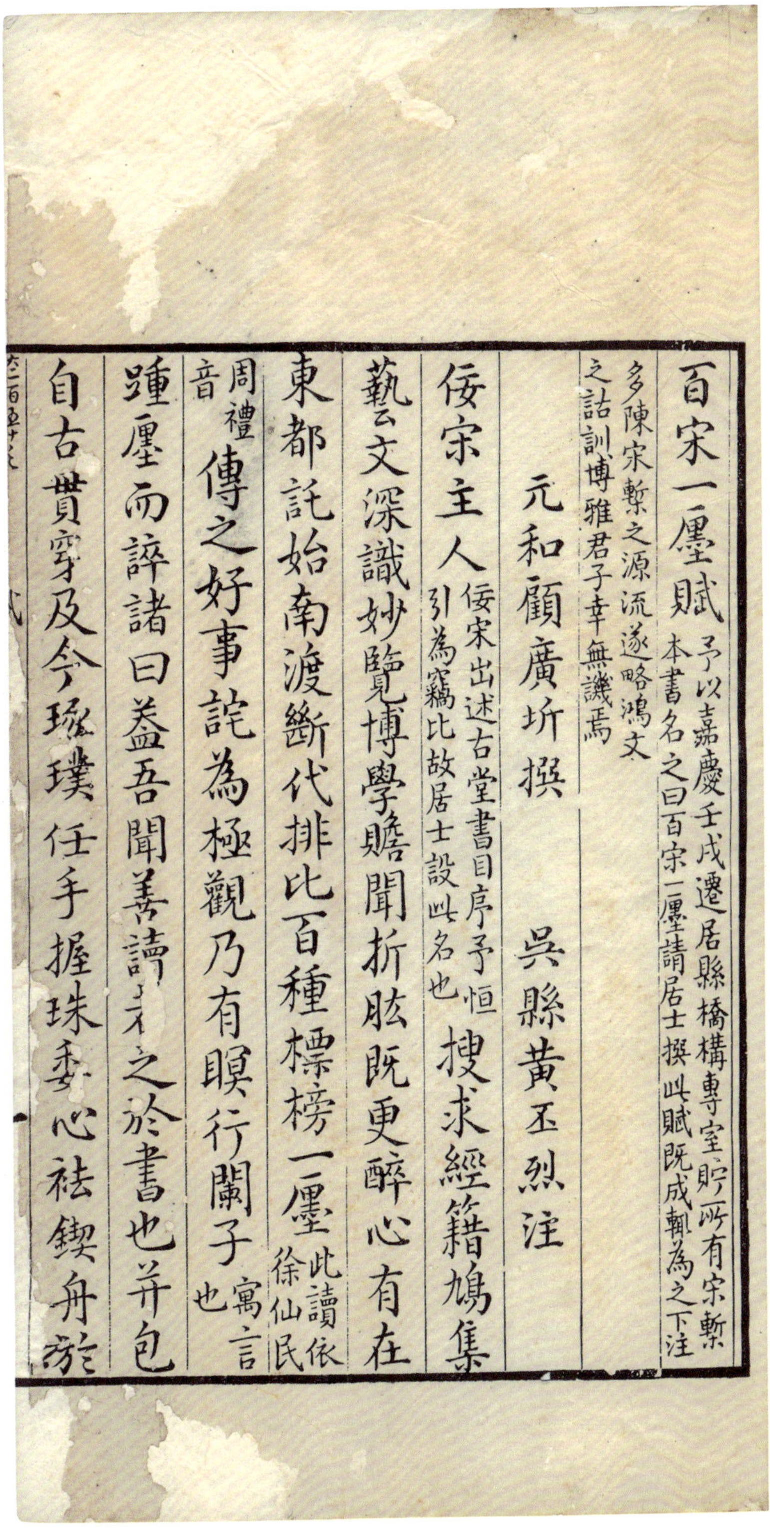

百宋一廛賦 予以嘉慶壬戌遷居縣橋構專室貯所有宋槧本書名之曰百宋一廛請居士撰此賦既成輒為之下注多陳宋槧之源流遂略鴻文之詁訓博雅君子幸無譏焉

元和顧廣圻撰　吳縣黃丕烈注

佞宋主人 佞宋出述古堂書目序予恒引為竊比故居士設此名也 搜求經籍鳩集藝文深識妙覽博學贍聞折肱既更醉心有在東都託始南渡斷代排比百種標榜一廛 此讀依徐仙民周禮音 傳之好事詫為極觀乃有瞑行闌子 寓言也 踵廛而辞諸曰蓋吾聞善讀者之於書也并包自古貫穿及今璵璞任手握珠委心袪鍥舟遊

百宋一廛賦一卷　（清）顧廣圻撰　（清）黃丕烈注　清嘉慶黃丕烈自刻本

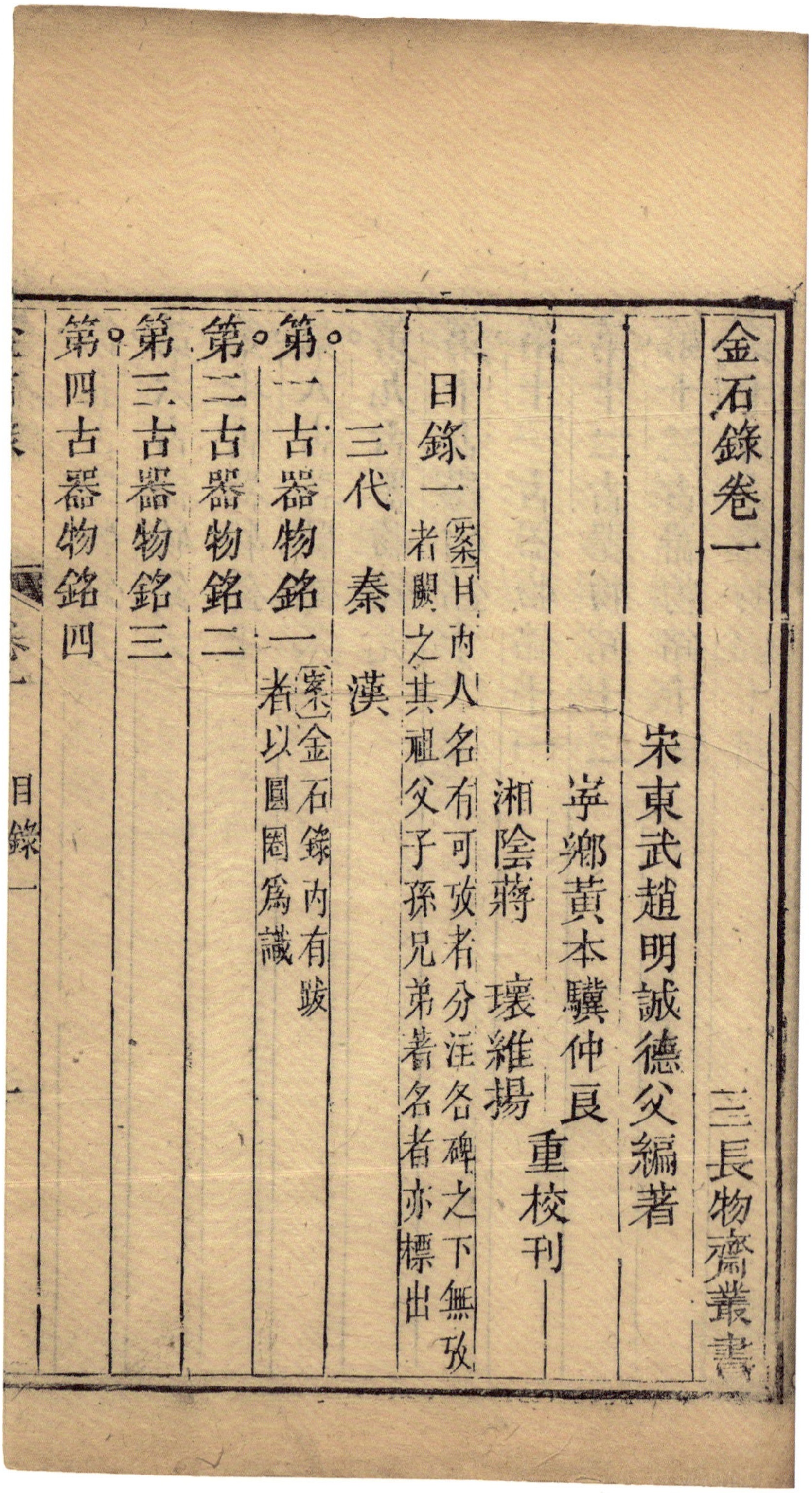

金石錄卷一　　三長物齋叢書

宋東武趙明誠德父編著

寧鄉黃本驥仲良

湘陰蔣　瓌維揚　重校刊

目錄一（案目內人名有可攷者分注各碑之下無攷者闕之其祖父子孫兄弟著名者亦標出）

三代　秦　漢

○第一古器物銘一（案金石錄內有跋者以圓圈爲識）

○第二古器物銘二

○第三古器物銘三

第四古器物銘四

金石錄三十卷　（宋）趙明誠撰　清道光黃本驥蔣瓌刻三長物齋叢書本

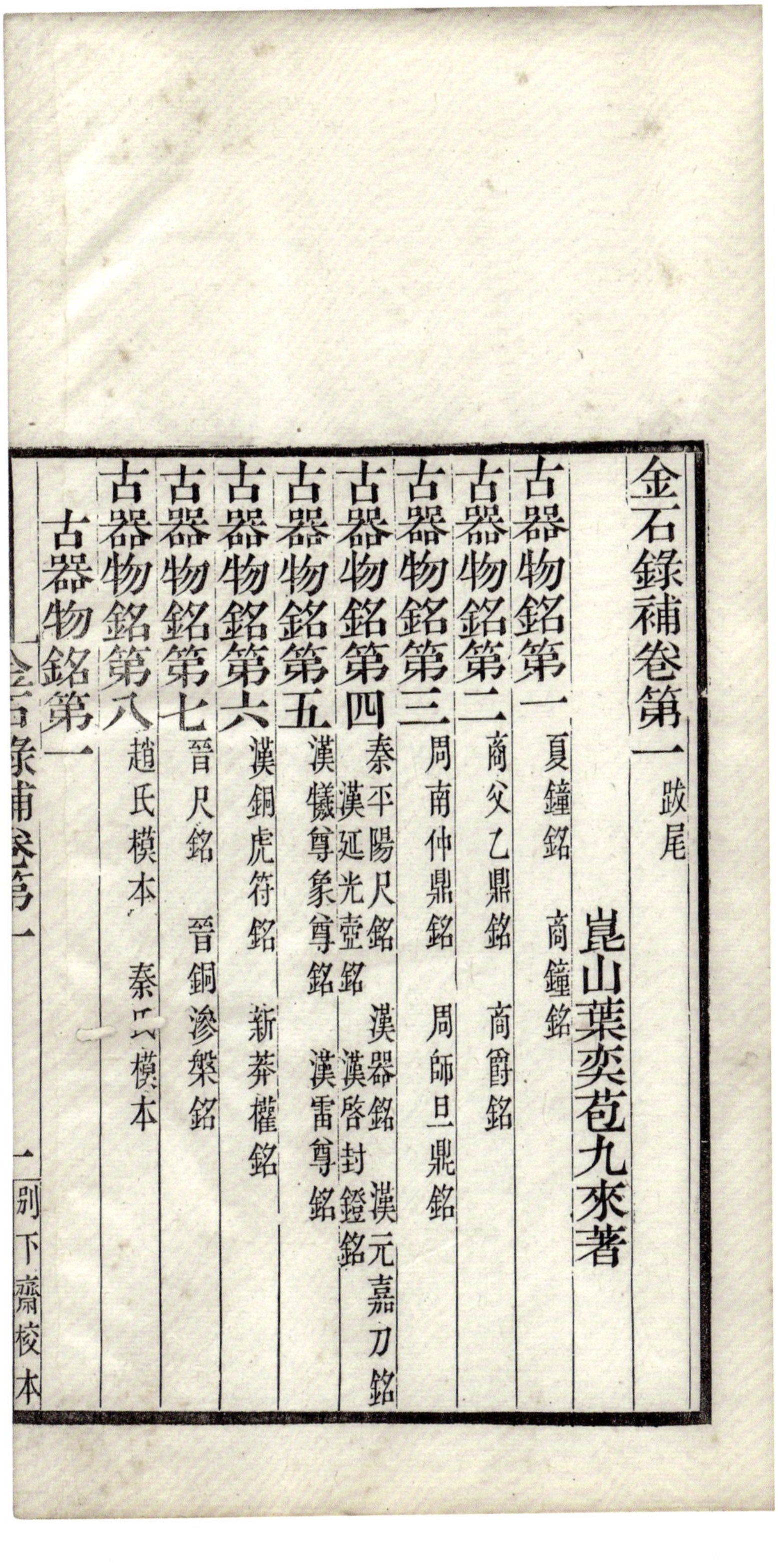
金石錄補卷第一　跋尾

崑山葉奕苞九來著

古器物銘第一　夏鐘銘　商鐘銘

古器物銘第二　商父乙鼎銘　商爵銘

古器物銘第三　周南仲鼎銘　周師旦鼎銘

古器物銘第四　秦平陽尺銘　漢器銘　漢元嘉刀銘　漢延光壺銘　漢啓封鐙銘

古器物銘第五　漢犧尊象尊銘　漢雷尊銘

古器物銘第六　漢銅虎符銘　新莽權銘

古器物銘第七　晉尺銘　晉銅滲槃銘

古器物銘第八　趙氏模本　秦氏模本

古器物銘第一

金石錄補卷第一　一　別下齋校本

金石錄補二十七卷　（清）葉奕苞撰　**石門碑醳一卷**　（清）王森文撰　清咸豐六年（1856）蔣光煦別下齋校刻本

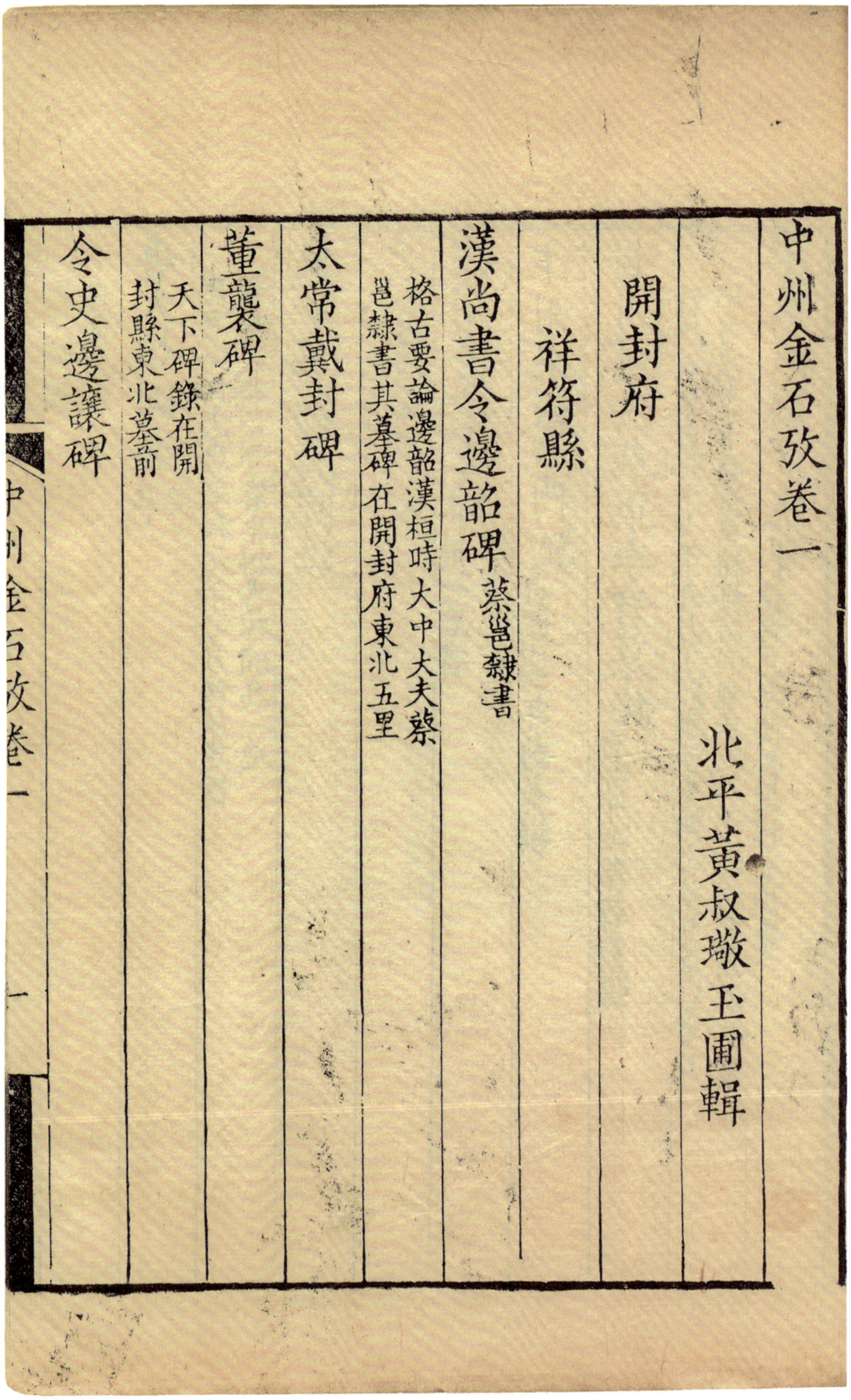

中州金石攷卷一

北平黄叔璥玉圃輯

開封府

祥符縣

漢尚書令邊韶碑 蔡邕隸書

格古要論邊韶漢桓時大中大夫蔡邕隸書其墓碑在開封府東北五里

太常戴封碑

董襲碑 天下碑錄在開封縣東北墓前

令史邊讓碑

中州金石攷卷一　一

中州金石攷八卷　（清）黄叔璥輯　清乾隆六年（1741）刻本

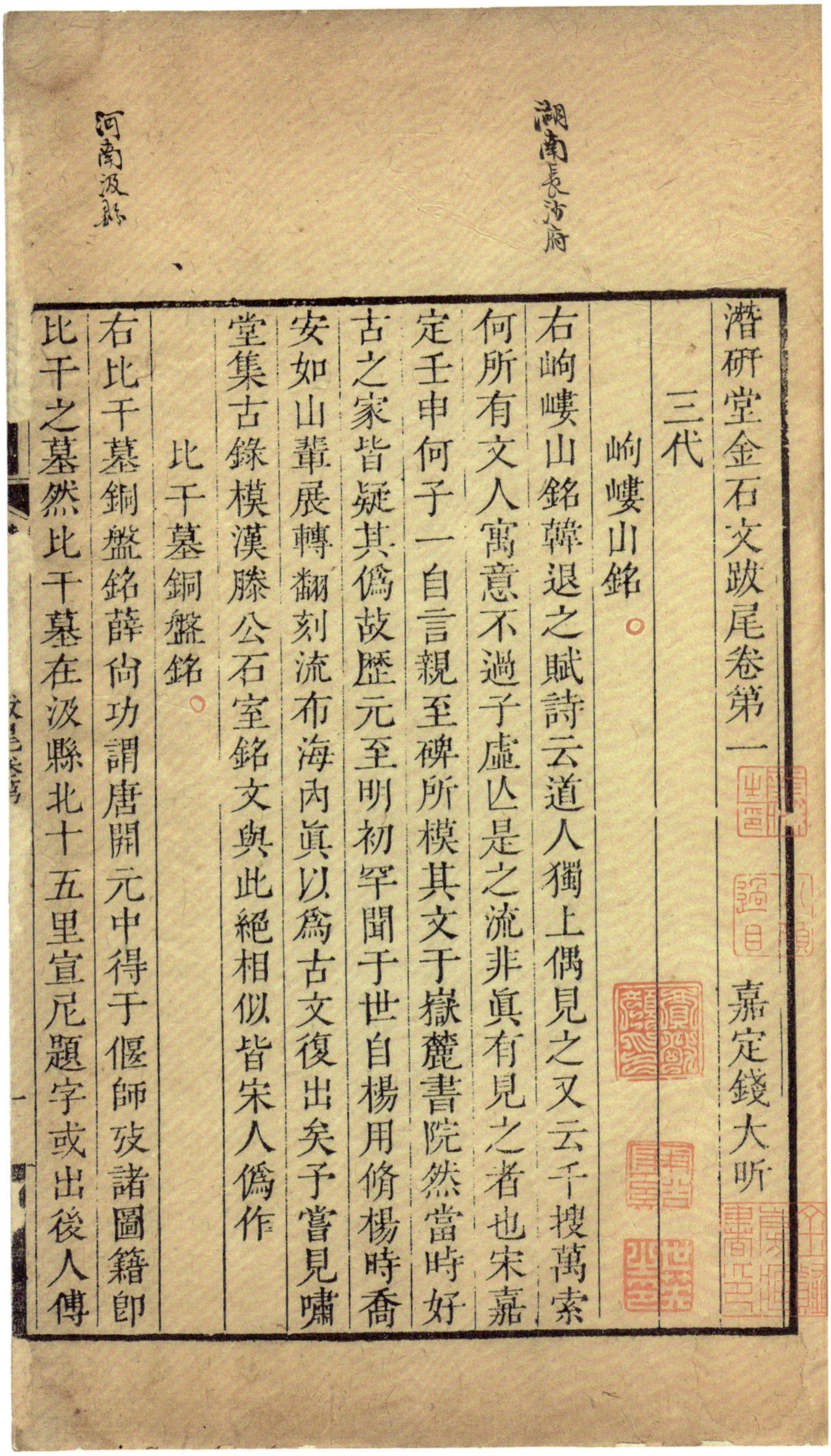

湖南長沙府

河南汲縣

潛研堂金石文跋尾卷第一　嘉定錢大昕

三代

峋嶁山銘

右峋嶁山銘韓退之賦詩云道人獨上偶見之又云千搜萬索何所有文人寓意不過子虛亾是之流非眞有見之者也宋嘉定壬申何子一自言親至碑所模其文于嶽麓書院然當時好古之家皆疑其僞故歷元至明初罕聞于世自楊用脩楊時喬安如山輩展轉翻刻流布海內眞以爲古文復出矣予嘗見嘯堂集古錄模漢滕公石室銘文與此絕相似皆宋人僞作

比干墓銅盤銘

右比干墓銅盤銘薛尙功謂唐開元中得于偃師玫諸圖籍卽比干之墓然比干墓在汲縣北十五里宣尼題字或出後人傳

潛研堂金石文跋尾六卷續七卷又續六卷　（清）錢大昕撰

清乾隆五十二年（1787）錢氏刻本

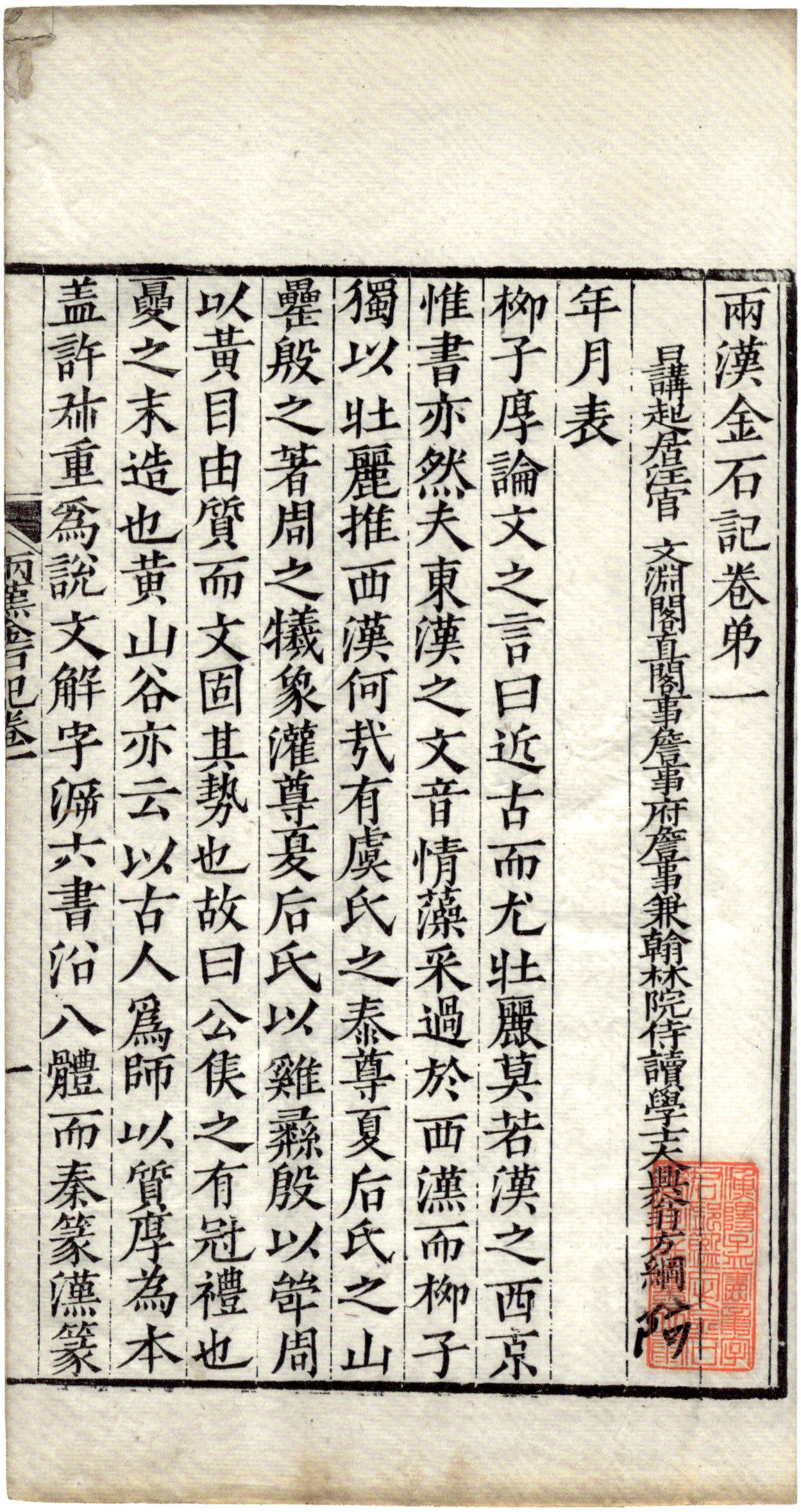

兩漢金石記卷第一

日講起居注官 文淵閣直閣事詹事府詹事兼翰林院侍讀學士大興翁方綱

年月表

柳子厚論文之言曰近古而尤壯麗莫若漢之西京惟書亦然夫東漢之文音情藻采過於西漢而柳子獨以壯麗推西漢何哉有虞氏之泰尊夏后氏之山罍殷之著周之犧象灌尊夏后氏以雞彝殷以斝周以黄目由質而文固其勢也故曰公侯之有冠禮也夏之末造也黄山谷亦云以古人為師以質厚為本蓋許祭酒重爲說文解字溯六書沿八體而秦篆漢篆

兩漢金石記卷一　一

兩漢金石記二十二卷　（清）翁方綱撰　清乾隆五十四年（1789）翁方綱南昌使院刻本

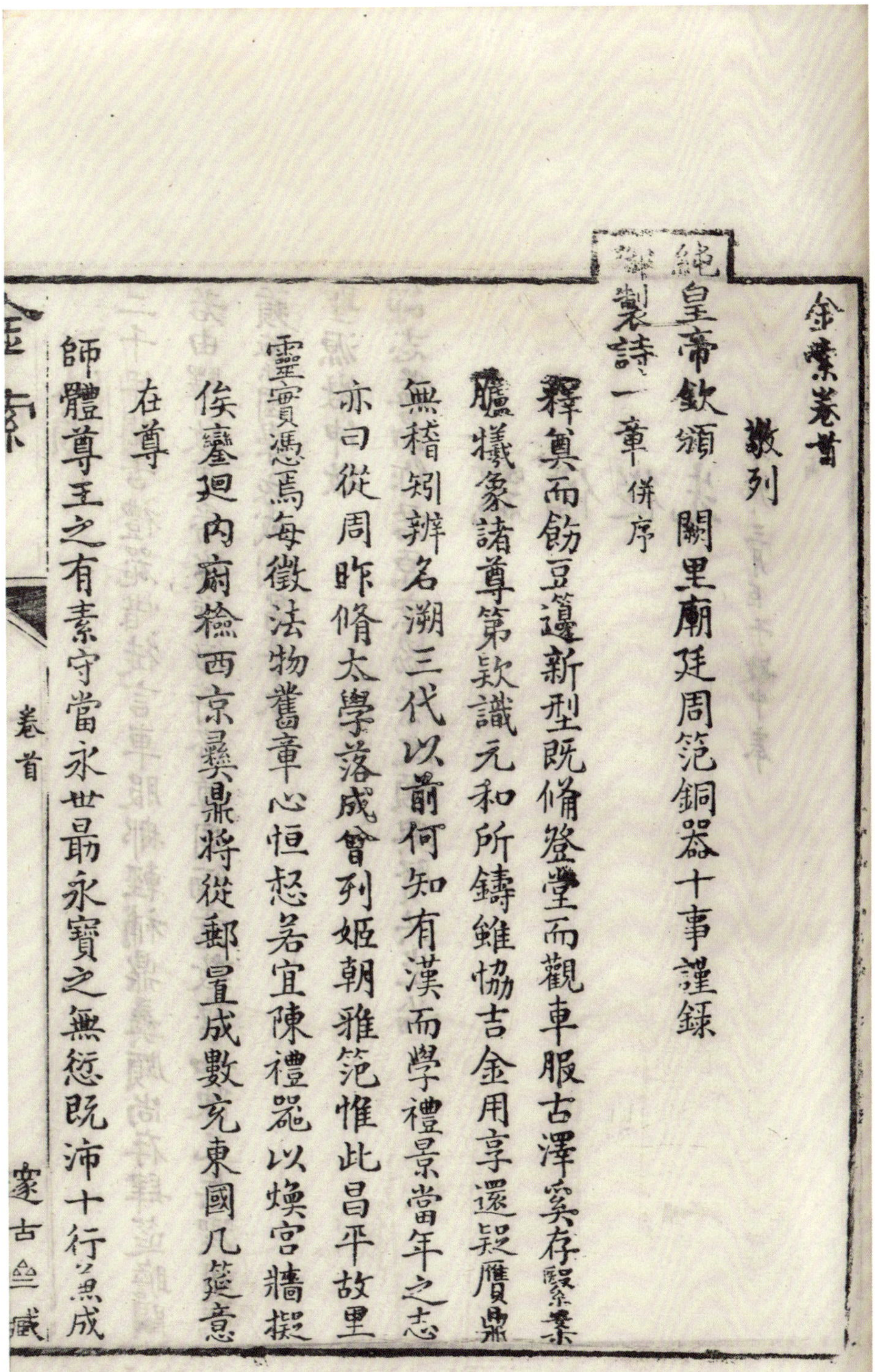
金索卷首
敬列
純皇帝欽頒 闕里廟廷周笵銅器十事謹錄
御製詩一章 并序
釋奠而飭豆籩新型既備登堂而觀車服古澤奚存縣案
臚犧象諸尊第款識元和所鑄雖協吉金用享還疑贗鼎
無稽匑辨名溯三代以前何知有漢而學禮景當年之志
亦司從周昨脩太學落成曾列姬朝雅笵惟此昌平故里
靈實憑焉每徵法物舊章心恒愬若宜陳禮罍以煥宮牆擬
倣鑾迴內府檢西京彝鼎將從郵置成數充東國几筵意
在尊
師體尊王之有素守當永世勗永寶之無愆既沛十行兼成
金索　卷首　遂古堂藏

金石索十二卷　（清）馮雲鵬　（清）馮雲鵷合輯　清道光元年（1821）滋陽縣署刻本

梁谿性通蘊輝甫注
西安方應詳孟旋甫較

内篇逍遙遊第一

内外者道德二字也内以道言以德言内雖有七秪發揮道之字道之眞以治身是以言内外篇有十五秪德之一字出其緒餘以爲天下國家無爲爲之爲德是以言外也道逍遙遊者遊於道也唯道集虛人能虛己遊孰能害之人之所以不得逍遙者只爲有己愛是以觸處罣碍惟至人乗天地之正遊于有之地是以好惡不驚死生不變解脱無碍自由此其所以爲逍遙遊也

北冥有魚其名爲鯤鯤鵬之喻托物寓意以明大化之之謂聖要見有此大

子部

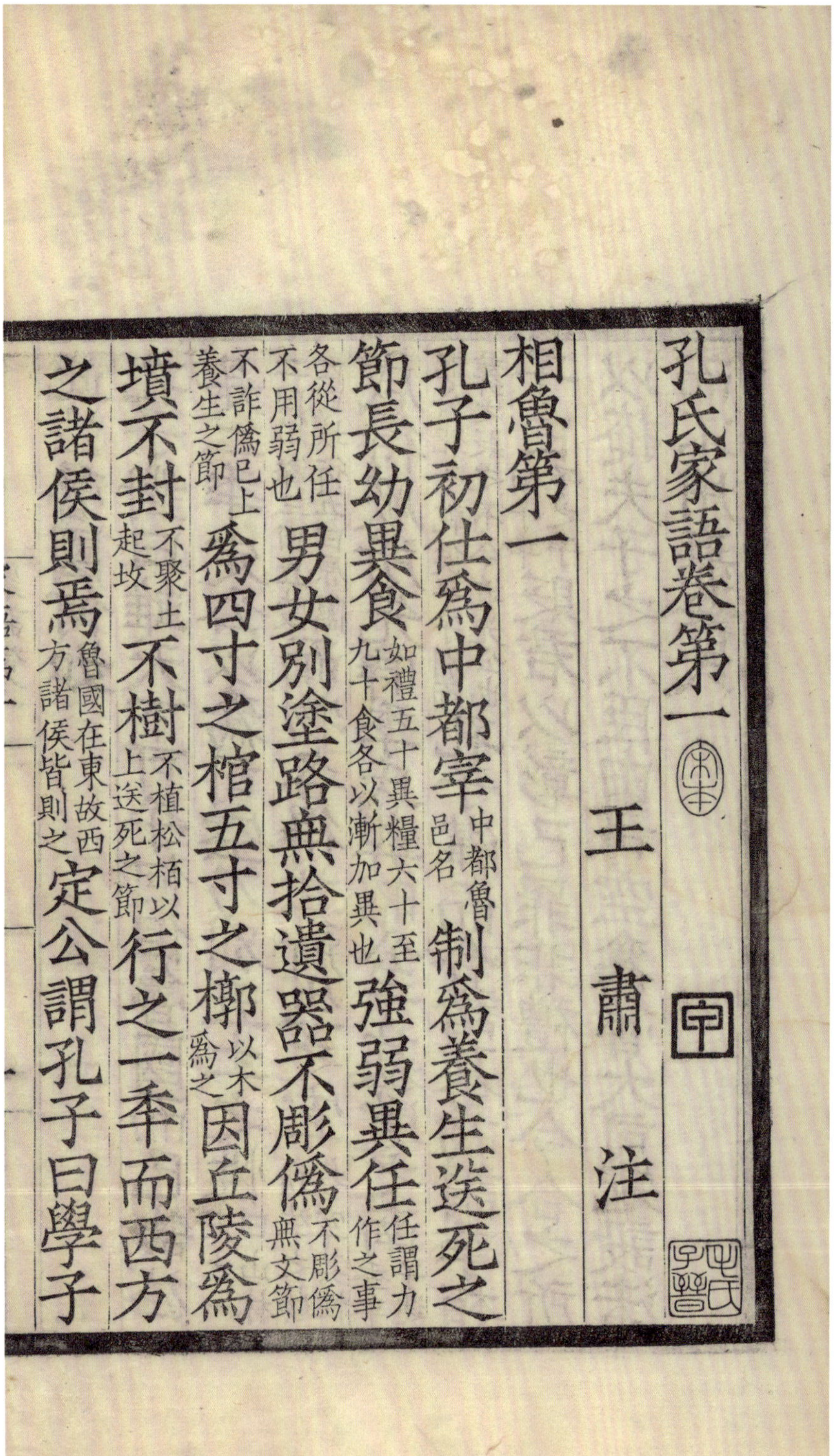
孔氏家語卷第一　　王肅注

相魯第一

孔子初仕爲中都宰中都魯邑名制爲養生送死之節長幼異食如禮五十異粻六十至九十食各以漸加異也強弱異任任謂力作之事各從所任不用弱也男女別塗路無拾遺器不彫僞不彫僞無文節不詐僞已上養生之節爲四寸之棺五寸之槨以木爲之因丘陵爲墳不封不聚土起坟不樹不植松栢以上送死之節行之一季而西方之諸侯則焉魯國在東故西方諸侯皆則之定公謂孔子曰學子

孔氏家語十卷札記一卷　（三國魏）王肅注　（清）劉世珩撰　清光緒二十四年（1898）貴池劉氏玉海堂影宋刻本

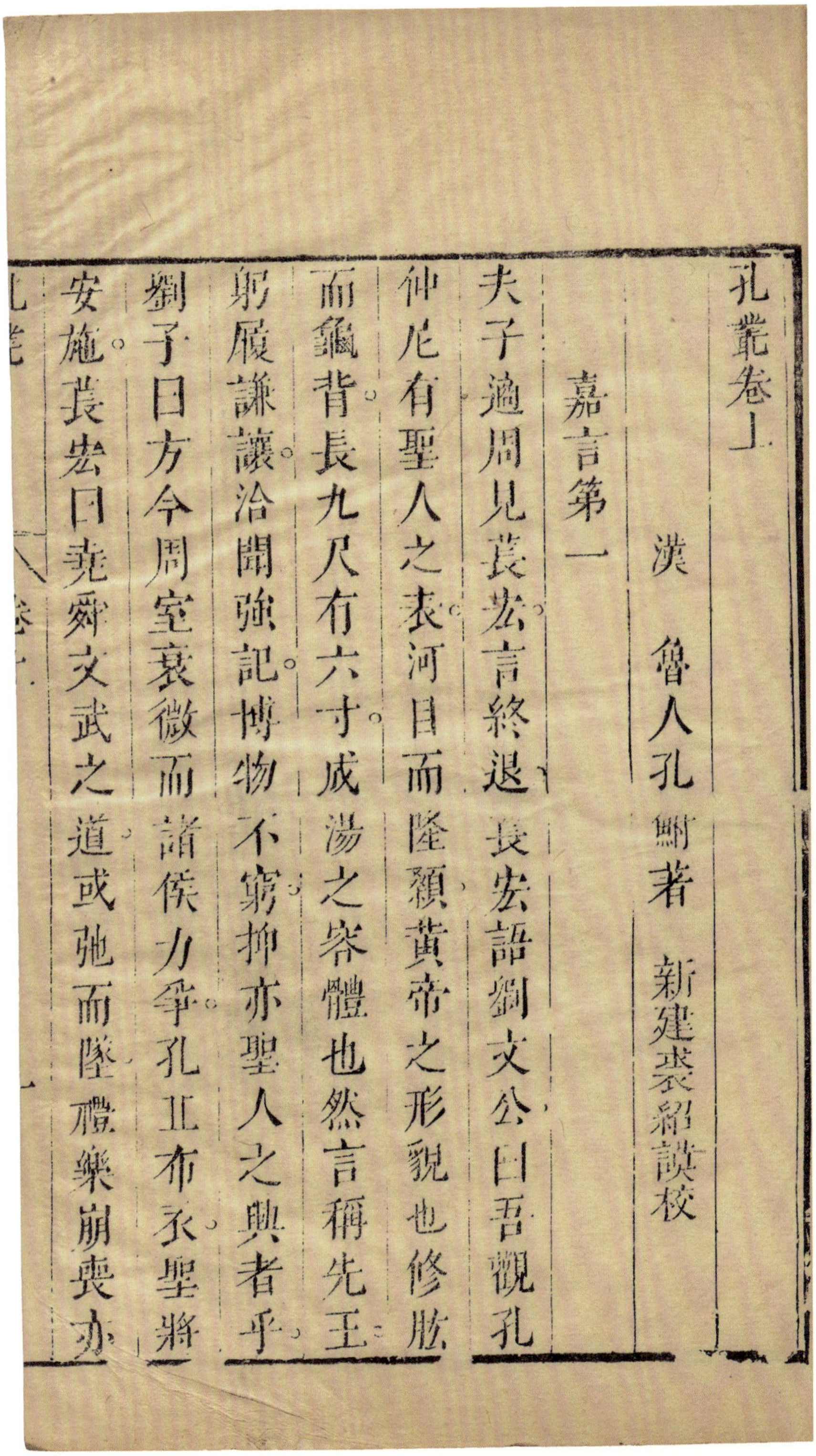

孔叢卷上

漢　魯人孔鮒著　新建裘紹譔校

嘉言第一

夫子適周見萇弘言終退萇弘語劉文公曰吾觀孔
仲尼有聖人之表河目而隆顙黃帝之形貌也修肱
而龜背長九尺有六寸成湯之容體也然言稱先王
躬履謙讓洽聞強記博物不窮抑亦聖人之興者乎
劉子曰方今周室衰微而諸侯力爭孔丘布衣聖將
安施萇弘曰堯舜文武之道或弛而墜禮樂崩喪亦

孔叢二卷　（漢）孔鮒撰　（明）裘紹譔校　明崇禎十年（1637）刻本

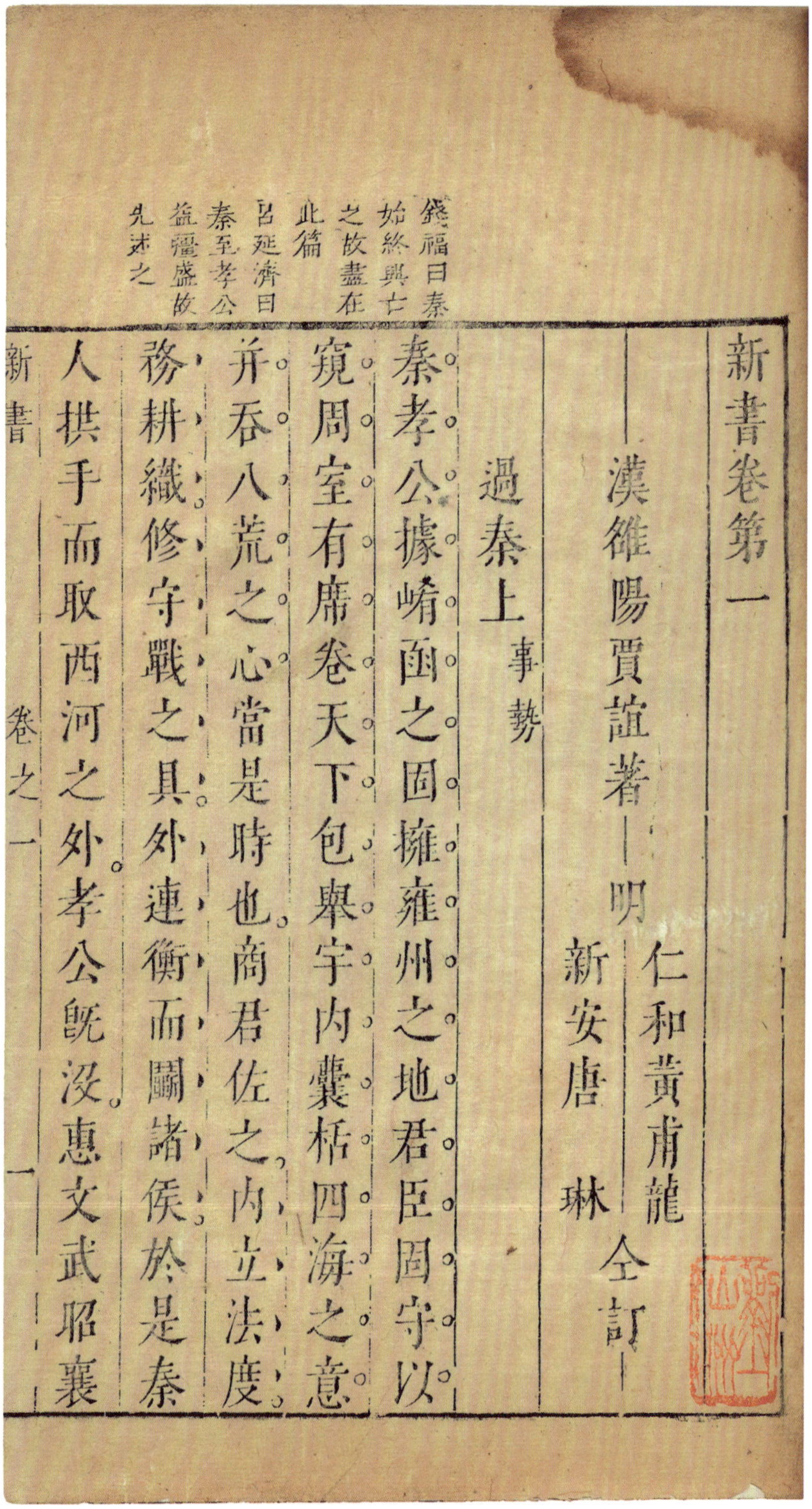

錢福曰秦始終興亡之故盡在此篇
呂延濟曰秦至孝公益彊盛故先述之

新書卷第一

漢雒陽賈誼著　明　仁和黃甫龍　仝訂
新安唐　琳

過秦上　事勢

秦孝公據崤函之固擁雍州之地君臣固守以窺周室有席卷天下包舉宇內囊括四海之意并吞八荒之心當是時也商君佐之內立法度務耕織修守戰之具外連衡而鬬諸侯於是秦人拱手而取西河之外孝公既沒惠文武昭襄

新書　卷之一　一

新書十卷附錄一卷　（漢）賈誼撰　（明）黃甫龍　（明）唐琳訂　明刻本

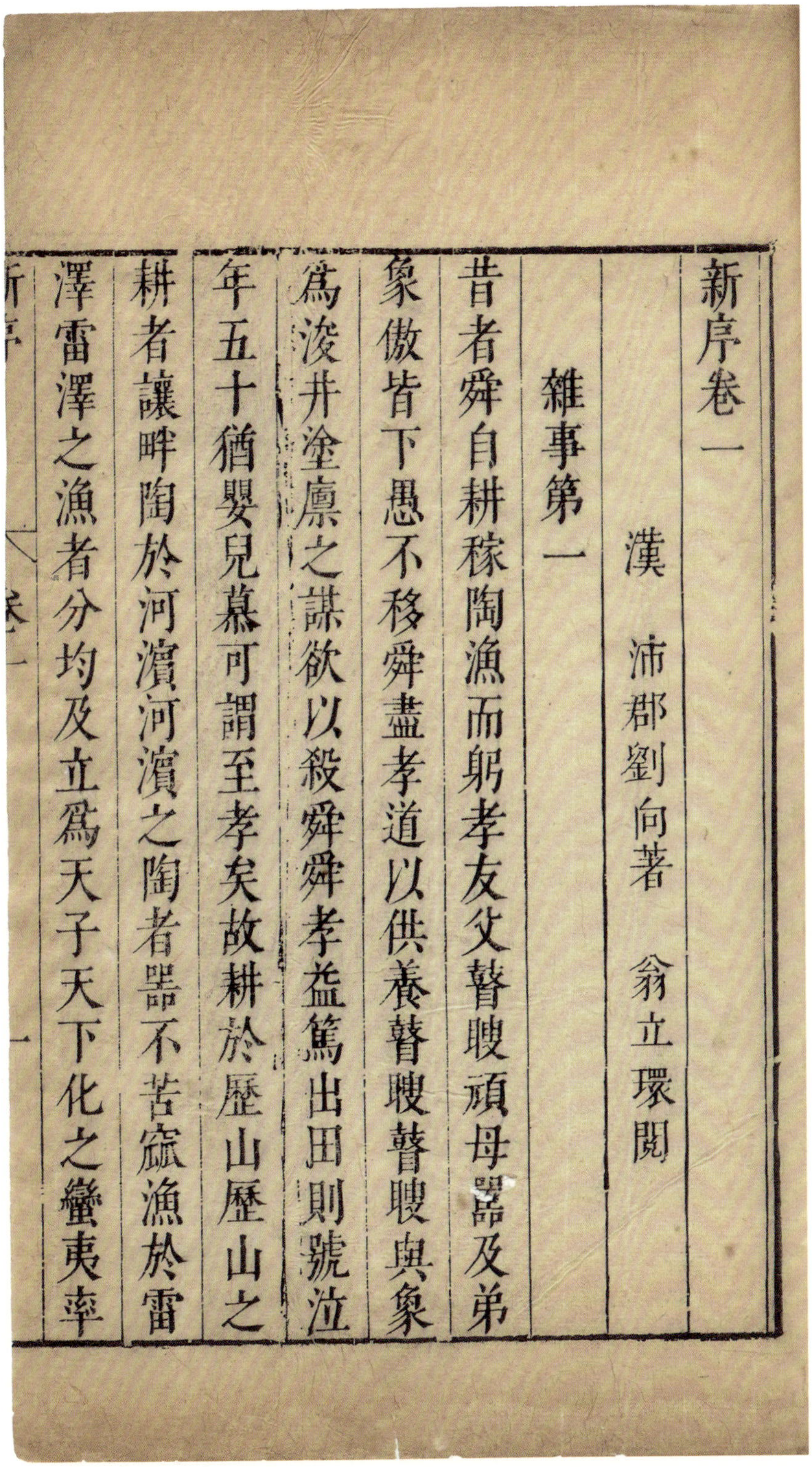

新序卷一

漢　沛郡劉向著　翁立環閲

雜事第一

昔者舜自耕稼陶漁而躬孝友父瞽瞍頑母嚚及弟象傲皆下愚不移舜盡孝道以供養瞽瞍瞽瞍與象爲浚井塗廩之謀欲以殺舜舜孝益篤出田則號泣年五十猶嬰兒慕可謂至孝矣故耕於歷山歷山之耕者讓畔陶於河濵河濵之陶者器不苦窳漁於雷澤雷澤之漁者分均及立爲天子天下化之蠻夷率

新序　卷一　一

新序十卷　（漢）劉向撰　（明）翁立環閲　（明）何良俊輯　明刻本

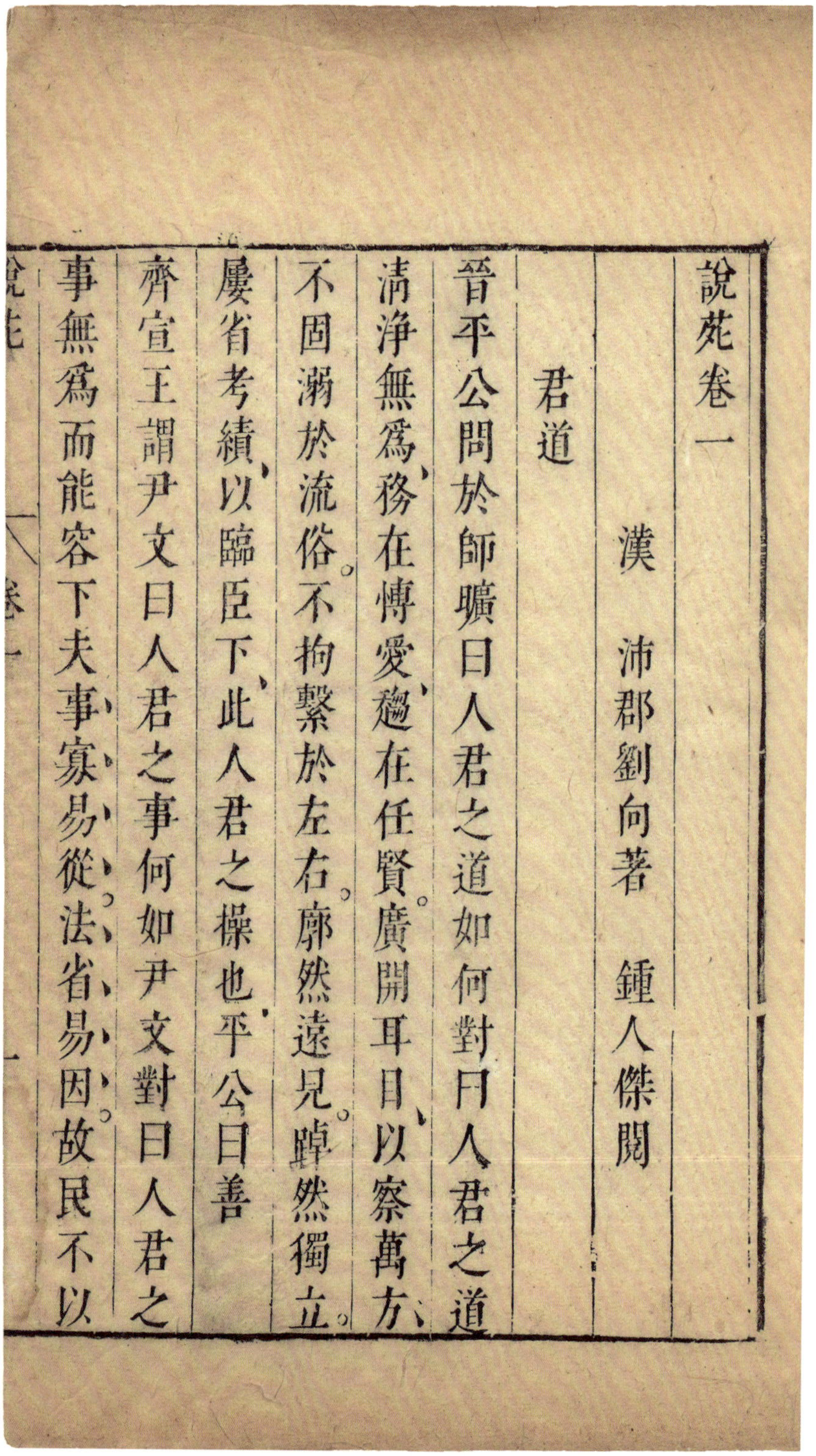

說苑卷一

漢　沛郡劉向著　鍾人傑閱

君道

晉平公問於師曠曰人君之道如何對曰人君之道清淨無爲務在博愛趨在任賢廣開耳目以察萬方不固溺於流俗不拘繫於左右廓然遠見踔然獨立屢省考績以臨臣下此人君之操也平公曰善

齊宣王謂尹文曰人君之事何如尹文對曰人君之事無爲而能容下夫事寡易從法省易因故民不以

說苑　卷一　一

說苑二十卷　（漢）劉向撰　（明）鍾人傑閱　明刻本

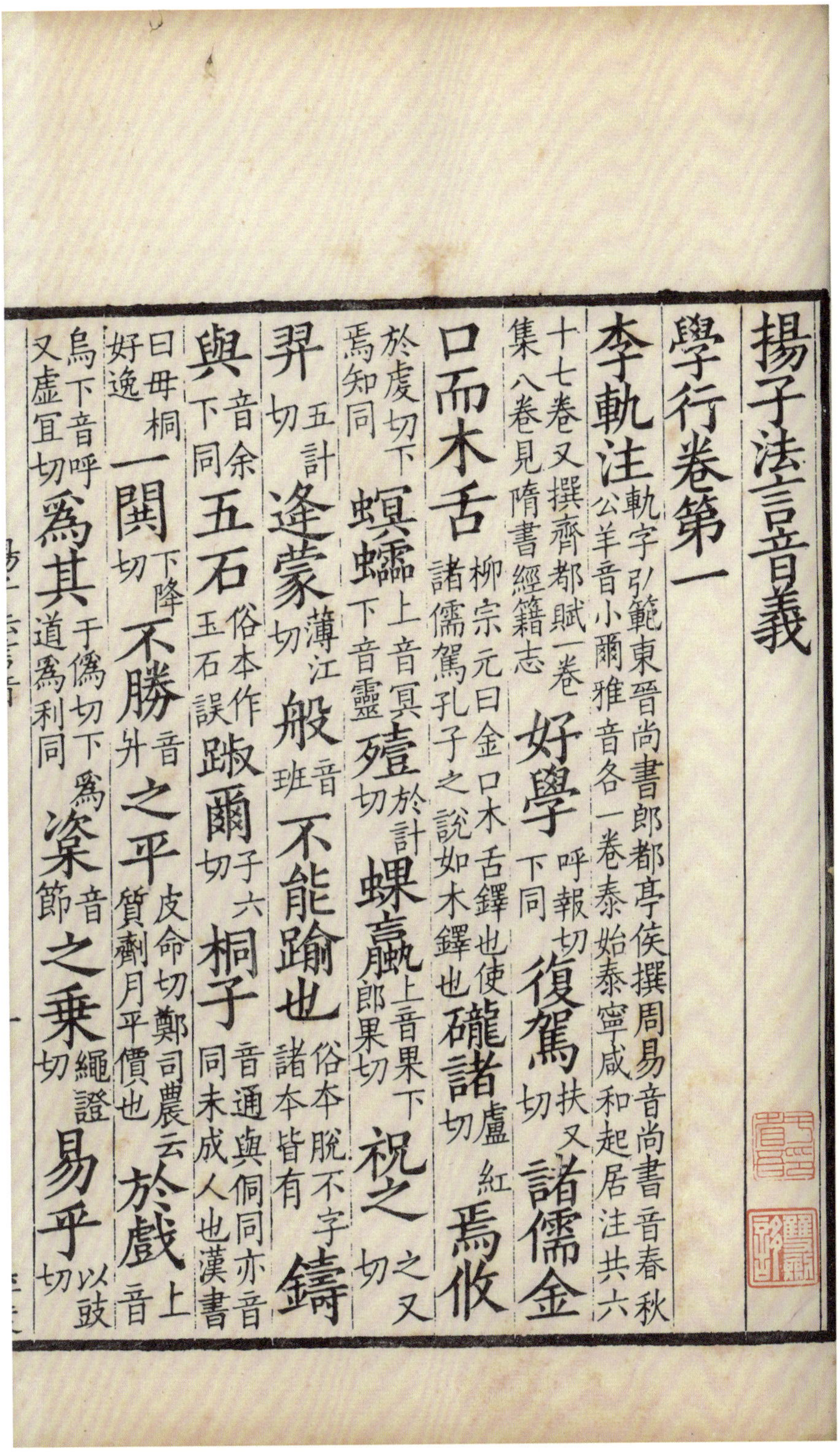

揚子法言音義

學行卷第一

李軌注軌字弘範東晉尚書郎都亭侯撰周易音尚書音春秋公羊音小爾雅音各一卷泰始泰寧咸和起居注共六十七卷又撰齊都賦一卷集八卷見隋書經籍志　好學呼報切下同　復駕扶又切　諸儒金

口而木舌柳宗元曰金口木舌鐸也使諸儒駕孔子之説如木鐸也　礲諸盧紅切　焉依於虔切下焉知同　螟蠕上音冥下音靈　殪於計切　蜾臝上音果下郎果切　祝之之又切

羿五計切　逢蒙薄江切　般音班　不能踰也俗本脱不字諸本皆有　鑄

與音余下同　五石俗本作玉石誤　踧爾子六切　桐子音通與侗同亦音同未成人也漢書曰毋桐好逸

一閧下降切　不勝音升　之平皮命切鄭司農云質劑月平價也　於戲上音烏下音呼又虛宜切

爲其于僞切下爲其道爲利同　楶音節　之乘繩證切　易乎以豉切

揚子法言十三卷附音義一卷　（漢）揚雄撰　（晋）李軌注
清嘉慶二十四年（1819）秦氏石研齋影宋刻本

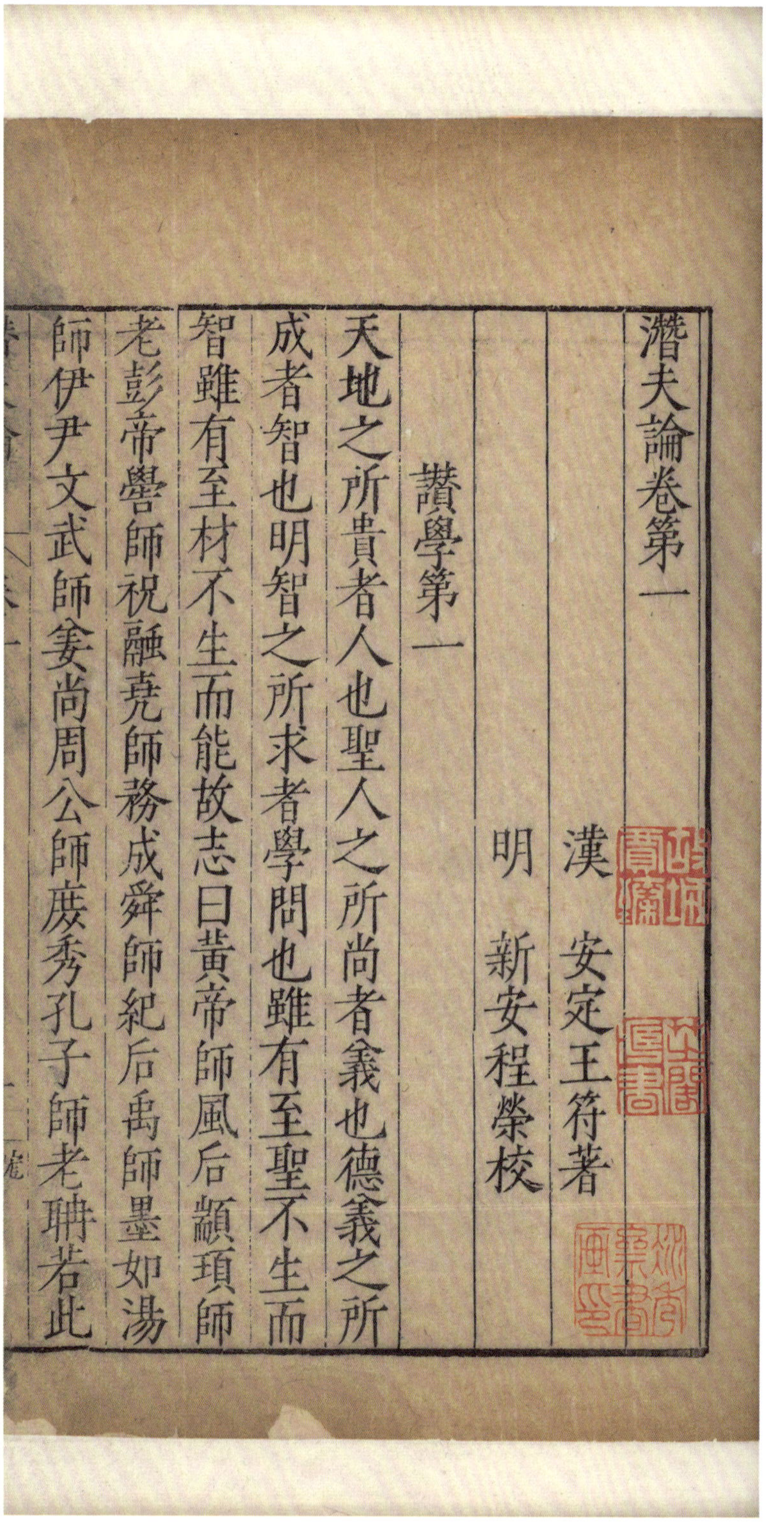
潛夫論卷第一
漢　安定王符著
明　新安程榮校
讚學第一
天地之所貴者人也聖人之所尚者義也德義之所
成者智也明智之所求者學問也雖有至聖不生而
智雖有至材不生而能故志曰黄帝師風后顓頊師
老彭帝嚳師祝融堯師務成舜師紀后禹師墨如湯
師伊尹文武師姜尚周公師庶秀孔子師老聃若此

潛夫論十卷附王符傳一篇　（漢）王符著　（明）程榮校
明萬曆新安程氏刻漢魏叢書本

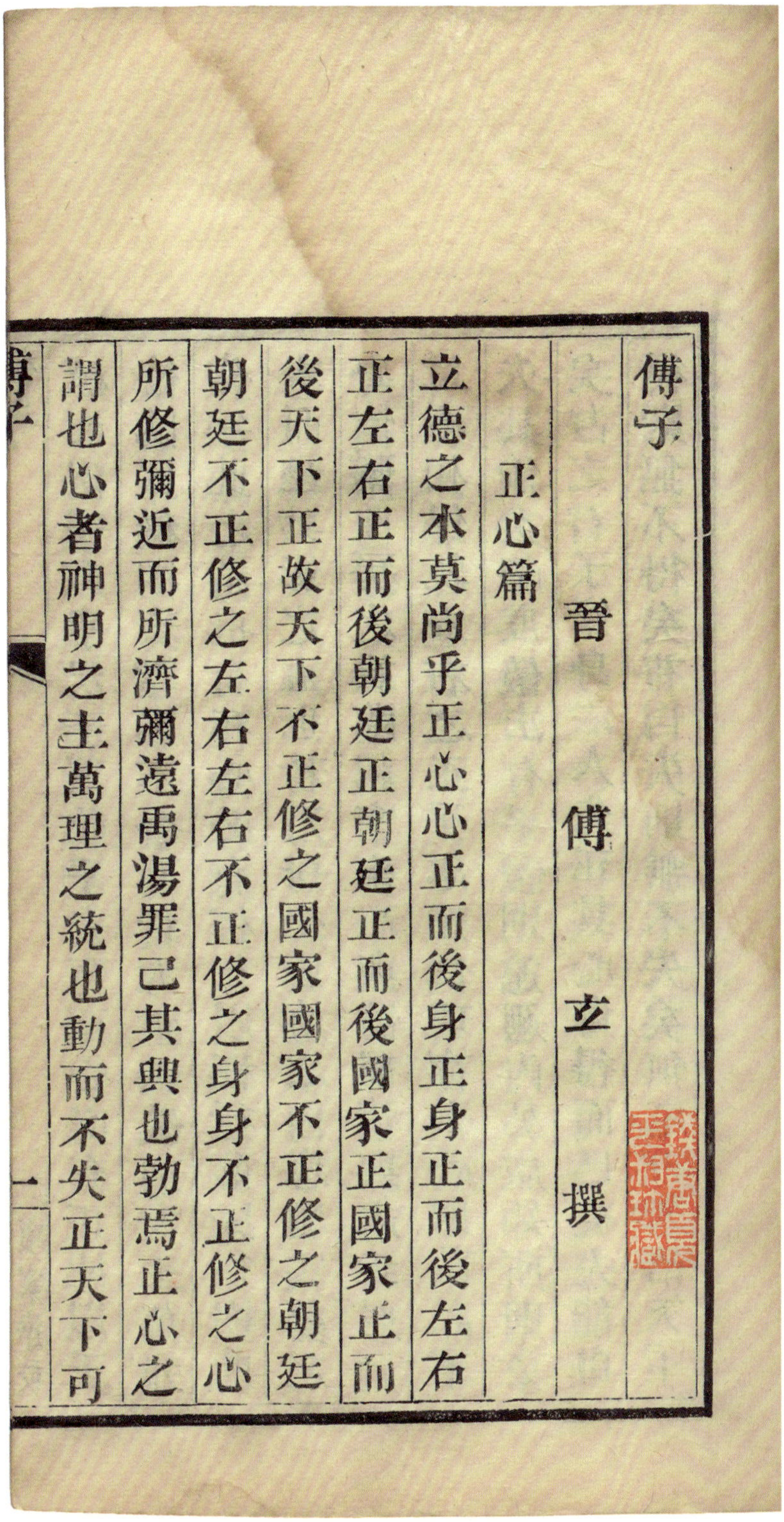

傅子

晉　傅　玄　撰

正心篇

立德之本莫尚乎正心心正而後身正身正而後左右正左右正而後朝廷正朝廷正而後國家正國家正而後天下正故天下不正修之國家國家不正修之朝廷朝廷不正修之左右左右不正修之身身不正修之心所修彌近而所濟彌遠禹湯罪己其興也勃焉正心之謂也心者神明之主萬理之統也動而不失正天下可

傅子　一

傅子一卷　（晉）傅玄撰　清乾隆武英殿聚珍版

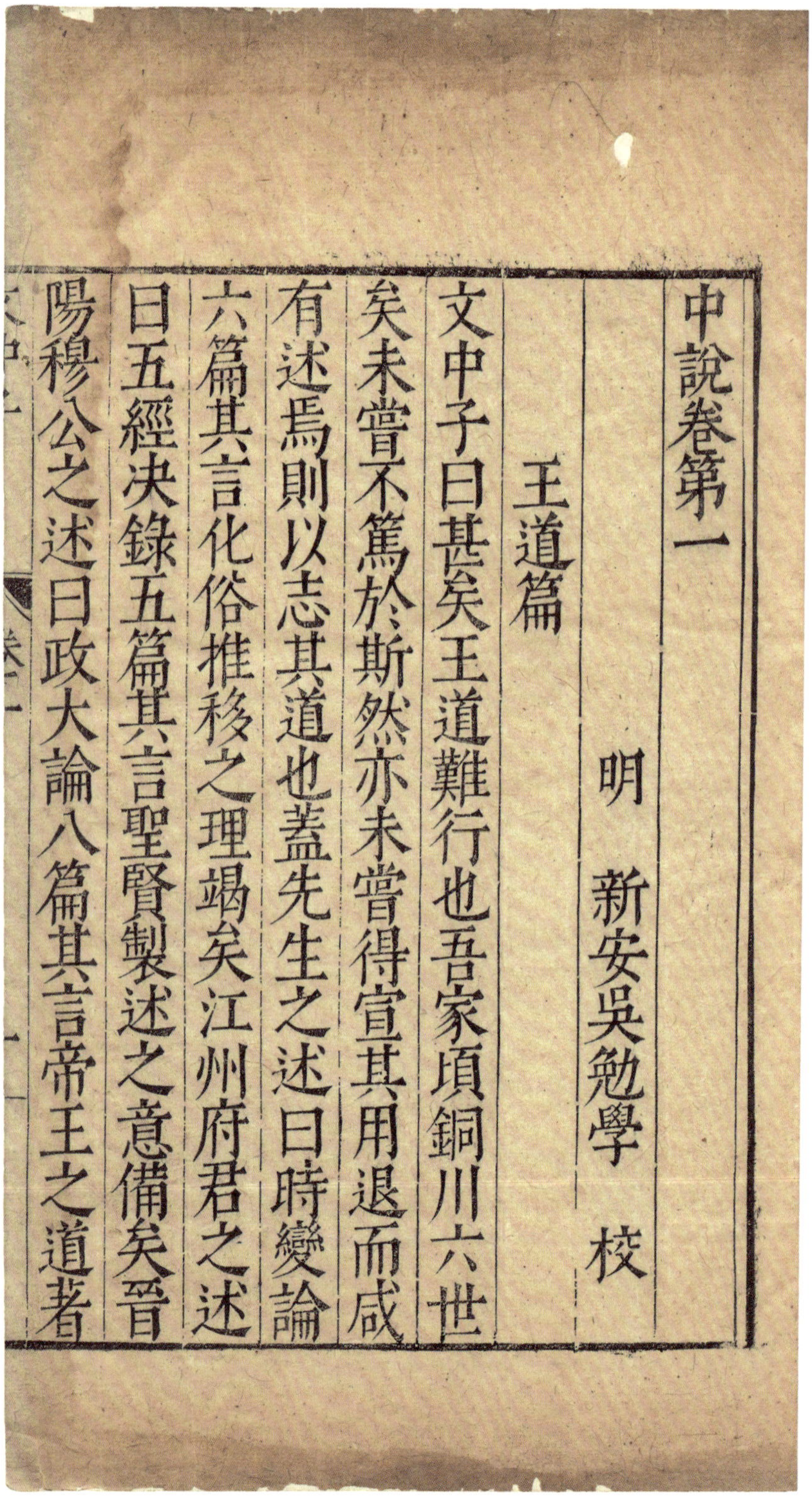
中說卷第一
明　新安吳勉學　校
王道篇
文中子曰甚矣王道難行也吾家頃銅川六世
矣未嘗不篤於斯然亦未嘗得宣其用退而咸
有述焉則以志其道也蓋先生之述曰時變論
六篇其言化俗推移之理竭矣江州府君之述
曰五經決錄五篇其言聖賢製述之意備矣晉
陽穆公之述曰政大論八篇其言帝王之道著

中說十卷　（隋）王通撰　（明）吳勉學校　明吳勉學刻二十家子書本

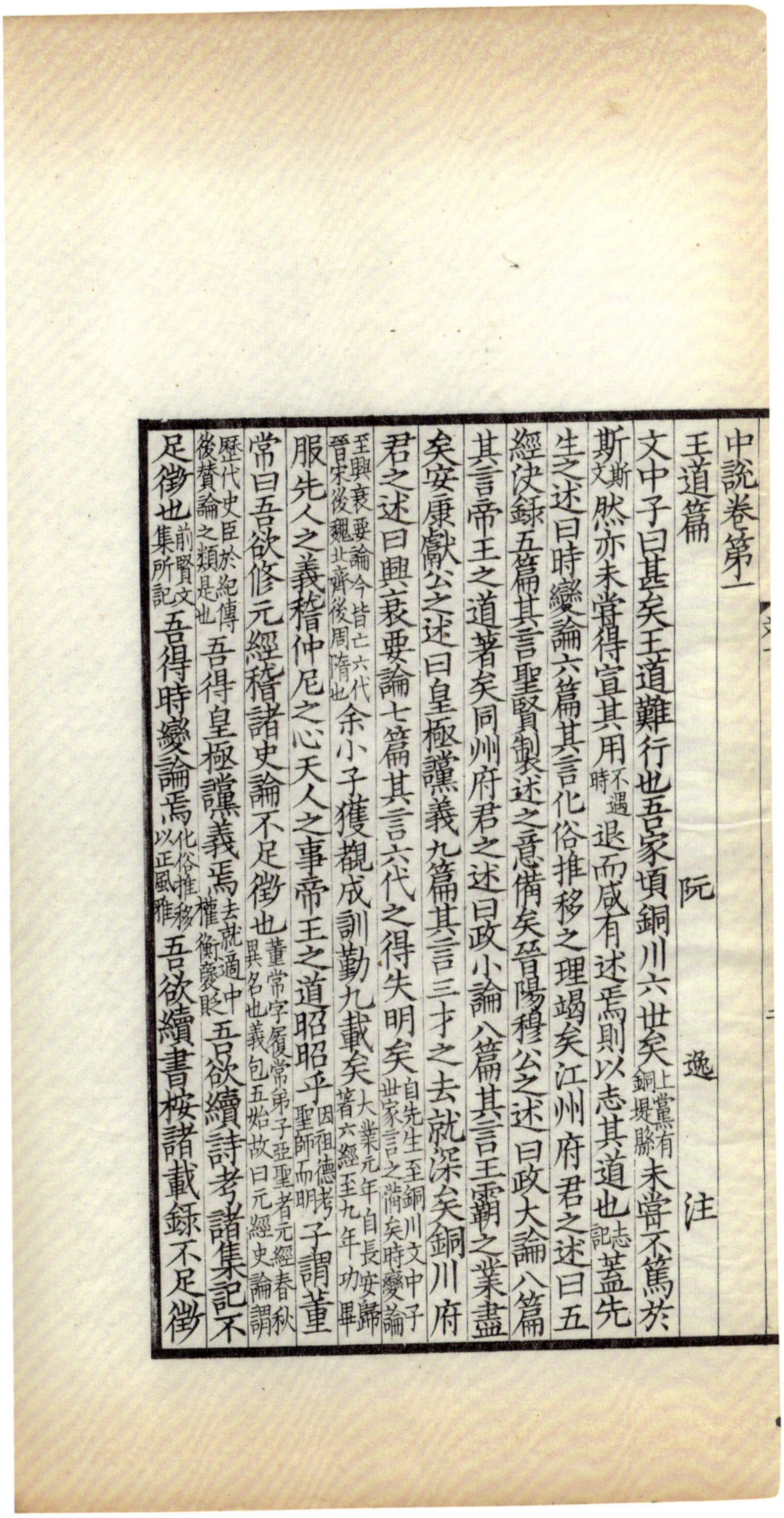

中說卷第一

王道篇　　阮逸注

文中子曰甚矣王道難行也吾家頃銅川六世矣(上黨有銅鞮縣)未嘗不篤於斯(文斯)然亦未嘗得宣其用(不遇時)退而咸有述焉則以志其道也(志記)蓋先生之述曰時變論六篇其言化俗推移之理竭矣江州府君之述曰五經決錄五篇其言聖賢製述之意備矣晉陽穆公之述曰政大論八篇其言帝王之道著矣同州府君之述曰政小論八篇其言王霸之業盡矣安康獻公之述曰皇極讜義九篇其言三才之去就深矣銅川府君之述曰興衰要論七篇其言六代之得失明矣(自先生至銅川文中子世家言之備矣時變論至興衰要論今皆亡六代晉宋後魏北齊後周隋也)余小子獲覩成訓勤九載矣(大業元年自長安歸著六經至九年功畢)服先人之義稽仲尼之心天人之事帝王之道昭昭乎(因祖德考聖師而明)子謂董常曰吾欲修元經稽諸史論不足徵也(董常字復常弟子亞聖者元經春秋異名也義包五始故曰元經史論謂歷代史臣於紀傳後贊論之類是也)吾得皇極讜義焉(去就適中權衡褒貶)吾欲續詩考諸集記不足徵也(前賢文集所記)吾得時變論焉(化俗推移以正風雅)吾欲續書按諸載錄不足徵

中說十卷　（隋）王通撰　（宋）阮逸注　清光緒十六年（1890）貴陽陳矩影宋刻本

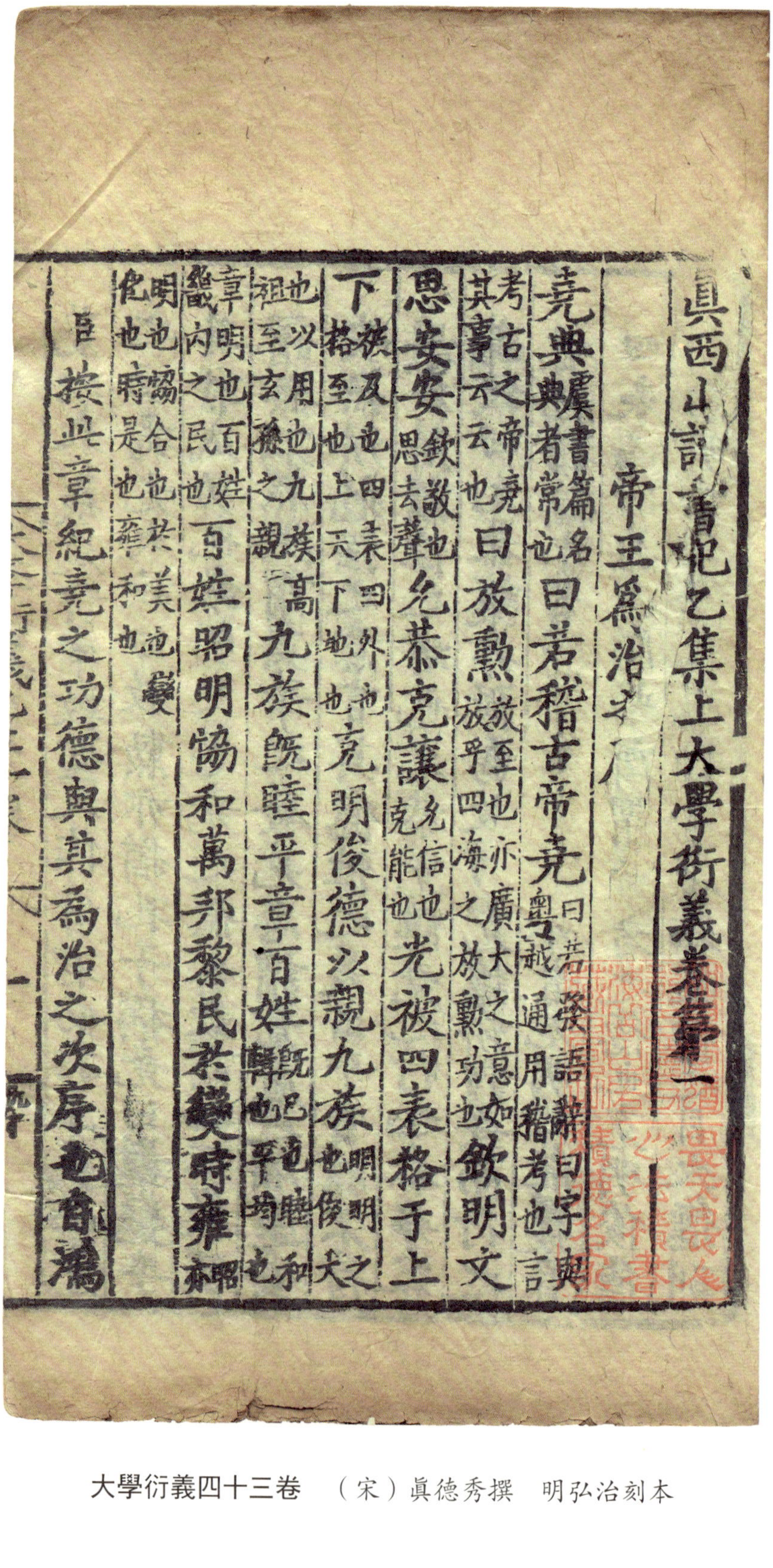

大學衍義四十三卷　（宋）眞德秀撰　明弘治刻本

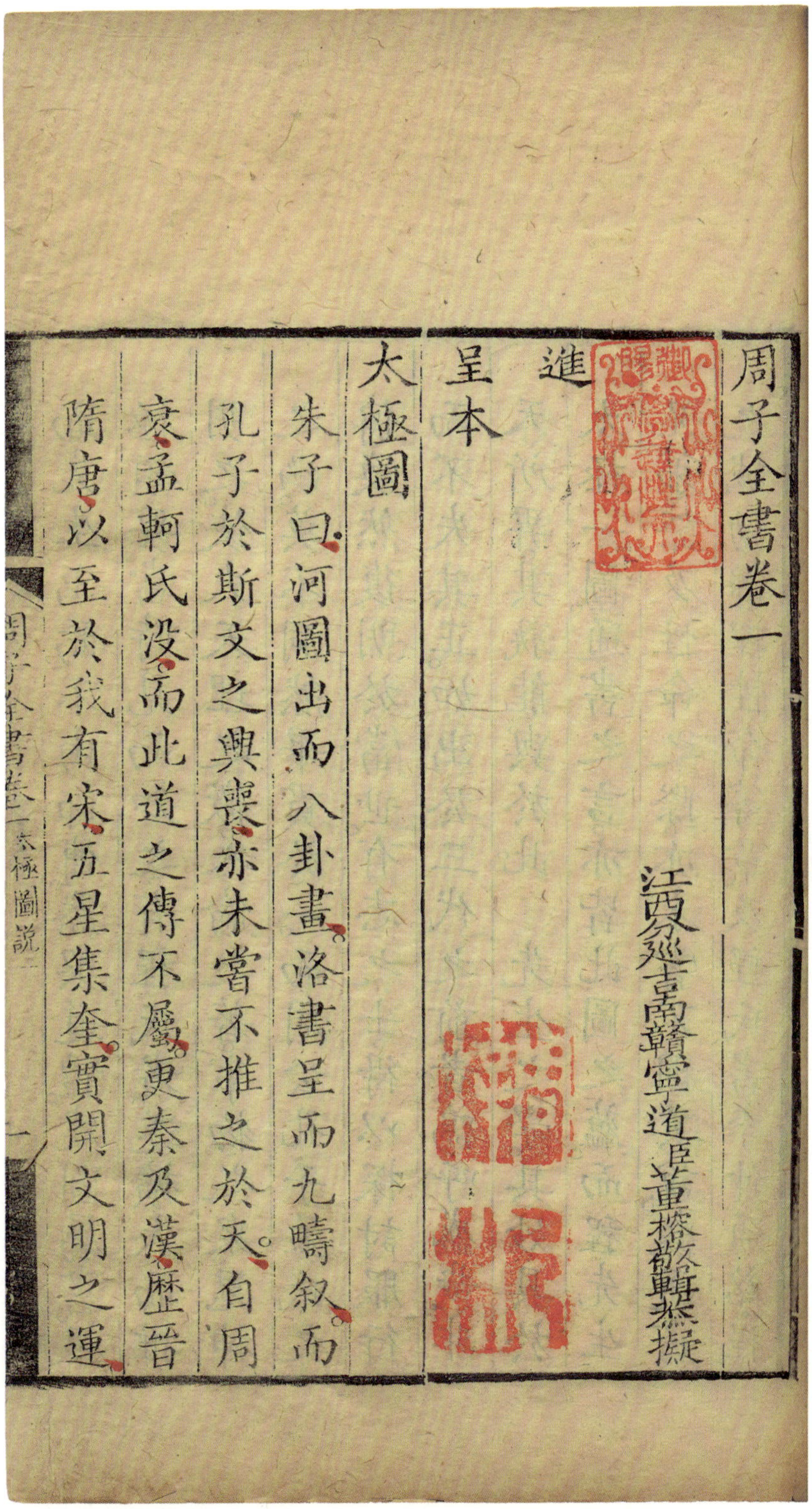

周子全書卷一
江西分巡吉南贛寧道臣董榕敬輯恭擬
進
呈本
太極圖
朱子曰河圖出而八卦畫洛書呈而九疇敘而
孔子於斯文之興喪亦未嘗不推之於天自周
衰孟軻氏没而此道之傳不屬更秦及漢歷晉
隋唐以至於我有宋五星集奎實開文明之運
周子全書卷一 太極圖說 一

周子全書二十二卷首一卷 （宋）周敦頤撰 （清）董榕輯 清乾隆二十一年（1756）刻本

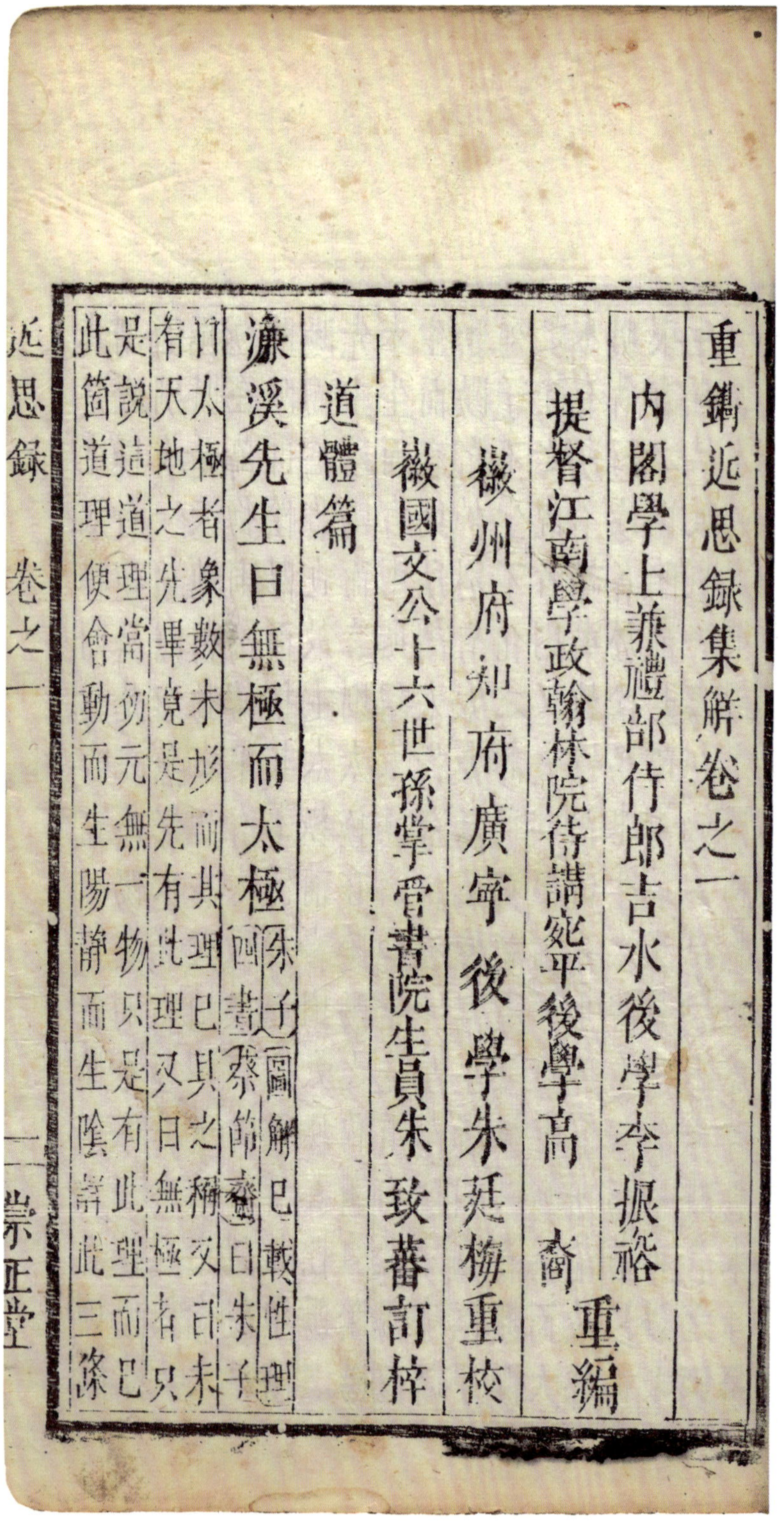

重鐫近思録集觧卷之一
内閣學士兼禮部侍郎吉水後學李振裕
提督江南學政翰林院侍講宛平後學高　裔　重編
徽州府知府廣寧後學朱廷梅重校
徽國文公十六世孫紫陽書院生員朱　致蕃訂梓
道體篇
濂溪先生曰無極而太極朱子太極圖解已載性理四書蔡節齋曰朱子
曰太極者象數未形而其理已具之稱又曰未
有天地之先畢竟是先有此理又曰無極者只
是說這道理當初元無一物只是有此理而已
此箇道理便會動而生陽靜而生陰帶此三條

近思録　卷之一　一　崇正堂

重鐫近思録集解十四卷　（清）李振裕　（清）高裔重編
清康熙二十八年（1689）徽婺崇正堂刻本

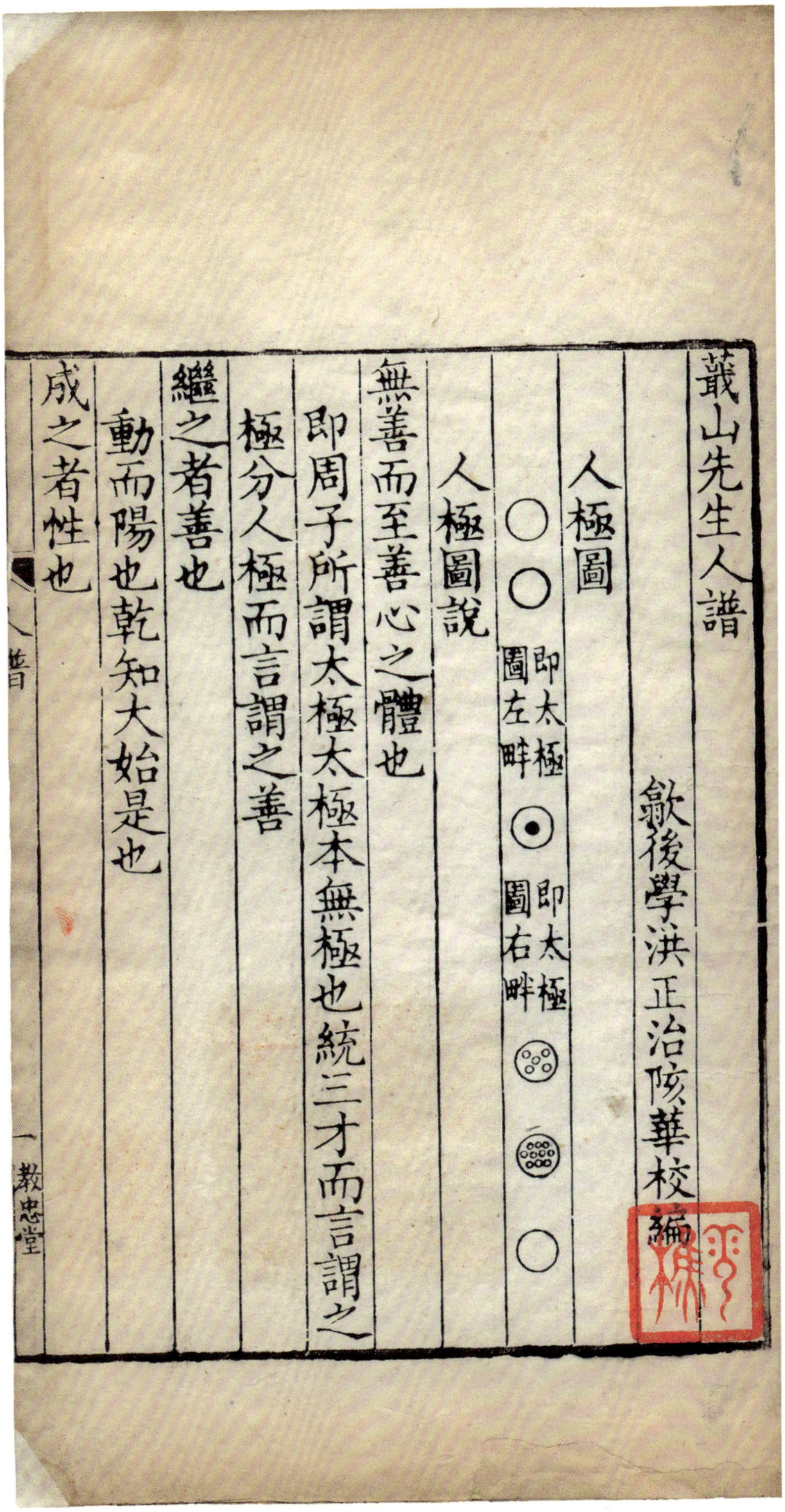

蕺山先生人譜

歙後學洪正治陔華校編

人極圖

○ ○ 即太極圖左畔 ◉ 即太極圖右畔

人極圖說

無善而至善心之體也

即周子所謂太極太極本無極也統三才而言謂之

極分人極而言謂之善

繼之者善也

動而陽也乾知大始是也

成之者性也

人譜　一　教忠堂

蕺山先生人譜一卷人譜類記二卷　（明）劉宗周撰　（清）洪正治校編　清雍正四年（1726）洪氏教忠堂精刻本

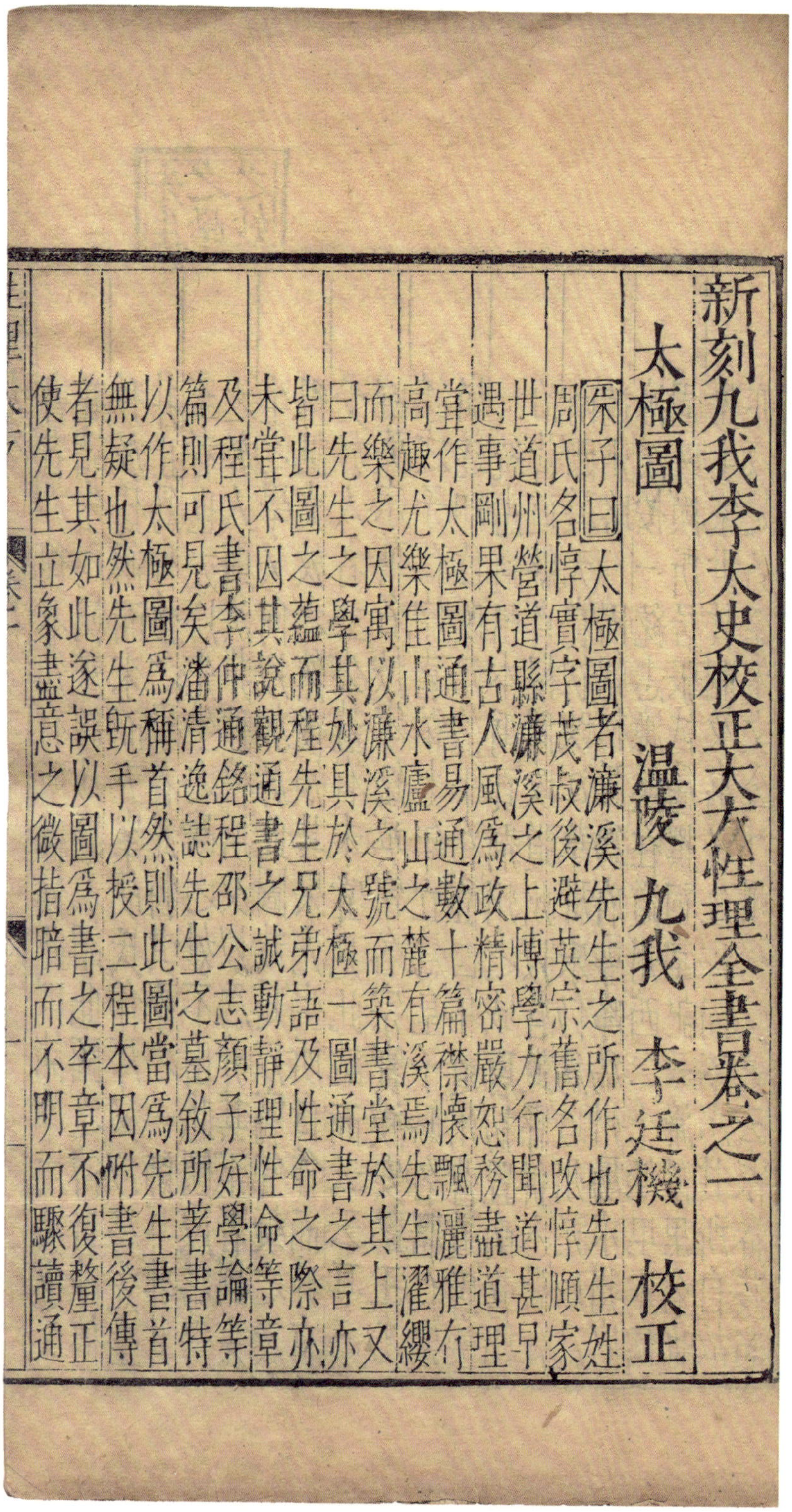

新刻九我李太史校正大方性理全書卷之一

太極圖　　　　　　　　　　溫陵　九我　李廷機　校正

朱子曰太極圖者濂溪先生之所作也先生姓周氏名惇實字茂叔後避英宗舊名改惇頤家世道州營道縣濂溪之上博學力行聞道甚早遇事剛果有古人風爲政精密嚴恕務盡道理甞作太極圖通書易通數十篇襟懷飄灑雅有高趣尤樂佳山水廬山之麓有溪焉先生濯纓而樂之因寓以濂溪之號而築書堂於其上又曰先生之學其妙具於太極一圖通書之言亦皆此圖之藴而程先生兄弟語及性命之際亦未甞不因其説觀通書之誠動靜理性命等章及程氏書李仲通銘程邵公志顔子好學論等篇則可見矣潘清逸誌先生之墓敘所著書特以作太極圖爲稱首然則此圖當爲先生書首無疑也然先生既手以授二程本因附書後傳者見其如此遂誤以圖爲書之卒章不復脩正使先生立象盡意之微指暗而不明而驟讀通

新刻九我李太史校正大方性理全書七十卷　（明）胡廣撰　（明）李廷機校正　明萬曆三十一年（1603）金陵李洪宇刻本

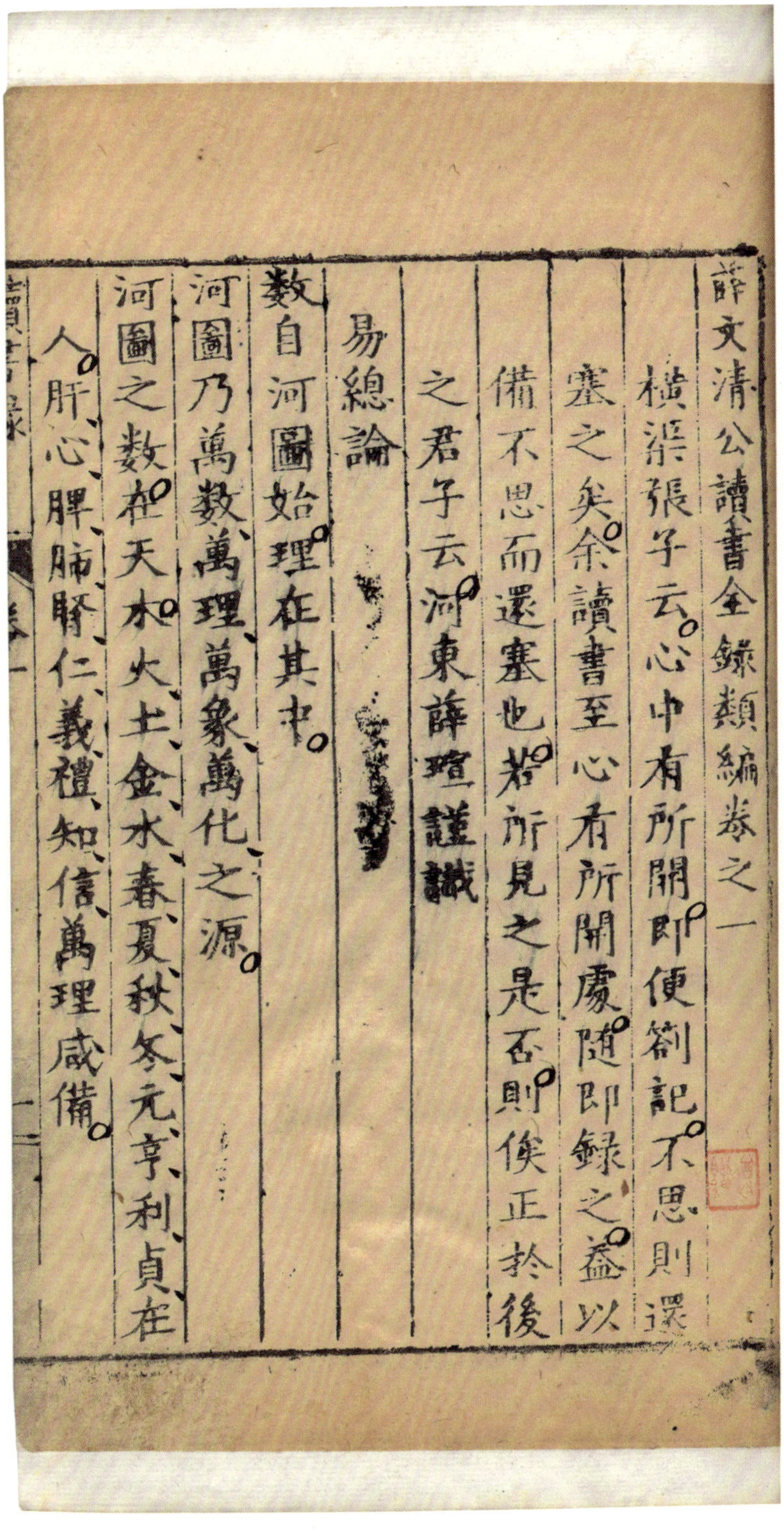

薛文清公讀書全錄類編卷之一

横渠張子云。心中有所開。即便劄記。不思則還塞之矣。余讀書至心有所開處。隨即錄之。葢以備不思而還塞也。若所見之是否。則俟正於後之君子云。河東薛瑄謹識

易總論

數自河圖始。理在其中。

河圖乃萬數、萬理、萬象、萬化之源。

河圖之數。在天。木、火、土、金、水。春、夏、秋、冬。元、亨、利、貞。在人。肝、心、脾、肺、腎。仁、義、禮、知、信。萬理咸備。

薛文清公讀書全錄類編二十卷　（明）薛瑄撰　（明）侯鶴齡編　明萬曆二十四年（1596）大雅堂刻本

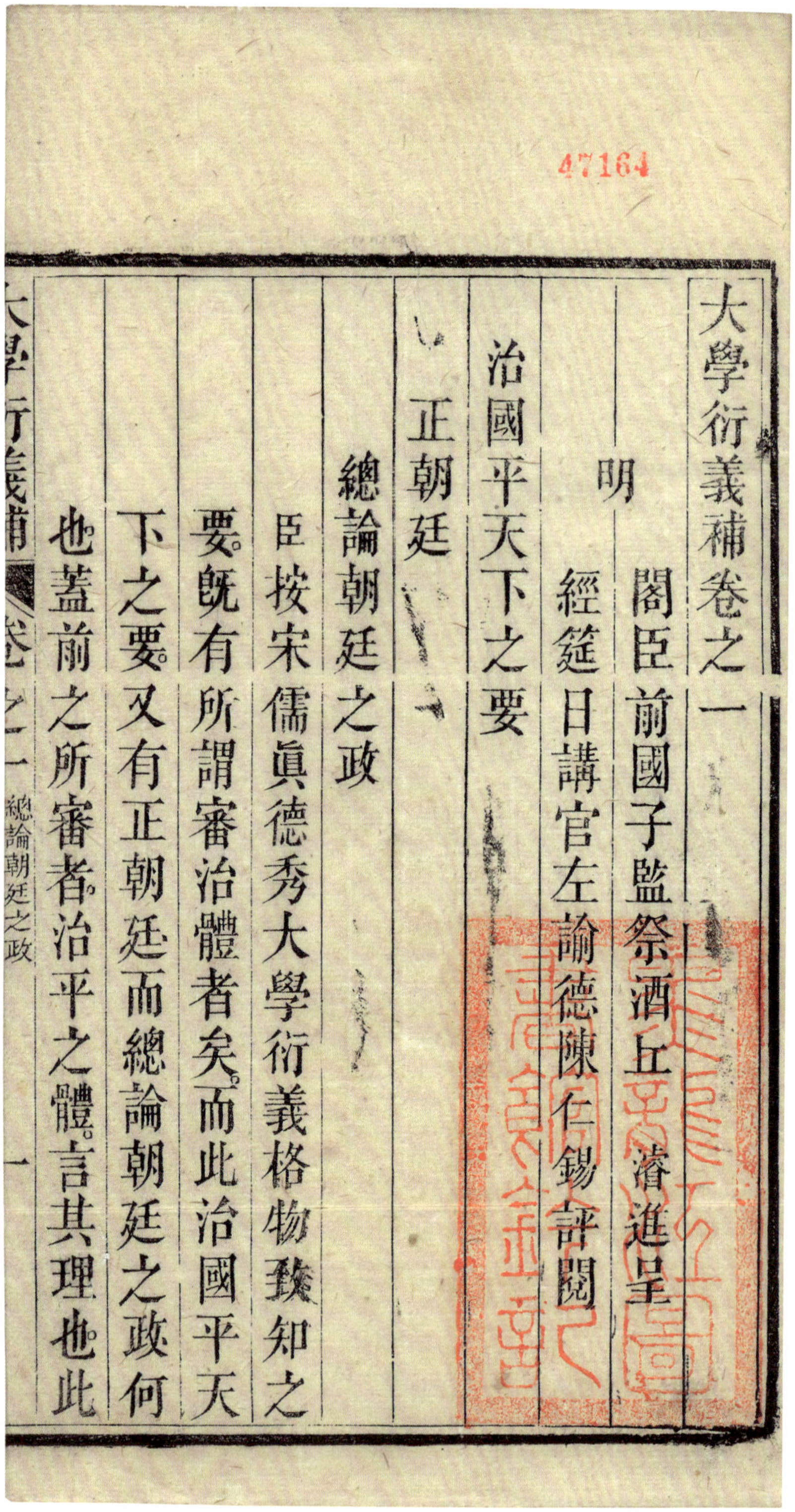

大學衍義補卷之一

明　閣臣前國子監祭酒丘濬進呈

經筵日講官左諭德陳仁錫評閱

治國平天下之要

正朝廷

總論朝廷之政

臣按宋儒眞德秀大學衍義格物致知之要。既有所謂審治體者矣。而此治國平天下之要。又有正朝廷而總論朝廷之政何也。蓋前之所審者。治平之體。言其理也。此

大學衍義補　卷之一　總論朝廷之政　一

大學衍義補一百六十卷首一卷　（明）丘濬撰　（明）陳仁錫評閱　明刻本

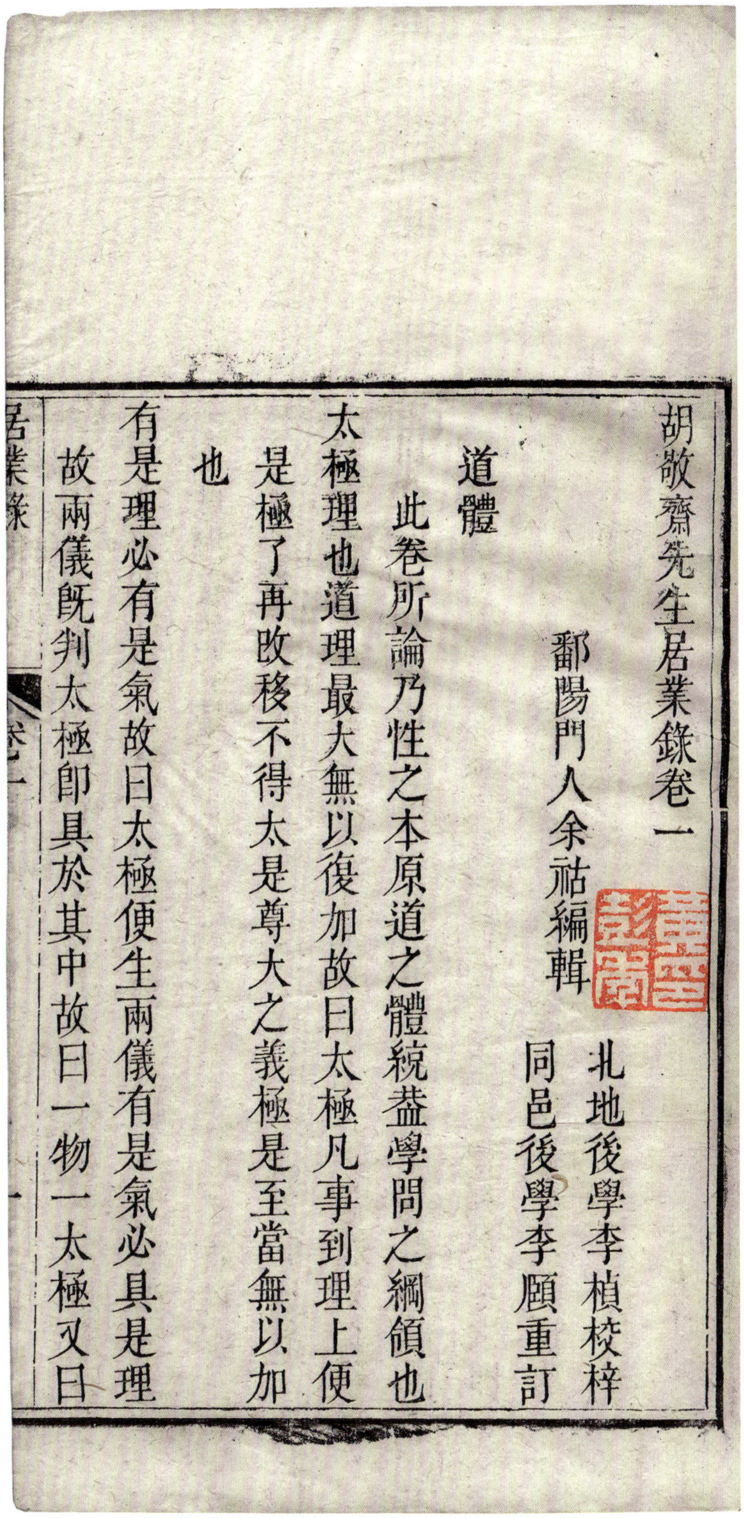
胡敬齋先生居業錄卷一

鄱陽門人余祐編輯

北地後學李楨校梓

同邑後學李頤重訂

道體

此卷所論乃性之本原道之體統蓋學問之綱領也

太極理也道理最大無以復加故曰太極凡事到理上便是極了再改移不得太是尊大之義極是至當無以加也

有是理必有是氣故曰太極便生兩儀有是氣必具是理故兩儀既判太極即具於其中故曰一物一太極又曰

居業錄　卷一　一

胡敬齋先生居業錄十二卷　（明）胡居仁撰　（明）余祐編　清乾隆二十二年（1757）李頤雙松堂刻本

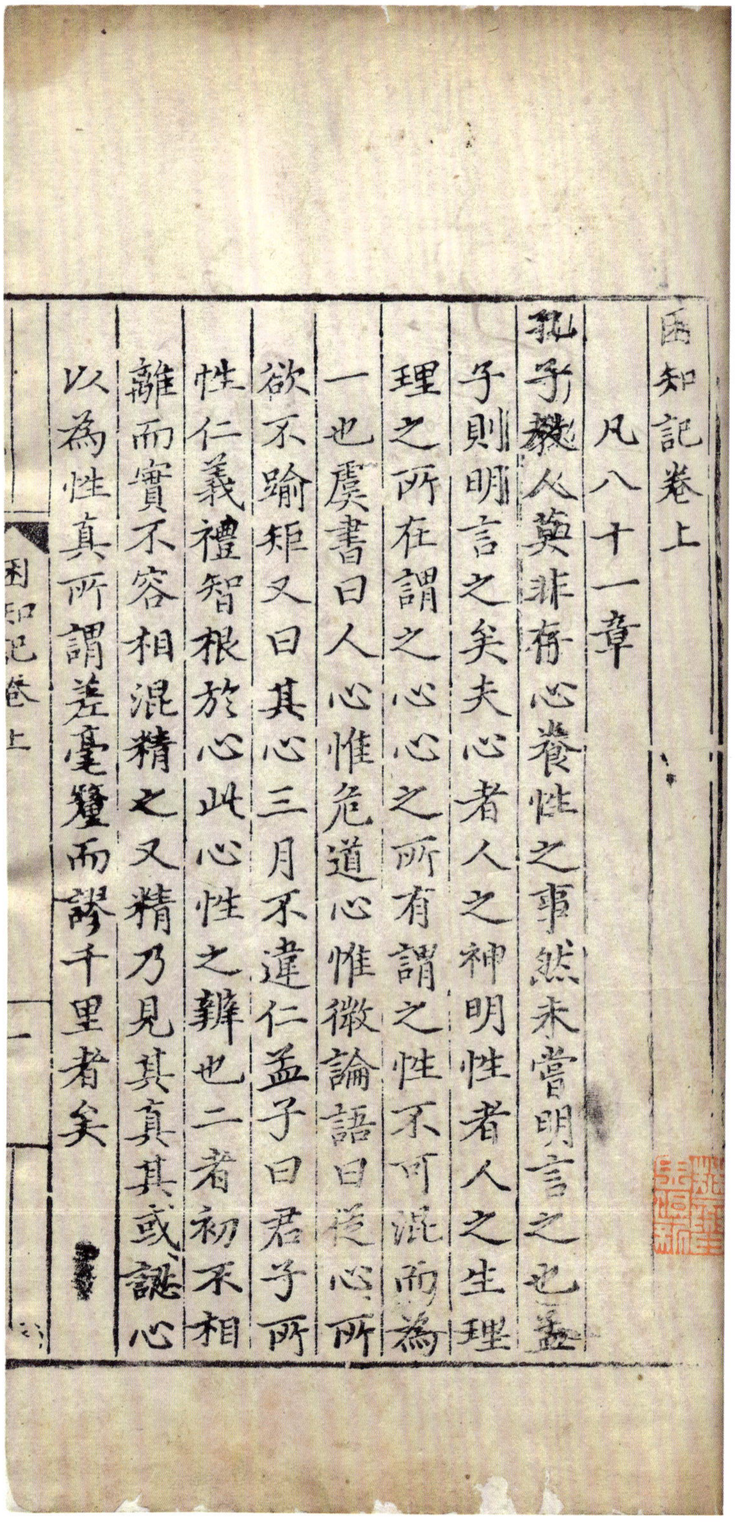

困知記卷上

凡八十一章

孔子教人莫非存心養性之事然未嘗明言之也孟子則明言之矣夫心者人之神明性者人之生理理之所在謂之心心之所有謂之性不可混而為一也虞書曰人心惟危道心惟微論語曰從心所欲不踰矩又曰其心三月不違仁孟子曰君子所性仁義禮智根於心此心性之辨也二者初不相離而實不容相混精之又精乃見其真其或認心以為性真所謂差毫釐而謬千里者矣

困知記卷上　一

困知記二卷續五卷外編一卷附錄一卷　（明）羅欽順撰
明嘉靖十六年（1537）刻本

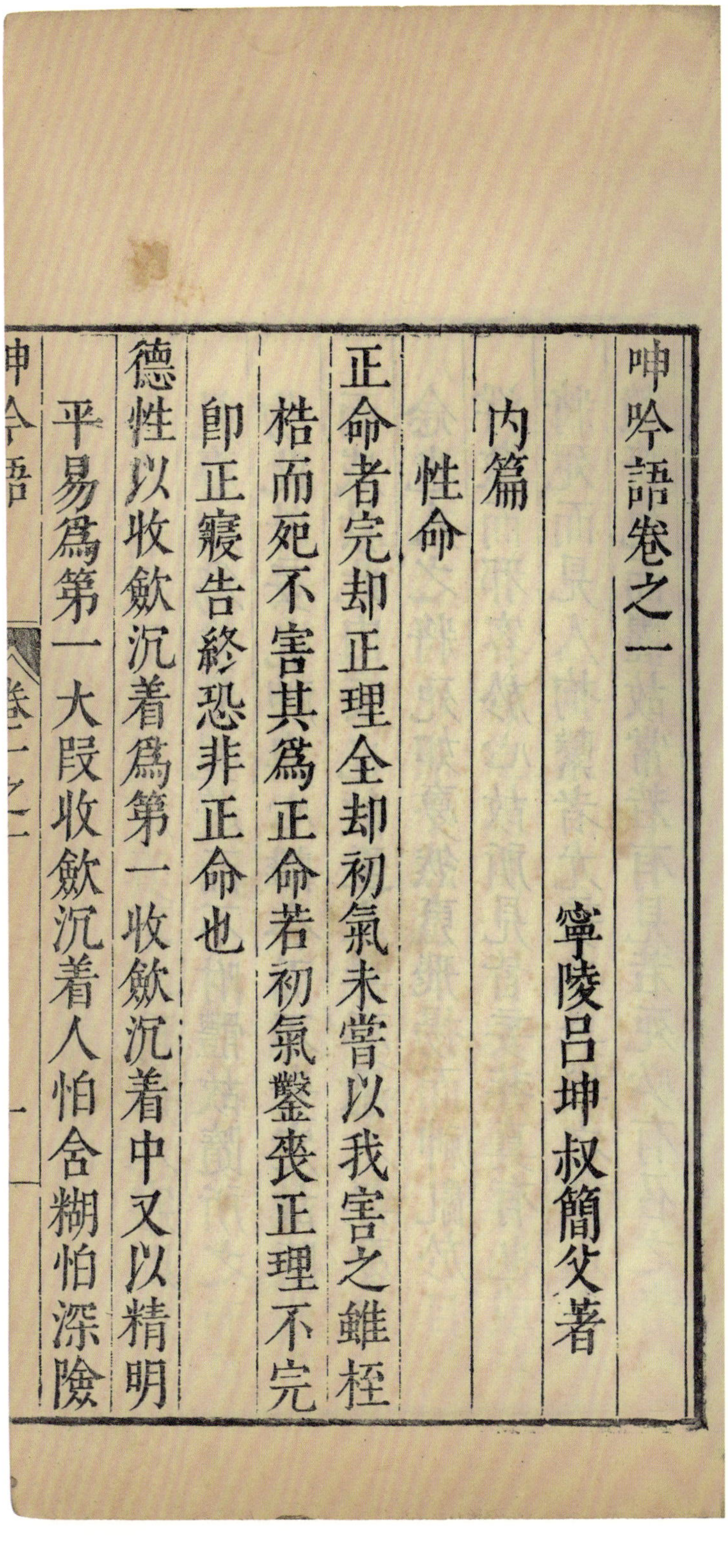
呻吟語卷之一
寧陵呂坤叔簡父著
內篇
性命
正命者完却正理全却初氣未嘗以我害之雖桎
梏而死不害其爲正命若初氣鑿喪正理不完
卽正寢告終恐非正命也
德性以收歛沉着爲第一收歛沉着中又以精明
平易爲第一大段收歛沉着人怕含糊怕深險
呻吟語　卷一之一　一

呻吟語六卷　（明）呂坤撰　（明）劉言謹等校　明萬曆四十四年（1616）刻本

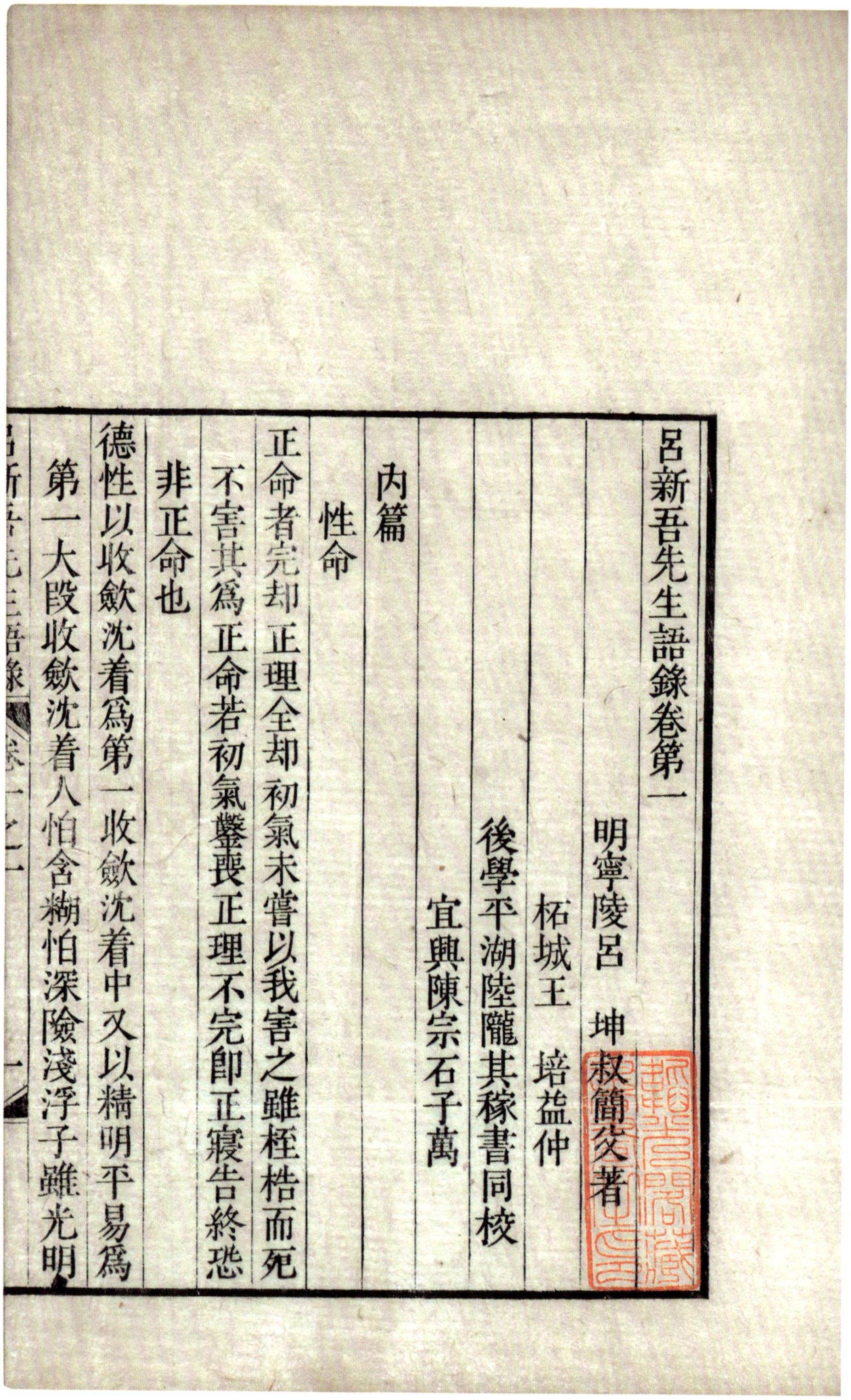

呂新吾先生語錄卷第一

明寧陵呂　坤叔簡父著

柘城王　培益仲

後學平湖陸隴其稼書同校

宜興陳宗石子萬

内篇

性命

正命者完却正理全却初氣未嘗以我害之雖桎梏而死不害其爲正命若初氣鑿喪正理不完卽正寢告終恐非正命也

德性以收斂沈着爲第一收斂沈着中又以精明平易爲第一大段收斂沈着入怕含糊怕深險淺浮子雖光明

呂新吾先生語錄六卷附呻吟語疑　（明）呂坤撰　（清）陸隴其等校　（□）□□撰　日本萬延元年（清咸豐十年）刻本

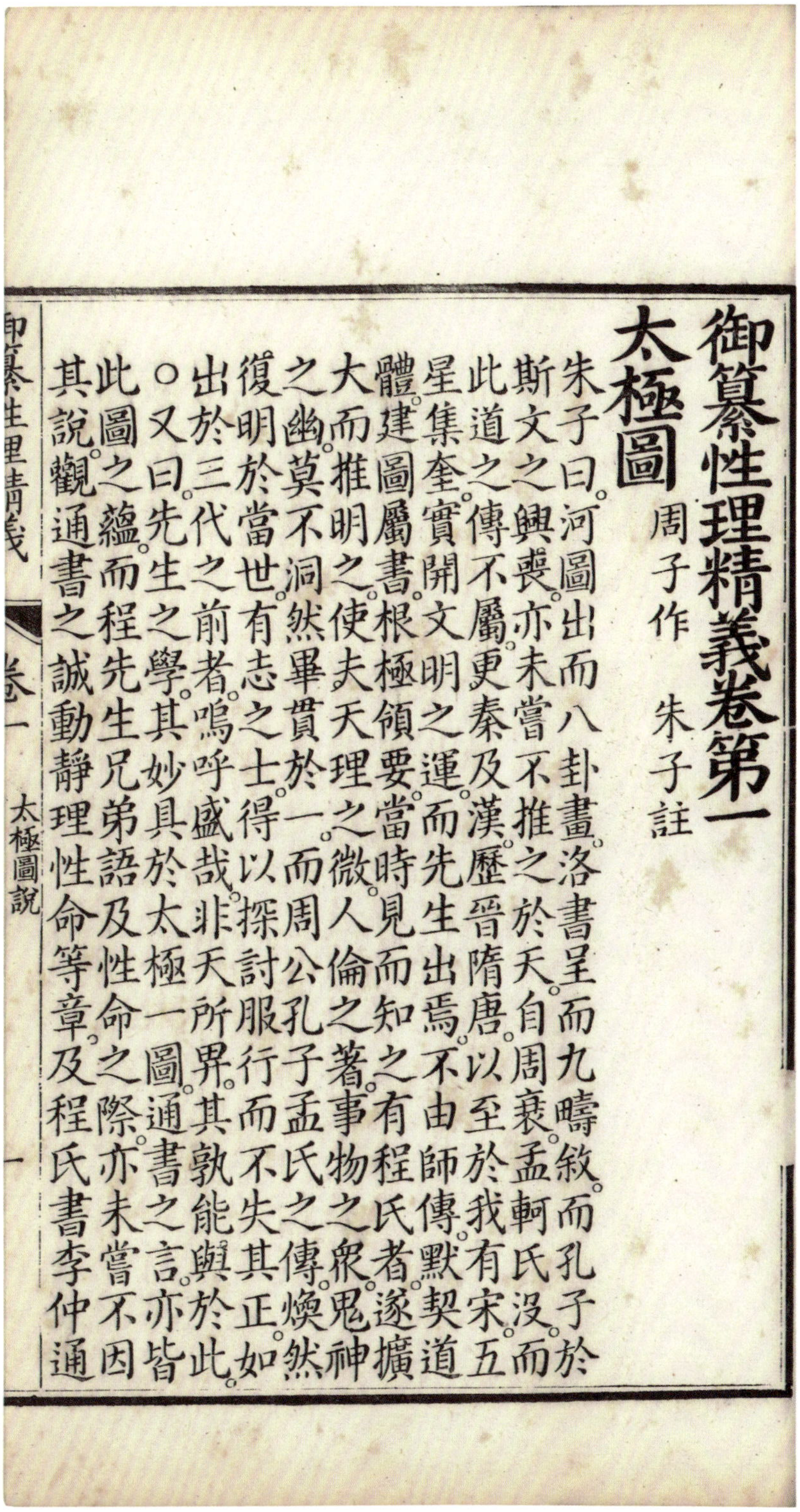

御纂性理精義卷第一

太極圖

周子作　朱子註

朱子曰河圖出而八卦畫洛書呈而九疇敘而孔子於斯文之興喪亦未嘗不推之於天自周衰孟軻氏沒而此道之傳不屬更秦及漢歷晉隋唐以至於我有宋五星集奎實開文明之運而先生出焉不由師傳默契道體建圖屬書根極領要當時見而知之有程氏者遂擴大而推明之使夫天理之微人倫之著事物之衆鬼神之幽莫不洞然畢貫於一而周公孔子孟氏之傳煥然復明於當世有志之士得以探討服行而不失其正如出於三代之前者嗚呼盛哉非天所畀其孰能與於此○又曰先生之學其妙具於太極一圖通書之言亦皆此圖之蘊而程先生兄弟語及性命之際亦未嘗不因其說觀通書之誠動靜理性命等章及程氏書李仲通

御纂性理精義　卷一　太極圖說　一

御纂性理精義十二卷　（清）李光地等撰　清康熙内府刻本

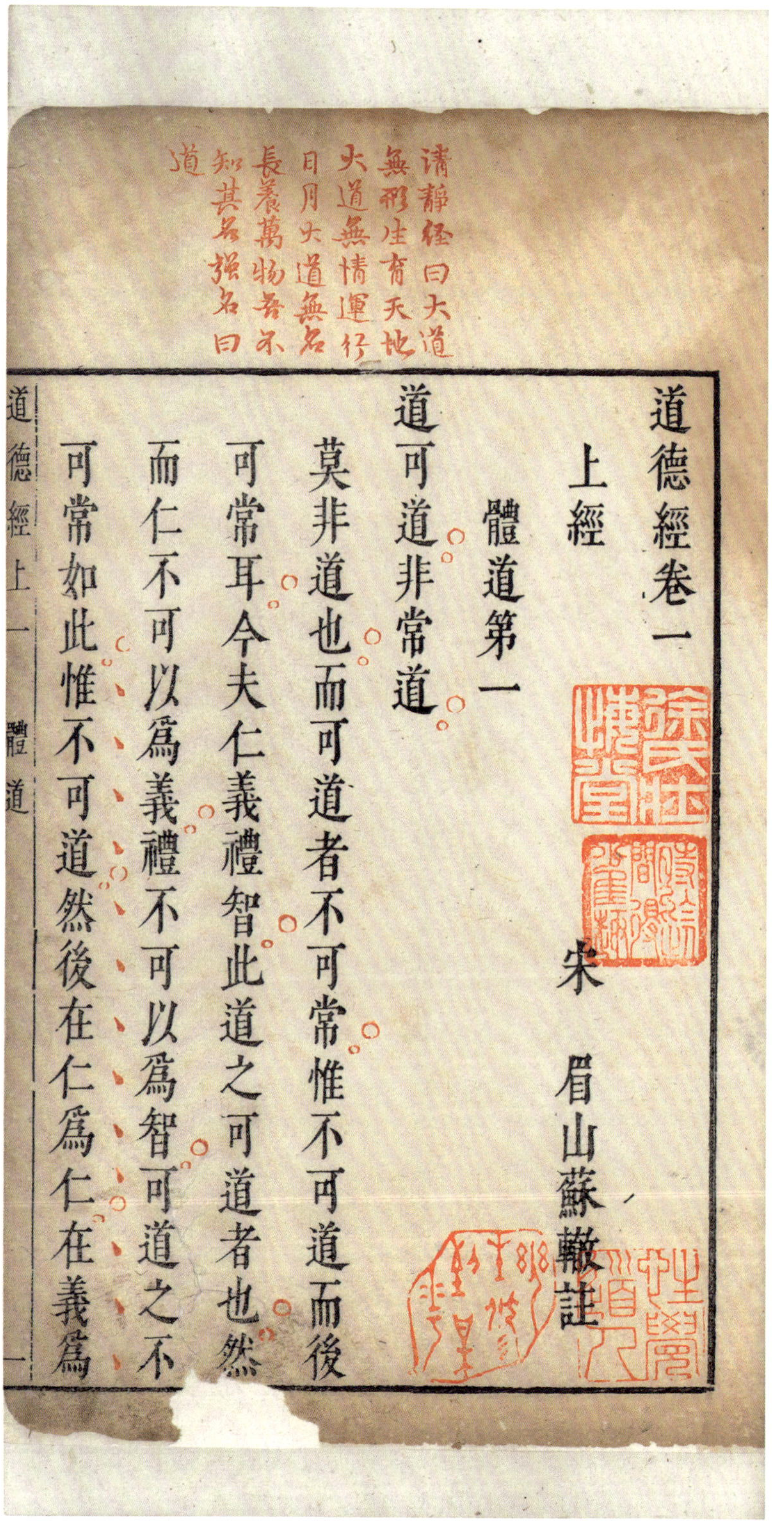

清靜經曰大道無形生育天地大道無情運行日月大道無名長養萬物吾不知其名強名曰道

道德經卷一

上經

宋　眉山蘇轍註

體道第一

道可道非常道

莫非道也而可道者不可常惟不可道而後可常耳今夫仁義禮智此道之可道者也然而仁不可以爲義禮不可以爲智可道之不可常如此惟不可道然後在仁爲仁在義爲

道德經上一　體道　一

道德經二卷老子考異一卷　（宋）蘇轍註　明萬曆刻朱墨套印本

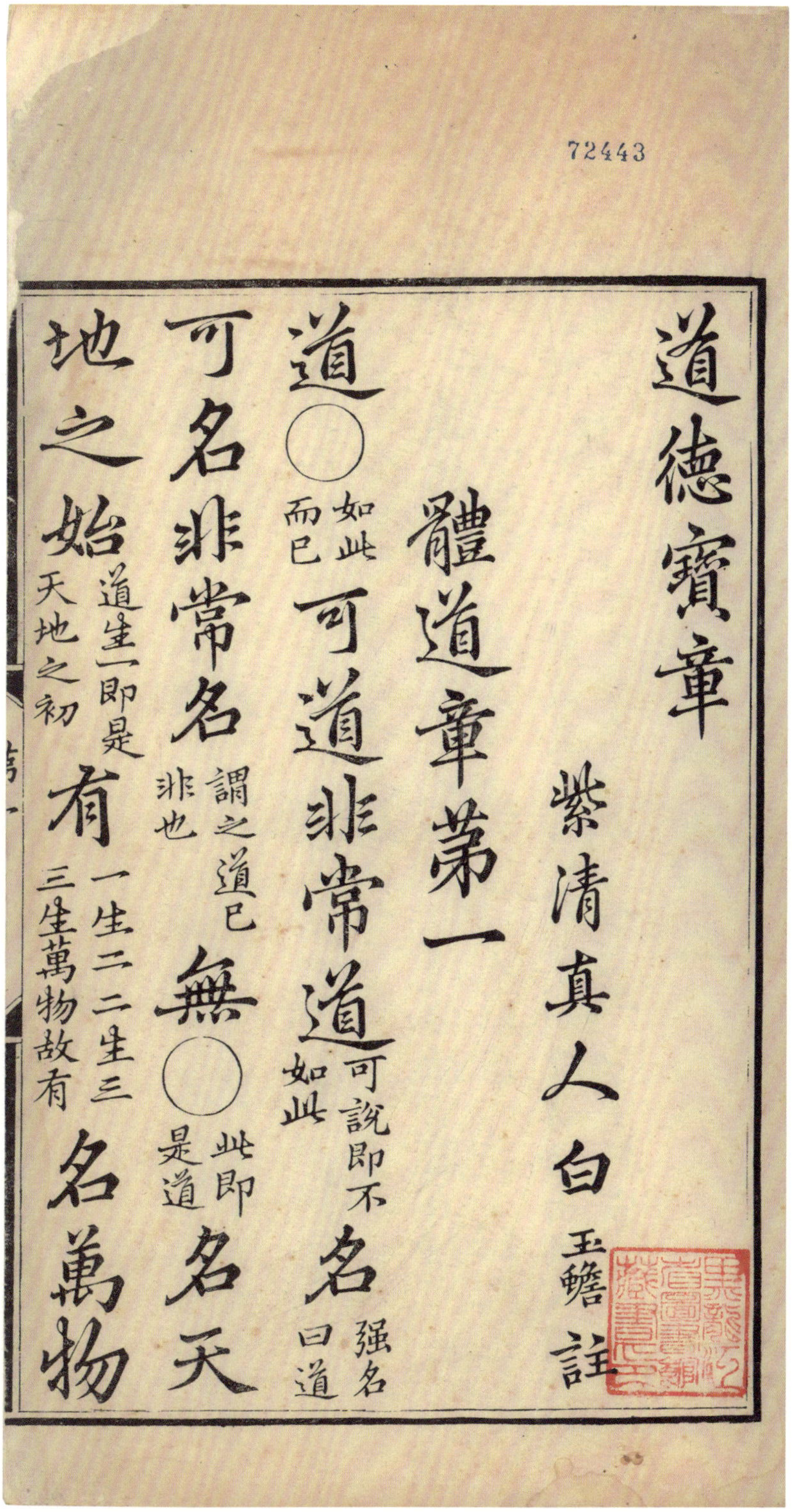

道德寶章

紫清真人白玉蟾註

體道章第一

道○如此而已可道非常道可說即不如此名強名曰道

可名非常名謂之道已非也無○此即是道名天

地之始道生一即是天地之初有一生二二生三三生萬物故有名萬物

道德寶章一卷八十一章　（宋）白玉蟾註　清道光十八年（1838）黄鼎施禹泉影元刻本

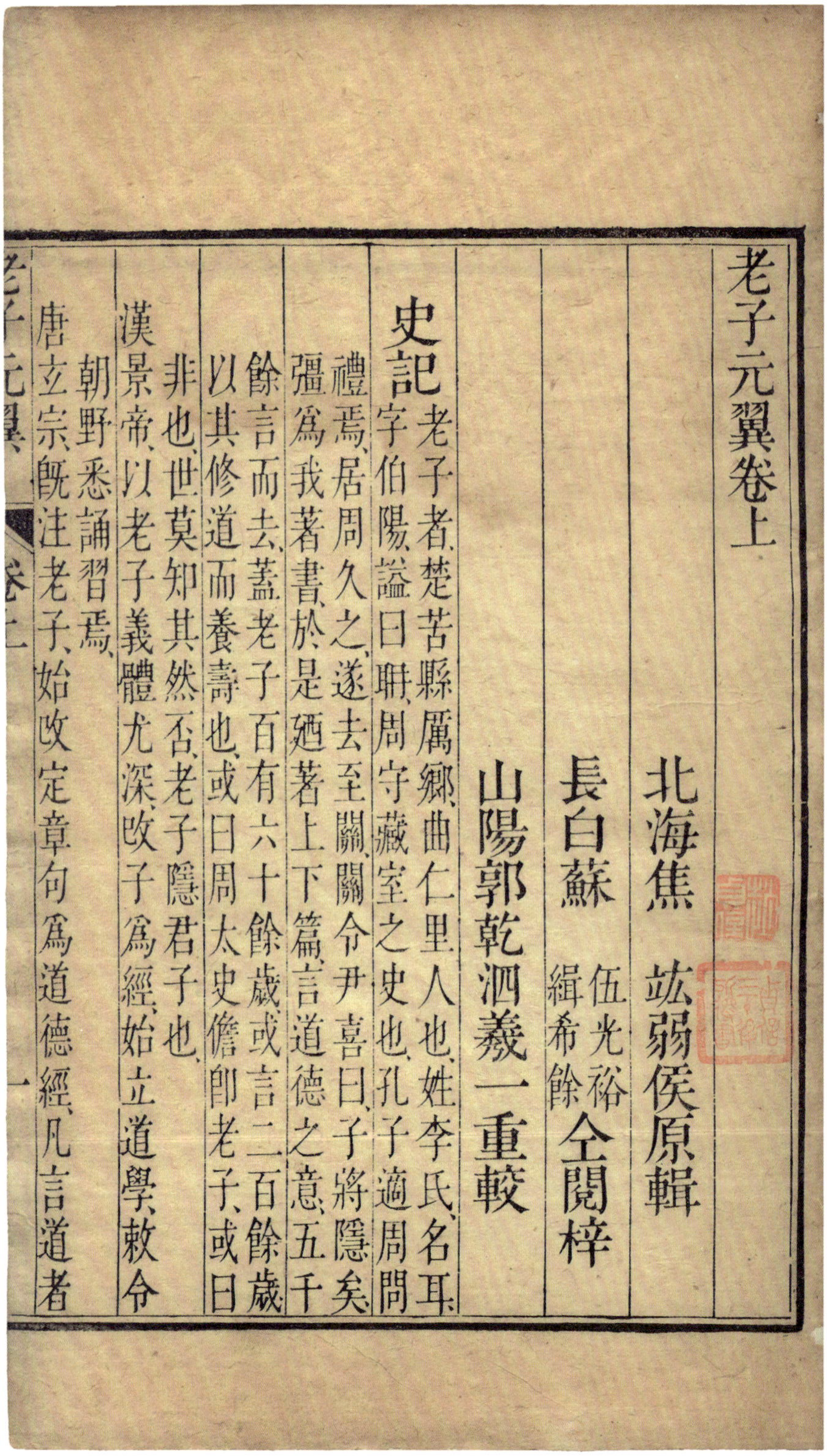
老子元翼卷上

北海焦　竑弱侯原輯

長白蘇　伍光裕　緝希餘　仝閱梓

山陽郭乾泗羲一重較

史記老子者、楚苦縣厲鄉曲仁里人也、姓李氏、名耳
字伯陽、謚曰聃、周守藏室之史也、孔子適周問
禮焉、居周久之、遂去至關、關令尹喜曰、子將隱矣
彊爲我著書、於是迺著上下篇、言道德之意、五千
餘言而去、蓋老子百有六十餘歲、或言二百餘歲
以其修道而養壽也、或曰周太史儋卽老子、或曰
非也、世莫知其然否、老子隱君子也、
漢景帝、以老子義體尤深、改子爲經、始立道學、敕令
朝野悉諷習焉、
唐玄宗既注老子、始改定章句爲道德經、凡言道者

老子元翼　卷上　一

老子元翼二卷附録一卷老子考異一卷　（明）焦竑原輯
（清）郭乾泗重校　清乾隆五年（1740）山陽郭氏刻本

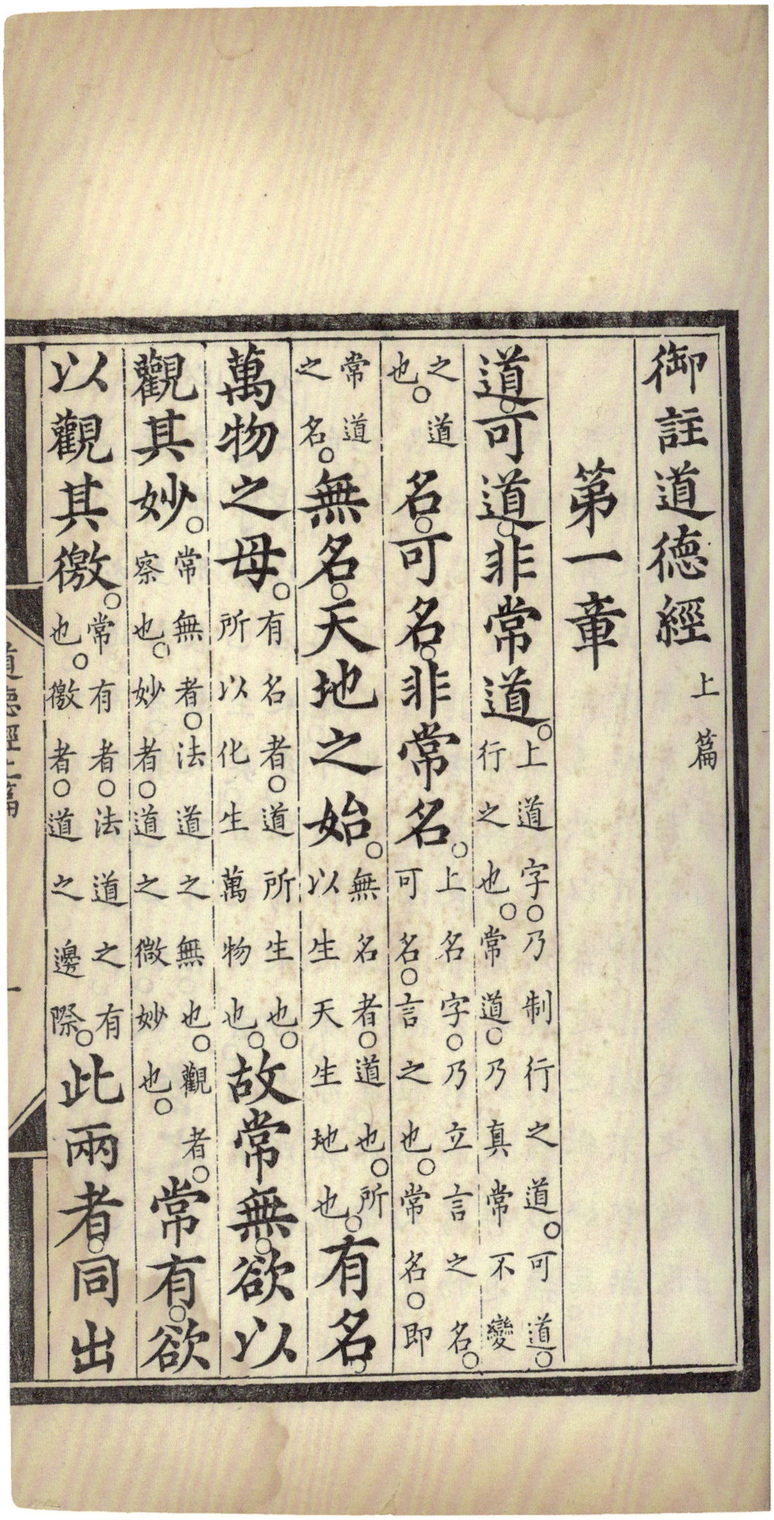
御註道德經 上篇

第一章

道可道非常道。上道字。乃制行之道。可道行之也。常道。乃真常不變之道也。名可名非常名。上名字。乃立言之名。可名。言之也。常名。即常道之名。無名天地之始。無名者。道也。所以生天生地也。有名萬物之母。有名者。道所生也。所以化生萬物也。故常無欲以觀其妙。常無者。法道之無也。觀者。察也。妙者。道之微妙也。常有欲以觀其徼。常有者。法道之有也。徼者。道之邊際。此兩者同出

道德經上篇 一

御註道德經二卷 （清）世祖福臨撰 清順治十三年（1656）內府刻本

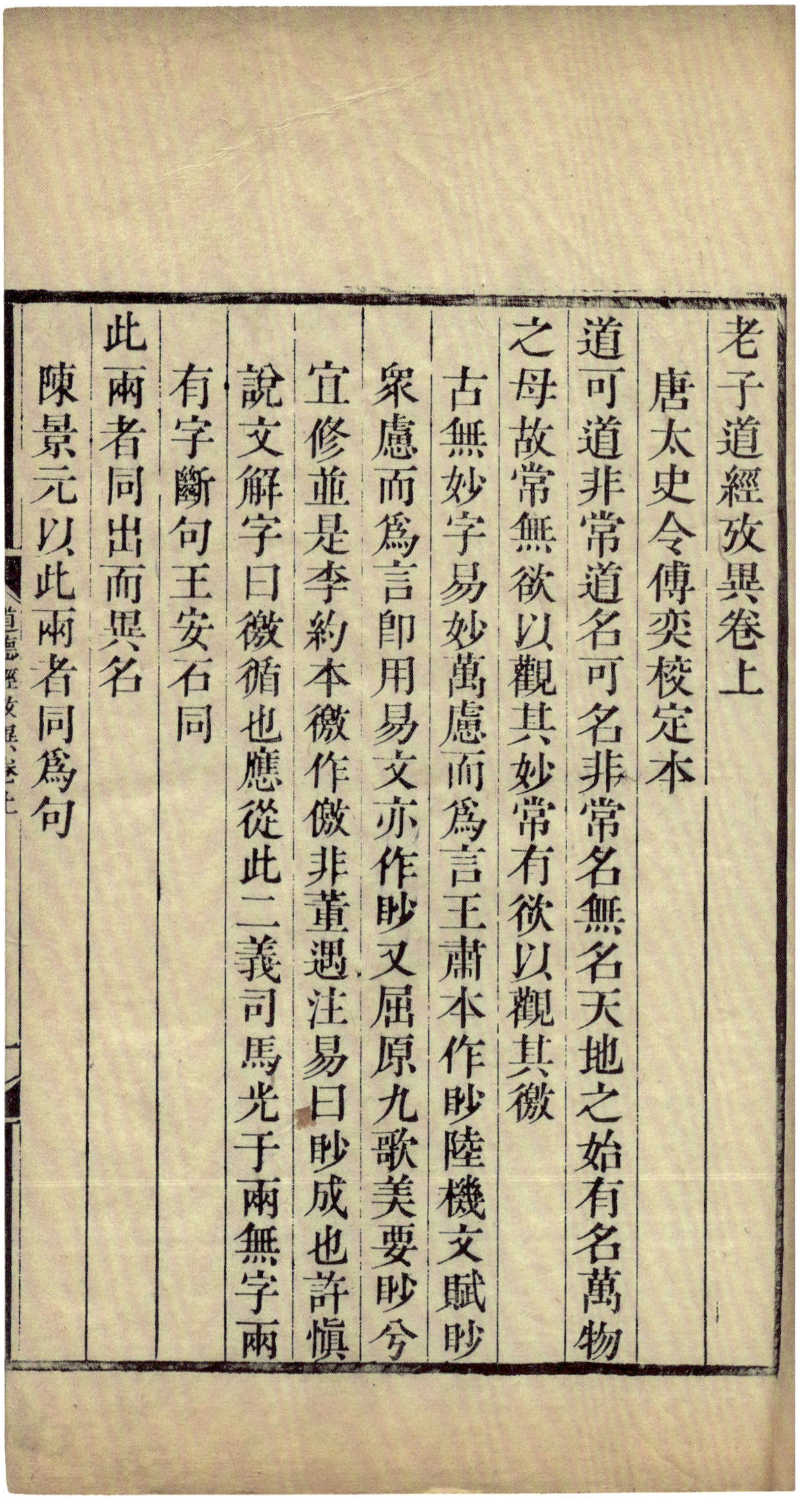
老子道經攷異卷上
唐太史令傅奕校定本
道可道非常道名可名非常名無名天地之始有名萬物之母故常無欲以觀其妙常有欲以觀其徼
古無妙字易妙萬慮而爲言王肅本作眇陸機文賦眇衆慮而爲言卽用易文亦作眇又屈原九歌美要眇兮宜修並是李約本徼作儌非董遇注易曰眇成也許愼說文解字曰徼循也應從此二義司馬光于兩無字兩有字斷句王安石同
此兩者同出而異名
陳景元以此兩者同爲句

老子道德經攷異二卷　（清）畢沅撰　清乾隆四十八年（1783）經訓堂刻本

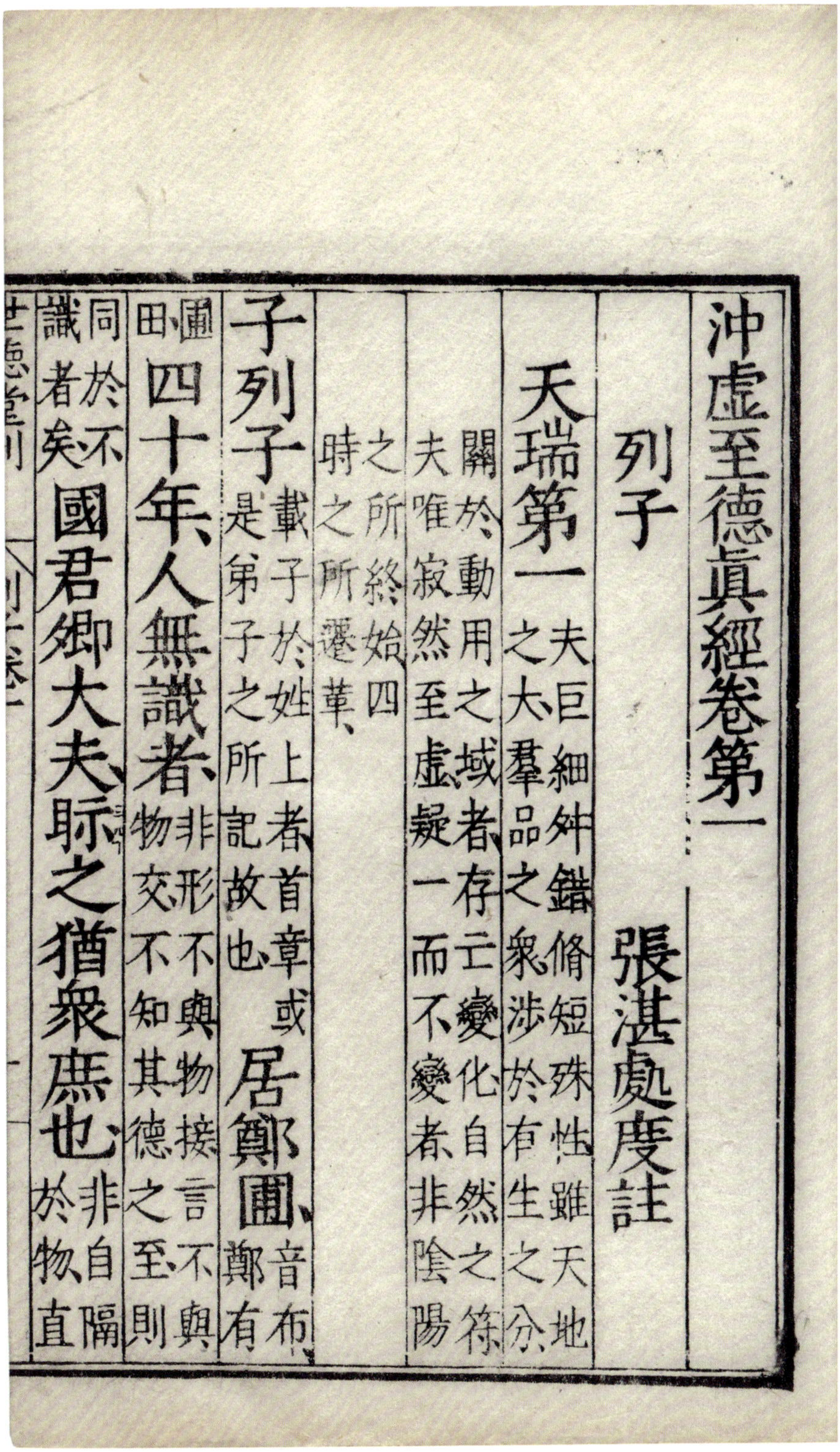
沖虛至德眞經卷第一

列子　張湛處度註

天瑞第一　夫巨細舛錯脩短殊性雖天地之大羣品之衆涉於有生之分關於動用之域者存亡變化自然之符夫唯寂然至虛凝一而不變者非陰陽之所終始四時之所遷革

子列子載子於姓上者首章或是弟子之所記故也居鄭圃音布鄭有圃田四十年人無識者非形不與物接言不與物交不知其德之至則同於不識者矣國君卿大夫眎之猶衆庶也非自隔於物直

世德堂刊　列子卷一　一

沖虛至德眞經八卷　（晉）張湛註　（唐）殷敬順釋文
明嘉靖十二年（1533）世德堂刻本

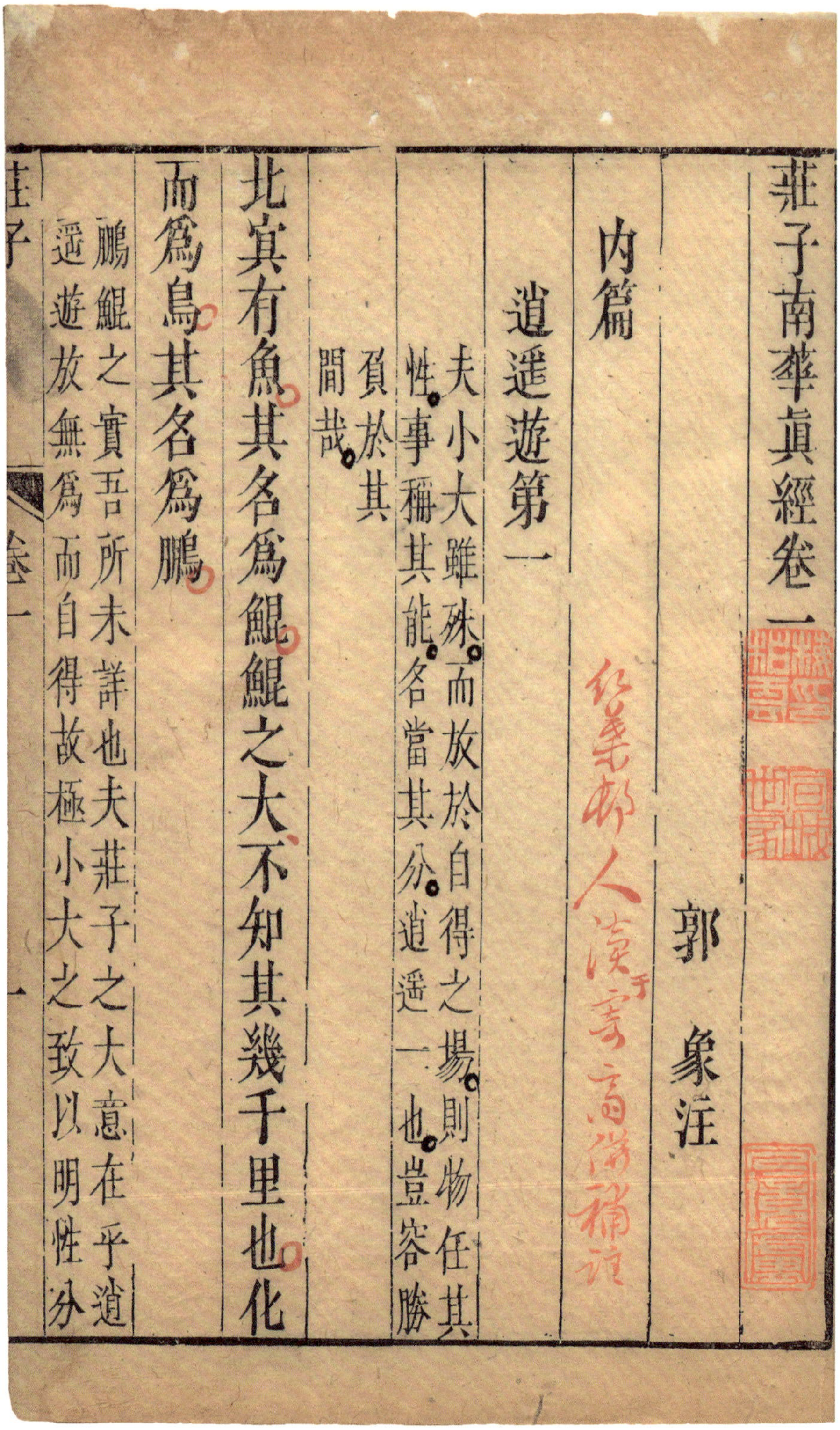
莊子南華眞經卷一

郭象注

内篇

逍遥遊第一

夫小大雖殊而放於自得之場則物任其性事稱其能各當其分逍遥一也豈容勝負於其間哉

北冥有魚其名爲鯤鯤之大不知其幾千里也化而爲鳥其名爲鵬

鵬鯤之實吾所未詳也夫莊子之大意在乎逍遥遊放無爲而自得故極小大之致以明性分

莊子 卷一 一

莊子南華真經十卷　（晋）郭象注　明刻本

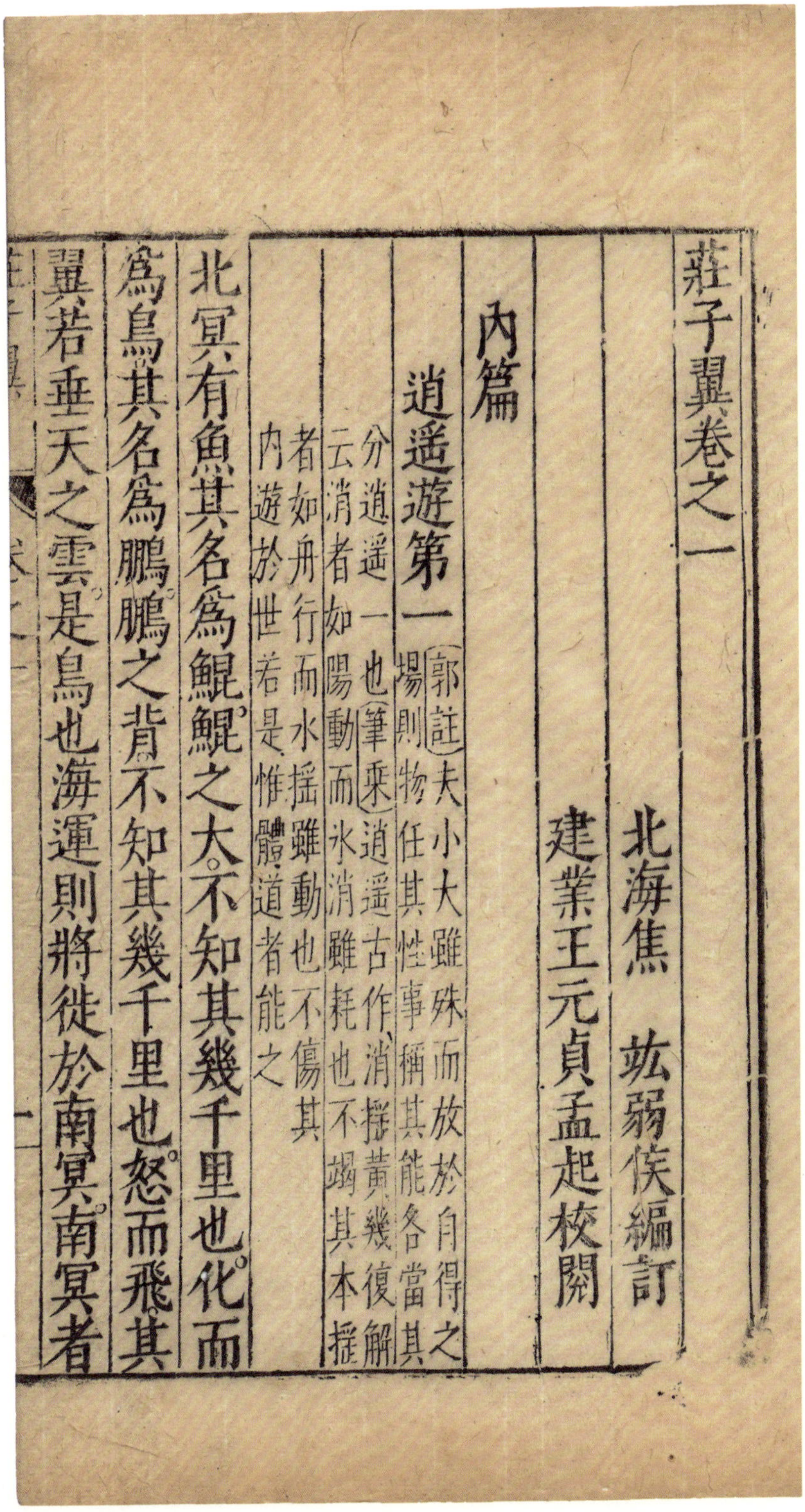

莊子翼卷之一

北海焦　竑弱侯編訂

建業王元貞孟起校閱

內篇

逍遥遊第一（郭註）夫小大雖殊而放於自得之場則物任其性事稱其能各當其分逍遥一也（筆乘）逍遥古作消揺黄幾復解云消者如陽動而氷消雖耗也不竭其本揺者如舟行而水揺雖動也不傷其内遊於世若是惟體道者能之

北冥有魚其名爲鯤鯤之大不知其幾千里也化而爲鳥其名爲鵬鵬之背不知其幾千里也怒而飛其翼若垂天之雲是鳥也海運則將徙於南冥南冥者

莊子翼八卷莊子闕誤一卷附録一卷　（明）焦竑撰　（明）王元貞校閲　明萬曆十六年（1588）王元貞刻本

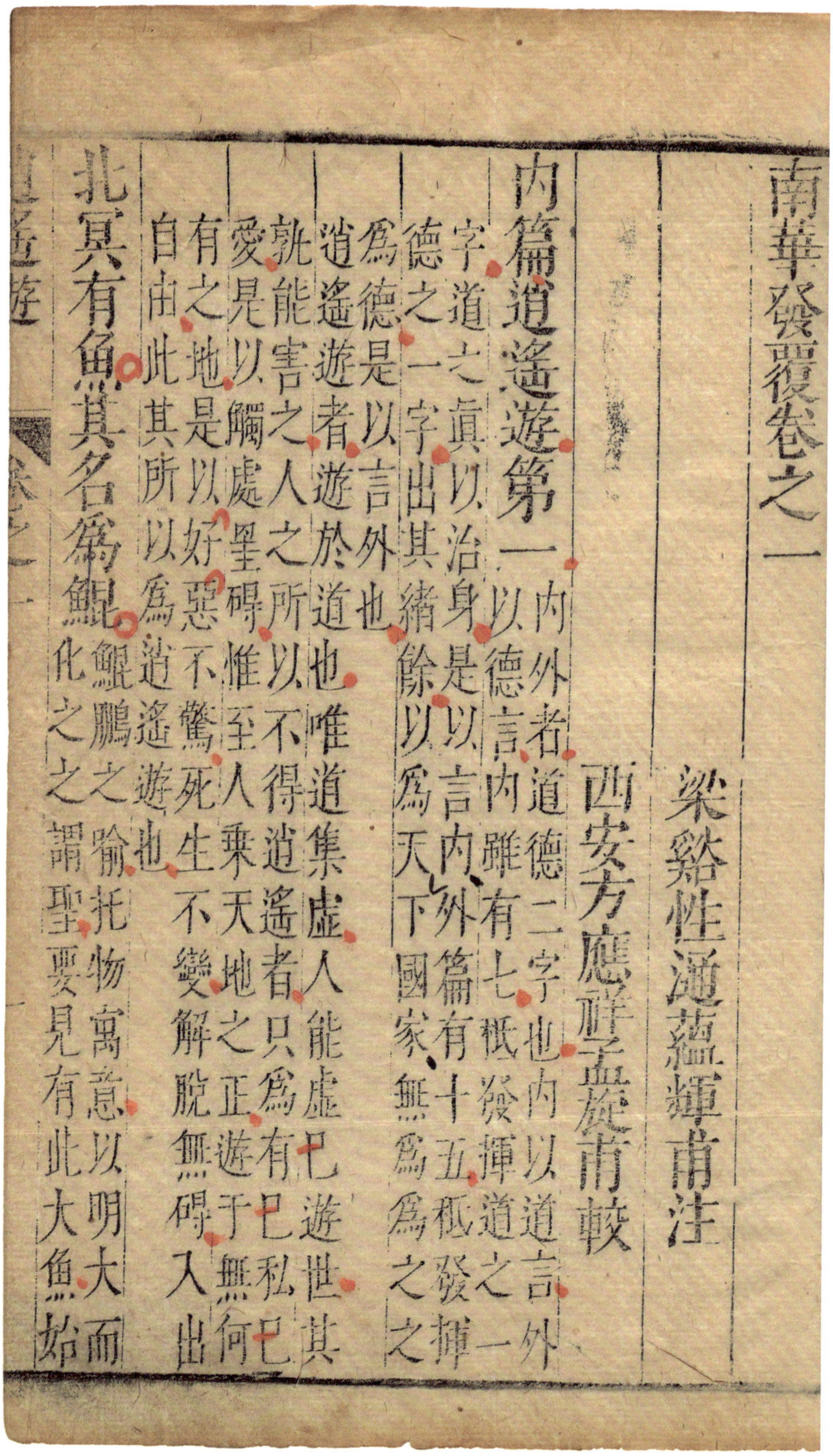
南華發覆卷之一
梁谿性通蘊輝甫注
西安方應祥孟旋甫較
内篇逍遥遊第一内外者道德二字也内以道言外以德言内雖有七祇發揮道之一字道之眞以治身是以言内外篇有十五祇發揮德之一字出其緒餘以爲天下國家無爲爲之之爲德是以言外也道逍遥遊者遊於道也唯道集虚人能虚己遊世其孰能害之人之所以不得逍遥者只爲有己私己愛是以觸處罣礙惟至人乘天地之正遊于無何有之地是以好惡不驚死生不變解脱無碍入出自由此其所以爲逍遥遊也
北冥有魚其名爲鯤鯤鵬之喻托物寓意以明大而化之之謂聖要見有此大魚始
逍遥遊　卷之一　一

南華發覆八卷　（明）釋性通注　（明）方應祥等校　清乾隆十四年（1749）雲林懷德堂刻本

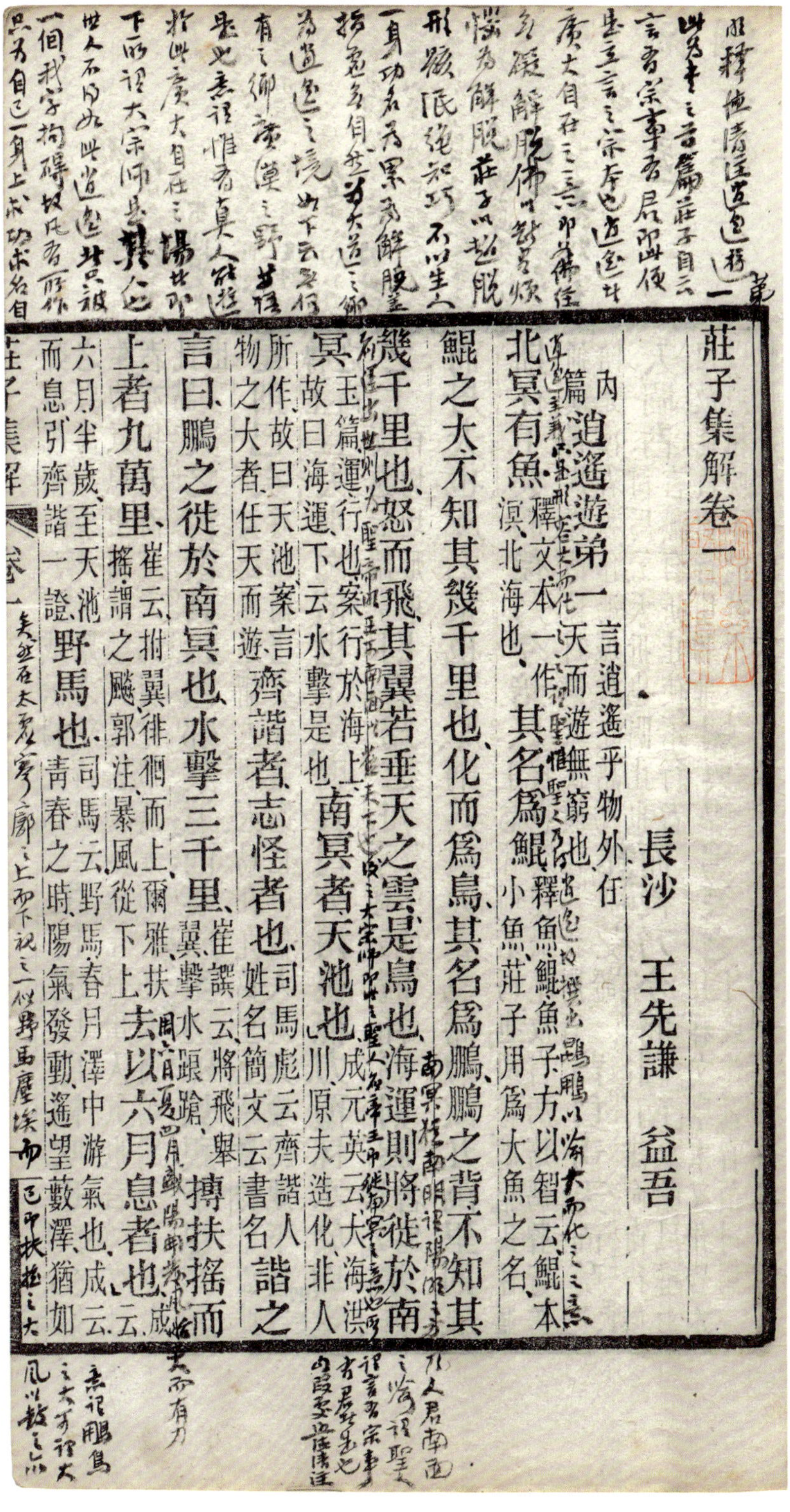

莊子集解卷一

長沙 王先謙 益吾

內篇 逍遙遊第一 言逍遙乎物外任天而遊無窮也

北冥有魚冥北海也釋文本一作溟其名爲鯤釋魚鯤魚子方以智云鯤本小魚莊子用爲大魚之名

鯤之大不知其幾千里也化而爲鳥其名爲鵬鵬之背不知其幾千里也怒而飛其翼若垂天之雲是鳥也海運則將徙於南冥玉篇運行也案行於海上下云水擊是也南冥者天池也成云大海洪川原夫造化非人所作故曰天池案言物之大者任天而遊齊諧者志怪者也司馬彪云齊諧人姓名簡文云書名諧之言曰鵬之徙於南冥也水擊三千里崔譔云將飛舉翼擊水踉蹌摶扶搖而上者九萬里崔云拊翼徘徊而上爾雅扶搖謂之飆郭注暴風從下上去以六月息者也成云六月半歲至天池而息引齊諧一證野馬也司馬云野馬春月澤中游氣也成云青春之時陽氣發動遙望藪澤猶如

莊子集解 卷一

莊子集解八卷 王先謙集解 清宣統元年（1909）思賢書局刻本

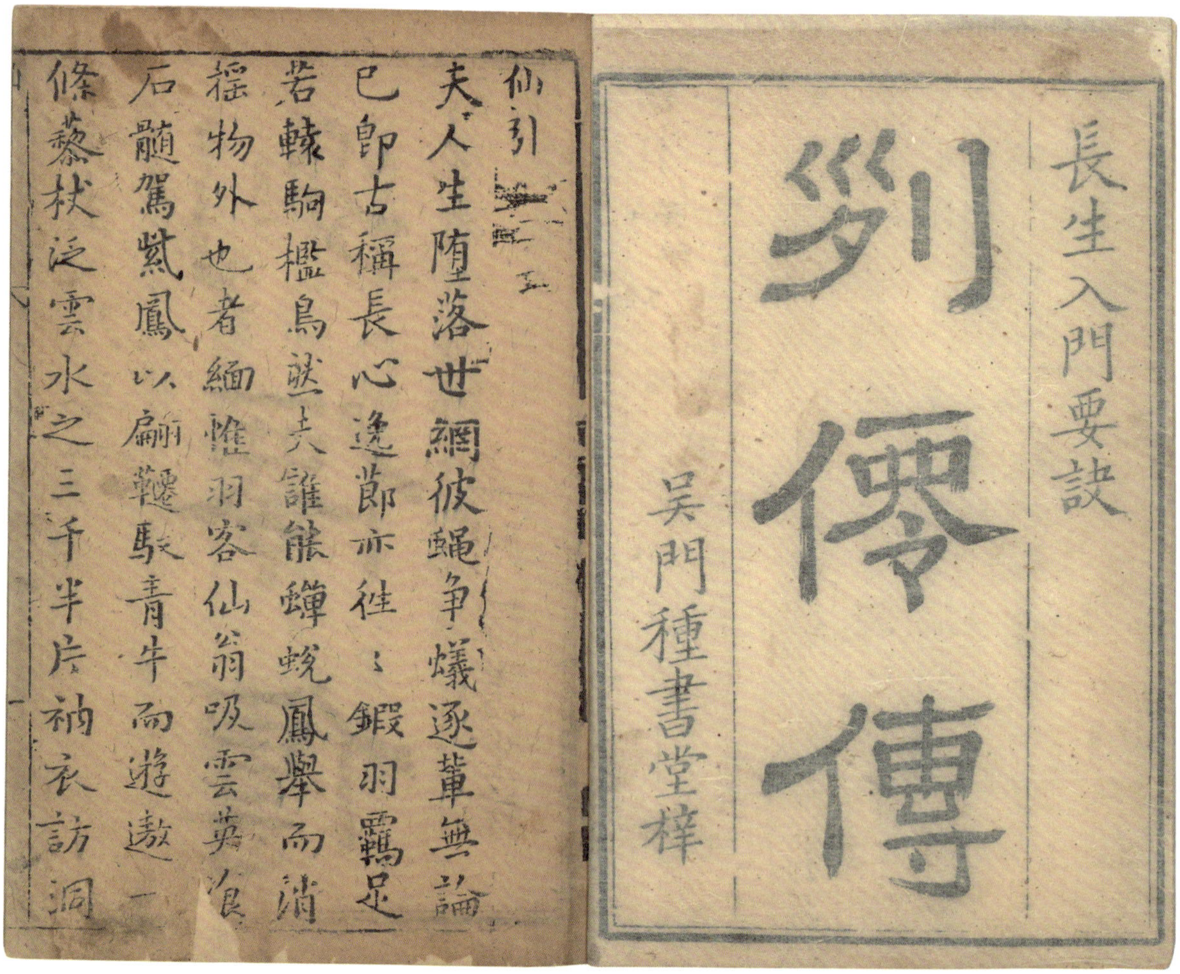

月旦堂新鐫繡像列仙傳四卷　（明）洪應明輯　明吴門種書堂刻本

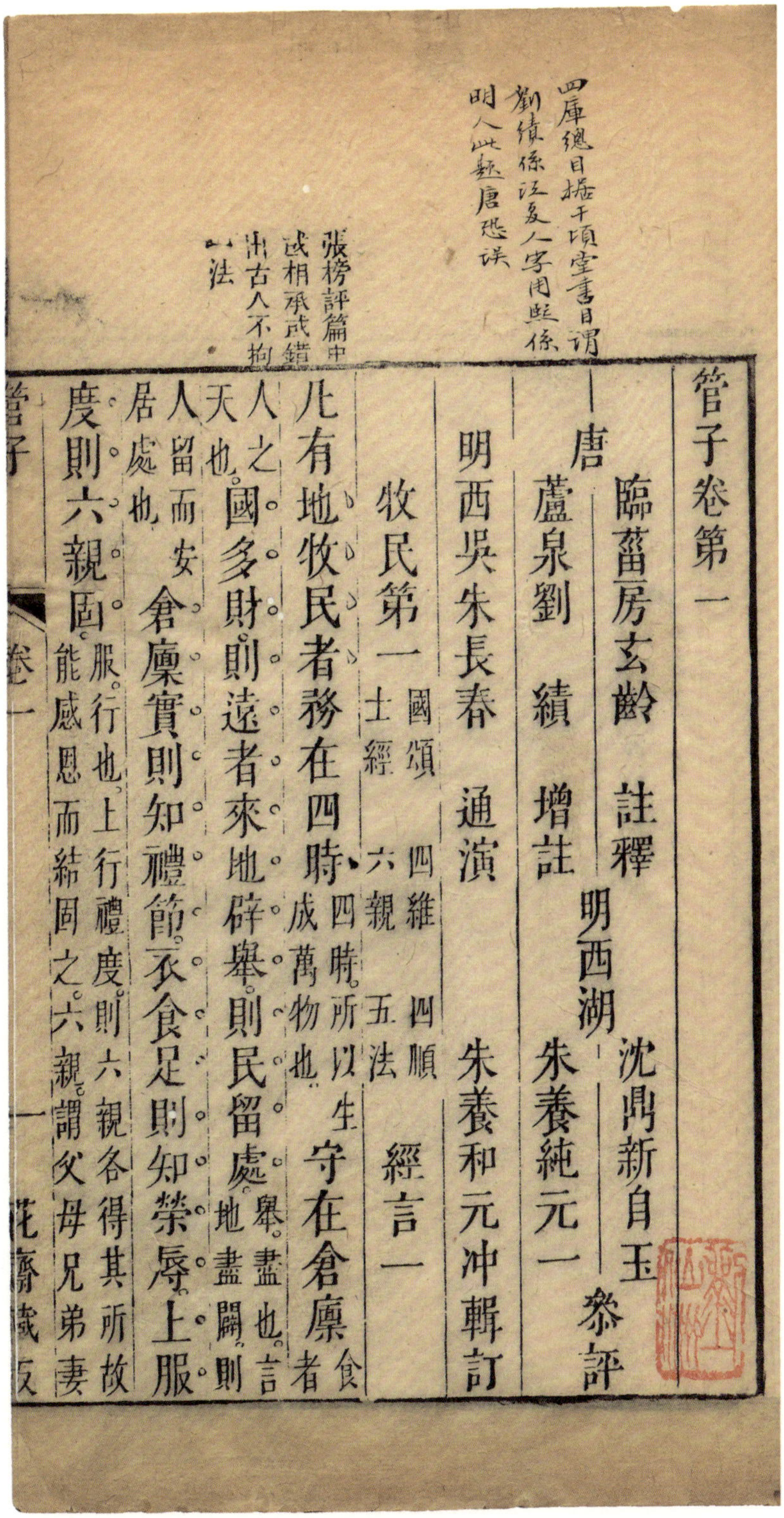

管子二十四卷　（唐）房玄齡註釋　（唐）劉績增註　明天啓五年（1625）朱養純花齋刻本

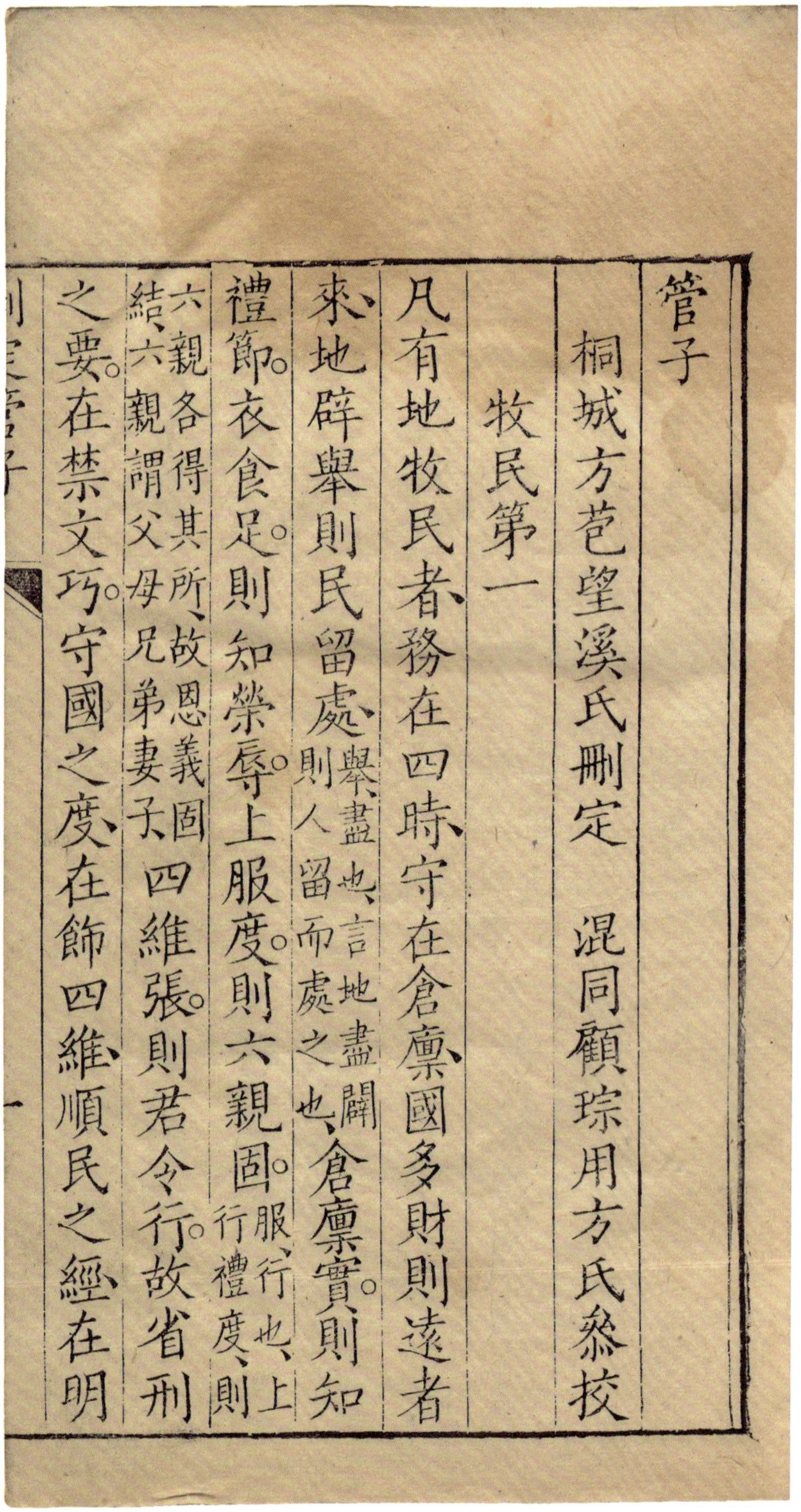
管子
桐城方苞望溪氏刪定　混同顧琮用方氏叅挍
牧民第一
凡有地牧民者、務在四時、守在倉廩、國多財則遠者來、地辟舉則民留處、舉、盡也、言地盡闢則人留而處之也、倉廩實則知禮節。衣食足。則知榮辱。上服度。則六親固。服、行也、上行禮度、則六親各得其所、故恩義固結、六親謂父母兄弟妻子、四維張。則君令行。故省刑之要。在禁文巧。守國之度。在飾四維。順民之經。在明

刪定管子　一

管子一卷　（清）方苞刪定　清乾隆元年（1736）抗希堂刻十六種本

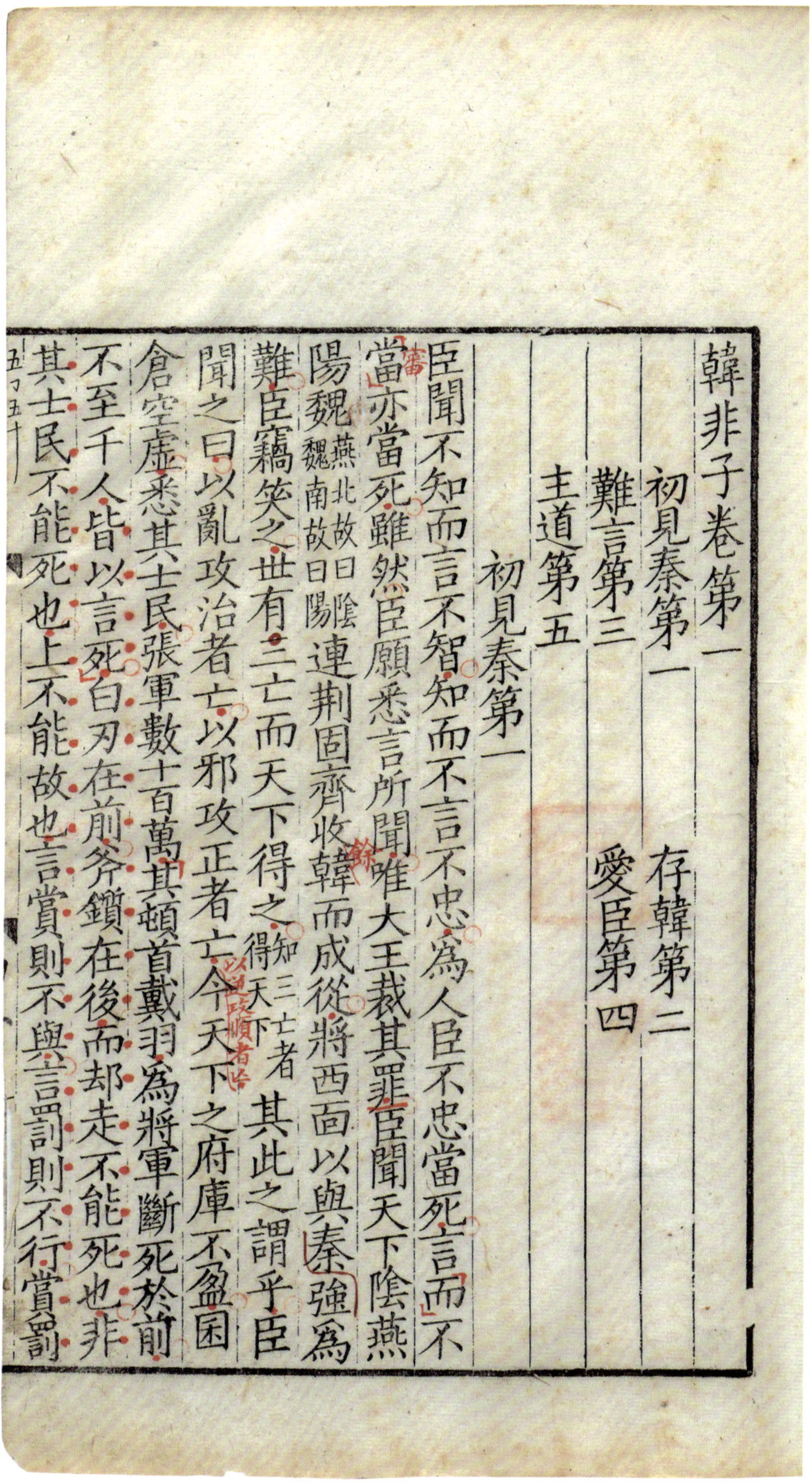

韓非子卷第一
初見秦第一　存韓第二
難言第三　愛臣第四
主道第五
初見秦第一
臣聞不知而言不智知而不言不忠爲人臣不忠當死言而不
當亦當死雖然臣願悉言所聞唯大王裁其罪臣聞天下陰燕
陽魏燕北故曰陰魏南故曰陽連荆固齊收韓而成從將西面以與秦強爲
難臣竊笑之世有三亡而天下得之得天下知三亡者其此之謂乎臣
聞之曰以亂攻治者亡以邪攻正者亡今天下之府庫不盈囷
倉空虛悉其士民張軍數十百萬其頓首戴羽爲將軍斷死於前
不至千人皆以言死白刃在前斧鑕在後而却走不能死也非
其士民不能死也上不能故也言賞則不與言罰則不行賞罰

韓非子二十卷附識誤三卷　（戰國）韓非撰　清嘉慶二十三年（1818）全椒吴氏影宋刻本

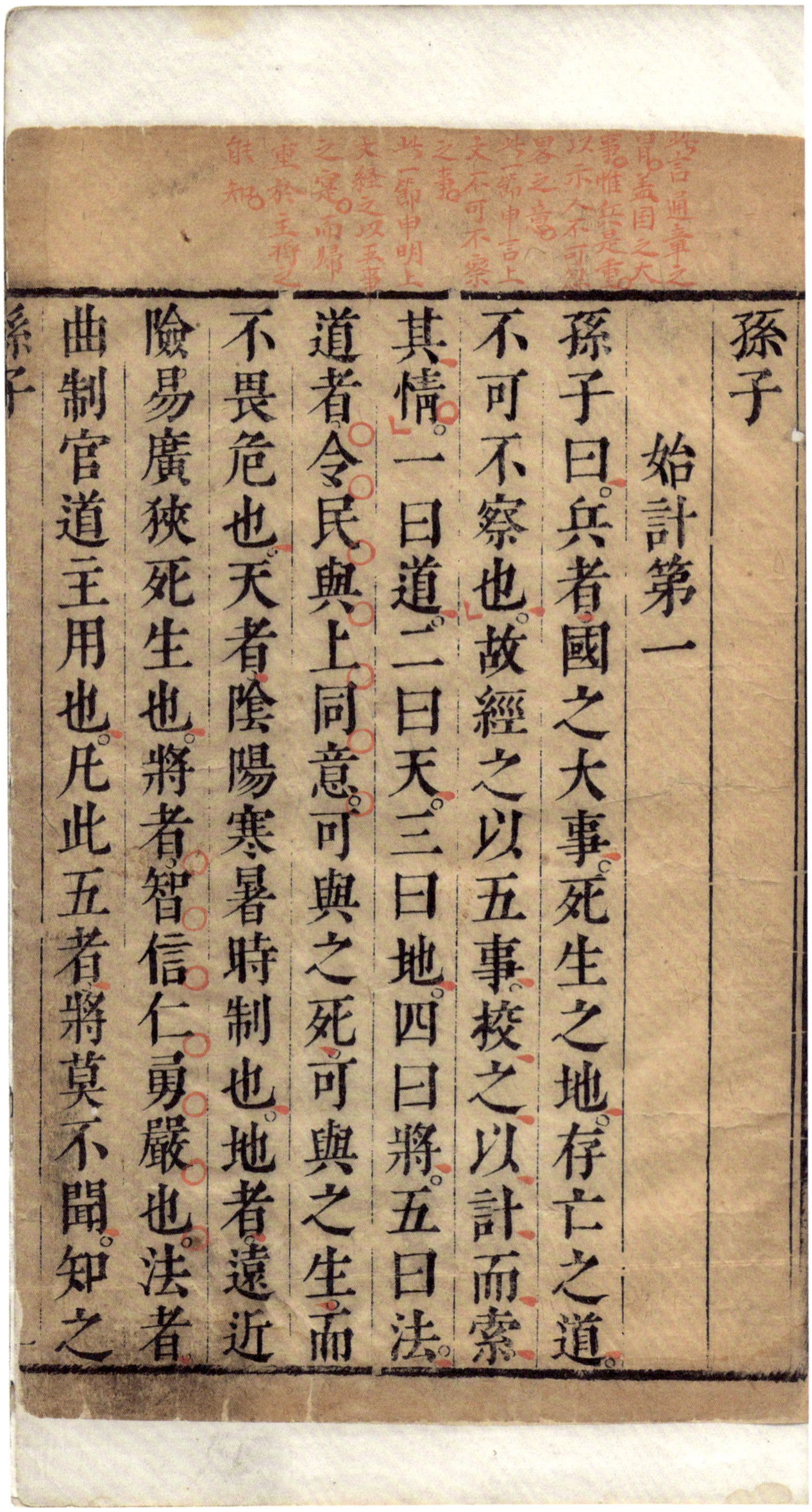

孫子

始計第一

孫子曰兵者國之大事死生之地存亡之道不可不察也故經之以五事校之以計而索其情一曰道二曰天三曰地四曰將五曰法道者令民與上同意可與之死可與之生而不畏危也天者陰陽寒暑時制也地者遠近險易廣狹死生也將者智信仁勇嚴也法者曲制官道主用也凡此五者將莫不聞知之

武經七書　（宋）□□撰　明刻本